De kracht van vrouwen

Denis Mukwege

De kracht van vrouwen

Een verhaal van moed en veerkracht

Vertaald door Ineke Braakman, Marjolein Hazelzet
en Marianne Palm

2021
DE BEZIGE BIJ
AMSTERDAM

De namen van de patiënten zijn in de meeste gevallen gewijzigd, met uitzondering van de namen van degenen die afstand hebben gedaan van hun recht op anonimiteit, en de namen van de in het boek voorkomende algemeen bekende activisten.

Oorspronkelijke titel *The Power of Women. A Doctor's Journey of Hope and Healing*
Oorspronkelijke uitgever Flatiron Books, New York
Omslagontwerp bij Barbara
Foto auteur Stephan Vanfleteren
Vormgeving binnenwerk CeevanWee, Amsterdam
Druk- en bindwerk Wilco, Amersfoort
ISBN 978 94 031 5481 7
NUR 320

debezigebij.nl

MIX
Papier van verantwoorde herkomst
FSC® C004472
www.fsc.org

Bij de productie van dit boek is gebruikgemaakt van papier dat het keurmerk van de Forest Stewardship Council (FSC®) mag dragen. Bij dit papier is het zeker dat de productie niet tot bosvernietiging heeft geleid.

Voor mijn moeder, mijn vrouw, mijn dochters en zussen.
Voor alle slachtoffers van seksueel geweld.

Inhoud

Democratische Republiek Congo, Zuid-Kivu

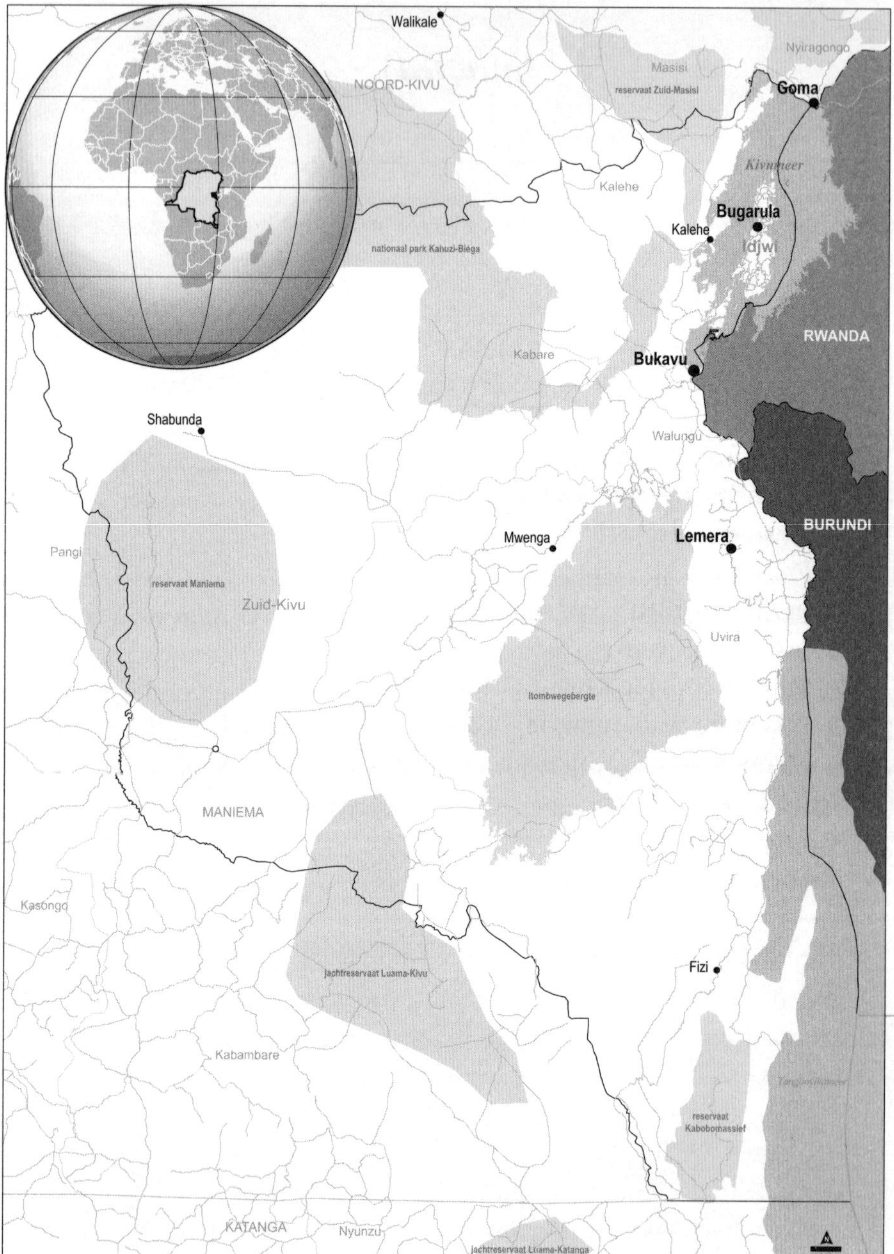

Bron: OCHA/ReliefWeb

Inleiding

Het komt niet zo vaak voor dat een man zich sterk maakt voor vrouwenrechten. Dat weet ik. Ik heb het gemerkt in gesprekken met vrienden, bij sociale bijeenkomsten en zo nu en dan tijdens vergaderingen. Ik heb de niet-begrijpende blikken en spottende uitdrukkingen gezien. Een enkele keer kom ik vijandigheid tegen, openlijk of impliciet. Sommigen vinden mijn keuzes verdacht of zelfs bedreigend.

Ik herinner me etentjes van eerder in mijn carrière, in Congo en in Europa, en wanneer ik aan de beurt was om over mijn werk te spreken, legde ik uit dat ik gynaecoloog was en een ziekenhuis runde dat gespecialiseerd was in het behandelen van verwondingen ten gevolge van verkrachting. En dat ik ijverde voor vrouwenrechten. Achteraf verstomde dan het gesprek aan tafel, of stelde iemand een beleefde vervolgvraag en ging vervolgens over op een ander gespreksonderwerp.

In die momenten van ongemakkelijke stilte zag ik ook sympathie in de ogen van andere gasten. Ik stelde me voor dat ze dachten: wat een vreselijk werk, en wat moet hij het moeilijk hebben met zijn identiteit. Ik had de tactiek omarmd te benadrukken dat ik ook gelukkig getrouwd was en kinderen had, alsof ik hierdoor 'normaler' zou lijken of op meer begrip kon rekenen.

Later, als ik thuis of in mijn hotelkamer op mijn bed lag, nam ik het mezelf kwalijk dat ik de behoefte had gevoeld me te rechtvaardigen. Dit zal iedereen bekend voorkomen die ooit het pijnlijke gevoel heeft gehad dat hij ergens niet helemaal 'bij hoorde' door zijn afkomst, identiteit of ervaring.

Soms waren de mensen om me heen directer. Ik herinner me een gesprek met een oude vriend, een klasgenoot die politicus werd in mijn provincie. Zijn woorden zijn me na al deze jaren nog steeds bijgebleven. Hij zei ooit tegen me: 'Ik heb het gevoel dat je bent gaan denken als een vrouw sinds je je bezighoudt met seksueel geweld.' Hoewel dit een compliment had moeten zijn, was het niet zo bedoeld.

Ik ben het plotselinge gevoel van geruststelling en geestelijke verwantschap niet vergeten dat door me heen ging toen ik de publicaties en het werk ontdekte van Stephen Lewis, een Canadese diplomaat en activist die onvermoeibaar strijdt voor de slachtoffers van aids/hiv in Afrika en voor vrouwenrechten in het algemeen. Dankzij Stephen besefte ik dat er ook andere mannen waren die dachten zoals ik. Hij is nu een dierbare vriend.

Misschien denk je dat ik mijn keuzes niet langer hoef uit te leggen nu ik al twintig jaar overlevers van seksueel geweld verzorg en behandel, maar dan vergis je je. En het zijn niet alleen mannen die dit moeilijk kunnen begrijpen.

Enkele jaren geleden was ik bij een bijeenkomst met een hooggeplaatste vrouw bij de Verenigde Naties in New York City. Ze had ermee ingestemd mij en enkele anderen die zich inzetten voor vrouwenrechten en conflictoplossing in mijn land, de Democratische Republiek Congo, te ontvangen. We gingen naar een van de hogere verdiepingen van het gebouw en werden naar haar kantoor gebracht, met zijn grote vergadertafel en fenomenale uitzicht over de East River naar Queens en Brooklyn erachter.

Ik werd overrompeld door een agressieve ondervraging. 'Waarom bent ú hier om over vrouwenrechten in Congo te praten in plaats van Congolese vrouwen?' snauwde onze gastvrouw me toe vanaf haar plaats aan de tafel. 'Zijn er geen Congolese vrouwen die voor zichzelf kunnen spreken?'

Ik was er juist om de VN om steun te vragen voor initiatieven die de stem van de vrouwen in Congo meer wilden laten horen. Mijn ziekenhuis en stichting hebben overlevers geholpen om kracht te vinden in verbondenheid en individuele vrouwen gesteund bij het ontwikkelen van hun vaardigheden om in het openbaar te spreken en campagne te voeren. Een groot deel van deze inspirerende vrouwen zul je tegenkomen in dit boek.

Je zou kunnen stellen dat de VN-functionaris terecht op haar hoede was voor een man die voor zichzelf een podium wilde claimen dat aan vrouwen toebehoorde. Dat is een legitiem discussiepunt en eentje dat ik altijd graag bespreek.

Persoonlijk grijp ik telkens weer terug op mijn kernovertuigingen wanneer aan mij wordt getwijfeld, tijdens een diner of op een kantoor van de VN. Ik kom op voor vrouwen omdat ze mijn gelijken zijn, omdat vrouwenrechten mensenrechten zijn en ik verontwaardigd ben over het geweld dat mijn medemensen wordt aangedaan. We moeten samen voor vrouwen vechten.

Ik heb het altijd tot mijn taak gerekend om de stem van degenen die zo gemarginaliseerd zijn dat ze niet in de gelegenheid zijn hun verhaal te vertellen, beter te laten horen. Ik sta naast hen, nooit voor hen.

Zoals uit dit boek zal blijken, ben ik in veel opzichten een toevallige feminist en activist. Mijn leven had een heel andere wending kunnen nemen. Ik had me voorgenomen om arts te worden, wat op zich al een torenhoge ambitie is voor een kind dat is geboren in een hut in de tijd dat Congo nog een Belgische kolonie was. Mijn leven is echter gevormd door gebeurtenissen die buiten mijn macht lagen, vooral door de oorlogen die sinds 1996 Congo, en vrouwen in het bijzonder, hebben geteisterd voor de doorgaans onverschillige ogen van de rest van de wereld.

Gedwongen door de omstandigheden werd ik een specialist in het behandelen van verwondingen door verkrachting. De verhalen van de patiëntes die ik heb ontmoet en behandeld, brachten me ertoe me aan te sluiten bij een veel grotere strijd tegen de onrechtvaardigheden en wreedheden waar vrouwen onder te lijden hebben. Ik heb dit boek geschreven om het draagvlak voor mijn fundamentele strijd te vergroten.

Mijn leven is vervlochten met mijn door oorlog verscheurde land. Congo's roerige geschiedenis van uitbuiting en conflicten schreeuwt om een veel bredere interpretatie. De onrust van de afgelopen vijfentwintig jaar, het dodelijkste conflict sinds de Tweede Wereldoorlog, met meer dan vijf miljoen doden en vermisten, heeft zich sinds 1996 bij gebrek aan een oplossing snel kunnen verspreiden. Ik schrijf over de tragedie van Congo in de hoop politici in het Westen en elders aan te moedigen er aandacht aan te schenken, te streven naar de vrede en rechtvaardigheid waar mijn Congolese landgenoten zo wanhopig naar verlangen. Maar ik heb geen autobiografie geschreven, en al helemaal geen boek dat probeert de Congolese oorlogen volledig te verklaren.

Dit boek is een eerbetoon aan de kracht van alle vrouwen, en in het bijzonder de vrouwen die mij hebben opgevoed, opgeleid en geïnspireerd. In hoofdstuk 1 begin ik bij het allereerste begin, bij de vrouw die gevaar en onzekerheid trotseerde om mij het leven te schenken – en me vervolgens enkele dagen later moest redden van een ernstige ziekte. Het uithoudingsvermogen en de moed van mijn moeder bij mijn geboorte werden alleen geëvenaard door haar levenslange betrokkenheid bij mij en al haar andere kinderen. Zij heeft richting gegeven aan de opvattingen van de jonge man die ik werd, en ze oefende ook druk op me uit, soms met inzet van de welwillende trucjes van moederlijke manipulatie, om mijn droom om dokter te worden na te jagen. Zij was mijn eerste heldin.

Naast mijn moeder komen in dit boek ook vele anderen voor die me hebben geraakt door hun moed en vriendelijkheid, hun veerkracht en energie. Ze zijn activisten, juristen, academici, maar ook patiënten van mij of overlevers van seksueel geweld die ik heb leren kennen in de jaren dat ik in Congo werkte of tijdens mijn reizen naar onder meer Korea, Kosovo, Irak, Colombia en de Verenigde Staten.

De achtergrond komt misschien somber over, want het leven van veel vrouwen in dit boek is, net als het mijne, overschaduwd door geweld. Maar deze vrouwen zijn stuk voor stuk een licht en een inspiratiebron, en laten zien dat de beste natuurdriften van de mensheid – liefhebben, delen, anderen beschermen – in de slechtst mogelijke omstandigheden kunnen zegevieren. Zij zijn de reden dat ik het zo lang volhoud. Zij zijn de reden dat ik nooit mijn vertrouwen en verstand ben kwijtgeraakt, zelfs niet als mijn werk me dreigde te overweldigen, wanneer ik worstelde met de gevolgen van kwaadaardigheid.

Voordat ik verderga, wil ik graag uitleggen waarom ik voor een bepaald woordgebruik heb gekozen. Dit is een heikel terrein, omdat de woorden en labels die we gebruiken om iemand te beschrijven die seksueel geweld heeft ervaren belangrijk zijn, maar nooit perfect. Ik heb 'patiënte', 'slachtoffer' en 'overlever' gebruikt om een groot deel van de vrouwen in dit boek te beschrijven.

'Patiënte' is het meest neutraal en heeft weinig uitleg nodig. Iedereen die ik heb behandeld is een patiënt.

Het woord 'slachtoffer' is problematischer, omdat het wordt geassocieerd met zwakte en vaak medelijden oproept. Het kan degene over wie het gaat passief en breekbaar laten overkomen en het is tevens het tegenovergestelde van het woord 'overwinnaar'.

'Overlever' is nu een populair woord voor iemand die te maken heeft gehad met seksueel geweld. Het is actiever, levendiger en dynamischer. Toch hebben sommige feministische auteurs moeite met dit woord, omdat ze vinden dat het verkrachting gelijkstelt met een traumatische, levensveranderende gebeurtenis zoals een poging tot moord of het neerstorten van een vliegtuig. Het kan ook de verwachting versterken dat een vrouw de ervaring en haar verwondingen heeft overwonnen, al voelt dat voor haar misschien niet zo.

Ik probeer deze verschillende labels op zeer specifieke wijze en wanneer ze het meest geschikt lijken, te gebruiken. Een groot deel van mijn patiëntes komt aan als slachtoffer; zo zien ze zichzelf. Ze zijn blootgesteld aan de ernstigste vormen van seksueel geweld en vaak aan een poging tot moord. In die eerste momenten lijkt geen enkel ander woord passend voor vrouwen die zijn onderworpen aan groepsverkrachting, die zijn mishandeld, neergeschoten, verminkt of uitgehongerd.

Met inzet van hun innerlijke kracht proberen we hen echter te veranderen in overlevers, in de meest zuivere betekenis van dat woord. We willen dat ze voelen dat ze hun beproeving hebben overwonnen. Hun belagers wilden misschien hun leven nemen of hun eer aantasten, maar we doen alles wat in onze macht ligt om hen lichamelijk en geestelijk te genezen. Als er een vrouw binnenkomt die zich slachtoffer voelt, willen we dat ze weggaat met de zelfverzekerdheid van een overlever. Dit proces is de essentie van ons werk in het Panzi-ziekenhuis, dat ik in 1999 hebt gesticht.

Ik heb jarenlang met overlevers gepraat. Ze hadden veel vertrouwen in mij en maakten mij deelgenoot van intieme details van hun ervaringen, hun gevoelens, hun angsten en hun hoop. Het was vaak zwaar werk, maar ik word als activist gedreven door de overtuiging dat er iets positiefs kan voortkomen uit al deze ellende: dat ik er, namens de overlevers, aan kan bijdragen dat de wereld veiliger wordt voor vrouwen.

In de laatste hoofdstukken van dit boek staan manieren om geweld tegen vrouwen te bestrijden, waarbij ik put uit het perspectief van mijn werk als arts in oorlogsgebied en als activist die veel heeft gereisd om te luisteren naar vrouwen in alle uithoeken van de wereld. Ik moedig iedereen, waar dan ook, aan om Congo, dat soms nog steeds de 'verkrachtingshoofdstad van de wereld' wordt genoemd, te zien als een venster op de extreme kant van de mondiale gesel van seksueel geweld. Dit is een universeel probleem dat thuis voorkomt, en in de werkomgeving, op slagvelden en in openbare ruimten, overal ter wereld.

Uit ervaring weet ik dat de diepere oorzaken van seksueel geweld en de gevolgen ervan overal hetzelfde zijn. Zoals altijd zijn de verschillen tussen ons wat betreft ras, nationaliteit, taal en cultuur veel minder belangrijk dan wat we gemeen hebben.

De strijd tegen seksueel geweld begint met vrouwen en mannen die zich er openlijk over uitspreken. Volgens UN Women heeft wereldwijd een op de drie vrouwen op enig moment in haar leven te maken gehad met fysiek of seksueel geweld. Volgens het Amerikaanse Centers for Disease Control and Prevention (CDC) heeft bijna een op de vijf vrouwen in de Verenigde Staten in haar leven een verkrachting of poging tot verkrachting meegemaakt. We kunnen dit probleem niet bestrijden zonder openlijk te erkennen dat het onmiskenbaar alomtegenwoordig is.

Gelukkig zijn er steeds meer vrouwen die de muur van stilte rond dit onderwerp doorbreken, dankzij tientallen jaren werk van feministische groeperingen en, meer recent, de baanbrekende #MeToo-beweging.

Toch wordt een groot deel van hen door het strafrechtsysteem in de steek gelaten. Afgaand op de buitengewoon zeldzame succesvolle vervolgingen van verkrachters, zelfs in landen met een goed gefinancierd en corruptievrij rechtssysteem, blijft verkrachting wereldwijd in feite buiten de criminele sfeer. In conflictgebieden gebruiken soldaten verkrachting als een oorlogswapen en hebben ze nog minder reden om bang te zijn hiervoor in de gevangenis te komen.

Er is, weliswaar vooral op papier, vooruitgang geboekt door strengere binnenlandse wetten of internationale wetgeving die is ontworpen om vrouwen tijdens conflicten te beschermen. Overal zijn vrouwen nog steeds bang om naar de politie te gaan om aangifte te doen van verkrachting of ze beschouwen het als tijdverspilling. Ik bespreek in dit boek manieren waarop wetshandhavers en beleidsmakers vrouwen weer vertrouwen kunnen geven en in de eerste plaats verkrachters kunnen ontmoedigen.

Dit is voornamelijk een boek óver vrouwen, maar het is niet alleen vóór vrouwen bedoeld. Ik hoop vurig dat mensen van alle genders het zullen lezen en er iets van opsteken. We hebben meer actieve deelnemers nodig in de strijd voor gendergelijkheid. Mannen zouden niet bang moeten zijn voor onbegrip of het gevoel moeten hebben dat ze zich, zoals ik ooit, moeten rechtvaardigen wanneer ze opkomen voor hun zussen, dochters, vrouwen, moeders, vriendinnen en andere medemensen.

Vrouwen kunnen het probleem van seksueel geweld niet in hun eentje oplossen; mannen moeten deel zijn van de oplossing.

In elk land hebben mannen nog steeds een overweldigende greep op de politieke macht, en niet alleen via het ambt van president of premier, of via het parlement dat de wetten maakt. Hun invloed strekt zich uit tot de top van religieuze instituten en tot organisaties op gemeenschapsniveau die vaak een grotere invloed hebben op persoonlijk gedrag en zienswijzen dan verre nationale leiders.

Om seksueel geweld terug te dringen is actie en betrokkenheid nodig vanaf de hoogste top van de machtspiramide in onze samenlevingen, van de top tot helemaal onderaan. In een van de laatste hoofdstukken kijk ik niet alleen naar de rol van de leiders, maar besteed ik ook aandacht aan het belang van wat ik 'positieve mannelijkheid' en ouderschap noem. Hierin wordt uitgelegd dat we jongens anders moeten opvoeden om de destructieve cyclus te doorbreken van genderrelaties waarin vrouwen tweederangsburgers zijn.

Het is langetermijnwerk en soms gaat het frustrerend traag. Als dokter kan ik een patiënt onderzoeken, een diagnose stellen van de bron van het probleem en het daarna oplossen door een behandeling of operatie. Als activist heb ik te maken met een strijd om gedachten, zienswijzen en gedrag te veranderen. Het gaat niet om een gevecht met een ziekte of lichamelijk gebrek maar met veel hardnekkiger tegenstanders: discriminatie, onwetendheid en onverschilligheid.

Ik put voldoening uit de zeldzame maar bemoedigende momenten van vooruitgang. In de loop van de vijftien jaar dat ik actie voer, vormen die momenten bij elkaar opgeteld toch een belangrijke winst in het collectieve begrip van seksueel geweld.

Ik hoop dat dit boek een van de grootste kwesties van de afgelopen honderd jaar verder vooruithelpt: de strijd voor vrouwenrechten. Samen kunnen we de eenentwintigste eeuw gelijker, eerlijker en veiliger maken voor de hele mensheid.

1
De moed van moeders

Mijn moeder had het al twee keer eerder met vlag en wimpel doorstaan, toen ze beviel van mijn twee oudere zussen. Nu de weeën voor de derde keer vat kregen op haar lichaam, bij mijn geboorte, kende ze het gevoel maar maakte ze zich niet minder ongerust. Terwijl ze heen en weer liep in ons huis leken de pijn en de fasen van de bevalling het gewone patroon te volgen, maar was de afloop ervan bij lange na niet zeker. Zou het lot, met al zijn onverschillige wreedheid, haar kwellen met de pijn van foetale dystocie, de talrijke complicaties van een bevalling die ik later zo goed zou leren kennen?

Zo ja, dan was er weinig hoop. Mijn moeder was alleen, op een buurvrouw na die bij haar was sinds haar vliezen waren gebroken. Mijn zusjes waren naar vrienden gestuurd. Mijn vader was er niet, hij studeerde in het zuiden van de provincie.

De buurvrouw mompelde aansporingen en bemoedigingen. Ze liep in de pas met mijn moeder wanneer ze opstond en bette haar voorhoofd wanneer ze lag. Ze maakte een scheermesje klaar voor de laatste handeling van de bevalling, maar ze had geen medische kennis.

Het was 1955. We woonden in zo'n typisch huis met erf dat arme zwarte families in die tijd hadden: dunne houten en bakstenen wanden in ruwweg een rechthoek, met metalen platen eroverheen die ons beschermden tegen de tropische regenbuien die het hele jaar door in Congo vallen. Het meest basale menselijke bouwwerk, en we zien het vandaag de dag nog steeds wanneer gezinnen met weinig middelen beschutting nodig hebben.

Het bestond uit een enkel vertrek en was snel in elkaar geflanst naast andere waarin Congolese families huisden die in Bukavu een nieuw leven zochten. Bukavu, ooit een vissersdorpje aan de oevers van het Kivumeer, was inmiddels uitgegroeid tot een koloniale buitenpost in wat destijds Belgisch-Congo werd genoemd.

Bukavu ligt in het uiterste oosten van dit uitgestrekte territorium, een gebied dat zo groot is als West-Europa of de Verenigde Staten ten oosten van de Mississippi. Congo ligt net ten zuiden van de evenaar, dicht bij het midden van de wereld en het hart van Afrika, hoewel het nooit zo aanvoelt. Er zijn maar weinig plaatsen die zo fascinerend zijn – en het onderwerp van zulke donkere fantasieën – als Congo, en die toch zo verkeerd begrepen en over het hoofd gezien worden.

Wat zou er door mijn moeders hoofd zijn gegaan toen ze met de ongewisse uitkomst van een bevalling voor ogen ineenkromp van de pijn of tussen de weeën door rustte op een van de dunne, met ruwe katoen volgestopte matrassen waar we toen op sliepen? Veroorloofde ze het zich om aan haar eigen moeder te denken, die drieëntwintig jaar daarvoor was gestorven toen ze haar het leven schonk? Dat verlies was meer dan wat ook bepalend geweest voor haar armoedige jeugd en haar koppige persoonlijkheid.

Ook haar huwelijk was beïnvloed door dit verlies. De moeder van mijn vader was ook gestorven tijdens een bevalling, wat betekende dat ze allebei te maken hadden met ontberingen, zowel financieel als emotioneel, toen ze opgroeiden in het dorpje Kaziba, dat op een stevige dagmars door plantages en bossen ten zuidwesten van Bukavu ligt. Ze hadden allebei reden om heel blij te zijn dat ze gezegend waren met eigen kinderen, maar ook om bang te zijn voor problemen bij hun geboorte.

Er zijn uit die periode geen betrouwbare cijfers over moedersterfte in Congo, omdat de Belgische koloniale autoriteiten aldaar geen gegevens verzamelden. Uit een schatting op basis van de eerste nationale volkstelling die tussen 1955 en 1957 werd uitgevoerd, bleek dat de meeste vrouwen hun veertigste verjaardag niet haalden. De levensverwachting was slechts achtendertig jaar en het baren van een kind was een belangrijke doodsoorzaak.

Een bevalling zonder medische zorg was, en is dit voor miljoenen vrouwen nog steeds, een spelletje Russische roulette. Mijn moeder overleefde mijn geboorte – en die van mijn zeven jongere broers en zussen. Maar ik bijna niet.

Enkele dagen na mijn geboorte werd ik bleek en mijn gehuil werd snerpend hoog, en daarna zwak. Mijn huid werd flets en mijn lichaam koortsig. Toen ik niet wilde drinken, was duidelijk dat ik ernstig ziek was. Mijn moeder, die nog herstellende was van de bevalling, wist dat ze snel moest handelen en dat ze er alleen voor stond. Papa was alleen per brief bereikbaar.

Ze wikkelde me in een van haar *pagnes*, de omslagdoeken met kleurrijke patronen die in Congo als jurk worden gedragen, en bond me op haar rug met mijn slappe, hete rompje strak tegen haar aan gedrukt. Ze liet mijn twee zusjes, toen drie en zeven jaar oud, weer bij de buren achter en liep de heuvel bij ons huis af. Ze ging op weg naar een van de slechts twee medische hulpposten waar de zwarte bevolking van Bukavu destijds terechtkon, en ze wist dat het moeilijk zou worden om toegang te krijgen.

Beide hulpposten werden gerund door katholieken, en de betrekkingen tussen hen en protestantse families zoals de onze waren nog steeds gespannen. De katholieke kerk was een van de pijlers van het Belgische koloniale systeem, naast het overheidsapparaat en de private concessiebedrijven die de vrije hand hadden gekregen om grote stukken van het land te organiseren, te controleren en er grondstoffen aan te onttrekken.

De rivaliteit tussen de katholieken en protestanten ging terug tot de komst van de eerste golf Europeanen tussen circa 1875 en 1890 aan het begin van de 'Wedloop om Afrika', de concurrentiestrijd tussen de koloniale machten om grondgebied en grondstoffen. Jonge witte handelaren en soldaten gingen op avontuur, aangelokt door verhalen over een overvloed aan ivoor en enorme hoeveelheden edelstenen, terwijl politici in Londen, Parijs, Berlijn, Lissabon en Brussel plannen smeedden, intrigeerden en strijd voerden om hun rivalen te dwarsbomen.

Tegelijkertijd begon er nog een andere wedloop, met even verstrekkende gevolgen: die om de Afrikaanse zielen. In het kielzog van de koloniale handelaren, burgerwachten en slavenhandelaren volgden de eerste priesters en predikanten: verkondigers van het evangelie die niet geïnteresseerd waren in het najagen van materiële rijkdom, maar in een geestelijke verovering, hoewel sommige zich ook lieten afleiden door de rijkdommen van Congo. In 1878 kwamen Britse protestanten aan onder de vlag van de Livingstone Inland Mission, in de jaren daarna gevolgd door baptisten en methodisten uit Zweden en de Verenigde Staten. Twee Franse rooms-katholieke missies, waaronder de Witte Paters, waren vanaf 1880 actief.[1]

Het gebied was zeer uitgestrekt, de Congolese bevolking overwegend vijandig en de gevaren waren overduidelijk voor iedere bekeerder die het waagde om het onmetelijke, nog niet in kaart gebrachte binnenland in te trekken. Aanvankelijk was er geen reden voor rivaliteit tussen de verschillende religieuze gemeenschappen, die allemaal het gevoel hadden dat ze bezig waren met dezelfde 'beschavingsmissie'. Maar dit veranderde rond 1885.

De wereldmachten erkenden dat het territorium, dat oorspronkelijk Congo-Vrijstaat werd genoemd, onder de heerschappij viel van koning Leopold II van België. Leopold, die ontzettend graag wilde laten zien dat hij de macht had over zijn nieuwe kolonie – terwijl hij in werkelijkheid slechts een handjevol handelsposten had gevestigd langs de rivier de Congo –, riep in 1886 de hulp in van paus Leo XIII.

De paus verkondigde dat Congo voortaan zou worden bekeerd door Belgische katholieken. Het katholieke geloof werd een instrument van het kolonisatieproces, en de protestanten voelden zich in de marge gedrongen. Dit schisma leidde tot een scheuring tussen de vroege witte kolonisators en de Congolese gemeenschap toen steeds meer mensen zich bekeerden tot het nieuwe geloof.

Doodsbang, met een ziek kind op haar rug en wanhopig op zoek naar hulp, stapte mijn moeder in deze sektarische maalstroom toen ze aankwam bij de hulppost, een eenvoudig gebouw met één verdieping dat basale medische zorg bood, zoals vaccinaties, verbanden en antibiotica. Die laatste zouden nodig zijn om mijn leven te redden.

De hulppost werd gerund door Belgische nonnen, en mijn moeder vroeg hun om hulp. Huilend wikkelde ze me uit de doek. Tegen die tijd had ik ook moeite met ademhalen. Ze smeekte de nonnen aan mijn klamme huid te voelen en mijn geel wordende ogen na te kijken.

Maar de nonnen stuurden haar weg, ijskoud. Ze zeiden tegen haar dat de hulppost alleen voor katholieken was. Het christendom bestond op dat moment ongeveer vijfenzeventig jaar in Congo, maar de scheiding had zich verhard tot een muur die zo dik en onoverbrugbaar was dat leven en dood ervan konden afhangen. Mijn moeders smeekbeden bij de nonnen waren vergeefs.

Speelde de reputatie van mijn vader hierbij een rol? Hoewel hij destijds niet in de stad was, maakte hij in Bukavu steeds meer naam als de eerste Congolese protestantse predikant. Mijn moeder heeft nooit geweten of dit een verklaring was voor de vijandigheid van de nonnen.

Maar toen ze de heuvel weer op sjokte met haar sandalen en pagne, was ze ervan overtuigd dat ik tegen de ochtend dood zou zijn, en huilde ze dikke tranen van verdriet en bitterheid. Ze vervloekte de stompzinnigheid van religieus fanatisme en haar eigen onvermogen om er iets aan te doen.

Ze vertelde dat ze, toen ze later die avond thuis mijn slappe lijfje in haar armen wiegde, het gevoel had dat ze het leven uit me voelde wegglippen, dat ze me onder haar ogen verloor. Ze dacht na over de buurvrouw die mijn navelstreng had doorgesneden. Mijn moeder was er zeker van dat zij verantwoordelijk was voor de infectie die mijn lichaam had uitgeput.

'Ik kon zien dat ze iets verkeerd deed,' vertelde ze me later. 'Maar ik lag daar, ik was net van jou bevallen. Ik kon niets doen.'

Gezien haar beschrijving van de symptomen en de behandeling ben ik er vrijwel zeker van dat ik sepsis had, een bloedvergiftiging die fataal is voor een baby als hij niet wordt behandeld.

De meest voorkomende oorzaak van een infectie is dat de navelstreng wordt doorgesneden op de verkeerde manier of met een mes dat niet schoon is. Zodra de baby is geboren, moet de navelstreng op twee plaatsen worden afgeklemd om de bloedstroom in beide richtingen te stoppen, daarna wordt hij in het midden van de klemmen doorgesneden, waarbij een stompje van enkele centimeters achterblijft aan de kant van de baby. Dat is de correcte procedure.

De buurvrouw had hem te dicht bij mijn lichaam doorgesneden, waardoor er niet genoeg weefsel was overgebleven om de navelstreng goed af te binden. Hierdoor werd ik blootgesteld aan allerlei bacteriën. Mijn navel was in de dagen na mijn geboorte gaan lekken en etteren.

Het had mijn einde kunnen betekenen. Ik had een korte en pijnlijke herinnering kunnen worden voor ons gezin. Maar het was mijn tijd nog niet. Een andere dappere vrouw zou in de eerste dagen van mijn bestaan in mijn leven komen, een voorloopster van de vele andere vrouwen die ik sindsdien heb ontmoet. Ik heb mijn leven aan haar te danken.

Het leven in Congo hangt vaak af van toevallige ontmoetingen. In tijden van nood kom je misschien een meelevende onbekende tegen, en op een moment dat je het helemaal niet verwacht tref je een man met een wapen. In een wereld van chronische onvoorspelbaarheid lijkt de goddelijke hand van de Voorzienigheid voortdurend aan het werk, wat mogelijk verklaart waarom Congolezen zo bijgelovig en tegelijkertijd zulke trouwe gelovigen zijn. We modderen allemaal door en proberen onszelf en onze familie te beschermen, terwijl ons leven lijkt af te hangen van krachten buiten ons gezichtsveld. Dit ging net zo goed op in 1955 als vandaag de dag.

Mijn moeder was bang dat Magere Hein bij ons zou aankloppen, maar intussen had iemand in de buurt ontwikkelingen in gang gezet die me zouden redden. Diegene – we zijn er nooit achter gekomen wie het was – was naar een zendelinge en lerares gegaan die in een klein bakstenen huis onder aan de heuvel woonde. Rond drie uur 's nachts had de onbekende een handgeschreven briefje afgeleverd waarin mijn moeders hachelijke situatie werd uitgelegd.

De zendelinge kwam uit Zweden, een vrouw van eind twintig of begin dertig die Majken Bergman heette. Ze had ervoor gekozen om in ons deel van Bukavu te wonen, een van de zeer weinige Europeanen die een zwarte buurt verkoos boven het comfort en de vertrouwdheid van het witte centrum van de stad. In de strikt gescheiden samenleving van die tijd was zij misschien wel de enige in de stad die door de vooroordelen bij de hulppost kon breken.

Majken las dat de pasgeboren zoon van predikant Mukwege ernstig ziek was en dat de nonnen hadden geweigerd hem te behandelen. Ze stond onmiddellijk op, kleedde zich aan en ging bijgelicht door een zaklamp naar ons huis. Mijn moeder lag te doezelen met mij in haar armen. In eerste instantie schrok ze, maar daarna kwam ze bij Majken zitten en vertelde haar hoe wanhopig ze was over wat ze eerder die dag had meegemaakt toen ze vergeefs probeerde een verpleegkundige te spreken te krijgen.

Majken beloofde dat ze zou helpen.

Bij het eerste daglicht vertrok ze naar de andere hulppost in de stad en vertelde de nonnen daar dat mijn toestand kritiek was en betoogde dat het deels hun schuld zou zijn als ik doodging doordat zij weigerden me toe te laten. Ze gaven haar een rood bewijs voor een noodtoelating dat Majken naar mijn moeder bracht met de mededeling dat ze het meteen moest gebruiken. Dankzij dit formulier kon ze de lange rij buiten omzeilen en meteen met mij naar de afdeling gaan.

Ik kreeg onmiddellijk een eerste dosis penicilline en de nonnen vroegen mijn moeder om over zes uur terug te komen. In de tijd dat ze moest wachten voor ze kon teruggaan, waakte mijn moeder thuis over me en zocht ze naar tekenen van verbetering terwijl mijn kleine borstkas rees en daalde in het ritme van mijn oppervlakkige in- en uitademen. Sindsdien heb ik deze symptomen en de angstige blik van moeders die zoeken naar een teken van verbetering duizenden keren gezien.

Na de tweede dosis antibiotica was mijn toestand nog steeds niet vooruitgegaan. De nonnen probeerden mijn moeder gerust te stellen. 'Het zal veranderen, hij zal erop gaan reageren,' zeiden ze tegen haar.

Pas tegen het einde van de dag, toen ik de derde spuit kreeg, ging ik dieper ademhalen en begon het waas van pijn uit mijn gezicht weg te trekken. De volgende morgen was de koorts gezakt.

Mijn moeder is Majken Bergman nooit vergeten. 'Dankzij haar leef jij nog,' zei ze altijd tegen mij. In 2009, toen ik was uitgenodigd om in Stockholm een Zweedse mensenrechtenprijs in ontvangst te nemen, stelde mijn moeder voor om Majken uit te nodigen voor de ceremonie en het galadiner.

Ze was toen een fragiele dame van diep in de tachtig, maar haar herinneringen aan Congo waren nog springlevend. Onze ontmoeting leek een reünie met een grootmoeder die ik in geen jaren had gezien. We omarmden elkaar en lachten. Ze was na mijn geboorte een hechte vriendin van ons gezin geworden en de uitnodiging voor de ceremonie ontroerde haar. Ze deed me terugdenken aan de spelletjes die ze in mijn kindertijd met me speelde.

Mijn moeder hield tijdens het diner een toespraak en vertelde iedereen dat Majken de echte ster onder de aanwezigen was, een vrouw die haar leven had gewijd aan het helpen van anderen en zonder wie niemand van ons daar aanwezig zou zijn geweest. Ze was in verlegenheid gebracht, en toen daarna een donderend applaus opklonk in de zaal stonden er tranen in haar ogen.

Tot aan het einde van haar leven in 2019, toen ze zevenentachtig was, bleef mijn moeder een vrome vrouw. Ook was ze ervan overtuigd dat mijn moeizame geboorte de richting had bepaald voor de rest van mijn leven. 'Toen we de hulppost in liepen, heeft God een boodschap in jouw hart geplaatst,' zei ze altijd. 'Dat je anderen moest helpen, zoals ook jij geholpen was.'

Ik heb me altijd ongemakkelijk gevoeld bij dat idee van lotsbestemming, omdat ik zo sterk geloof in het idee van de menselijke factor. Ik geloof dat God ons heeft geschapen, maar daarna heeft hij ons de vrijheid gegeven om onze eigen beslissingen te nemen. In het idee van lotsbestemming schemert door dat we op de een of andere manier passieve schepsels zijn die een vooraf bepaalde richting volgen. Ik geloof dat we voortdurend worden geconfronteerd met keuzes, om actief of passief te zijn, om ons geweten te volgen of te negeren, en dat we deze vrijheid ten goede of ten kwade gebruiken. Mijn moeder was er echter van overtuigd dat mijn weg was voorbestemd.

Misschien had ze gelijk dat de beroering rond mijn geboorte en mijn familiegeschiedenis invloed had op mijn latere leven. Als arts ging mijn aandacht in de eerste plaats uit naar het bestrijden van de vaak fatale afloop van een bevalling, een loterij die elk jaar honderdduizenden vrouwen over de hele wereld het leven kostte omdat ze een kind moesten baren in onveilige omstandigheden. Er overlijden nog steeds baby's als gevolg van onwetendheid en nalatigheid. Moedersterfte, kindersterfte en neonatale sterfte zijn in het Westen teruggebracht tot een onbetekenend niveau, maar blijven grote delen van onze planeet teisteren, waaronder Congo.

Ik verbaas me nog steeds over de moed van mijn moeder toen ze thuis beviel van mij en mijn broertjes en zusjes in de wetenschap dat een infectie, een stuitbevalling of een post-partumbloeding voor haar, net als voor mijn twee oma's, een doodvonnis kon zijn.

En ik blijf de onbaatzuchtigheid van Majken bewonderen, die de klop op haar deur in het holst van de nacht had kunnen negeren of had kunnen besluiten dat het leven van een arm zwart kind, aan wie al eens een behandeling was geweigerd, niet kon worden gered. Maar ze luisterde niet naar de verleidelijke roep van apathie of defaitisme. Ze begreep dat haar identiteit haar macht en verantwoordelijkheid gaf.

Mijn geboorteplaats Bukavu lag oorspronkelijk op vijf schiereilandjes die als uitgespreide vingers in het Kivumeer staken. In fel zonlicht krijgt het meer een turquoiseachtig blauwe tint zoals het water in de Caraïben of van de Middellandse Zee. In de volmaakte stilte aan het einde van de dag is het water een steeds iets veranderende spiegel waarin de omliggende heuvels en bergen weerspiegelen. In de avondschemering bieden ze een aanblik waar ik nooit genoeg van krijg: ze hebben een oranje gloed en daarna kleuren ze roze als de zon ondergaat. Vervolgens inktachtig blauw, dan asgrijs en zwart, en elke schakering ertussenin.

Het ademt een magnetische en geheimzinnige schoonheid. In de diepte van het meer zouden zich enorme voorraden methaangas bevinden, waardoor daar bijna geen leven meer voorkomt.

De temperatuur schommelt hier het hele jaar door rond een warme twintig graden Celsius, dankzij de ligging op ongeveer 1500 meter. We kennen hier niet de verzengende hitte of de hoge vochtigheidsgraad van onze hoofdstad Kinshasa, ruim 1900 kilometer verder naar het westen aan de andere kant van het land.

Het is hier altijd lente, zelden te warm, nooit echt koud. Het hele jaar door staan er planten in bloei. De enige grote variabele is de regen, die in het natte seizoen plotseling begint, soms met een donderslag. Hij gutst in grote stromen neer en houdt dan net zo plotseling op als hij begon. Als de wolken optrekken en de felle equatoriale zon weer schijnt, is binnen enkele uren het slappe natte gras weer puntig en droog, zijn de wegen van dikke modder weer hardgebakken en bedekt met fijn rood stof dat zich in je haren en wimpers ophoopt.

Het roodachtige bruin van de modder, dat doet denken aan de kleur van opgedroogd bloed of zware roest, is een van de basiskleuren van het beperkte palet van Oost-Congo. Die kleur zie je overal waar de mens of de natuur de aarde heeft blootgelegd, en hij steekt af tegen het heldere groen van de dikke, kruipende vegetatie die onze hellingen en valleien bedekt.

Ik zeg 'beperkte palet' omdat groen en bruin, de kleuren van groei en natuur, zo dominant zijn in Congo. We delen onze geboortegrond met het op het Amazonegebied na grootste tropische regenwoud ter wereld, een vaak ondoordringbare deken die zich van de oostgrens uitstrekt tot in het verre westen.

In het bos kom je hier en daar wel wat bloemen tegen: de gele bloei van de mangoboom, de paarse kroon aan de takken van de passievrucht, de driehoekige rode en gele pluimen van de heliconiapalm. Maar toch wordt het zicht vooral gedomineerd door die verzadigde basiskleuren: het levendige groen en het roestachtige bruin.

Onder het bladerdak waaieren de donkere stroompjes en waterwegen uit naar de machtige, bochtige ruggengraat van ons land, de rivier de Congo. Die begint in het zuidoosten, stroomt in noordelijke richting, buigt vervolgens af naar het westen en gaat met een gigantische bocht van meer dan negentig graden naar de Atlantische Oceaan, waar hij zijn schuimende sedimentrijke inhoud met zo'n kracht in uitstort dat in de zeebodem een enorme canyon is ontstaan.

Het landschap rond Bukavu rijst steil op van de grillige oevers van het meer. Zelfs de vijf schiereilanden van de stad hebben steile hellingen vol ribbels en ravijnen. Daarachter, verder naar het binnenland, verheffen de rotsen zich in steeds grotere aardplooien en hellingen. Helemaal in de verte liggen de bergen – de ongeveer drieduizend meter hoge Biéga en Kahuzi – die soms niet te zien zijn als er wolken rond hun top hangen.

Op een kleine honderd kilometer van Bukavu liggen ook actieve vulkanen, waaronder de Nyiragongo, een rommelende krater die geregeld uitbarst en lava en as in het meer spuwt. De vulkanische activiteit zou zo'n twintigduizend jaar geleden de richting waarin het Kivumeer uitstroomt hebben omgekeerd, waardoor het water nu naar het zuiden stroomt naar het Tanganyikameer in plaats van naar het noorden.

Het landschap van mijn geboortegrond en de rijkdommen die zich eronder bevinden zijn gevormd door de tektonische activiteit waaraan de regio zowel haar unieke schoonheid als haar overvloed aan grondstoffen heeft te danken. Door het openscheuren en de vernieuwing van het aardoppervlak in de loop van honderden miljoenen jaren is Congo gezegend met die grote rijkdom aan mineralen zo verleidelijk dicht aan de oppervlakte. Een koloniale landmeter noemde Congo een 'geologisch schandaal'.

In de tijd dat ik geboren werd, kende Bukavu een strikte segregatie volgens een apartheidachtig systeem. De Europese wijk in het centrum was een plek met villa's aan het water, witte mannen in pakken met glimmend achterovergekamd haar en vrouwen in katoenen jurken. Er lag een voetbalveld, er was een bibliotheek en er stonden art-decogebouwen.

Het centrum was een replica van een Belgische stad – rustig, ordelijk, schoon – maar dan met grotere huizen en tropische tuinen. Er waren prachtige scholen op grote, lommerrijke terreinen voor de kinderen van de Europese kolonisten. Onze kathedraal met zijn grote, witte bogen en koepelvormige dak kwam daar tegen 1950 bij.

Rond dit centrale gebied lag de zogenoemde Aziatische wijk, waar de Indiase en Pakistaanse kooplieden woonden die vanuit hun woonhuis handeldreven. Verder weg van het meer, in de heuvels, lagen twee afgelegen zwarte voorsteden: Kadutu, waar wij woonden, en Bagira.

Elke morgen stroomden er vanaf het eerste daglicht duizenden mannen vanuit deze gebieden naar hun werk als kruier, bewaker, schoonmaker of tuinman in het centrum van de stad, of als arbeider naar de plaatselijke brouwerij, de farmaceutische fabriek of de stoffenfabriek. Verder buiten de stad lagen de uitgestrekte commerciële plantages waar citrusfruit, bananen, koffie en thee werden verbouwd voor de export.

De kolonialisten – *les colons* zoals ze in het Frans werden genoemd – hadden hun leven onder de loodgrijze luchten in Noord-Europa verruild voor de warmte van de tropen. Ondanks de dreiging van ziekten – malaria was nog steeds een belangrijke doodsoorzaak, net als gele koorts – vonden veel Europeanen dat zij het paradijs hadden gevonden.

Vanaf 1950 kwamen er avontuurlijke buitenlandse toeristen naar Bukavu op vakantie. Ze zaten onder de bougainvilles en nipten aan geïmporteerde wijn in een omgeving die deed denken aan een tropische Côte d'Azur. De stad droeg destijds, en tot 1954, de naam Costermansville, naar een Belgische officier en vicegouverneur.

De vakantiegangers werden rondgereden in ingevoerde Amerikaanse en Europese auto's met glanzende chromen elementen die zich over gladde wegen omzoomd met bloemperken, palmen en koraalbomen haastten. Hun Belgische gastheren namen hen mee in hun speedboot of jacht. Waterskiën op het Kivumeer was een populair tijdverdrijf.

Het was goedkoop, veilig, zonnig en exotisch. Als de bezoekers genoeg hadden van het uitzicht op het meer bij Bukavu en van een verfrissende ochtendduik, konden ze een raderboot nemen naar Goma aan de noordpunt van het meer om de Nyiragongo te bekijken, die mooi en dreigend uittorent boven de inwoners. In het Nationaal Park Virunga, waar enkele van de schitterendste landschappen van heel Afrika liggen, waren safari's om gorilla's, leeuwen en wilde olifanten te zien.

Na mijn door ziekte geplaagde start in 1955 bracht ik mijn eerste jaren door bij mijn liefhebbende en vindingrijke moeder, mijn hardwerkende vader en ons alsmaar uitdijend gezin. Met de groei van mijn vaders kerk groeide ook onze sociale status, wat leidde tot betere leefomstandigheden.

We verhuisden verschillende keren en in mijn late kindertijd betrokken we een groter met hout betimmerd huis met elektriciteit en stromend water dat was gebouwd in het kader van grootschalige openbare werken van de Belgische autoriteiten die de leefsituatie van de zwarte bevolking moesten verbeteren.

Ik herinner me de houten eettafel en de stoelen met de katoenen kussens, onze bank en de planken met mijn vaders bijbels en religieuze boeken. Mijn ouders hadden een grammofoon en een radio die we met een grote centrale draaischijf konden afstemmen op de nationale zender of op de plaatselijke zender in Bukavu. Er waren drie slaapkamers, een voor mijn ouders, een voor mij en mijn broertjes en een voor mijn zusjes. Het was rudimentair, sober met een opmerkelijk gebrek aan het comfort van een hedendaags huis. Maar voor die tijd, en vooral voor een gezin met onze achtergrond, was dit het toppunt van luxe.

Het huidige Bukavu lijkt in niets meer op de stad uit mijn kindertijd. Ik weet nog dat we over goed onderhouden stoepen liepen langs de rand van asfaltwegen, die zo glad waren dat ik erover kon rolschaatsen met mijn zus – en dat deden we, al was het levensgevaarlijk. Bij elk huis stond een fruitboom in de tuin.

De onafhankelijkheid betekende het einde van dit leven en de toenmalige strenge rassenscheiding. Ik was destijds vijf en mijn herinnering is fragmentarisch. Ik herinner me vaag dat mijn ouders me in 1960 hebben meegenomen naar een politieke toespraak in Bukavu, de eerste in mijn leven. Hoewel de woorden me niets zeiden, ben ik nooit vergeten hoe het was om tussen zo'n enorme menigte Congolezen te staan. De spreker was dé held van die tijd en is nu in delen van Afrika een icoon: Patrice Lumumba, een tanige man met een geitenbaard en een half-framebril.

Kort daarna, eerder dan iedereen verwachtte, werd hij de eerste premier en democratisch gekozen leider van de onafhankelijke Republiek Congo. Het was het einde van vijfenzeventig jaar Belgische heerschappij.

De eerste twintig jaar daarvan was Congo beschouwd als het persoonlijke eigendom van koning Leopold II, wat hem enorm rijk maakte en hem, een tijdlang, het aanzien gaf van een grote weldoener. Zodra de tirannie en roofzucht van zijn bewind werden onthuld, werd hij vanwege zijn Afrikaanse bezit een internationale paria.

Ik kan me het dansen en de muziek op de dag van de onafhankelijkheid, 30 juni, nog herinneren. Vier dagen lang vierde het land feest. Overal hing de nieuwe vlag: blauw met gele sterren. Er was vuurwerk, muziek en bier en er werden wielerwedstrijden gehouden. Het waarom snapte ik als kind van vijf niet, maar ik vond het fijn om mee te doen aan de festiviteiten.

In werkelijkheid erfden Lumumba en de andere postkoloniale leiders een staat met een lege schatkist en een land met vijftien miljoen inwoners dat slechts enkele tientallen academici telde. België liet een Congo achter dat rampzalig slecht was voorbereid op zijn onafhankelijkheid. Bovendien werd de voormalige kolonie alleen vrijheid vergund voor zover haar hulpbronnen en grondgebied toegankelijk en stevig verankerd binnen de invloedssfeer van het Westen zouden blijven.

Toen Lumumba toenadering zocht tot de Sovjet-Unie omdat hij hulp nodig had vanwege een opstand in het leger, de immense economische problemen en een afscheidingsbeweging in het zuiden, was zijn lot bezegeld. Hij bekleedde zijn ambt maar drie maanden. Binnen zes maanden zou hij dood zijn: ontvoerd en vermoord, met medeweten van België en Amerika.

Toen na het uitroepen van de onafhankelijkheid de zwarte wijken in Bukavu feestvierden, rouwden de inwoners van het centrum van de stad en vertrokken. Huizen werden ontruimd, verhuiswagens verschenen en er klonk ongewoon veel vliegtuiglawaai aangezien gezinnen vochten om plaatsen voor een vlucht naar het veilige Europa.

Dit was het begin van een grote exodus van Europeanen als reactie op de toenemende vijandigheid jegens hen en op verslagen en geruchten – sommige waar, andere overdreven – over aanvallen op de witte gemeenschap. Thuis zouden ze met nostalgie terugkijken op hun tijd in een Afrikaanse idylle.

Door hun vertrek verloor het land de essentiële vaardigheden, bestuurlijke kennis en knowhow die nodig waren om een nieuwe en onvolgroeide natiestaat te leiden.

Mijn grootouders en overgrootouders waren getuige geweest van de beweging in de tegengestelde richting: de eerste Europeanen die aankwamen in ons geboortedorp Kaziba. Onze gemeenschap, de BaziBaziba, woont in het dal waarin Kaziba ligt. De vallei wordt omringd door hoge beboste bergkammen en is dankzij de plaatselijke metaalindustrie welvarender dan andere in dit gebied.

De BaziBaziba waren van oudsher kundige ambachtslieden die van koper- en ijzererts landbouwwerktuigen en sieraden maakten, die werden verkocht in het hele Grote Merengebied, dat tegenwoordig Oost-Congo, Rwanda, Burundi en Oeganda omvat. Onze andere specialiteit was het maken van oorlogstuig, zoals pijlpunten en speren.

Door die laatste vaardigheid, én de sterk onafhankelijke geest van het dal, konden de BaziBaziba de rooftochten afweren van Arabische ivoor- en slavenhandelaren, die vanaf begin negentiende eeuw vanuit de oostkust van Afrika Oost-Congo binnendrongen. Ze waren echter niet opgewassen tegen de wapens van de Europese indringers.

Mijn voorouders waren getuige van een heftige economische, politieke en sociale schok. Volgens een decreet waren alle minerale rijkdommen eigendom van het nieuwe koloniale bestuur. De plaatselijke mijnen werden zodoende eigendom van de Congo-Vrijstaat van Leopold II en het was de 'inheemse bevolking' verboden om ze in bezit te hebben.

In één klap kwam er een einde aan de lokale metaalindustrie. Veel ambachtslieden gingen zich toeleggen op de handel in kostbare metalen, vooral goud, dat in dit gebied in overvloed was te vinden. Ook vandaag de dag kun je er nog mensen tot hun knieën in de stroompjes en rivieren bij Kaziba zien staan met een goudzeef.

Ieder traditioneel stamhoofd dat zich verzette tegen het nieuwe koloniale regime, of dat nu het bestuur was of een privaat concessiebedrijf, kon rekenen op vergelding. Ons stamhoofd werd verbannen naar het dorp Kalehe, zo'n 160 kilometer verderop, waar hij in de gevangenis stierf. Anderen werden gewoon vermoord. In elk van die gevallen was het gevolg enorm destabiliserend voor gemeenschappen die waren opgebouwd rond het respect en de verering van tribale boegbeelden, die *mwami's* werden genoemd.

Ik weet nog dat ik als kind mijn ouders hoorde praten over de tijd dat het stamhoofd werd weggestuurd. Hoe groot de impact was is te horen in een uitdrukking die nu, honderd jaar later, nog in gebruik is in Kaziba: de term *mboje Kalehe* wordt gebezigd wanneer iemand zweert dat het waar is wat hij zegt, op straffe van verbanning naar Kalehe als het niet zo is.

Door het wegkwijnen van de plaatselijke maakindustrie zagen de dorpelingen zich gedwongen om geïmporteerde machetes, metalen werktuigen en wielen te kopen, ook al hadden zij die nog maar enkele jaren daarvoor zelf gemaakt.

Het koloniale systeem veranderde in Kaziba ook de relaties tussen geslachten. De Europeanen brachten een nieuw monetair stelsel met zich mee dat geleidelijk de ruilhandel verdrong waarin landbouwproducten en vee hadden gediend als de belangrijkste ruilmiddelen. In het vroegere systeem waren vrouwen verantwoordelijk voor het opslaan en beheren van de jaarlijkse landbouwproductie van de familie volgens de strenge matriarchale tradities van de gemeenschap.

Met de invoering van de Congolese frank in 1887 ging de economische macht geleidelijk over naar de mannen. Het beheren van geld werd steeds meer beschouwd als een mannelijke competentie. En als de mannen naar hun werk als kruier of als arbeider in een mijn of op een plantage gingen, verdienden ze geld dat zij verdeelden en onder beheer hadden. Vrouwen verloren de macht die zij ooit bezaten om de middelen van het gezin te beheren.

Het andere belangrijke 'invoerartikel' werd meegebracht door een groep protestantse Noorse predikers die in 1921 aankwamen en vroegen of ze een zendingspost mochten bouwen. Hun besluit om zich in Kaziba te vestigen zou grote invloed hebben op het dorpsleven, in het bijzonder op mijn ouders en vervolgens op mij.

De Noorse delegatie ging zich, met steun van het Belgische bestuur, voorstellen bij onze mwami thuis, die hun aanbod om het dorp te helpen aanhoorde. Misschien omdat hij het gevoel had dat hij geen keuze had of omdat hij werd gedreven door gastvrijheid, stemde hij ermee in om de zendelingen een stuk land toe te wijzen helemaal aan het uiteinde van het dal, een moerasachtig, niet gecultiveerd stuk grond naast de rivier. Omdat onze mwami wist welke moeilijkheden hun te wachten stonden, ging hij er misschien van uit dat die vreemde witte bezoekers de ontberingen te erg zouden vinden en naar elders of terug naar huis zouden gaan.

Met een vastberadenheid waar hij niet op had gerekend, en gefinancierd door hun congregaties thuis in Noorwegen, wisten de zendelingen zich er langzaamaan permanent te vestigen. Aanvankelijk werden ze vijandig bejegend, maar vooral dankzij hun medicijnen en onderwijs slaagden ze erin te integreren.

Al snel ging het verhaal rond dat de *muzungu* (letterlijk: witte man) veel doeltreffender wonden konden genezen en koorts konden behandelen dan de lokale medicijnman met zijn smeersels en bezweringen. De zendelingen hadden ontsmettende en koortswerende middelen, medicijnen tegen ringworm en darmparasieten, en een voorraad schoon verband.

Bij elk bezoek aan hun provisorische kliniek preekten zij. Ze waren vooral geïnteresseerd in de plaatselijke kinderen, onder wie weeskinderen en kinderen die gevangenzaten in armoede zoals mijn ouders. Ze bouwden ook een kleine houten kapel en begonnen vervolgens een school, waar de leerlingen voor het eerst de kans kregen om te leren lezen en schrijven zodat ze de Bijbel konden bestuderen. Hoewel veel ouders wantrouwend waren – als ze hun kinderen naar school stuurden konden die niet op de akkers werken of het vee hoeden – zagen sommige de voordelen van geletterdheid.

Aanvankelijk lieten nog maar weinig mensen zich dopen, maar de congregatie groeide tot bijna iedereen zich had bekeerd. De zendelingen zagen zichzelf, net als koning Leopold II en de Belgische staat, als onderdeel van een grote beschavingsmacht die de achterlijke Afrikaanse gebruiken zou vervangen door Europese denkwijzen en tradities.

Voordat de bekeerlingen werden gedoopt moesten ze de koperen en gouden armbanden en halskettingen afdoen die van generatie op generatie als familiestukken waren doorgegeven. Ze hoorden al eeuwenlang bij de lokale tradities. Bekeerlingen beloofden hun geloof in de geesten van hun voorouders en de God die ze hadden aanbeden – Namuzinda, 'Hij die zich aan het einde van alles bevindt' – op te geven. Het roken van een pijp met plaatselijk geteelde tabak, een populair tijdverdrijf onder mannen, werd als zondig beschouwd, net als het drinken van bananenwijn.

Het dorpsleven had ook altijd gedraaid om de Aha-Ngombe, een openbare ruimte waar mannen elkaar troffen om dorpszaken te bespreken, geschillen te beslechten en de geschiedenis van de streek aan een jongere generatie door te geven via de traditionele mondelinge overlevering. Er werd ook muziek gemaakt. Je kon er de lokale gitaar, de *lulanga*, horen en de *karhero*, een fluit, of de *likembe*, een soort metalen duimpiano. De muziek en onze muzikanten werden verketterd; ze zouden satanisch zijn.

De komst van het christendom leidde tot een breuk met dit verleden, zelfs al werd het nieuwe geloof gewillig aangenomen door de gemeenschap, onder wie mijn ouders. Maar deze vroege vorm van het christendom streefde er niet naar om onze lokale spirituele en sociale tradities te verrijken of zich ermee te vermengen, maar wilde ze volledig vervangen en verdringen. Het was in veel opzichten een culturele catastrofe waarin heel veel dierbare en eeuwenoude gebruiken werden bestempeld als primitieve en gedegenereerde gewoonten.

Ik zou willen dat er een zekere aanpassing was geweest, een uitruil, de erkenning dat beide kanten, de Europese en de Afrikaanse, van elkaar konden leren. Maar zo werd toen niet gedacht. Als het wel zo was geweest, zou je nu in de kerken misschien nog steeds de lulanga of de karhero kunnen horen in plaats van een orgel.

Papa was een van de eersten die zich bekeerde. Hij was in 1922 geboren in een arm gezin van voormalige metaalarbeiders zonder vee of land, en werd wees toen hij vier was. Zijn moeder overleed tijdens een bevalling en zijn vader leefde daarna nog maar een paar jaar voordat hij aan een ziekte bezweek.

Papa werd opgenomen door zijn tante, die haar best deed om naast de zorg voor haar eigen kinderen ook voor hem te zorgen. Toch voelde hij zich in zijn jeugd een buitenstaander in het enige thuis dat hij zich kon herinneren. En eenmaal opgegroeid tot jonge man zag zijn toekomst er somber uit: zonder land zou hij op zijn best als landarbeider zijn kostje bijeen kunnen scharrelen. Omdat hij geen behoorlijke bruidsschat kon betalen, waren zijn kansen op een huwelijk al net zo troosteloos.

De kerk bood een uitweg. Hij ging naar school op de zendingspost en nadat hij was gedoopt bleef hij bij de zendelingen. Hij werd een van de eerste Congolese predikers die deze piepkleine post aan het moerasachtige eind van het dal had voortgebracht. Begin jaren veertig kwam mijn destijds tienjarige moeder als leerlinge naar de school.

Ze was er door haar broers naartoe gestuurd zodat ze een opleiding kreeg als jongste en zwakste van de vier kinderen. Ze hadden zich allemaal zelf moeten redden nadat hun moeder, mijn grootmoeder, was overleden bij de geboorte van mijn moeder. Hun vader was hertrouwd en zijn tweede vrouw had een ultimatum gesteld: hij moest kiezen tussen haar of zijn eerdere kinderen. Ze wilde niets met hen te maken hebben.

Zodoende werd mijn moeder opgevoed door haar oudere broers. Ze deden hun best om voor een beetje eten te zorgen, met af en toe een vis of kikker. Ze had als kind voortdurend problemen met haar gezondheid, iets wat de rest van haar leven ook zo zou blijven.

Toen ze klaar was met haar schoolopleiding – ze was toen een jaar of vijftien – stemde ze toe in een huwelijk met mijn vader. Hij had tegen die tijd al besloten dat hij predikant wilde worden. Hij zette zijn bekeringswerk voort in het dorp, maar na enkele jaren begon hij verder weg te trekken, ook tot over de grens met wat nu Rwanda is. In die eerste jaren van hun huwelijk was hij lange perioden weg en werkte hij een tijdlang voor een door Zweden gerunde zendingspost aan de Congolees-Rwandese grens. Maar uiteindelijk vestigde hij zich in 1949 in Bukavu en nog datzelfde jaar kwam mijn moeder bij hem wonen.

Hij was de eerste Congolese predikant in Bukavu en werkte aanvankelijk vanuit de huizen van andere protestanten. Hij gebruikte een tijdje het huis van een plaatselijke rechter om voor te gaan in diensten. Aangezien zich steeds meer mensen bekeerden, gingen ze hun erediensten in het openbaar houden, buiten in de schaduw van een boom in een van de zwarte voorsteden. Begin jaren vijftig kregen hij en een Zweedse zendeling van het koloniale bestuur groen licht om een kerk te bouwen.

Het was een moeilijke tijd, zowel materieel als spiritueel. Hij had een bescheiden salaris en worstelde mijn hele jeugd met het betalen van het schoolgeld voor zijn kinderen. Hij raakte ook verwikkeld in de chaos waarin Congo terechtkwam in de eerste jaren na de onafhankelijkheid in 1960.

Ik weet nog dat ik in 1961, toen ik zes was, met mijn moeder en mijn zusjes in zijn kerk zat toen zwaarbewapende troepen de dienst onderbraken en een Zweedse collega van mijn vader naar buiten sleepten op bevel van de plaatselijke gouverneur die het vertrek van de Europese kolonisten wilde bespoedigen.

Ik hoor in gedachten nog steeds het geluid van militaire laarzen op de betonnen vloer, ik herinner me de angstige grimas van de Zweedse predikant en dat ik te bang was om me om te draaien en naar ze te kijken toen ze weggingen. Het was mijn eerste kennismaking met geweld. Papa werd enkele dagen later gearresteerd en op het politiebureau werd een vuurwapen tegen zijn hoofd gezet.

Drie jaar later, in 1964, veroverden rebellen die tegen de regering waren Bukavu en schoten meerdere mensen dood op de binnenplaats van de kerk. Drie jaar daarna waren het witte huurlingen die op hun beurt de stad bezetten, waardoor we noodgedwongen te voet weer een veilig onderkomen op het platteland moesten zoeken.

Het was beide keren een pijnlijke ervaring dat we ons huis moesten verlaten, voor mijn ouders maar vooral voor ons als kinderen. Ik herinner me hoe bang we waren, eerst voor onze veiligheid en daarna voor wat er zou gebeuren terwijl we weg waren, en of we ooit terug konden gaan. In 1967 werd ons huis per abuis gebombardeerd door een vliegtuig van de Congolese luchtmacht, waarbij twee jonge vrienden van ons gezin werden gedood: Leah van dertien en Job van twintig, die in mijn kamer lagen te slapen.

Die gebeurtenissen bereidden me voor op andere evacuaties en perioden van verbanning, want er zijn er sindsdien nog veel geweest. Ik raakte al vroeg de illusie kwijt dat mijn ouders of onze gemeenschap of nog minder de Congolese staat mij tegen gevaar konden beschermen. Het enige positieve wat hierover te zeggen valt, is dat het mijn aandacht richtte op wat echt belangrijk was: de gezondheid en veiligheid van de mensen die mij dierbaar waren. Misschien verklaart dit waarom ik nooit geïnteresseerd ben geweest in het vergaren van bezittingen, omdat ik wist dat je ze elk moment kon kwijtraken.

In tijden van vrede bevond mijn vader zich in de frontlinie van de spirituele strijd die me bijna het leven kostte als pasgeboren baby. Hij werd door sommige katholieken als een bedreiging gezien, en ik weet nog dat ik als kind doodsbang was wanneer er tijdens een dienst van buiten stenen op het blikken dak van de kerk werden gegooid die met een donderende klap neerkwamen. Soms vlogen de deuren open en werd de congregatie met stenen bekogeld, zodat we dekking moesten zoeken onder de ruwe houten kerkbanken. Ook de diefstallen waren een voortdurend probleem.

Ik kreeg mijn eerste onderwijs in Bukavu bij een instelling die door Zweedse zendelingen werd gerund. Daar moest ik een blauw-geel uniform dragen, de kleuren van de Zweedse vlag. We waren dus onmiddellijk te herkennen als protestanten, en daarmee een doelwit voor de plaatselijke katholieke jongens. Van school naar huis gaan was zoiets als spitsroeden lopen – we werden uitgescholden, bedreigd en soms nog erger – en de deur uitgaan om boodschappen te doen vergde moed. Tegenwoordig zijn deze dagelijkse vijandigheden verleden tijd, hoewel vooroordelen nog steeds de kop op kunnen steken. Ik moest opboksen tegen ernstige bedenkingen van mijn eigen gemeente toen een van mijn dochters met een katholieke man wilde trouwen.

Mijn vader was niet zo'n hel en verdoemenis predikende man zoals we die nu zien in sommige hedendaagse kerken en op televisie. Hij sprak op vriendelijke toon, en was ernstig en zeer religieus. Zijn gezag vloeide voort uit zijn kennis van de Schrift en het voorbeeld dat hij gaf met zijn mededogen voor anderen. Hij had er geen moeite mee om mensen in het openbaar toe te spreken en onder vier ogen raad te geven, maar hij luisterde ook altijd aandachtig.

Als jonge knul ging ik zo vaak mogelijk met hem mee wanneer hij bezoeken aflegde in zijn gemeente, vooral op zondag. Naast het voorgaan in diensten in zijn nog piepjonge kerk, had hij ook toestemming om een klein aantal protestantse soldaten te bedienen in een kapel op het militaire hoofdkwartier in Bukavu. Hij begon om halfvijf 's morgens en had strikte orders dat hij om zes uur klaar moest zijn, wanneer de katholieke mis begon.

We stonden dan om drie uur 's morgens in het donker op, en liepen vervolgens de acht kilometer naar de andere kant van de stad. Van het militaire hoofdkwartier gingen we naar een politiekazerne voor de volgende dienst. Ik volgde mijn vader als een schaduw, keek naar hem op en luisterde naar zijn preken vanaf de voorste kerkbank en droeg zijn bruine leren tas als we onderweg waren.

Hij was altijd onberispelijk gekleed in een donker pak met stropdas – ik had daarentegen altijd een korte broek en een shirt met korte mouwen aan – en glimmend gepoetste leren schoenen. Onder het lopen hield ik altijd zijn hand vast. Soms liet hij me zijn bijbel dragen, die ik altijd stevig onder mijn arm stopte.

Een van die drukke zondagen heeft de loop van mijn leven veranderd. Na de ochtenddiensten legde papa visites af in Bukavu en bezocht hij vaak zwakke en zieke mensen. Ik luisterde altijd heel aandachtig naar hem. Hij moedigde zieken altijd aan om vertrouwen te hebben, niet alleen in God maar ook in zichzelf en in hun vermogen om te herstellen.

Hij ging dicht bij hen zitten en ging ze voor in het gebed. Dan hield hij hun handen vast of legde zijn hand op hun hoofd terwijl hij zacht maar overtuigend sprak. Hij drong er bij hen altijd op aan om hun innerlijke moed te zoeken en God om hulp te vragen.

Hij was volledig toegewijd. Vaak kwam hij laat en uitgeput thuis. Niemand die bij ons aanklopte werd weggestuurd en geen enkel verzoek om hulp werd afgewezen. Hij was altijd beschikbaar, en indien nodig kleedde hij zich om drie of vier uur 's morgens aan en ging op weg om een zieke familie te steunen of een laatste gebed bij een stervende uit te spreken.

Toch besefte ik op enig moment, zoals alle jongens dat zullen doen ten aanzien van hun vader, dat hij zijn menselijke beperkingen had. Bij tyfus, malaria, gele koorts, polio of cholera, een heel scala aan ziekten die mensen toen net zo goed als nu ziek maakten, waren er grenzen aan de kracht van het gebed.

Toen ik acht was, werden we op een zondagavond gevraagd mee te gaan naar een huisje in een arme wijk niet ver van waar wij woonden. We werden naar een bouwsel van baksteen en hout gebracht, dat uit een enkele woonruimte bestond. Het was er donker en het was moeilijk om binnen iets te zien. In de duisternis zagen we een moeder die een baby wiegde. Haar kindje was ernstig ziek, dat kon zelfs ik als jong kind zien.

Ik herinner me het zachte gejammer, de gespannen sfeer van zorgen en verdriet. Ik weet nog dat ik werd vervuld door een intens gevoel van medelijden met dat kleine hulpeloze bundeltje en dat het schrijnende geluid me raakte. Het tafereel deed denken aan mijn eigen ziek-zijn net na mijn geboorte. Ik wilde ontzettend graag dat mijn vader er iets aan zou doen; ik wilde dat hij een einde maakte aan het lijden.

Hij luisterde naar de familieleden en onderzocht het kind. Hij gaf op zijn gebruikelijke manier raad: de medische hulppost was nu gesloten, zei hij, maar hij stelde voor dat ze er in de ochtend naartoe zouden gaan en om een verpleegkundige zouden vragen. Hij bad met de familieleden en stelde hen gerust. Daarna gingen we weg.

We namen dezelfde weg terug naar huis. Ik was diep in gedachten verzonken, vol medelijden met de baby, en ook vol onbegrip en teleurstelling over wat ik had gezien.

‘Papa, waarom heb je dat kind geen medicijnen gegeven, zoals je die mij geeft wanneer ik ziek ben?’ vroeg ik hem na een paar minuten. Mijn woorden verbraken de stilte die tussen ons was ingetreden sinds we bij dat gezin waren weggegaan.

Mijn vader bleef stilstaan en wendde zijn gezicht naar mij. Ik keek naar hem op en zag zijn gezicht in het licht van een straatlantaarn die vlakbij stond. We wierpen lange schaduwen in de verder stille straat.

‘Ik doe wat in mijn vermogen ligt om te doen: ik bid,’ antwoordde hij. ‘De mensen die medicijnen verstrekken, de *muganga’s*, zijn opgeleid om dat te doen. Dat is hun werk.’

Ik had er geen flauw idee van hoe dokters en verpleegkundigen werkten of wat voorgeschreven medicijnen waren. Ik had slechts een vage voorstelling over wat 'werk' was. Maar ik had in de medische hulppost de nonnen in hun witte uniformen gezien die medicijnen aan mijn ouders gaven als ik of een van mijn broertjes of zusjes koorts had. In de jaren na mijn geboorte waren ze meer gaan openstaan voor mensen van alle geloven. In het Swahili, de meest gesproken taal in het oosten van Congo, werden de nonnen muganga's genoemd. Dat betekent 'mensen die voor de zieken zorgen'.

In dat geval word ik een muganga,' zei ik een beetje verontwaardigd tegen mijn vader.

'Perfect,' antwoordde hij glimlachend. 'Dan kunnen we als team werken. Jij deelt de medicijnen uit en ik bid voor de patiënten.'

Het voelde alsof we daar op die plek op straat een pact hadden gesloten. Toen we thuiskwamen, stormde ik naar binnen en vertelde het mijn moeder. Ik weet niet meer hoe ze reageerde. Misschien lachte ze in zichzelf, voelde ze aan dat ik de eerste stap zette om mijn lotsbestemming te vervullen. Veel later vertelde ze me dat ze altijd had gebeden dat ik dokter zou worden. Vanaf dat moment had ik een doel in mijn leven; telkens wanneer ik weifelde herinnerde mijn moeder me daaraan.

2

Crisissituatie in vrouwengezondheidszorg

Het zou me bijna twintig jaar kosten om mijn pact met papa na te komen. Als volwassene deed ik nooit de ronde met hem om de zieken en zwakken in zijn parochie te bezoeken, zoals ik me dat ooit had voorgesteld. Maar aan het einde van zijn carrière – tegen die tijd had hij bijgedragen aan de bouw van de grootste protestantse kerk in Bukavu met ruimte voor zevenduizend mensen – was ik eindelijk aan het werk als arts. Allebei richtten we ons op onze eigen manier op het welzijn van onze gemeenschap, zoals afgesproken, hoewel nooit als het tweespan uit mijn jeugdige fantasieën.

Mijn eerste ervaring als basisarts deed ik op in een door de Zweedse pinkstergemeente in Congo gerund ziekenhuis op ruim zestig kilometer ten zuiden van Bukavu. Het stond in het afgelegen dorp Lemera, dat in de heuvels ligt die oprijzen achter de steile hellingen van het dal van de rivier de Ruzizi. Om er te komen moest ik de bus nemen over een tot langzaam rijden dwingende, bochtige weg die grofweg evenwijdig loopt aan de rivier die de grens vormt tussen Congo en onze buurlanden Rwanda en Burundi. Na anderhalf uur stapte ik altijd uit en deed het laatste stuk van de reis te voet – een zware tocht van vier uur over glibberige paden.

Het ziekenhuis bestond uit een groep gebouwen van één verdieping, de voormalige slaapzalen van een school uit het koloniale tijdperk, die tussen palmbomen en weelderige vegetatie op een licht glooiend terrein stonden. De medewerkers haastten zich heen en weer tussen de afzonderlijke bijgebouwen en boden zwangerschapszorg, kindergeneeskunde, algemene geneeskunde en chirurgie. Het ziekenhuis telde tweehonderd bedden en was de enige voorziening in een arm en onherbergzaam gebied waar 120.000 mensen woonden.

Mijn eerste weken daar in 1983 waren een openbaring, om goede en slechte redenen. Het ziekenhuis had een chronisch tekort aan medewerkers. Er was maar één onder het werk bedolven fulltime dokter, Svein Haugstvedt, een kinderchirurg uit Zweden, die werd bijgestaan door een klein team van verpleegkundigen. Er was geen sprake van een rustige start op een plek met zo weinig middelen.

Ik werd al snel aan het werk gezet. Binnen enkele dagen hielp ik Svein en het operatieteam bij operaties op patiënten met een hernia, brandwonden of botbreuken. Volwassenen en kinderen, mannen en vrouwen. Het werk hield nooit op.

Mijn weg naar de geneeskunde was lang en moeilijk. Hoewel ik er rekening mee had gehouden dat ik hard moest werken, zou het meer geduld van me vergen dan ik had gedacht. Dit kwam deels doordat ik de klippen moest omzeilen van de niet-functionerende Congolese staat onder de dictatuur van Joseph Mobutu, een voormalige journalist die in mijn jeugd de macht had gegrepen.

Ondanks een chronisch tekort aan artsen kon ik geen plaats aan een medische faculteit vinden, en verschillende aanvragen voor een beurs om in het buitenland te studeren werden tot mijn enorme teleurstelling afgewezen. Ik werd alleen toegelaten tot een technische studie aan de grootste universiteit in de hoofdstad waar ik in het tweede jaar mee stopte.

Rond mijn twintigste was ik enkele jaren zoekende. Ik begon me er zorgen over te maken dat mijn ambities om arts te worden een onmogelijke fantasie waren. Als mijn moeder zich er niet mee had bemoeid, was ik misschien wel zakenman geworden. Toen ik die technische studie deed in Kinshasa ontdekte ik dat ik een talent had om geld te verdienen, eerst vanuit een straatkarretje, daarna met de handel in papierwaren, schooltassen en andere spullen voor studenten.

Mijn moeder spoorde me echter voortdurend aan. Telkens wanneer we elkaar via de telefoon spraken, herinnerde ze me aan mijn ambities uit mijn jeugd. In de brieven die ze me geregeld schreef zei ze vaak dat ze zich grote zorgen maakte over mijn toekomst.

Ze heeft altijd een zwakke gezondheid gehad, en op een gegeven moment vroeg ze me dringend om terug te komen naar Bukavu omdat ze ziek was en bang dat ze zou doodgaan zonder dat ze me nog een keer had gezien. Ik wilde bij haar zijn, haastte me vanuit Kinshasa terug naar huis en vreesde het ergste.

Toen ik thuis aankwam, was ze echter weer opgeknapt. Ze was weer op de been en we hadden het nauwelijks over haar ziekte. In plaats daarvan wilde ze met me praten over mijn carrière. Ze was erachter gekomen dat er een nieuwe medische faculteit werd gebouwd in Bujumbura, de hoofdstad van Burundi, een halve dag rijden naar het zuiden. Ze zette al haar overtuigingskracht in om me zover te krijgen dat ik me inschreef. Ze wilde dat ik dicht bij haar was, zei ze.

Ik maakte om allerlei redenen bezwaar. Het was een spiksplinternieuwe faculteit waarvan de kwaliteit nog niet bekend was. Omdat ik met mijn technische studie al een valse start had gemaakt als student, aarzelde ik om nog eens zo'n risico te nemen. Ik betoogde dat ik beter kon wachten en elders kon blijven vragen om toelating, onder meer in Frankrijk.

Maar toen ik zag hoe vastberaden ze was, gaf ik mijn verzet op, volgde haar raad en zei tegen mezelf dat ik het een jaar zou proberen.

Ik werd, dankzij haar, toegelaten tot de studie en heb er geen moment spijt van gehad. De kwaliteit van het onderwijs was buitengewoon goed.

Zes jaar later belandde ik in Lemera. Ik ging ernaartoe met de bedoeling er een beetje werkervaring op te doen voordat ik mijn studie voortzette en me zou gaan specialiseren. Getrouw aan het pact met mijn vader was ik van plan om kinderarts te worden zodat ik jonge kinderen kon helpen. Mijn scriptie ging over het overdragen van hepatitis van moeder op kind tijdens de zwangerschap en het vaccineren van kinderen tegen hepatitis B.

Maar de tijd die ik in Lemera doorbracht, liet een onuitwisbare indruk na. Ik zag voor het eerst met eigen ogen hoe groot de crisis in de gezondheidszorg voor moeders was op het platteland van Congo.

Er was vrijwel geen prenatale zorg en de overgrote meerderheid van de moeders in dat gebied beviel thuis, zonder medische hulp, net zoals mijn moeder in 1955 van mij beviel. Door het hoge sterftecijfer en de moed van de bijzondere vrouwen die ik ontmoette, ging ik me afvragen of ik wel kinderarts wilde worden.

Ik had ook het gevoel dat het gebrek aan zwangerschapszorg symptomatisch was voor iets groters: dat het leven van een vrouw als iets vanzelfsprekends werd gezien en ondergewaardeerd leek. Iedereen in Lemera, en het grootste deel van de bevolking van Congo, kampte met extreme armoede, maar de ontberingen waren niet gelijk verdeeld.

Vrouwen die in Congo opgroeien worden vanaf hun geboorte als tweederangsburgers beschouwd, zoals dat in meer of mindere mate het geval is in de meeste samenlevingen. In landelijke gebieden wordt van hen niet alleen verwacht dat ze kinderen baren en voor hen zorgen, maar ook dat ze het merendeel van het werk op het veld verrichten en basisvoedsel produceren, zoals de cassave die we gebruiken om meel van te maken, of de houtskool die nodig is voor het koken.

Om traditionele redenen wordt ook het dragen van lasten gezien als het domein van de vrouw. In mijn jeugd zag ik broodmagere vrouwen wankelen met enorme canvas zakken vol gewassen of brandhout op hun rug. De last, die vaak groter en breder is dan hun lichaam, wordt gedragen met behulp van een band die rond de zak en het voorhoofd van de draagster loopt. De vrouw buigt zich voorover om het gewicht te ondersteunen en krijgt daardoor uitzonderlijk sterke nekspieren, maar ook een groot aantal aandoeningen aan het bewegingsapparaat en soms problemen bij de voortplanting.

Daar komt nog bij dat de samenleving naast de dagelijkse sleur van werk en zelfopoffering geen enkel medelijden met hen heeft. Gescheiden vrouwen en weduwen hebben weinig kans op een nieuw huwelijk. Vrouwen zijn nauwelijks financieel onafhankelijk en worden vaak lichamelijk mishandeld door hun echtgenoot, waarvan we de gevolgen zagen in het ziekenhuis in Lemera. Sommigen leven ook in de angst dat hun man nog een vrouw zal nemen en hen zal dwingen tot een polygame relatie. Over de rampzalige gevolgen daarvan heb ik vaak gehoord in de vele jaren dat ik naar Congolese vrouwen heb geluisterd.

In Lemera zag ik de gevolgen van de verwaarlozing van vrouwen tijdens de bevalling, wanneer ze op hun kwetsbaarst en op hun sterkst zijn – wanneer onze Schepper hen, door ontwerpfouten in het menselijk lichaam, dwingt om hun eigen leven op het spel te zetten om een nieuw leven ter wereld te brengen.

Familieleden kwamen aan met zwangere vrouwen die amper bij bewustzijn waren, op een met boomtakken en koord geïmproviseerde draagbaar. Dan weer werden patiëntes gewoon op een deken vol gestold bloed of op een met bloed doordrenkte deken bij het ziekenhuis neergelegd. Hun martelende reis had vaak uren geduurd, soms dagen.

Veel vrouwen hadden te maken met obstructie tijdens de bevalling, waarbij de foetus in het bekken vastzat of gedeeltelijk uit de vulva stak, andere leden aan grote bloedingen, wereldwijd de meest voorkomende doodsoorzaak na een bevalling en met name een risico voor heel jonge moeders.

Meestal was het al te laat om nog iets anders te doen dan het registreren van de doodsoorzaak. Veel patiëntes hadden hun laatste adem uitgeblazen terwijl ze hobbelend over junglepaden en door riviertjes werden voortgesjouwd op weg naar het ziekenhuis. Sommigen kwamen levend aan maar met een baarmoeder die dagen na een mislukte bevalling in een staat van ontbinding verkeerde. Soms volgde een zwerm vliegen me tot in de operatiekamer.

De omvang van de schade schokte me. De dood hing voortdurend rond ons werk. We vochten om hem op afstand te houden. Er waren heel wat dagen dat ik drie en soms wel vier spoedkeizersneden uitvoerde. Ik werd al snel heel bedreven in het behandelen van vrouwen die door bloedverlies in een shock verkeerden. Onze voorraad oxytocine, een medicijn dat samentrekkingen van de baarmoederwand stimuleert zodat de bloedvaten zich na een postpartumbloeding sluiten, redde elke dag levens.

Ik heb ook voor het eerst gezien wat voor ravage een obstetrische fistel bij iemand kan aanrichten. Zulke fistels ontstaan doorgaans bij obstructie tijdens de bevalling wanneer de druk van het babyhoofdje de bloedstroom belemmert in het weefsel tussen de vagina en het rectum, of tussen de vagina en de blaas, of soms tussen de vagina en zowel de blaas als het rectum. Door zuurstofgebrek sterft het weefsel af en wordt het uiteindelijk afgestoten, waardoor er een gat ontstaat tussen deze holten.

Door die beschadiging kunnen de vrouwen hun urine en ontlasting niet meer ophouden. De inhoud van de blaas of het rectum lekt door naar de vagina. Dat is ontluisterend en de vrouwen die eraan lijden kunnen onmogelijk schoon blijven. De stank leidt dikwijls tot een scheiding en uitstoting door hun gemeenschap.

Het weefsel groeit niet vanzelf weer aan en kan alleen worden hersteld door een complexe gynaecologische operatie. Hoewel obstetrische fistels in de rijke wereld vrijwel niet meer voorkomen dankzij prenatale zorg en keizersneden, leven er naar schatting van de Wereldgezondheidsorganisatie (WHO) meer dan twee miljoen vrouwen met deze aandoening in Azië en Sub-Sahara-Afrika.

In Lemera voelde ik me een groentje dat opeens was terechtgekomen in een duizelingwekkende en complexe organisatie die op adrenaline liep. Wat ik deed kon het verschil betekenen tussen leven en dood, en vaak was dit ook zo. Er werd van me verwacht dat ik snel alles onder de knie kreeg en verantwoordelijkheid nam. In feite ging mijn promotie een beetje te snel naar mijn zin.

Toen ik er zo'n drie maanden werkte, at ik op een avond bij Svein en zijn vrouw. Hij vertelde dat hij het komende weekend naar zijn kinderen moest vanwege een niet nader gespecificeerd probleem.

'Ik heb iemand nodig die de verantwoordelijkheid draagt als ik weg ben. Zou jij waarnemend medisch directeur willen zijn tot ik terugkom?' vroeg hij.

'Voor het hele ziekenhuis?' vroeg ik.

'Ja,' zei hij en knikte.

'Hoelang?'

'Ik vertrek vrijdagavond en ben maandag weer terug,' antwoordde hij.

Ik had niet het gevoel dat ik een keus had. Ik was natuurlijk gevleid, maar ook extreem zenuwachtig.

Die vrijdagavond liep ik na mijn laatste ronde over de afdelingen naar mijn onderkomen, een klein vrijstaand huis naast het ziekenhuis. Het eten dat de ziekenhuiskok voor me had gemaakt stond al op tafel: rijst, gebakken bakbanaan, groente. Soms was er wat geitenvlees. De gerechten waren koud, zoals altijd tegen de tijd dat ik thuis was. Ik at er wat kleine hapjes van.

Daarna sloot ik de deur en ging op mijn bed zitten. Ik voelde me heel alleen. Er was geen telefoon in het ziekenhuis. Het enige wat we hadden was een zendapparaat, dat we de 'fonie' noemden en op aangegeven tijden gebruikten om berichten te ontvangen en te versturen. Ik kroop in bed met een hoofd dat tolde van de zorgen, voordat ik werd overmand door lichamelijke uitputting.

Het respijt was van korte duur. Ik werd uit mijn slaap gehaald door een harde klop op de deur, en ik grabbelde in het pikdonker haastig naar mijn zaklamp. Daarna trok ik een verkreukeld hemd aan. Ik wist dat het laat was: het was stil buiten. Zelfs de insecten sliepen. Ik deed de deur open en daar stond een van de bewakers van het ziekenhuis in het donker met een briefje in zijn hand.

'Noodgeval, meneer,' zei hij terwijl hij me het stukje papier gaf. Het lichtte fel op in de straal van de zaklamp, zodat ik mijn ogen tot spleetjes kneep. De nachtzuster had een vrouw opgenomen met een ernstige bloeding. 'Vermoedelijk gescheurde baarmoeder.'

Ik verstijfde. Die aandoening had ik nog nooit in mijn eentje behandeld. Ze kwam zelden voor, maar was een van de meest rampzalige situaties op verloskundig gebied. Anders dan een keizersnee, een eenvoudige en goed omschreven procedure, vereiste dit ervaring. Elk geval moest op een andere manier worden aangepakt. Als het inderdaad om deze aandoening ging, zou een ingewikkelde ingreep nodig zijn.

Ik schoot in mijn kleren en zodra ik in het ziekenhuis was trok ik mijn operatiekleding aan. Ik gaf opdracht onze stroomgenerator weer op te starten – die draaide maar twaalf uur per dag en werd 's avonds uitgeschakeld om brandstof te besparen. Voor kleinere noodgevallen 's nachts werkten we vaak bij lampen op batterijen. De bewaker ging de anesthesist en de labmedewerker wakker maken. Ze waren er binnen enkele minuten.

De patiënte was in shock toen ze werd binnengereden op de operatieafdeling. Er werden verschillende zakken bloed afgeleverd uit het laboratorium. We begonnen onmiddellijk met een bloedtransfusie en brachten de patiënte onder volledige narcose. We moesten dringend haar bloeddruk omhoog krijgen en de bron van de bloeding opsporen.

Ik voerde een mediaan laparotomie uit, een grote centrale incisie die de buik openlegt en begon het bloed weg te zuigen. Mijn grootste angst werd bewaarheid. Wat had ik graag gewild dat Svein hier was! Het is één ding om te opereren met een meer ervaren mentor als steun op de achtergrond, maar om het alleen te doen is een ander verhaal.

Een gescheurde baarmoeder, waarbij de baarmoederwand tijdens de bevalling scheurt, doet zich voor wanneer de foetus niet kan worden uitgedreven. De baby was overleden, maar de moeder had nog een kans om te overleven.

Ik stond voor een keuze: of proberen de baarmoeder te repareren door de scheur te hechten, waardoor de vrouw nog een kans had om in de toekomst kinderen te baren, of een hysterectomie uitvoeren, waarbij de baarmoeder in haar geheel wordt verwijderd, een eenvoudigere operatie met een grotere kans op succes.

Ze was duidelijk jong en dit was misschien haar eerste bevalling. De verantwoordelijkheid woog zwaar op mij, alsof ik haar lot in mijn handen had. Ik wist wat de gevolgen waren wanneer een Congolese vrouw niet meer in staat was kinderen voort te brengen: moeder zijn is helaas vaak de enige manier om een plaats en status in de samenleving te verwerven.

Ik koos ervoor om de scheur te hechten en liet mijn chirurgische boeken uit mijn kamer halen. Ik zou me de komende drie uur verdiepen in een hoofdstuk dat de techniek uitlegde.

Ik moet hier beslist Epike noemen, die mij die nacht assisteerde. Terwijl mijn blik heen en weer ging van de patiënte naar de bladzijden in mijn handboek, hield hij haar bloeddruk in de gaten, gaf me instrumenten aan en richtte het licht. We werken nu, bijna veertig jaar later, nog steeds samen. Hij is nu in de zeventig, maar reist met zijn mobiele zorgteams nog steeds naar afgelegen gebieden in het land.

Het was een bewerkelijke en zenuwslopende operatie. Toen ik klaar was, ging ik terug naar bed voor een paar uurtjes slaap, bang voor wat ik in de ochtend zou aantreffen. Had ik de juiste beslissing genomen? Misschien had ik toch gewoon de baarmoeder moeten verwijderen?

Toen ik 's morgens wakker werd, was zij de eerste patiënte bij wie ik langsging. Ze was bij kennis en ik vroeg de verpleegkundige naar haar waarden. Haar bloeddruk was goed, ze had een beetje bloed in haar urine maar niet verontrustend veel, haar toestand leek stabiel. Op dat moment voelde ik me de gelukkigste man op aarde. Met mijn beperkte ervaring had ik een leven gered en, als ze volledig herstelde, had ik haar misschien een kans gegeven om nog kinderen te krijgen.

De tijd dat ik in Lemera was, was vol van zulke aangrijpende momenten van snelle beslissingen met levensveranderende gevolgen. Er werd heel vaak 's nachts aangeklopt. Mijn dagen waren een oefening in omgaan met noodgevallen en prioriteiten stellen. In de loop van dat jaar viel ik zoveel af dat ik nog maar zestig kilo woog, zo licht was ik nog nooit geweest – het gevolg van te veel gemiste lunches en avonden dat ik maar een paar hapjes koud eten nam voordat ik doodop mijn bed in rolde.

Soms gebeurde er een wonder: vrouwen die niet meer te redden leken, maar toch terugkeerden uit de dood. Ik herinner me één vrouw in het bijzonder, ze kreeg een hartstilstand tijdens een hysterectomie. Ik zag haar hartslag langzamer worden, daarna stoppen en toen stopte de doorbloeding helemaal. We gaven haar nog een bloedtransfusie onder hoge druk en de anesthesist begon haar te reanimeren: net toen we de hoop verloren, begon haar hart weer te kloppen.

Soms waren er heel verdrietige dagen. Ik zal nooit de weduwe vergeten die aankwam met haar nagenoeg bewusteloze dochter die tijdens de bevalling een bloeding had gekregen. Terwijl we vochten om de patiënte te redden kon ik buiten het gegil van de radeloze moeder horen.

'Ze is mijn enige kind. [...] Alstublieft, alstublieft, dokter. Alstublieft, red haar!' schreeuwde ze hysterisch tussen diepe snikken door.

Het was moeilijk om ons te concentreren toen we probeerden de patiënte te reanimeren. Op een gegeven moment bonsde de moeder op de deur van de operatiekamer en eiste ze dat ze naar binnen mocht. Als haar dochter in het ziekenhuis was bevallen, hadden we haar leven kunnen redden met een eenvoudige keizersnee. Maar we verloren haar.

Ik moest naar buiten gaan om het de moeder te vertellen. Het was alsof ik een ander leven voor mijn ogen in scherven zag vallen. Ze ging weg en is nooit meer teruggekomen om het lichaam van haar dochter op te halen. Misschien was haar verdriet te groot, misschien had ze zelf niet meer de kracht om door te leven.

In die periode ging er een maalstroom aan verschillende emoties door me heen. Ik kreeg diepe bewondering voor de vrouwen in de gemeenschappen rond Lemera voor wie wij zorgden, omdat ze een zwangerschap en bevalling in zulke hachelijke omstandigheden zo stoïcijns aanvaardden. Maar ik had ook met hen te doen en was boos dat ze zo in de steek werden gelaten door een overheid die niet de noodzakelijke voorzieningen bood om onder veilige omstandigheden te kunnen bevallen.

Het drong tot me door dat de reden voor die verwaarlozing een afspiegeling was van hun lage status in de samenleving. Van een vrouw werd verwacht dat ze de vele gevaren, zoals de kans op overlijden tijdens een bevalling, in stilte en als iets vanzelfsprekends onder ogen zou zien. De risico's werden door de mannen genegeerd.

Bijna alle zwangere vrouwen die voor een consult kwamen, werden vergezeld door hun moeder of schoonmoeder, nooit door hun man. De vrouwen die halverwege een bevalling complicaties kregen of spoedhulp nodig hadden werden naar het ziekenhuis gebracht door een man, vaak hun echtgenoot, maar daar hield hun betrokkenheid op. Vrijwel geen enkele man bleef om bij de bevalling of het herstel te zijn.

Zelfs nu nog zijn de vaders in Congo bij nagenoeg elke geboorte afwezig, net zoals dit in het Westen tot enkele generaties geleden het geval was. Bovendien staan mannen naderhand niet te trappelen om voor hun kinderen te zorgen. Dit patroon zien we in bijna alle sterk patriarchale samenlevingen.

Ik praatte in Lemera altijd met mijn patiëntes over hun echtgenoot, en nog niet zo lang geleden heb ik in mijn huidige ziekenhuis een bescheiden poging gedaan die houding te veranderen door privékamers in te richten waar een vrouw kan bevallen in tegenwoordigheid van haar man. Helaas heb ik weinig vooruitgang geboekt.

Het grootste bezwaar is dat het niet gebruikelijk is dat mannen bij de geboorte zijn en dat ze hun vrouw niet naakt en kwetsbaar horen te zien. Sommige vrouwen zijn bang dat hun man hen daarna niet meer aantrekkelijk zal vinden.

Een geboorte is inderdaad niet sexy. Er wordt gekreund en gegild, er is bloed en ontlasting. Maar die houding verraadt de seksistische overtuiging dat een vrouw te allen tijde een voorwerp van verlangen en plezier moet zijn voor haar man. Trouwens, ken jij een man die niet wil dat zijn vrouw of partner bij hem is als hij pijn lijdt?

Ik ben die scheve verhouding voortdurend tegengekomen in mijn werk: telkens wanneer een man wordt opgenomen met een probleem wordt hij vergezeld door zijn vrouw, en soms ook nog door een zus of zijn moeder. Als hij incontinent is, brengt zijn vrouw hem een po. Ze wast en verschoont hem. Hij maakt zich er nooit druk om of hij op die momenten wel aantrekkelijk is voor haar.

De houding van vaders ten aanzien van de geboorte van hun kind is een betrouwbare graadmeter van de mate waarin vrouwen vrij zijn en gerespecteerd worden in een willekeurige samenleving. Over het algemeen vonden mannen in het Westen tot betrekkelijk kort geleden de geboorte van een kind puur de verantwoordelijkheid van hun partner.

Hier kwam pas in de jaren vijftig en zestig verandering in, toen het gewoon werd dat een vrouw in het ziekenhuis beviel in plaats van thuis. Vanaf 1970 waren de meeste vaders aanwezig bij de bevalling en tegenwoordig is dat de overgrote meerderheid, tot wel 90 procent in veel westerse landen. Ze staan er echt niet allemaal bij te juichen, maar ze zijn er niettemin bij om hun partner te steunen op het cruciale moment.

Toen ik in Lemera werkte was mijn land een van de gevaarlijkste plaatsen ter wereld om te bevallen. Helaas is die benarde situatie voor moeders in Congo sindsdien niet verbeterd. In feite is de moedersterfte er hoger geworden in de loop van mijn carrière.

In Congo sterven nu meer vrouwen dan in 1990. Op elke 100.000 levendgeborenen sterven naar schatting 850 vrouwen in Congo. Volgens het Kinderfonds van de Verenigde Naties (UNICEF) is dit een van de hoogste aantallen ter wereld.[1] In 2018 haalden grofweg 7 van de 1000 Congolese kinderen hun eerste verjaardag niet.[2]

Moedersterfte is meestal te wijten aan het ontbreken van voorzieningen voor geboortezorg, zoals stelselmatige controles en, indien nodig, spoedhulp. Dat hoeft niet ingewikkeld of duur te zijn. Zwangere vrouwen hebben goede voeding nodig, evenals schoon drinkwater en sanitaire faciliteiten, maar ze hebben vooral een vroedvrouw en een chirurg nodig op het kritieke moment.

Wereldwijd bevalt nog steeds een op de vijf zwangere vrouwen zoals mijn moeder bij mijn geboorte in 1955 – zonder dat er een kundige zorgverlener aanwezig is. In Sub-Sahara-Afrika zijn de cijfers nog slechter. Daar bevallen vier van de tien vrouwen zonder medische zorg.[3] Deze nalatigheid is een vorm van geweld tegen vrouwen.

Op mondiaal niveau heeft de wereld vooruitgang geboekt doordat betere gezondheidszorg voor moeders sinds de eeuwwisseling een van de speerpunten is van de Millenniumdoelstellingen van de Verenigde Naties. Het sterftecijfer per 100.000 geboorten is sinds 1990 met 30 procent gedaald.[4]

Gelukkig zijn er maar heel weinig landen met net zulke slechte cijfers als Congo. Alle ontwikkelde landen laten zelfs nog grotere verbeteringen zien over de vijfentwintig jaar tussen 1990 en 2015, en hebben het toch al lage aantal vrouwen dat sterft tijdens de bevalling nog eens grofweg gehalveerd. De meeste sterfgevallen in de rijke wereld – afhankelijk van het land tussen de 3 en 8 per 100.000 geboorten – zijn het gevolg van al bestaande en daarmee niet samenhangende aandoeningen.

De Verenigde Staten is een van de landen waar de situatie net als in Congo is verslechterd. Het aantal vrouwen dat daar tijdens de bevalling overlijdt is gestegen van 17 per 100.000 in 1990 tot 26 per 100.000 in 2015 – dit is ongeveer het niveau van Oezbekistan of Kazachstan, slechter dan China met zijn meer dan een miljard inwoners, en zelfs nog slechter dan het door sancties getroffen Iran.[5]

De belangrijkste reden hiervoor is het schokkende sterftecijfer onder vrouwen uit de zwarte en de oorspronkelijke bevolking. Volgens data van het Amerikaanse Centers for Disease Control and Prevention, de waakhond van de openbare gezondheidszorg in de VS, heeft een zwarte vrouw een drie tot vier keer grotere kans om tijdens haar zwangerschap te overlijden dan een zwangere witte vrouw.

In de Verenigde Staten sterven ongeveer 40 zwarte vrouwen per 100.000 geboorten, een sterftecijfer dat vergelijkbaar is met dat van Mexico of Egypte.[6] Volgens data van het departement voor gezondheidszorg in New York City hebben zwarte moeders in die stad een twaalf keer grotere kans te overlijden dan witte moeders.[7] Dit verschil valt deels te verklaren door racisme en vooroordelen, en ook doordat waarschijnlijk meer zwarte vrouwen geen ziektekostenverzekering hebben en lijden aan chronische ziekten als obesitas of hoge bloeddruk.

Toen ik in Lemera werkte, kwam ik voor het eerst ook een andere veelvoorkomende vorm van mishandeling van moeders tegen. Die was minder zichtbaar dan de blauwe plekken en snijwonden die het gevolg waren van huiselijk geweld, en minder fataal dan obstructie tijdens de bevalling of een bloeding na de bevalling, maar het was niettemin een vorm van geweld.

Van alle zwangere vrouwen werd verwacht dat ze op de velden zwoegden tot ze bijna hun eerste weeën kregen. Ze werkten door tot ze niet meer op hun benen konden blijven staan. Het planten, bewerken en sjouwen ging ononderbroken door naast hun huishoudelijke taken en plichten. En meteen na de bevalling werd deze slopende dagelijkse sleur weer hervat.

Ook hierin zijn wereldwijd grote stappen vooruitgezet door in te zien dat het baren van een kind een lichamelijk uitputtende en soms gevaarlijke gebeurtenis is die om bescherming vraagt. De meeste samenlevingen zien er ook de waarde van in dat een kersverse moeder na de bevalling tijd kan doorbrengen met haar pasgeboren kind. Dit heeft geleid tot de ontwikkeling van ouderschapsverlof.

Er zijn volgens de Organisatie voor Economische Samenwerking en Ontwikkeling (OESO) en de Internationale Arbeidsorganisatie (IAO) maar twee landen ter wereld die geen verplichte vorm van betaald zwangerschapsverlof kennen.[8] Het ene is Papoea-Nieuw-Guinea, een eiland in de Grote Oceaan, het andere is de Verenigde Staten, hoewel president Joe Biden plannen heeft aangekondigd om deze anomalie eindelijk aan te pakken met zijn American Families Plan.

Slechts 19 procent van de Amerikaanse werknemers kan betaald ouderschapsverlof krijgen, en dat percentage is nog lager voor moeders uit de zwarte of latino-bevolking, zoals blijkt uit cijfers van het Amerikaanse ministerie van Arbeid.[9] Naar schatting van PL+US (Paid Leave for the United States), een groep die in de VS campagne voert voor betaald verlof, gaat 25 procent van de Amerikaanse moeders binnen twee weken na de bevalling weer aan het werk. Wat een onnodig lijden voor moeder en kind!

De gemiddelde duur van betaald zwangerschapsverlof in andere geïndustrialiseerde, democratische landen is achttien weken. Estland, een piepkleine lidstaat van de Europese Unie, gaat aan kop met vijfentachtig weken volledig betaald verlof voor moeders.[10]

De meeste landen zijn nu bezig het inherente seksisme van hun ouderschapsbeleid – door meer tijd te geven aan de moeder, die wordt beschouwd als de belangrijkste verzorger, dan aan de vader – aan te pakken. De Scandinavische landen geven het goede voorbeeld door hun ouderschapsbeleid genderneutraal te maken en de vaders soms te dwingen gebruik te maken van hun rechten.

De voordelen voor de samenleving zijn enorm. Vaders die al vroeg voor hun kinderen zorgen blijven vaak meer betrokken als hun kinderen groter worden en genieten een betere geestelijke gezondheid.[11] Uit onderzoek blijkt ook dat een vader die betrokken is bij de geboorte en de vroege kinderjaren later meer bereid is om huishoudelijke taken op zich te nemen, waardoor de last van het schoonmaken, koken en wassen, die voor het overgrote deel op vrouwen rust, minder wordt.

Als basisarts in een plattelandsziekenhuis in Oost-Congo had ik niet helemaal door hoe alles wat ik zag met elkaar samenhing: het niet-aflatende werk voor vrouwen, het gebrek aan medische zorg, de afwezige vaders, de harteloze behandeling van jonge moeders, de onnodige sterfgevallen. Ik besefte nog niet hoe onze sociale normen, de economie, de beleidsvorming en het gezinsleven werden gevormd door ons patriarchale systeem. Ik was gewoon een dokter die zijn plicht deed en ingreep waar hij kon om zijn patiënten te helpen.

Maar ik was me wel bewust van de onrechtvaardigheid. De ongelijkheid baarde me zorgen. Ik besloot dat ik wilde helpen. Hoewel de maatschappij neerkeek op deze vrouwen en hen als minderwaardig en zwak beschouwde, zag ik met hoeveel kracht ze elke dag weer pijn en onzekerheid onder ogen zagen.

Achteraf gezien realiseer ik me dat ik toen de eerste stappen zette in het ontwikkelen van een feministisch bewustzijn. Ik begon aan een lange reis van leren en begrijpen die mijn hele leven is blijven doorgaan.

Ik wist dat er destijds geen enkele volledig bevoegde gynaecoloog was in de hele provincie Zuid-Kivu, laat staan in Lemera en omgeving. Elke dag stierven er vrouwen doordat er geen eenvoudige keizersnee kon worden uitgevoerd. Een fistel betekende vaak levenslange stigmatisering en afwijzing. De dichtstbijzijnde plaats waar ze konden worden behandeld was Addis Abeba in Ethiopië.

Ik overwoog om het plan me te specialiseren in kindergeneeskunde te laten varen en in plaats daarvan gynaecologie en verloskunde te gaan studeren, wat voor mij gewoon een andere manier was om voor kinderen te zorgen. Tegen die tijd was ik getrouwd en het was van essentieel belang dat mijn vrouw Madeleine achter me stond. Een van mijn professoren waarschuwde me dat werken als gynaecoloog een zware tol kon eisen van een relatie. Hij vertelde me dat verscheidene mannelijke collega's daardoor huwelijksproblemen hadden.

Ik had Madeleine voor het eerst even ontmoet tijdens een zomervakantie thuis na mijn eerste studiejaar in Bujumbura. We kletsten, samen met nog wat andere vrienden, een paar minuten met elkaar bij het huis van mijn ouders. Ik was diep onder de indruk van haar glimlach en zelfverzekerdheid, van haar charme en warmte. Ze had een buitengewoon effect op mij. Mijn hart sloeg op hol en mijn fantasie ging met me op de loop.

Mijn opwinding was net zo groot als mijn teleurstelling toen ik later van mijn vriend Sylvan hoorde dat ze 'de dochter van Kaboyi' was. Kaboyi was een van de rijkste kooplieden in Bukavu. Door zijn status was Madeleine ver buiten mijn bereik.

Pas een jaar later zag ik Madeleine weer terug. Die zomer waren we allebei eregast op de bruiloft van wederzijdse vrienden. Zij was twintig, ik vijfentwintig. Het huwelijk zou worden voltrokken in mijn vaders kerk en we troffen elkaar daar weer tijdens repetities.

Op de dag zelf kwam de bruidsjonker die naast Madeleine had moeten lopen niet opdagen. We wachtten tot de allerlaatste minuut voor de ceremonie zou beginnen, en toen werd mij gevraagd om zijn plaats in te nemen. Ik kon nauwelijks verbergen hoe blij ik daarmee was.

Ik herinner me niet veel van de huwelijksceremonie. Ze duurde lang, ruim twee uur. Ik zat naast Madeleine en tussen de hymnen en voorlezingen uit de Bijbel door praatten we zachtjes met elkaar in onze kerkbank.

De woorden leken gewoon vanzelf te komen. We spraken vrijuit met elkaar, natuurlijk en ongekunsteld. Ze vroeg naar mijn leven in Bujumbura en vertelde over haar studie. Ik had het over mijn familie, mijn eerste examens geneeskunde en mijn toekomstdromen. Mijn hart was weer op hol geslagen.

Tegen het einde van de bruiloft vroeg ik haar in een opwelling, volslagen impulsief, of ze met mij wilde meegaan naar Bujumbura. Ik zei het met een scheef lachje en verwachtte dat ze er bezwaar tegen zou hebben. Tot mijn verrassing stemde ze erin toe met een gefluisterd 'Tuurlijk, waarom niet?' en lachte.

Op dat moment werd ik reddeloos en hopeloos verliefd op haar. Na de ceremonie bleven we bij de kerk nog twee uur staan praten en daarna spraken we die zomer geregeld af. We sloten een verbond: als iemand zich tegen onze relatie zou verzetten, waar we van uitgingen, zouden we ons best doen diegene voor ons te winnen.

Kort daarna vertelde ik mijn ouders over mijn plannen: ze waren sceptisch maar er niet op tegen. Madeleines familie was heel wat moeilijker te overtuigen. Haar vader vroeg zich af hoe een geneeskundestudent, de zoon van een predikant, in het onderhoud ging voorzien van zijn dochter, die was grootgebracht in de meest comfortabele omstandigheden die destijds met geld te koop waren in Bukavu. Maar Madeleine liet zich niet uit het veld slaan. Ze bleef ons verbond trouw, en uiteindelijk gaf hij toe.

Een jaar later, in 1980, trouwden we in mijn vaders kerk. Mijn familie zorgde voor de bruidsschat: vier koeien. Kort daarna verhuisden we samen naar Bujumbura en stichtten een gezin in een bescheiden huurhuis.

Alles wat ik sindsdien heb bereikt en doorstaan deed ik samen met Madeleine. We vierden elke overwinning, doorstonden angstige situaties en maakten samen de donkerste momenten van verdriet door, we hebben samen gelachen en samen gewanhoopt, we hebben gereisd en de wereld ontdekt, kinderen grootgebracht, en we zijn samen ouder geworden. Veertig jaar lang hebben we zij aan zij dezelfde weg afgelegd.

In 1984, toen mijn tijd in Lemera er bijna op zat, vroeg ik Madeleine of zij achter me stond als ik verloskunde en gynaecologie ging studeren, waardoor ze weer zou moeten verhuizen. Ik had het aanbod gekregen om te gaan studeren aan een medische faculteit vlak bij de wijnbouwstreek in de Loirevallei in Midden-Frankrijk. Als ik voor het toelatingsexamen slaagde, werd ik toegelaten tot een studie van vier jaar.

Madeleine stemde ermee in. Ik had toen tweeduizend dollar spaargeld, waarvan de helft opging aan het vliegticket naar Parijs.

Ik kwam in oktober voor het eerst in Europa aan. Ik landde op luchthaven Charles de Gaulle ten noordoosten van de stad en ging op weg naar Montparnasse in het zuiden, waar een familievriend me zou oppikken met zijn auto. Hij bracht me naar het stadje Angers, mijn nieuwe woonplaats.

Ik ging in mijn eentje naar Frankrijk met dien verstande dat Madeleine met onze toen twee jonge kinderen zou nakomen zodra ik me had geïnstalleerd. Mijn eerste taak was om een appartement te vinden, wat moeilijker bleek dan ik had verwacht.

Ik kamde de plaatselijke krant uit op zoek naar een huurflat. Maar als ik naar een kijkafspraak ging, kreeg ik altijd te horen dat hij zojuist verhuurd was. Pas na talrijke vergeefse pogingen – en het besef dat woningen waar ik was geweest de dag erna nog steeds te huur stonden – kreeg ik het vermoeden dat mijn huidskleur voor een probleem zorgde.

Het was een frustrerende en ontmoedigende ervaring, maar daar kwam een einde aan op de dag dat ik belde voor een vrije kamer in een huis waar nog twee studenten woonden en ik mezelf meteen voorstelde als een Congolese geneeskundestudent. 'Geweldig. Hoe laat wil je komen?' antwoordde de huisbaas Paul, die in de tijd dat ik in Angers woonde mijn plaatselijke gids en een dierbare vriend zou worden.

De eerste twee maanden waren moeilijk. Ik had grote financiële zorgen, die pas voorbij waren toen ik een kleine Franse auto won in een loterij van de plaatselijke supermarkt. Hierdoor kon ik het aanbod aannemen om betaalde diensten te draaien in het lokale ziekenhuis en in andere in de omgeving. Deze ongelooflijke mazzel zette de toon voor de rest van mijn tijd in Frankrijk.

Het was een gelukkige en bevredigende tijd in ons leven. Madeleine kwam over en we kregen een derde kind toen we in Angers woonden. We hadden geweldige vrienden en ondanks de bekrompen huurbazen die ik aanvankelijk trof, gaven ze ons het gevoel dat we enorm welkom waren.

Sommige professoren waren verbaasd over mijn ervaringsniveau. Ik herinner me met name een voorval toen ik een van hen assisteerde bij een keizersnee. Wanneer je met een assistent werkt, wordt heel snel duidelijk hoe zelfverzekerd en vakkundig hij is. Op een bepaald moment draaide hij zich naar me toe met een vragende uitdrukking op zijn gezicht.

'Heb je dit al vaker gedaan?' vroeg hij.

'Ongeveer vijfhonderd keer,' antwoordde ik.

Ik stond niet op te scheppen, het getuigde gewoon van de eisen die het werk in het ziekenhuis in Lemera stelde.

De professor keek geschrokken.

'Waarom ben je dan hier?' vroeg hij.

'Er is nog steeds een heleboel wat ik wil leren,' antwoordde ik.

Als ik collega's in Angers vertelde dat ik thuis soms zelf de anesthesie moest verzorgen, vonden ze dat ongelooflijk. Niemand van hen kon zich voorstellen dat wij bij het licht van een zaklamp werkten als de generator niet liep, of dat ik ooit een gescheurde baarmoeder had geopereerd terwijl ik intussen mijn studieboeken raadpleegde. Ik leefde en werkte nu in een andere wereld en zag met eigen ogen de onvoorstelbare ongelijkheid van de mondiale gezondheidszorg.

In al de tijd dat ik in Frankrijk was, heb ik nooit een vrouw zien overlijden door een bevalling. Niet één keer.

De kraamafdeling van het ziekenhuis in Angers telde ongeveer dertig dokters, onder wie obstetrisch gynaecologen en specialisten in neonatale reanimatie. Er waren tientallen vroedvrouwen, evenals secretaresses en anderen die de staf ondersteunden. Er was vierentwintig uur per dag een volledig verloskundig team aanwezig. Iedere patiënte kreeg een groot aantal prenatale onderzoeken, waarvan de kosten werden gedekt door de openbare gezondheidszorg.

Op een gegeven moment kwam ik erachter dat er op de kraamafdeling in Angers evenveel baby's – ongeveer 3500 per jaar – werden geboren als in ons ziekenhuis in Lemera met maar twee artsen en acht vroedvrouwen.

In Lemera vroeg ik mijn patiëntes soms om een eenvoudige urine- of bloedtest te ondergaan en dan antwoordden vele dat ze dat niet konden betalen. In Angers stonden diagnostische machines van honderdduizenden dollars die nauwelijks werden gebruikt.

Ik weet nog hoe verbaasd ik was dat chirurgen hier in Frankrijk voor elke hechting een nieuwe rol draad namen. Vaak gebruikten ze maar een deel ervan en gooiden de rest weg als ze klaar waren. Ik was gewend om het materiaal tot het allerlaatste stukje te gebruiken.

Na mijn vijf jaar durende opleiding stonden we voor een keuze. We konden in Angers blijven en genieten van het comfortabele leven dat we voor onszelf hadden opgebouwd. Er waren me banen aangeboden en kansen, de kinderen zaten op geweldige scholen. Madeleine had in die periode haar paramedische studie tropische geneeskunde voltooid. Of we konden teruggaan naar Congo, waar de omstandigheden veel slechter waren geworden tijdens onze afwezigheid.

Mobutu, die het land had omgedoopt tot de Republiek Zaïre en erop had gestaan dat iedereen een traditionele Congolese naam zou gebruiken en traditionele kleding zou dragen, plunderde het land. Zijn economisch beleid – en vooral de nationalisaties waarbij bedrijven werden opgedeeld en verdeeld onder zijn vriendjes – was een ramp. De opbrengst van de mijnen daalde, waardoor de belangrijkste bron van welvaart van het land wegviel. Toen de middelen van de overheid afnamen, liet hij geld bijdrukken, wat leidde tot hyperinflatie en ontberingen.

De economische infrastructuur die het koloniale bestuur had achtergelaten was ook in een permanente staat van verval geraakt. Wegen en spoorlijnen lagen te verpieteren. Mobutu had ze niet nodig, want hij vloog overal naartoe in zijn privéjet of -helikopter.

Terwijl we erover nadachten of we zouden teruggaan, gingen in het hele land leraren in staking omdat ze niet waren betaald. De ziekenhuizen konden geen medicijnen kopen. De corruptie had endemische vormen aangenomen en werd van officiële zijde gedoogd. 'Jullie hebben wapens, jullie hebben geen salaris nodig,' had Mobutu ooit tegen zijn veiligheidsdiensten gezegd.[12]

Ik moest mijn engagement bij het doel dat ik mezelf had gesteld – terugkeren om de vrouwen van Congo te helpen – afwegen tegen de behoeften en wensen van mijn gezin. Ik kende toen andere buitenlandse geneeskundestudenten die besloten om in Frankrijk te blijven. Met sommigen ben ik nog steeds bevriend. Ik begrijp hun keuze, en oordeel niet.

Op wereldniveau heeft de medische braindrain van arme naar rijke landen echter grote gevolgen en speelt dit een belangrijke rol in de huidige mondiale ongelijkheid op het gebied van gezondheid en economie.

Door de trek van medici van ontwikkelingslanden naar ontwikkelde landen worden arme landen beroofd van vaardigheden die ze hard nodig hebben. In de Verenigde Staten en het Verenigd Koninkrijk is er volgens gegevens van de WHO ongeveer één arts op elke vierhonderd mensen, en in de rijkste Europese landen, zoals Duitsland en Zweden, is dat één op tweehonderd mensen. In Congo is er nauwelijks één dokter op elke tienduizend inwoners.

Telkens wanneer een arts die is opgeleid in een Afrikaans land of in een ander ontwikkelingsland wordt aangeworven in Noord-Amerika of Europa vergroot dit de scheve verhouding op het gebied van de zorg, en betekent dit een kostenbesparing voor het rijke gastland, dat vaak niet financieel heeft bijgedragen aan de opleiding van die arts.

Uit een omvangrijke studie op basis van bevolkingsgegevens uit 2018 bleek dat in de Verenigde Staten ongeveer een op de drie dokters is geboren in een ander land, en dat bijna 7 procent geen Amerikaans staatsburger is.[13] Volgens een parlementair rapport uit 2018 is in het Verenigd Koninkrijk een op de vijftig medewerkers van de National Health Service Afrikaans, en door de recente crisis rond het nieuwe coronavirus is hier, net als in veel andere landen, duidelijk geworden hoezeer de ontwikkelde landen steunen op in het buitenland geboren medisch personeel.

In ontwikkelingslanden is er zowel een tekort aan huisartsen als aan – en zelfs in nog grotere mate – de specialistische vaardigheden waarvoor in het Westen zeer hoge salarissen worden betaald. Hier moest ik aan denken toen een paar jaar geleden een Congolese oncoloog contact met me opnam vanuit België, waar hij zich had gevestigd. Zijn moeder in Bukavu had zojuist de diagnose vergevorderde kanker gekregen. Hij vroeg of ik haar kon helpen.

Ik deed mijn best om wat zorg voor haar te regelen. Tijdens verschillende telefoongesprekken vertelde hij me dat hij zijn opleiding te danken had aan zijn moeder, die zich voor hem had opgeofferd en lange werkdagen had gemaakt met het verkopen van pinda's om zijn schoolgeld te betalen.

Ik hoorde in zijn stem iets wanhopig verdrietigs. Hij was in Europa omringd door alle gemakken en overvloed, maar de vrouw dankzij wie hij dit leven kon leiden, ging thuis dood aan een ziekte die hij misschien in een vroeg stadium had kunnen ontdekken en behandelen.

Ondanks alle problemen in Congo, en de aantrekkelijke kanten van ons leven in Frankrijk, wilde ik nog steeds teruggaan. Telkens wanneer ik dacht aan blijven, speelde mijn geweten op. Het voelde alsof ik een ideaal opgaf. Ik stelde me de draagbaren voor in Lemera, of de stem van die radeloze moeder die op de muur van de operatiekamer bonsde terwijl ik haar dochter probeerde te redden.

Ik besprak het met Madeleine. Aanvankelijk moest ik haar zien te overtuigen, maar ze begreep mijn redenering. We sloten een compromis. We zouden retourtickets kopen en voor een halfjaar naar huis gaan, en daarna die periode evalueren. Als we niet gelukkig waren, zouden we teruggaan naar Frankrijk.

'Heb je hier wel echt goed over nagedacht?' vroeg mijn chef in het ziekenhuis, Roger Le Lirzin, me. 'Weet je zeker dat je je kinderen hierdoor niet de kans van hun leven ontneemt?' Ik bedankte hem voor zijn bezorgdheid. Ik wist dat hij het beste met me voorhad, maar ik zei dat mijn besluit vaststond.

We vlogen naar huis en ik keerde terug naar het ziekenhuis in Lemera als de eerste opgeleide obstetrisch gynaecoloog in de streek. De paar jaren daarna behoorden in professioneel opzicht tot de meest bevredigende periode, zelfs toen het land van de ene naar de andere crisis strompelde tegen het einde van Mobutu's tweeëndertigjarige bewind.

Ik werd medisch directeur van het ziekenhuis is Lemera. We breidden uit en voegden nog eens honderd bedden toe en een vrijstaand gebouw voor radiografie en een ander voor besmettelijke ziekten. Mijn belangrijkste bijdrage was het opzetten van een opleidingsprogramma voor vroedvrouwen in de regio. Zo konden we vrouwen in de meest afgelegen gebieden bereiken. We bouwden bij het ziekenhuis ook een kleine opleidingsschool voor verpleegkundigen, dankzij een fondsenwerving van mijn eerste huurbaas, Paul, en vrienden in Angers. Al snel leverden we zelf de medewerkers die we zo hard nodig hadden.

Bij het ziekenhuis richtten we ook een grote ruimte in – we noemden die de Svein Hall ter ere van mijn voormalige chef – waar vrouwen vanaf twee maanden voor de uitgerekende datum van de bevalling konden logeren. Gratis. Op die manier konden we ervoor zorgen dat ze een uitgewogen dieet kregen en dat problemen vroeg werden herkend en voorkomen. Zo werd hun het werk op de velden bespaard wanneer ze hoogzwanger waren. Er logeerden altijd zo'n honderd vrouwen bij ons.

Het aantal gevallen van moedersterfte begon te dalen. Ik kon het zien in de ziekenhuisverslagen. We noteerden minder sterfgevallen, er kwamen minder moeders aan in kritieke toestand. Ook kon ik met eigen ogen zien dat door basale kennis en opleiding, met financiële steun van onze donoren, levens veranderden. Het risico op een pijnlijke, vermijdbare dood tijdens de bevalling begon af te nemen in Lemera en omgeving.

Ik vond dat dit de beslissing om terug te keren rechtvaardigde. Het was niet gemakkelijk en vroeg ook persoonlijke offers. Ik was steeds lange tijd weg van mijn gezin, omdat Madeleine en de kinderen in Bukavu bleven. Ik ging om de andere week een weekend naar huis.

In de beperkte vrije tijd die ik had als ik niet thuis was, maakte ik soms een lange wandeling in de heuvels rond het ziekenhuis om mijn hoofd leeg te maken. Dit waren de enige momenten dat ik me echt kon ontspannen. De frisse lucht en de natuur gaven me nieuwe energie. Ik probeerde altijd naar een plek te lopen vanwaar ik uitzicht had en de horizon kon zien en waar de bergtoppen en de dalen zich voor mij uitstrekten.

Het liefst ging ik naar uitzichtpunten die uitkeken over de Ruzizi. Van daarboven zag ik hoe de rivier zich rond rotsachtige formaties slingerde of zich in afzonderlijke stromen splitste en eilandjes vormde die werden omgeven door snelstromend water. Dan luisterde ik naar het zachte geruis van de stroomversnellingen dat tegen de steile hellingen van het dal weerkaatste.

Van hoog daarboven kon ik ook het punt zien waar de grenzen van Congo en zijn oosterburen, Rwanda en Burundi, bijeenkwamen. We deelden hetzelfde schitterende landschap, zo rijk en wild. Ik voelde me altijd nederig door de hoge toppen die me omringden en de kracht die ze had opgestuwd tot de gekartelde tanden die omhoogwezen naar de hemel. De mens, met zijn landen en grenzen, zijn rivaliteit en geruzie, leek voor even onbeduidend.

3
Crisis en veerkracht

'U moet komen, dokter, nu meteen. We hebben een noodgeval.' Het was 1999 en er was een vrouw binnengekomen die op het randje van de dood balanceerde, maar op een andere plek en onder volslagen andere omstandigheden dan in Lemera. Ik was terug in Bukavu, in een arme, verwaarloosde voorstad die Panzi heette, en was net begonnen aan het grootste project uit mijn leven.

Met financiering door de gemeenschap van pinksterkerken in Centraal-Afrika[1] waren we een compleet nieuw ziekenhuis aan het bouwen. De bouw was nog niet eens klaar toen onze bewaker, Nandola, op me af kwam rennen om de komst van onze eerste patiënte aan te kondigen. 'Ze lijkt me ernstig gewond,' zei hij.

De verf was amper droog en er lagen nog stapels bouwafval op het terrein. Dozen vol medische voorraden stonden opgestapeld in de gangen van de twee gebouwen die we aan het renoveren waren. We hadden niet eens een sterilisator voor de operatiekamer.

Maar het nieuws deed de ronde. De plaatselijke gemeenschap wist wat we aan het doen waren en veel eerder dan we verwachtten was er een groep mannen aangekomen met een zelfgemaakte draagbaar waarop een in dekens gewikkelde vrouw lag. Toen Nandola de wanhoop van de dragers zag en het zachte gekreun van de vrouw onder de dekens hoorde, had hij de houten plank opgetild die ons gebouw afscheidde van de stoffige weg.

De vrouw werd naar binnen gedragen en van de draagbaar op een baarstoel getild. We hadden niet eens de tijd gehad om een spreekkamer in te richten. Terwijl ik me naar haar toe haastte kwam iedereen in actie. We waren toen maar met zijn achten, inclusief het administratief personeel, allemaal mensen die eerder in Lemera hadden gewerkt.

We haalden de dekens weg om de patiënte te kunnen onderzoeken. Ze was halverwege de dertig en bij bewustzijn, maar nog maar net. Ze bloedde hevig en leed ondraaglijk veel pijn door wat een kogelwond in het bekken- en heupgebied bleek te zijn.

Ze moest onmiddellijk worden geopereerd. Veikko, een chirurg uit Lemera, leidde de procedure. Het zou in alle omstandigheden een complexe operatie zijn geweest, maar in een gebouw dat maar half af was waren zijn onverstoorbaarheid en vaardigheid van bijzonder grote waarde.

We moesten onze uitrusting eerst nog bijeenscharrelen voor we ze konden opstellen. De operatiekamer stond vol spullen die we hadden verzameld uit allerlei klinieken en hulpposten in de streek – een operatietafel en operatielampen van hier, materiaal voor radiologie en anesthesie van daar. Op een bepaald moment moesten we iemand met de auto naar het stadscentrum sturen om nog twee zakken bloed te halen omdat we niet genoeg hadden. We steriliseerden de instrumenten in een snelkookpan.

De operatie duurde het grootste deel van een lange en stressvolle dag, die meteen de onofficiële opening van het Panzi-ziekenhuis was. Toen we die avond klaar waren, bleef onze radioloog Mungo daar om haar 's nachts in de gaten te houden. We gingen uitgeput naar bed en hoopten de patiënte de volgende ochtend nog levend en wel terug te zien.

Toen ik wakker werd en naar de afdeling ging, zag ik tot mijn grote verbazing dat ze niet alleen was. Mungo vertelde dat 's nachts verscheidene vrouwen met weeën waren aangekomen die hadden gehoord dat het ziekenhuis in bedrijf was. Hij was de hele nacht in touw geweest om te helpen bij de bevallingen. De moeders lagen heerlijk in bed en wiegden hun kind. Een van hen had een tweeling gekregen.

Die dag stonden er mensen in de rij voor een consult, zwangere vrouwen maar ook mannen en kinderen die hulp zochten voor een heel scala aan kwalen. Dit bleef de weken daarna zo doorgaan. De bouwvakkers en de schilders werkten om hen heen, en legden de laatste hand aan de half voltooide toiletten, de afdeling en de werkruimten.

De meeste van die eerste patiënten zaten te wachten op een bank of op een hoop puin. Ze verdreven de tijd met kletsen en eten. Dankzij de weggegooide noten en zaden van hun hapjes en maaltijden groeiden er al snel planten en bomen op ons terrein. Er staat nu een enorme avocadoboom die uit deze periode stamt. Hij fungeert als een voortdurende reminder aan ons geïmproviseerde begin meer dan twintig jaar geleden.

We redden het leven van onze eerste patiënte. Ze kwam langzaam op krachten en zodra ze de energie had en wilde praten, vertelde ze ons hoe ze gewond was geraakt. Ze zei dat ze thuis was toen er soldaten aan de deur stonden. Ze hadden geruzied en een soldaat had door de deur heen geschoten en haar been geraakt.

Hier klopte iets niet. Ze deed vaag over waarom ze op haar hadden geschoten. Ik zou het hele verhaal pas enkele maanden later te horen krijgen.

Het ziekenhuis kwam voort uit omstandigheden en noodzaak. Het leven was drastisch veranderd sinds mijn tijd in Lemera. De wandeltochten om te genieten van het uitzicht daar, de voldoening die ik toen voelde omdat we de gezondheidsindicatoren van de gemeenschappen die we dienden konden verbeteren, waren herinneringen uit een rustigere, voorbije tijd. De tussenliggende jaren – van 1993 tot 1999 – werden getekend door ellende en onzekerheid.

Er was een einde gekomen aan mijn werk in Lemera door een conflict dat zijn oorsprong had in etnische spanningen, waar ik voor het eerst een glimp van had opgevangen in 1959, toen ik vier was. Ik heb een vage herinnering aan de straten van Bukavu die opeens wemelden van families met pakken op hun hoofd en hun bezittingen hoog opgestapeld op een kar. Ze spraken een andere taal – het Kinyarwanda, geen Swahili of een streektaal uit Oost-Congo.

Ik herinner me vooral de muffe stank van duizenden hoornrunderen. Grote kudden zwierven door de straten, aten de begroeiing langs de wegkant op en vertrapten tuinen. Achter het vee liepen angstig uitziende mannen en hun vrouwen die een baby droegen of hun kinderen bij de hand meevoerden.

Terwijl ik stond te kijken hoe zich dit allemaal ontvouwde, raakte een ander bang jongetje, in een buurland, verstrikt in de stoffige rijen mensen en hun dieren. De familie Kagame was met haar jonge zoon Paul uit Rwanda gevlucht en op weg naar Oeganda in het noorden. Heel veel later zou Pauls leven grote invloed hebben op het mijne.

De reden voor al deze beroering was het geweld tussen de twee grootste etnische groepen in Rwanda, de Hutu's en de Tutsi's. De Hutu's waren de grootste bevolkingsgroep, maar koesterden al heel lang wrok over de manier waarop ze werden behandeld door de Tutsi's, die van oudsher behoorden tot de aristocratie en de klasse die land en vee bezat.

In de aanloop naar onafhankelijkheid van Rwanda voerden de Hutu's een reeks gewelddadige aanvallen uit op de Tutsi's en dwongen ze honderdduizenden van hen te vluchten en zich te vestigen in Burundi, Congo en in Oeganda in het noorden. De onafhankelijkheid in 1962 leidde tot verkiezingen waarin de Hutu's voor het eerst politieke macht veroverden. In 1963 en 1973 volgde in Rwanda nog meer geweld tegen de Tutsi's. In Burundi, dat een met Rwanda vergelijkbare etnische samenstelling heeft, richtte een Tutsi-minderheid in 1972 een bloedbad aan onder de Hutu's, dat door sommige historici een genocide wordt genoemd.

In de jaren negentig laaiden er weer nieuwe spanningen op tussen de Hutu's en de Tutsi's, eerst in Burundi, waar de eerste gekozen president van het land, een Hutu, werd vermoord door Tutsi-legerofficieren, en daarna in april 1994 in Rwanda, toen nog eens twee Hutu-presidenten – Cyprien Ntaryamira, ook uit Burundi, en Juvénal Habyarimana uit Rwanda – omkwamen toen hun vliegtuig uit de lucht werd geschoten. Dit was de vonk in het kruitvat die leidde tot de Rwandese genocide.

De moord op deze mannen veroorzaakte een maalstroom die mijn leven en dat van tientallen miljoenen andere mensen onverbiddelijk zou meesleuren. De slechtste, meest destructieve hartstochten van de mensheid werden de vrije loop gelaten: wrok leidde tot moord, moord tot wraak, tot massamoorden, massaverkrachtingen en martelingen op grote schaal.

Meer dan honderd dagen lang joegen bendes Hutu's in Rwanda

op Tutsi's, of op iedereen die eruitzag als een Tutsi, of op iedereen die ervan werd verdacht dat hij Tutsi's onderdak bood of met hen sympathiseerde. Tijdens die uiterst beruchte periode van massamoorden in het laatste deel van de bloedige twintigste eeuw zijn er volgens het Internationale Rwandatribunaal achthonderdduizend tot één miljoen mensen omgekomen.

Het ziekenhuis in Lemera had een overeenkomst met het Internationale Rode Kruis dat ons patiënten stuurde. We kregen mannen, vrouwen en kinderen, Hutu's en Tutsi's, binnen met vreselijke verwondingen. Er waren mensen met een doorgesneden keel, bij anderen waren de handen of voeten afgehakt met een machete.

Geweld was geen onbekende voor mij, want ik was er als kind herhaaldelijk getuige van geweest, maar dit was de eerste keer dat ik dergelijke verwondingen als arts behandelde. Het leven nam opeens een duistere wending en ik kwam niet meer toe aan mijn werk voor de gezondheidszorg voor moeders. Ik kon me niet langer richten op het creëren van een plek waar vrouwen veilig konden bevallen. In plaats daarvan werd ik opgeslorpt door de strijd tegen een veel meer expliciete, doelbewuste vorm van geweld tegen moeders en dochters. Alle vooruitgang – de kraamkliniek, onze informatieprogramma's, de opleiding van dorpsvroedvrouwen – ging verloren in de chaos.

In het algemeen verbreide verhaal over de Rwandese genocide kwam er een einde aan de 'honderd dagen van waanzin', waarin de Hutu's de Tutsi's afslachtten, toen een rebellenleger van de Tutsi's, het Rwandees Patriottisch Front, onder leiding van Paul Kagame de Hutu-extremisten ten val bracht en een multi-etnische regering van nationale eenheid installeerde.

Dit was echter niet het einde van de moordpartijen, maar het begin van een nieuwe fase. Onmiddellijk hierna begon een tweede golf verschrikkingen, die door de Tutsi's en troepen onder Kagames leiding werden gepleegd tegen de Hutu's.

Ze gingen achter de mensen aan die verantwoordelijk waren voor de genocide: soldaten en legerofficieren, politici en plaatselijke functionarissen, en leden van de militie die zich schuldig hadden gemaakt aan sommige van de ergste wreedheden, de *Interahamwe*.

Maar er werd in het wilde weg gemoord, en veel criminelen, die in het Frans *génocidaires* werden genoemd, zochten samen met naar schatting anderhalf miljoen Rwandese vluchtelingen een goed heenkomen in Congo. De leiders ontsnapten naar Europa en Kenia.

Twee jaar na de genocide, in 1996, viel het nieuwe, door Tutsi's geleide Rwandese leger, dat achter een front van Congolese rebellen optrad, Oost-Congo binnen tijdens zijn jacht op de génocidaires die zich hadden gevestigd in vluchtelingenkampen rond Bukavu en elders. In plaats van de Hutu-milities te ontwapenen en te scheiden van de burgerbevolking in de kampen, die onder bescherming van de VN stonden, had de internationale gemeenschap het probleem laten dooretteren.

Voor de Rwandese invasietroepen was de achtervolging van de génocidaires de prioriteit van de buitenwacht, maar ze waren er ook op uit het regime te veranderen. Mobutu, die tientallen jaren een bondgenoot van het Westen was geweest, kon na het einde van de Koude Oorlog niet langer rekenen op steun uit het buitenland en werd beschouwd als deel van het probleem.

In Lemera hadden we al de indruk gekregen dat er een invasie op komst was. Er waren rebellen en Rwandese troepen gezien die 's nachts de grens met Congo overstaken en naar de bergen trokken met wapens en stroomgeneratoren. Zo nu en dan waren er artilleriebeschietingen op Congo vanuit posities in Rwanda.

Er ontstond een gespannen sfeer in het ziekenhuis. Nerveuze Congolese legercommandanten wilden bewakers bij het ziekenhuis plaatsen omdat ze bang waren dat wij zorg zouden verlenen aan de rebellen. Ik wees hun verzoek af en hield vol dat we een neutrale plaats moesten blijven, zonder wapens, waar gezorgd werd voor iedereen ongeacht zijn etniciteit of achtergrond. Ik wilde eerder dat het ziekenhuis dicht moest dan dat soldaten mijn patiënten zouden selecteren.

Zelfs toen sommige leden van mijn staf vertrokken vanwege hun eigen veiligheid, besloot ik op mijn post te blijven omdat ik meende dat ik in een ziekenhuis veilig was voor aanvallen. Ik vergiste me.

Het was puur geluk dat ik er niet was toen we werden aangevallen. Ik heb mijn leven te danken aan een Zweedse ingenieur, David, die bij ons op het ziekenhuisterrein woonde met zijn vrouw Astrid. Of anders gezegd: dankzij Davids ontstoken voet leef ik nog.

Kort voor de aanval besloten we hem te verplaatsen voor het geval er een amputatie nodig zou zijn vanwege de ernstige infectie. Ondanks de duidelijke spanningen in de omgeving besloten we de weg te nemen die door de vallei tussen Lemera en Bukavu liep.

Het was een van de meest angstaanjagende reizen van mijn leven. De Toyota Land Cruiser van ons ziekenhuis werd vanuit Rwanda aangevallen toen we afdaalden naar het grootste dal. Ik hoor nog het geratel van de machinegeweren dat het geluid van de kiezels en stenen overstemde die met een korte scherpe tik van de onderkant van ons voertuig afketsten, terwijl we zo snel reden als de kuilen in de weg toelieten. Ik verwachtte dat de auto elk moment geraakt kon worden.

Terwijl de kogels ons om de oren vlogen, wachtte ik ineengedoken op de passagiersstoel op de schreeuw, de explosie, de klapband die betekende dat we vrijwel zeker onze dood tegemoet zouden razen als we de controle over het stuur verloren. Aan de ene kant van de weg bevond zich een rotswand, aan de andere kant een afgrond die steil afliep naar de rivier.

Het was een wonder, maar we haalden Bukavu. We inspecteerden de auto pas na afloop en zagen dat een kogel door de achterkant was gegaan en de bagage had geraakt.

De rit redde Davids been. Hij werd overgebracht naar Zweden en daar opgenomen in een ziekenhuis. De zwelling nam langzaam af door sterke antibiotica, maar de artsen daar hebben de oorzaak van de mysterieuze infectie nooit kunnen achterhalen.

De avond dat we in Bukavu aankwamen, 6 oktober 1996, vielen Tutsi-rebellen het ziekenhuis in Lemera aan en vermoordden ze dertig patiënten. Sommigen werden in hun bed doodgeschoten, anderen vluchtten de omliggende bossen in met hun intraveneuze infuus nog bungelend aan hun arm. Ze werden achtervolgd en afgeslacht. Dit was een van de eerste daden van een smerige, wrede oorlog. In feite zou je kunnen zeggen dat de verschrikkingen hier begonnen.

Drie van mijn verpleegkundigen kwamen om. Ze hadden zich gebarricadeerd in hun woonverblijf toen de aanval begon, maar de rebellen beukten de deuren in en executeerden twee van hen ter plekke. De derde werd gedwongen om alle medische voorraden met een wagen van het ziekenhuis naar een dorp in de buurt te brengen. Zodra hij daarmee klaar was, werd hij in koelen bloede vermoord.

Een foto van mij die in mijn kantoor hing was doorzeefd met kogels. Er waren schoten afgevuurd op mijn witte doktersjas die ik had opgehangen in de verwachting dat ik de dag nadat ik met David was vertrokken weer terug zou zijn. Patiëntendossiers waren kapotgescheurd en lagen verspreid over het complex.

Nadat alles van waarde was geroofd, werd het ziekenhuis een militair kamp, waarin naast Rwandese soldaten ook de rebellerende troepen werden ondergebracht die al snel bekendstonden als de Alliantie van democratische strijdkrachten voor de bevrijding van Congo.

Het bloedbad in het ziekenhuis was de opmaat tot een grootschalige invasie van Congo door de rebellen die werden aangevoerd door Laurent-Désiré Kabila, maar volledig afhankelijk waren van de reguliere Rwandese, Oegandese en Burundese troepen. Deze invasie ging de Eerste Congolese Oorlog heten.

Enkele weken na de aanval in Lemera kwam Bukavu onder steeds heviger vuur te liggen. Aanvankelijk was het onze bedoeling om te blijven, omdat we het ergste vreesden als we uit ons huis weggingen. De aanwezigheid van het contingent slechtbetaalde Congolese soldaten was niet echt geruststellend, maar we verwachtten toch dat ze enige weerstand zouden bieden, zodat de regering van Mobutu met onze buurlanden kon onderhandelen over een vredesakkoord.

Niemand van ons had gedacht dat de gewapende troepen zouden omkeren en wegrennen. Uiteindelijk waren maar weinig soldaten bereid hun leven te geven voor Mobutu, die met een steeds slechtere gezondheid kampte. Ten tijde van de invasie was hij in het buitenland voor een medische behandeling.

Ik bleef thuis met Madeleine en de kinderen. We brachten onze dagen door met het bellen van vrienden en het luisteren naar het nieuws voor updates over het conflict en de politieke situatie. We vroegen ons allemaal af wat we moesten doen, en overwogen of we moesten vluchten of ons gedeisd moesten houden.

Ik werd tot handelen gedwongen toen een jonge man die zich voorstelde als een officier van de militaire inlichtingendienst naar ons huis kwam om te zeggen dat ik moest vluchten. Ik had hem nooit eerder ontmoet, maar hij zei dat hij bij een vergadering was geweest waarin mijn naam was genoemd en ik ter sprake was gebracht als mogelijke spion en informant van de vijand. Blijkbaar had ik de verdenking op me geladen doordat ik niet wilde dat het leger bewakers bij het ziekenhuis in Lemera zou plaatsen.

Het was absurd en onzinnig, maar ik wist dat zulke dwaasheden in tijden van paniek levens konden kosten. Ik kocht onmiddellijk vliegtickets naar Kinshasa, waar ik veiliger zou zijn. We vroegen een invloedrijke vriend van Madeleines vader, een militaire magistraat, om me naar het vliegveld te brengen in de kofferbak van zijn auto.

De volgende ochtend in het schemerlicht van de dageraad arriveerde hij zoals beloofd. Ik glipte in de kofferbak met een kleine tas en een satelliettelefoon van mijn kerkgemeenschap. Het was de tweede zenuwslopende autorit van die maand, na die beproeving met David op de weg van Lemera naar Bukavu. Ik was voortdurend bang dat iemand de kofferbak zou opendoen en me zou ontdekken.

Het was het regenseizoen en door een hevige bui afgelopen nacht was de stad kletsnat. Terwijl ik in elkaar gedoken achterin lag, kon ik de banden horen slippen en het gespetter van de plassen horen als we door kuilen en watergeulen reden. Ik herkende het plakkerige geluid van de modder op de banden en tegen de wielkasten.

Elke keer dat we afremden bij een checkpoint lag ik achterin te stuiteren met bonzend hart en buikpijn van angst.

Toen we eenmaal bij de luchthaven waren, werd het er niet beter op. Het was er één grote chaos. Er waren opstoppingen van voertuigen, civiele en militaire, en honderden mensen met tassen waren op weg naar de enige vertrekterminal. Drommen mensen stroomden naar de parkeerplaats. Binnen in de terminal stonden groepen gespannen uitziende soldaten met wapens.

Ik vond een schuilplaats achter een paar containers van waaruit ik de startbaan kon zien. Zodra mijn vliegtuig naar Kinshasa arriveerde en voor de terminal tot stilstand kwam, renden passagiers en soldaten ernaartoe om zich van een plaats te verzekeren. In de daaruit voortvloeiende enorme toeloop protesteerden mensen met tickets bij de soldaten en probeerden hen tegen te houden. Verscheidene mensen werden ter plekke neergeschoten. Ik zag dat er zo minstens drie mensen werden gedood. Groepen mannen in kaki vochten zich de trappen op en het vliegtuig in, waarbij ze hun wapens boven hun hoofd hielden.

Ik deed niet eens een poging om aan boord te gaan. Het was me duidelijk dat het leger aan het muiten was geslagen en dat Bukavu, als dit inderdaad het geval was, binnenkort weerloos zou zijn. Ik pakte mijn telefoon en belde een collega, Roland, ook een Zweed die voor onze kerkgemeenschap werkte in Oost-Congo. Hij was een week eerder per vliegtuig vertrokken en nu in veiligheid in Kenia.

We spraken af dat hij een vliegtuig zou sturen via de Mission Aviation Fellowship, een organisatie die door de kerk gerunde humanitaire groepen steunde. Die stuurde een vliegtuig met twaalf zitplaatsen. Ik belde Madeleine en zei dat ze wat tassen moest inpakken, daarna belde ik een andere bevriende legerofficier en vroeg hem of hij mijn gezin in mijn auto naar de luchthaven wilde brengen.

We kwamen achter de containers bij elkaar en wachtten daar op ons vliegtuig. Tegen die tijd was er een volledige evacuatie aan de gang. Er landden geregeld kleine chartervliegtuigen die door buitenlandse regeringen, hulporganisaties en bedrijven waren gestuurd. Mijn grootste angst was dat ons vliegtuig zodra het geland was zou worden overspoeld door wanhopige mensen of gekaapt door soldaten. Ook bestond het risico dat we iemand in de commotie achterlieten of zelfs dat er iemand werd gedood gezien de schietpartijen waar ik eerder getuige van was geweest.

We zochten de bewolkte lucht boven ons af in wat een eeuwigheid leek te duren. Toen het vliegtuig eindelijk in zicht kwam, landde en zoals afgesproken naar het verste einde van de landingsbaan taxiede, stormden we ernaartoe met de kinderen aan de hand. We moesten enkele honderden meters rennen.

We stortten ons naar binnen, iedereen klauterde erin. Ik telde Madeleine en de kinderen. Zodra alle stoelen bezet waren, smeten we de deur dicht en schreeuwden: 'Go, go, go!' De motoren kwamen brommend weer tot leven.

Eenmaal binnen had ik een enorm gevoel van opluchting, maar ook van angst en diep verdriet om mijn getroffen woonplaats, die binnen een dag door de rebellen en Rwandese soldaten zou worden ingenomen. Dat ik op deze manier moest vluchten was een onaangename echo uit mijn kindertijd die me deed terugdenken aan de drie andere keren dat we gedwongen waren om te vluchten voor rebellen en huurlingen.

Toen we opstegen en naar het noorden cirkelden was duidelijk te zien dat er een humanitaire ramp dreigde. Rijen mensen te voet of opgepropt in overvolle voertuigen vluchtten weg uit Bukavu in de richting van de stad Kisangani, bijna 650 kilometer naar het noordwesten.

Vijfhonderdduizend mensen waren onderweg met weinig eten en drinken. Velen van hen waren Rwandese Hutu-vluchtelingen uit de kampen rond Bukavu. Ze waren bang voor gewelddaden van de invasietroepen van de Tutsi's, naar later bleek terecht.

De Rwandese troepen maakten geen onderscheid tussen Hutuvluchtelingen en Hutu-rebellen in Congo. Sommige mensen die werden gedood waren ongetwijfeld extremisten, maar veel slachtoffers waren onschuldige vrouwen, kinderen en ouderen die meedogenloos werden vermoord met vuurwapens, machetes, stenen en geweerkolven. Ook duizenden Congolese burgers die renden voor hun leven werden afgeslacht, onder wie meer dan honderd mensen uit mijn geboortedorp Kaziba. Anderen kwamen om door ziekte en honger toen ze door de dichtbegroeide jungle trokken.

Familieleden van mij raakten verwikkeld in de chaos. Mijn schoonvader, die ik kende als een energieke man met een goede gezondheid, werd nooit meer de oude na de voettocht van vierhonderd kilometer die hij moest maken. Hij en mijn schoonmoeder dronken onderweg ongezuiverd water uit de rivieren, waar ze ziek van werden, en hielden zich in leven met fruit dat ze in het oerwoud vonden. Soms kregen dorpelingen, die zagen hoe uitgeput en wanhopig ze waren, medelijden met hen en gaven hun restjes rijst of cassave.

Doordat mijn schoonvader rijk was, had hij naderhand wel geld voor gespecialiseerde medische zorg in Kinshasa en in het buitenland, maar hij is nooit helemaal hersteld. Enkele jaren later overleed hij thuis op zevenenzestigjarige leeftijd. Mijn schoonmoeder en zwager, die dezelfde weg hadden afgelegd, stierven onder vergelijkbare omstandigheden.

We vlogen bijna vijfhonderd kilometer naar het noorden, naar de kleine Congolese stad Bunia, en wisten dat we tot de weinige gelukkigen behoorden die hadden kunnen ontsnappen. Daarna reisden we door naar de Keniaanse hoofdstad Nairobi.

De rebellen en hun buitenlandse helpers rukten in zeven maanden tijd op van het oosten naar het westen, en slachtten ondertussen tienduizenden Hutu's en Congolese burgers af. Sommige Congolezen beschouwden de invasietroepen ten onrechte als bevrijders die hen zouden verlossen van het corrupte regime van Mobutu dat op zijn laatste benen liep. Mobutu werd in mei 1997 ten val gebracht en overleed vier maanden later.

De rebellenleider Kabila, een oudere communistische revolutionair die ooit had samengewerkt met Che Guevara, werd geïnstalleerd als president. Maar in werkelijkheid had Rwanda, een land dat honderd keer kleiner was dan Congo, de macht in handen. Kabila werd geadviseerd en scherp in de gaten gehouden door Rwandese en Tutsi-officieren, die sleutelposities innamen in zijn regering en binnen de strijdkrachten.

Ik woonde een jaar in Kenia en werkte van daaruit aan de vluchtelingencrisis in Congo. Ik probeerde aandacht te krijgen voor de humanitaire ramp daar terwijl ik steeds meer van streek raakte door de passiviteit van de internationale gemeenschap. Bukavu was intussen bezet door Rwandese soldaten en elk gevoel van opluchting dat er eind was gekomen aan Mobutu's bewind bleek een kort leven beschoren.

De herinneringen aan de mishandelingen, vernederingen en beledigingen die veel Congolezen in die periode ondervonden, zijn nog springlevend. Sommige Rwandese soldaten gebruikten een zweep om iemand in het openbaar te straffen, wat de zwartste herinneringen uit het koloniale tijdperk terugbracht toen de *chicote*, een zware gevlochten zweep van nijlpaardhuid, het favoriete strafwerktuig was van Belgische officieren.

Na een jaar in Nairobi keerde ik in 1998 voor het eerst terug naar Bukavu op een verkennende missie om de levensomstandigheden in de stad te onderzoeken. Na afloop van mijn bezoek probeerde ik over te steken naar Rwanda om een vlucht terug te nemen naar Kenia. Ik werd tegengehouden door een grenswachter.

'We hebben opdracht om te voorkomen dat u vertrekt,' zei hij terwijl hij mijn paspoort bekeek.

Ik probeerde te beredeneren en te achterhalen waarom ik werd tegengehouden, maar mijn pogingen dit te verklaren of er argumenten voor te vinden waren vruchteloos. Ik sjokte terug naar ons oude huis in Bukavu en belde Madeleine om te zeggen dat ik die avond niet zou terugkomen.

Vanaf dat moment stond ik onder toezicht en werd ik altijd door soldaten gevolgd. Op een gegeven moment waarschuwde de plaatselijke mensenrechtenactivist Pascal Kabungulu me dat ik op een lijst van potentiële dissidenten stond. Ik moest oppassen, zei hij. Ik nam zijn raad ter harte en was heel voorzichtig. Pascal werd later in zijn eigen huis neergeschoten door mannen in legeruniform.

Na een paar maanden kreeg mijn gezin toestemming om zich vanuit Nairobi bij me te voegen. Dat was het moment dat ik begon na te denken over het oprichten van een nieuw ziekenhuis in Bukavu.

Ik voelde me gevangen. Ik worstelde nog steeds met de verwerking van alles wat er verloren was gegaan in Lemera, vooral de levens van de drie verpleegkundigen die waren vermoord, maar ook mijn patiënten en het ziekenhuis zelf, dat de enige voorziening was voor de gemeenschap.

Ik dacht dat ik in Kenia een nieuwe roeping had gevonden in mijn humanitaire werk in de regio, waaronder het door oorlog verscheurde Zuid-Soedan. Nu was ook hieraan een einde gemaakt. De enige mogelijkheid die ik nog voor mezelf zag, was om iets van de grond af op te bouwen.

We bepaalden dat het ziekenhuis in de voorstad Panzi in Bukavu moest komen, omdat de lokale bevolking er duidelijk behoefte aan had en omdat het een van de snelst groeiende stadsdelen was. De voorstad lag acht kilometer ten zuiden van het centrum via een zandweg vol kuilen die praktisch onbegaanbaar was zonder een 4x4. In het droge seizoen wierp elk voertuig grote stofwolken op, na een regenbui zou het slippend en spattend door enorme plassen van soms wel dertig centimeter diep rijden.

Steeds meer mensen stroomden in die tijd Bukavu binnen, zochten er een nieuw thuis nadat ze door de gevechten en de onzekerheid van het platteland waren verdreven.

In eerste instantie waren we van plan om een veldhospitaal op te zetten in Panzi op een stuk land waar ooit, in het koloniale tijdperk, een plantage had gelegen van Belgische eigenaren. Later was er een tijdlang een garnizoen gehuisvest, maar dat was al weg voordat mijn kerkorganisatie de grond aankocht. Toen ik er voor het eerst kwam, werd er nog land bewerkt, akkers met cassave en mais, maar waren er ook nog stukken jungle.

Elke centimeter beschikbare grond in Panzi is sindsdien volgebouwd. De hele stad is tijdens mijn leven veranderd. De orde en de rijkdom aan wilde dieren en natuur uit mijn jeugd zijn verre herinneringen. Bomen zijn omgehakt en gebruikt als brandhout. De bloembedden en goede wegen zijn al lang weg.

De grootste veranderingen hebben zich in de afgelopen vijfentwintig jaar voltrokken. Het begon met de toestroom van vluchtelingen na de Rwandese genocide in 1994, maar door de tientallen jaren van oorlog die daarop volgden zoeken elk jaar duizenden nieuwkomers veiligheid in de sloppenwijken van de stad. De bevolking is in twintig jaar meer dan verdrievoudigd, en dit heeft geleid tot een golf aan nieuwe bouwwerken die Bukavu heeft overspoeld, van de oevers van het meer helemaal tot de top van de heuvels die uitkijken over de stad.

Aanvankelijk hadden we tamelijk bescheiden ambities wat het ziekenhuis betreft. We zouden klein beginnen en daarna proberen op te schalen. Om te beginnen hadden we een kraamafdeling nodig en een operatiezaal voor keizersneden en andere eenvoudige operaties. Het was onze bedoeling om algemene gezondheidszorg te bieden, maar met de nadruk op mijn ervaring op het gebied van gezondheidszorg voor moeders.

Iedere vrouw die destijds in Panzi problemen kreeg tijdens de bevalling moest helemaal naar het openbare ziekenhuis aan de andere kant van de stad gaan, het enige voor het toen vijfhonderdduizend inwoners tellende Bukavu. Die reis, te voet of per taxi, was gevaarlijk en soms fataal, met oponthoud vanwege de talrijke militaire checkpoints in dat gebied waar ze langs moesten.

Ik herinner me nog dat ik rond die tijd een bezoek bracht aan het openbare ziekenhuis. Ik was meegegaan met de zwangere vrouw van een vriend en was diep geschokt door wat ik daar zag. Bij de ingang van de kraamafdeling stonden verschillende ontroostbare vrouwen die zojuist een familielid hadden verloren dat tijdens de bevalling was overleden. Ze zaten op de grond, sloegen met hun handen op de stenen vloer en schreeuwden hun verdriet uit. Een andere vrouw stierf aan een keizersnee toen ik er was.

We onderhandelden met UNICEF om tenten te regelen voor eigen gebruik, en we lieten operatieapparatuur uit Oostenrijk komen. In juli 1998 haalden we de gouverneur van Zuid-Kivu en de burgemeester van Bukavu over om een ceremonie bij te wonen ter gelegenheid van de start van de voorbereidende werkzaamheden op het terrein.

Het was allemaal erg sober – er zong een koor en er waren een paar toespraken – en er was een gevoel van urgentie. We hadden onze vipgasten nodig om de vergunningen te tekenen die we moesten hebben om met het werk te kunnen beginnen voordat er nieuwe gevechten uitbraken. Het land was op weg naar de volgende crisis.

Net een jaar nadat Mobutu was vervangen, werd er druk uitgeoefend op president Kabila om de soevereiniteit van Congo te herstellen. De bevolking ergerde zich aan de bezetting door Rwandese,

Oegandese en Burundese soldaten en Kabila kreeg te maken met protesten over de aanwezigheid en de onmiskenbare invloed van de vele Rwandezen in de regering en de strijdkrachten.

Eind juli, enkele weken na de ceremonie bij het ziekenhuis, deed Kabila zijn zet. In een openbare toespraak bedankte hij onze buren voor hun diensten en vroeg hun om hun troepen terug te trekken uit Congo en weg te gaan.

Er werden wat troepen teruggetrokken, maar Kabila's voormalige partners beschouwden zijn zet als onaanvaardbaar verraad. Twee weken later vielen ze opnieuw Congo binnen. De invasie werd geleid door dezelfde man als bij de eerste inval, de Rwandese generaal James Kabarebe. Deze keer ging een andere groep rebellen voorop, de Congolese coalitie voor democratie (RCD). De gevechten begonnen in augustus 1998 en werden bekend als de Tweede Congolese Oorlog.

De publieke rechtvaardiging was dezelfde als die voor de eerste oorlog: Rwanda wilde de Hutu-extremisten elimineren die zich schuilhielden in Congo. Maar het hogere doel was zonneklaar gezien de inzet en strategie van de invasietroepen: voor de tweede keer in twee jaar een regimewisseling in Kinshasa afdwingen.

Maar anders dan bij de Eerste Congolese Oorlog, toen de rest van Afrika en het Westen bereid waren om de agressie door de vingers te zien en zo van Mobutu af te komen, raakten er nu wel buitenlandse machten die Kabila steunden betrokken bij het conflict. Kabila verzekerde zich van cruciale militaire steun van Angola en Zimbabwe, en in mindere mate van Namibië, Tsjaad en Libië.

Negen verschillende landen bevochten elkaar tot er een patstelling ontstond. Het conflict verdeelde Congo in ruwweg drie delen. Het westelijke deel werd gecontroleerd door troepen die trouw waren aan Kabila, het noorden werd beheerst door rebellen met ruggensteun van Oeganda, en het oosten, waaronder Bukavu, werd bezet door Rwanda en zijn gevolmachtigden.

Ons werk in Panzi ging van start tegen de dreigende en angstaanjagende achtergrond van het begin van de Tweede Congolese Oorlog. In Bukavu wemelde het van de reguliere Rwandese troepen en de provincie werd bestuurd door de RCD, een bonte verzameling intellectuelen en voormalige functionarissen die door Rwanda was samengesteld.

Onze plannen gingen al snel de mist in. Onze tenten en operatiematerialen werden in het beginstadium van de gevechten geroofd uit een pakhuis van UNICEF. Plan B was om twee kleine en nagenoeg vervallen gebouwen op te knappen die op een terrein in Panzi stonden en nog dateerden uit de tijd dat het een plantage was geweest. Ze verkeerden in slechte staat: er groeide gras uit het metselwerk, delen van het dak waren ingestort en de deuren, raamkozijnen en vloeren waren gestolen.

Maar het was beter dan niets. Zonder de tenten moesten we toch ergens beginnen. We gingen op zoek naar bouwmateriaal voor de renovatie. Ook gingen we weer aan de slag om schaars beschikbare medische voorraden en uitrusting te bemachtigen.

In september 1999, drie jaar na mijn vertrek uit Lemera aan het begin van de Eerste Congolese Oorlog en een jaar na het begin van de volgende oorlog, was ik ter plaatse toen onze eerste patiënte aankwam en ik die bekende noodlottige woorden weer hoorde: 'U moet komen, dokter, nu meteen. We hebben een noodgeval.'

Ik hoorde later dat onze allereerste patiënte het slachtoffer was van een groepsverkrachting door Rwandese soldaten.

Ze bracht enkele maanden bij ons door om te herstellen van haar verwondingen. Ze heeft me nooit zelf het hele verhaal verteld, maar van een van haar familieleden hoorde ik wat haar was overkomen.

Ze was thuis toen er vijf soldaten aanklopten. Ze had geweigerd om de deur open te doen, dus ze vielen binnen en richtten hun wapens op haar. Ze zeiden dat ze zouden schieten als ze schreeuwde. Ze hielden haar vast en verkrachtten haar. De laatste man had, toen hij het wreed toegetakelde en half bewusteloze slachtoffer voor zich zag liggen, zijn wapen getrokken en haar in haar kruis geschoten.

Ze woont nog steeds in Bukavu. Het lukte ons om haar been te redden, en de kogel miste haar voortplantingsorganen, maar ze loopt nog steeds mank. Het was een afschuwelijke misdaad, maar bij lange na niet de enige.

Uit de ziekenhuisverslagen van de eerste drie maanden dat we in Panzi aan het werk waren, van september tot december 1999, blijkt dat er vijfenveertig vrouwen waren geweest met verwondingen die waren toegebracht tijdens een verkrachting. We hadden geen tijd om te denken aan een officiële opening van het ziekenhuis, laat staan om die te vieren.

Ik had eerder verschrikkelijke wonden gezien toen ik in Lemera mensen behandelde die gewond waren geraakt tijdens de gevechten tussen Hutu's en Tutsi's over de grens in Burundi en Rwanda. Ik wist dat er geen grenzen waren aan het vermogen van de mens om anderen pijn te doen, maar ik was diep geraakt door wat ik zag. De aard van de verwondingen door verkrachting en de frequentie waren ongekend.

Uiteraard waren er eerder ook verkrachtingen geweest. Seksueel geweld kwam in Congo voor, net als in alle samenlevingen waar mannen de sociale en politieke macht in handen hebben en vrouwen worden behandeld als voorwerpen en tweederangsburgers. Congolese mannen waren echter niet gevaarlijker dan hun evenknieën elders in Afrika, of in het Westen. Ik wil dit benadrukken omdat, naar aanleiding van een uitspraak van een functionaris van de VN, Congo in de pers nu al jarenlang stelselmatig wordt betiteld als 'de verkrachtingshoofdstad van de wereld'. Dit is een onfortuinlijk etiket dat is blijven plakken – honderd jaar nadat mijn land de naam 'hart der duisternis' kreeg, met dank aan het boek van Joseph Conrad.

Wanneer ik tijdens buitenlandse reizen over mijn werk sprak, is mij geregeld gevraagd of er iets inherent gewelddadigs en misogyns schuilt in Congolese mannen wat een verklaring zou kunnen zijn voor de gruweldaden van de afgelopen twintig jaar. Soms proef ik echo's van de racistische veronderstellingen dat zwarte of Afrikaanse mannen seksueel onmatiger zijn dan andere mannen, dat ze hun impulsen minder goed kunnen bedwingen of dat ze meer geneigd zijn tot geweld. Niets hiervan is waar.

Verhalen over verkrachting zijn zo oud als de geschreven geschiedenis, terwijl de afgelopen eeuw wemelt van de conflicten waarin gruwelijk seksueel geweld voorkomt, op alle continenten en in alle culturen. Ongeveer in dezelfde tijd dat Congo tot chaos verviel, pleegden mannen en soldaten in het voormalige Joegoslavië in

Europa stelselmatig verkrachtingen. Tijdens de Tweede Wereldoorlog was er in de Europese en Aziatische gebieden waar die oorlog woedde sprake van massaverkrachtingen; ook Amerikaanse soldaten in Vietnam maakten zich hier schuldig aan.

Wat in Congo is gebeurd is in zoverre uniek omdat dit het gevolg is van een specifieke context: een land met een treurige geschiedenis van meedogenloze uitbuiting, van wanbestuur, van de geleidelijke erosie van sociale structuren en instituten, gevolgd door tientallen jaren van oorlogen en conflicten. Het is ook universeel omdat de onderliggende verklaringen van seksueel geweld overal relevant zijn, zowel in tijden van oorlog als in tijden van vrede.

In de eerste jaren dat ik in Panzi werkte, raakte het me altijd ontzettend hard als we weer een gewonde vrouw opnamen. Als de patiënte na de operatie begon te herstellen ging ik aan haar bed zitten en vroeg haar om te vertellen wat er was gebeurd. Ik had het gevoel dat het mijn plicht was om het lijden van mijn patiëntes te begrijpen. Ik luisterde en deed mijn best mee te leven. Ik moest ook de wonden die ik zag begrijpen.

Sommigen verzonnen een verhaal – dat ze waren uitgegleden en zichzelf op iets hadden gespietst. Anderen gaven duidelijk te kennen dat ze er liever niet over praatten of weigerden om het hele verhaal te vertellen, net zoals onze eerste patiënte. Maar velen spraken openhartig over wat hun overkomen was. Elk verhaal was anders, maar ze hadden ook veel gemeen.

De meeste vrouwen die we in het begin behandelden kwamen uit Bukavu en de omliggende dorpen. Ze waren allemaal verkracht door gewapende mannen – soldaten of rebellen. Soms waren ze thuis, soms aan het werk op de velden, of ze werden gegrepen als ze naar de wasplaats in een plaatselijk riviertje liepen, of als ze water of houtskool haalden.

Veel vrouwen hadden wonden die met extreem geweld waren toegebracht. Sommigen waren opzettelijk in hun genitaliën geschoten. De verkrachters staken hun wapen in de vagina van een slachtoffer en haalden dan de trekker over. Bij anderen waren stokken, scherpe voorwerpen of brandend plastic naar binnen geramd. Een vrouw was gedwongen om boven een brandende barbecue te hurken en had ernstige brandwonden.

Vaak waren ze voor de ogen van hun man verkracht, soms voor die van hun kinderen. Zo nu en dan werden kinderen gedwongen mee te doen – anders zouden ze worden gedood.

Ik luisterde en probeerde hen te troosten. Soms staarde een patiënte met een wezenloze blik voor zich uit wanneer ze de nauwelijks voorstelbare dingen die haar waren aangedaan onder woorden bracht; de zinnen rolden zwakjes uit hun mond alsof ze iets beschreven wat ver van hen af stond.

Anderen wendden zich af en deden hun handen voor hun ogen alsof ze fysiek worstelden met de marteling die ze niet uit hun gedachten konden bannen. Sommigen huilden zo hard dat hun lichaam ervan schokte, anderen huilden geluidloos, terwijl er donkere natte strepen over hun wangen gleden.

Veel vrouwen uitten dezelfde wanhopige woorden: 'Ze hebben me vermoord.'

Het viel me op dat veel vrouwen het gevoel hadden dat ze los waren geraakt van hun eigen lichaam, alsof hun belagers een of andere cruciale verbinding tussen hun innerlijke identiteit en hun lichamelijke entiteit hadden doorgesneden. Later gingen we begrijpen dat bij deze toestand sprake is van 'dissociatie', een veelvoorkomende reactie op een trauma. Sommige patiëntes omschreven dit als een gevoel alsof hun geest hun lichaam had verlaten.

Seksueel misbruik veroorzaakt diepe psychologische wonden en wordt anders verwerkt dan andere typen lichamelijk geweld. Seksueel geweld is een aanval op onze allerintiemste delen. Dat je geen controle hebt over je genitaliën resulteert in een ernstige geestelijke verstoring en een gevoel van vernedering dat iedere folteraar snapt.

Dit gevoel dat je geweld is aangedaan leidt ook vaak tot een diepgaand verlies van vertrouwen in je medemensen, alsof de meest fundamentele regel van ons gemeenschappelijke bestaan – dat we elkaar niet moedwillig pijn doen – is geschonden. Terwijl mijn patiëntes in hun bed lagen, vroegen ze zich hardop af waarom hun aanvaller zo wreed was, zo onbewogen bleef bij hun pijn en gegil.

Na mijn terugkeer uit Frankrijk werd ik in Lemera heel bedreven in het behandelen van obstetrische fistels – de openingen die tussen vagina en blaas of tussen vagina en rectum kunnen ontstaan door obstructie tijdens de bevalling. In Panzi behandelde ik geregeld fistels die bewust door mannen waren toegebracht, en voerde ik vaak cosmetische operaties uit in een poging het gevoel van zelfwaarde van mijn patiëntes te herstellen.

Door mijn ervaring werden we het regionale behandelcentrum. Uit de hele provincie werden gecompliceerde gevallen naar ons gebracht. In 2000, het eerste volle jaar dat we operaties uitvoerden, heb ik 135 vrouwen geopereerd. Daarna groeiden die aantallen exponentieel. Tegen 2004-2005 behandelden we jaarlijks 3000 vrouwen. En dit was nog maar het topje van de ijsberg.

Het is bijzonder moeilijk om het aantal verkrachtingen in Congo te schatten door het gebrek aan betrouwbare data en doordat vrouwen ervoor terugschrikken om misdaden tegen hen te melden. Een breed aangehaalde studie uit 2011 van Amerikaanse onderzoekers die Congolese enquêtegegevens gebruikten, stelde dat in Congo elk jaar meer dan vierhonderdduizend vrouwen worden verkracht.[2] Er zijn twijfels gerezen over de methodologie, hoewel het aantal mij niet heel onrealistisch voorkomt. Er zijn gruweldaden waarbij alle vrouwen en meisjes van een heel dorp in dezelfde nacht worden verkracht, wat kan betekenen dat er in een paar uur tweehonderd nieuwe slachtoffers worden gemaakt.

De enige betrouwbare gegevens zijn de ziekenhuisopnames. Panzi heeft sinds de opening ongeveer zestigduizend overlevers van seksueel geweld behandeld. Het enige andere ziekenhuis in de regio dat is toegerust om verwondingen door verkrachting te behandelen is het HEAL Africa-ziekenhuis in Goma. Daar zijn zo'n dertigduizend vrouwen behandeld.

Maar deze cijfers vertegenwoordigen alleen de ernstigste gevallen: vrouwen die een operatie of complexe medische zorg nodig hebben. Hoeveel slachtoffers die in stilte lijden of zich niet laten behandelen staan er tegenover ieder slachtoffer dat het ziekenhuis haalt? We zullen het waarschijnlijk nooit weten.

Wanneer ik in die beginjaren 's nachts in bed lag, had ik vaak het gevoel dat mijn keel werd dichtgeknepen en dat er een gewicht op mijn schouders en lichaam drukte, alsof de lucht om me heen dikker was geworden. Ik draaide steeds opnieuw dezelfde hartverscheurende vragen af die mijn patiëntes me telkens weer stelden: zal ik helemaal herstellen? Zal ik nog kinderen kunnen krijgen? Zal ik ooit nog seks kunnen hebben? In heel veel gevallen was het antwoord nee.

In mijn leven heb ik verschillende perioden gekend dat ik er moeite mee had om genoeg te slapen. Toen we met ons werk in Panzi begonnen, lukte het me ’s nachts soms niet om mijn ogen langer dan een paar uur te sluiten. Ik lag in mijn bed te woelen en te draaien. Ik staarde naar de stille duisternis van de kamer en kreeg een beklemmend gevoel van het stikdonker. Ik stelde me de lichamelijke worsteling, de angsten en het gillen van mijn patiëntes voor.

Soms werd Madeleine wakker van mijn rusteloosheid en probeerde ze me te troosten. Zij werkte destijds in het ziekenhuis als radiologisch assistente, dus ze wist met wat voor gevallen wij te maken hadden. Soms praatten we ’s avonds over ons werk, maar meestal probeerden we het thuis los te laten, wat vaak niet lukte gezien de druk waar we allemaal onder stonden.

Dit had natuurlijk zijn weerslag op ons gezinsleven. Ik werd ongerust over onze veiligheid, vooral over die van Madeleine en onze dochters. Ten aanzien van mijn kinderen, over wie ik me voortdurend zorgen maakte, werd ik overbeschermend en soms verstikkend. Vaak was ik op mijn werk en kreeg ik opeens het gevoel dat ik naar huis móést bellen om na te gaan waar ze waren en wat ze aan het doen waren.

Op mijn werk werd ik tijdens operaties ook een nerveuze perfectionist en probeerde ik alles te doen wat in mijn macht lag om de schade die aan het lichaam van mijn patiëntes was toegebracht te herstellen. Iedere goede chirurg moet zich inspannen om beter te worden, maar als het streven naar perfectie een obsessie wordt, kan dit contraproductief werken.

Als ik aan het werk was vroeg ik me steeds weer af: hoe zal haar leven er hierna uitzien? Een operatie die ik in twee uur had kunnen doen, kostte me opeens vier uur. Dit was vervelend voor de rest van het operatieteam en ik gooide de ziekenhuisroosters vreselijk in de war.

Ook begon ik me af te vragen in hoeverre ik de vrouwen zelf hielp. Vaak huilde ik met hen mee. Ik was erachter gekomen dat mannen die niet konden huilen het gevaarlijkst waren, maar toch was ik er niet zeker van dat ik het juiste deed.

De patiëntes wilden door mij worden gerustgesteld. Als ik, hun dokter, huilde betekende dit dan dat hun verwondingen bijzonder ernstig waren en dat ze weinig kans op herstel hadden? Was hun verhaal erger dan dat van anderen? Misschien vroegen ze zich af of ik wel in staat was mijn werk te doen als ik zo emotioneel labiel was.

Het was duidelijk dat de patiëntes betere hulp moesten krijgen om hun trauma te verwerken. Bovendien moest ik beter voor mezelf zorgen. Ik kon niet én medisch directeur van het ziekenhuis zijn én chirurg én psycholoog. De psychologische zorg moest worden verzorgd door een gespecialiseerd team.

Rond 2001 hebben we een nieuw systeem ingevoerd. Er waren geen klinisch psychologen in de regio, maar we vonden wel een arbeidspsycholoog die bereid was over te stappen van het bedrijfsleven naar de medische sector. Daarnaast leidden we enkele meer ervaren vrouwen uit onze verpleegkundige staf op. Wat zij tekortkwamen aan officiële opleiding maakten ze goed door hun medeleven, ervaring en bereidheid om te luisteren.

Iedere nieuwe patiënte werd gevraagd of ze met het psychologische ondersteuningsteam wilde praten en er werd nagegaan of ze symptomen van een trauma had. In de loop van de tijd hebben we onze technieken verfijnd. Inmiddels hebben we ook hulp gehad van klinisch psychologen uit de Verenigde Staten, Canada en Europa.

Iedere vrouw die naar het ziekenhuis komt met verwondingen door verkrachting wordt ook verwezen naar iemand uit ons team van *mamans chéries*, of 'liefhebbende moeders'. Andere ziekenhuizen kennen deze 'moeders' niet: ze zijn deels verpleegkundige, deels maatschappelijk werker, deels psycholoog.

Het zijn geweldige vrouwen, vol warmte en vitaliteit, die fungeren als vertrouwelingen en raadgevers. Ze delen net zo goed knuffels en muziek als medicijnen uit. Bovendien zijn ze moeders in de ware zin van het woord: ze helpen onze patiëntes hun apathie van zich af te schudden, en helpen hen met een soort wedergeboorte, zowel fysiek als psychisch.

Iedere patiënte wordt geëvalueerd en haar gedrag wordt geclassificeerd op basis van haar symptomen van ernstig, mild of afwezig trauma. Ernstige gevallen worden onmiddellijk naar een van onze psychiaters doorverwezen voor nazorg.

Dit is een poging om de respons van patiëntes te classificeren en prioriteiten vast te stellen voor de te bieden hulp, omdat ieder slachtoffer van seksueel misbruik anders reageert. Elk voorval wordt op een unieke wijze beleefd afhankelijk van de omstandigheden, van de mate van gebruikt geweld en van de identiteit van de dader of daders. Er is een breed spectrum aan reacties. Er is geen 'normaal' en ook als er geen trauma is doet dit niets af aan de ernst van het misdrijf.

Onze aanpak is altijd 'overlevergericht' geweest, ook al noemden we dit in het begin niet zo. Dit betekent dat we elk geval apart behandelen en erkennen dat er geen uniforme benadering is om de gevolgen van seksueel geweld aan te pakken. De patiënte geeft aan waar ze behoefte aan heeft en dat bepaalt het psychologische zorgtraject.

Sommige vrouwen ontwikkelen een diepgewortelde afkeer van alle mannen, vooral van degenen die haar doen denken aan haar aanvaller. Het zien van een soldaat in uniform of van een machinegeweer kan een ongewilde flashback en fysieke reactie uitlokken. Verkrachting leidt vaak tot hyposeksualiteit – een gebrek aan interesse in of afwijzing van seks – of juist het tegendeel daarvan, hyperseksualiteit. Omdat slachtoffers het gevoel kunnen hebben dat ze losstaan van hun lichaam, waar ze misschien geen waarde meer aan hechten, gaan ze soms ongepaste seksuele relaties aan.

Veel vrouwen hebben achteraf last van schaamte, een afkeer van zichzelf of schuldgevoelens. Dit zijn veelvoorkomende, maar geen universele gevoelens. Het moge duidelijk zijn dat een trauma verschillende en uiteenlopende impacts kan hebben. Sommige vrouwen voelen of tonen onmiddellijk erna misschien geen symptomen van hun trauma.

Het was een lange weg om in te zien wat mijn patiëntes nodig hebben en om onze methoden te verbeteren. Bij elke stap ben ik beter gaan begrijpen hoe seksueel geweld wordt ervaren en wat de beste manieren zijn om het genezingsproces te bevorderen.

Mijn carrière nam weer een wending met de opening van het Panzi-ziekenhuis. Als jonge arts dacht ik dat ik kinderarts zou worden, maar ik verlegde mijn aandacht naar moederzorg nadat ik in Lemera het gebrek aan zorg voor vrouwen tijdens zwangerschap en bevalling had gezien. Nu sloeg ik weer een andere richting in. Door gebeurtenissen buiten mijn macht werd ik een specialist in het behandelen van verwondingen door verkrachting.

Verschillende keren, vooral in het begin maar niet alleen toen, heb ik eraan getwijfeld of ik hiermee wel kon doorgaan. Ik voelde dat mijn werk me mentaal sloopte, dat droefheid als een doodskleed over me heen viel. Soms heeft het mijn geloof in mijn medemensen geschokt. Er is een grens aan wat iemand kan verdragen, aan hoeveel uiteengereten lichamen, levens en gemeenschappen iemand kan zien.

Ik kon het alleen volhouden dankzij mijn patiëntes. Mijn beslissing om obstetrisch gynaecoloog te worden was ingegeven door mijn bewondering voor de vrouwen van Lemera, voor hun moed en uithoudingsvermogen als ze naar het ziekenhuis strompelden, voor hun kracht tijdens de bevalling. Ik wilde heel graag hun onrechtvaardige levensomstandigheden, en een samenleving die hen noch waardeerde, noch hun prestaties prees, aanpakken, maar ik werd ook voortgedreven en geïnspireerd door de blijken van veerkracht waar ik getuige van was.

Hetzelfde gebeurde in Panzi onder andere omstandigheden. Ik had groot ontzag voor de vitaliteit en de kracht van de vrouwen die ik behandelde.

Dat was anders bij de mannen. We hebben in de loop der jaren ook veel mannelijke slachtoffers van verkrachting opgenomen, maar ze vormen een minderheid, zoals dat ook wereldwijd het geval is bij slachtoffers van seksueel geweld. Vaak waren ze publiekelijk of voor de ogen van hun familieleden het slachtoffer van sodomie of misbruik.

Als patiënten leken ze vaak moeilijker te helpen. De vernedering leek niets heel te hebben gelaten van hun mannelijkheid, hun zelfwaarde, hun eigen zeggenschap en hun vermogen om zichzelf en anderen te beschermen. Naar mijn ervaring kost het mannelijke patiënten veel meer moeite om te herstellen van de directe gevolgen van seksueel geweld en om een nieuw leven te beginnen. Vaak raken ze verslaafd, en zelfmoord is maar al te vaak het tragische einde.

Ik herinner me een geval uit 2008 van een man die in het ziekenhuis was opgenomen nadat zijn penis was afgesneden. Aanvankelijk was ik verbaasd over alle aandacht die hij in de media kreeg. Zijn foto verscheen in de Congolese dagbladen en er werd zelfs in het buitenland over hem geschreven. Ik had letterlijk honderden vrouwelijke patiënten behandeld van wie de genitaliën waren verminkt, maar zij hadden nog geen fractie van die belangstelling gekregen.

Het was haast onmogelijk om voor deze specifieke man te zorgen. Hij leed aan zulke ernstige geestelijke problemen dat ik niet tot hem kon doordringen om hem uit te leggen dat hij zou moeten leren leven met zijn handicap. Maar de vrouwen die ik heb behandeld, zelfs degenen bij wie de vagina was kapotgemaakt door hun belagers en die een leven zonder kinderen of seks onder ogen moesten zien, slaagden er in de meeste gevallen in om redenen te vinden om verder te leven. Ze bleven vechten. Het lukte hun om hun leven zin en een nieuwe betekenis te geven.

Uit hen putte ik kracht. Als zij het verlangen en de moed konden vinden om door te gaan, moest ik mijn vertrouwen en mijn aandacht behouden zodat ik hun de toekomst kon geven die ze zich zo vurig wensten.

Ik vertel hier graag over een vrouw uit de begintijd van Panzi die een voorbeeld van veerkracht is. Ze is een van de vele vrouwen die me hebben gestimuleerd om door te gaan op ochtenden dat ik groggy uit bed kwam na de zoveelste slapeloze nacht. Wat zij me leerde over innerlijke kracht is een les voor ons allemaal. Ze heet Bernadette.

Ze komt uit de regio Fizi ten zuiden van Bukavu. Haar vader was de mwami, het plaatselijke stamhoofd, en had vier vrouwen. Bernadette was een van zijn meer dan vijftien kinderen, maar haar moeder raakte uit de gratie en werd weggestuurd toen Bernadette nog maar acht jaar was. 'Als kind heb ik nooit honger geleden. Wat ik miste was genegenheid,' vertelde ze me in een van onze vele gesprekken.

Ze weet nog dat haar vader voortdurend mensen op bezoek had. Mensen die naar hem toe kwamen als er een ruzie in het dorp was, tussen buren over grond, of tussen families over huwelijken, een misdaad of erfenis. Haar vader riep hen dan bijeen en bemiddelde. Hij wees ook land toe aan nieuwkomers en gaf toestemming voor nieuwe gebouwen, zoals een kerk. Net als de mwami in mijn dorp.

Op haar zestiende werd Bernadette zwanger van haar leraar Frans, een man die vijf jaar ouder was dan zij. Ze hield niet van hem, maar voelde zich verplicht met hem te trouwen. Hij betaalde haar bruidsschat en het huwelijk werd geregeld, waarmee een nieuwe periode in haar leven aanbrak met net zo weinig liefdevolle aandacht als in haar jeugd. Ze werd drie keer zwanger van hem, ze baarde drie keer een doodgeboren kindje.

Toen in 1998 de Tweede Congolese Oorlog uitbrak, verliet Bernadette de echtelijke woning vanwege spanningen met haar schoonfamilie, en ging terug naar haar eigen familie. Haar vader weigerde het dorp te verlaten toen anderen uit lijfsbehoud vluchtten. 'Als ik zal sterven, sterf ik liever hier,' vertelde hij haar.

In het dorp was een kamp van Rwandese soldaten gevestigd. Om de zoveel tijd werd het aangevallen. Bernadette herinnerde zich dat ze voortdurend in angst leefden.

Toen ze begin twintig was, liep ze met een oudere vrouw die voor haar familie werkte over een bospad enkele kilometers buiten het dorp. Het was een stil en overschaduwd pad, met alleen het geluid van de snelstromende rivier ernaast. Ze voelde zich kwetsbaar en normaal gesproken zou ze daar niet gaan lopen, maar ze was op weg naar een oudere broer wiens vrouw was overleden.

'Halt,' hoorde ze.

Uit het kreupelhout kwam een groep Rwandese soldaten tevoorschijn van het kamp in het dorp. Ze waren jong, in uniform en gewapend. Bernadette wilde wegrennen maar deed haar best kalm te blijven. Ze wist dat ze in gevaar was.

Een van hen stuurde de oudere vrouw weg, maar zei dat Bernadette moest blijven om hem over de rivier te dragen, een onmogelijke opdracht gezien de diepte van het water en het verschil in postuur.

Zodra de oudere vrouw weg was, zette Bernadette zich schrap. De man die had gesproken, en de leider van de groep leek, greep haar bij haar arm en begon haar mee te trekken naar de bomen. Anderen begonnen aan haar kleren te rukken. Bernadette schreeuwde om hulp en probeerde hen van zich af te houden. Een man uit de buurt die over het pad liep, liet zich even zien, wierp een vluchtige blik en maakte zich uit de voeten.

Bernadette bleef schreeuwen en met hen vechten. De leider trok een mes en zette het op haar keel. Bernadette schreeuwde weer. Uiteindelijk bracht een van de mannen uit de groep zijn wapen naar haar vagina en vuurde een schot af.

Ze herinnert zich het oorverdovende geluid nog, de hevige emotie, maar ze bleef vechten terwijl het bloed haar pagne vanaf haar middel doordrenkte. Haar aanvallers renden weg.

De oudere vrouw die Bernadette op haar wandeling had vergezeld was dichtbij blijven wachten, te bang om terug te keren, maar toen ze het schot hoorde rende ze terug om te zien wat er gebeurd was. Ze trof Bernadette in elkaar gezakt aan op de plek waar de soldaat haar had achtergelaten.

Samen strompelden ze terug naar het dorp, waarbij Bernadette op de oudere vrouw steunde en bij elke stap vreselijk veel pijn leed. De pijn was zo overweldigend dat Bernadette bang was dat ze bewusteloos zou raken en het niet zou halen. Ze werd naar een plaatselijk ziekenhuis gebracht, waar ze een bloedtransfusie kreeg, en daarna overgeplaatst naar Panzi.

We hebben haar vier keer geopereerd. Ze is ook nog naar Addis Abeba gegaan vanwege haar fistel, waarvoor nog eens vier operaties nodig waren. Maar hoewel haar lichaam zich herstelde, was haar leven voor altijd veranderd. Haar man verliet haar na het gebeurde voorgoed. Hij is nooit langs geweest tijdens haar lange herstelperiode.

Na alles wat ze had doorstaan, had het moeilijk kunnen zijn om nog zin te geven aan haar leven. Haar huwelijk en haar hoop op een eigen gezin waren uiteengespat. Leden van haar eigen familie behandelden haar alsof ze vervloekt was en hen in verlegenheid bracht. Toch was haar vastberadenheid om haar leven in Bukavu weer op te bouwen in alle opzichten even indrukwekkend als de onverschrokkenheid waarmee ze zich tegen haar belager verzette.

Toen ze in de twintig was maakte ze drie jaar middelbare school af, kreeg een staatsdiploma en ging studeren aan een verpleegkundige opleiding, en blies zo de belangstelling die ze als kind daarvoor had nieuw leven in. 'Na alles wat ik heb doorgemaakt, na alle hulp die ik heb gekregen, wil ik iets voor anderen doen,' besloot ze.

Ze had niet genoeg geld om met de bus naar school te gaan, daarom liep ze van haar huis naar school, in totaal drie uur heen en terug, terwijl ze zigzaggend haar weg zocht door het verkeer en probeerde haar evenwicht te bewaren op de glibberige modderige wegen van Bukavu. Dat deed ze vier jaar lang, met de standvastigheid en rustige vastberadenheid die zo kenmerkend voor haar zijn.

Bernadette specialiseerde zich verder als anesthesist en werkt nu in het Panzi-ziekenhuis. Toen ik haar naar een verklaring voor haar keuze vroeg, antwoordde ze resoluut: 'Ik weet wat pijn is. Ik herinner me hoe ik van het bos naar het dorp ben gelopen. U hebt geen idee wat dat voor een foltering was. Ik herinner me het gevoel waarmee ik na elke operatie hier wakker werd. Ik wil niet dat anderen die vreselijke pijn moeten voelen.'

Elke werkdag is ze uren in de operatiekamer, en neemt ze letterlijk de pijn weg van andere vrouwen. Ervoor en erna werkt ze met overlevers tijdens fysiotherapiebehandelingen en helpt ze hen hun spierkracht en continentie weer terug te krijgen. Tussen de behandelingen door spreekt ze hun moed in, vertelt ze haar eigen verhaal en helpt ze anderen om in hun toekomst te geloven door de kracht van haar eigen voorbeeld.

Vrouwen als Bernadette moeten zich verlaten op buitengewone innerlijke reserves van veerkracht, omdat onze samenleving hen bijna net zo harteloos behandelt als hun aanvallers. Als mijn patiëntes tegen mij zeggen 'ze hebben me vermoord' wanneer ze wakker worden na een operatie of liggen te herstellen op de afdeling, bedoelen ze niet alleen dat een deel van hen is gestorven, maar ook dat ze dood zijn in de ogen van de mensen om hen heen, hun naasten en familieleden.

Haast geen enkele getrouwde vrouw op de afdelingen in Panzi krijgt bezoek van haar man. De meesten worden na het gebeurde uitgestoten en hun huwelijk wordt ontbonden. Een onteerde vrouw wordt beschouwd als een bezoedelde vrouw. Vaak worden ze zelf op een of andere manier verantwoordelijk gehouden voor het misbruik, zouden ze de aanval door hun gedrag hebben uitgelokt. Ik ken gevallen van vrouwen die door hun eigen kerkleiders zijn veroordeeld wegens overspel en de 'zonde' van verkracht zijn.

Wanneer een vrouw wordt behandeld als een bezitting die door de vader bij het huwelijk wordt overgedragen aan de echtgenoot, kan ze makkelijk aan de kant worden geschoven ten gunste van een nieuwe. Vrouwen kunnen zomaar uit de gezinswoning worden gezet. Het is nog erger als ze door de verkrachting zwanger zijn geraakt.

Ik vermoed, diep vanbinnen, dat een verkrachte vrouw voor haar man iemand is die hem herinnert aan zijn eigen falen om te doen wat hij als zijn fundamentele plicht beschouwt: haar beschermen. Ze verbannen liever de bron van die pijn, dan vragen te stellen over het gebeurde of het te zien als een horde die ze als paar moeten overwinnen. Soms helpen de zussen en de moeder van de echtgenoot hem bij het zoeken naar een nieuwe partner.

Hier blijft het niet bij wat betreft het isolement en de stigmatisering van slachtoffers. Vaak wordt een slachtoffer afgewezen door haar eigen ouders en vervolgens uitgestoten door haar gemeenschap. Ook nu weer de impuls om iets wat als beschamend en gênant wordt beschouwd te verbannen, in plaats van het aan te pakken. Dit leidt vaak tot bespottingen en beledigingen, maar ook tot uitsluiting van cruciaal collectief boerenwerk in het dorp dat steunt op groepen die gezamenlijk zaaien en oogsten.

Als door een verkrachting een fistel is ontstaan, zijn de gevolgen voor het slachtoffer nog ernstiger door de problemen met de persoonlijke hygiëne die zo'n fistel met zich meebrengt.

Wanneer een verkrachte vrouw eenmaal is gemarginaliseerd en

gedwongen om in haar eentje of alleen met haar kinderen als gezelschap te leven, wordt ze vervolgens belaagd door andere mannen, die haar zien als een promiscue en gemakkelijk doelwit. In het ergste geval kunnen overlevers vanwege de psychische problemen die deze behandeling tot gevolg heeft worden verketterd als 'slechte geesten' of heksen, wat er soms toe leidt dat ze worden weggejaagd of vermoord.

Dit patroon is helaas overal ter wereld waar te nemen waar vrouwen worden gezien als een bezitting en hun waarde wordt afgemeten aan hun 'eer'. Je komt het tegen in de strenge patriarchale conventies van tribale groepen in Pakistan en in de tradities die heersen in de dorpen op het platteland van India. De zogenaamde eremoorden op de vrouwen daar zijn bedoeld om een gemeenschap te zuiveren van de schande en zonde van seksueel geweld. Ze stapelen de ene onrechtvaardigheid op de andere.

Slachtofferbeschuldiging komt in allerlei vormen voor, maar is nog steeds wijdverbreid in alle landen. In het Westen hebben dezelfde tradities – de focus op 'eer', bijvoorbeeld door maagdelijkheid en kuisheid – tot betrekkelijk kort geleden gedomineerd. De overweldigende meerderheid van vrouwen in westerse landen geeft seksueel geweld niet aan, hoofdzakelijk uit angst over hoe ze zullen worden gezien. De beweegredenen en het gedrag van vrouwen die wel aangifte doen worden stelselmatig in twijfel getrokken. Ze worden ervan verdacht dat ze op de een of andere manier het seksueel misbruik hebben aangemoedigd of in de hand hebben gewerkt door hun gedrag of de manier waarop ze zich kleden.

Dit vooroordeel blijkt uit de wijze waarop dergelijke gevallen in de media worden verslagen en door politie en justitie worden behandeld.

De politieman Michael Sanguinetti uit Toronto werd berucht om zijn slachtofferbeschuldiging nadat hij, tijdens een presentatie die hij in 2011 gaf voor studenten over veiligheid op de campus, het advies had gegeven dat 'vrouwen zich niet als een slet moesten kleden als ze wilden voorkomen dat ze verkracht zouden worden'. Sanguinetti dacht misschien dat hij weinig gemeen had met de gemiddelde Congolese echtgenoot, ruim elfduizend kilometer verderop en met een groot verschil in levensstandaard, taal en cultuur. Toch vinden ze allebei dat een verkrachte vrouw zelf verantwoordelijk is voor het seksueel geweld.

Sanguinetti's toespraak ontketende de SlutWalk-beweging die werd opgericht door twee Canadese studenten in reactie op zijn zogenaamde advies. In honderden steden over de hele wereld gingen vrouwen de straat op, en velen kleedden zich uitdagend om een statement te maken. Ik volgde naderhand het debat onder feministen over de vraag of het nodig was om het woord 'slet' – een misogyne belediging die, uiteraard, geen equivalent kent voor promiscue mannen – weer op te eisen en over het besluit van veel demonstranten om in lingerie of op hoge hakken te verschijnen.

Ongeacht de middelen was de boodschap dat de houding diende te veranderen. Dit is essentieel. Elke samenleving moet de verantwoordelijkheid voor en de verwijtbaarheid en schuld van seksueel geweld verleggen van de vrouwen naar degenen die hen misbruiken. De dader moet de prijs betalen, niet het slachtoffer.

Verschillende landen en culturen zijn al verder op weg dan andere, maar nergens is al het punt bereikt dat overlevers van seksueel geweld ervan uit kunnen gaan dat ze met sympathie worden behandeld en de onvoorwaardelijke steun krijgen van iedereen, van de leiders van hun gemeenschap tot politiemensen, rechters, journalisten, politici en de familieleden van het slachtoffer.

Toen we net met ons werk waren begonnen aan het begin van deze eeuw werden overlevers in Congo zo sterk gestigmatiseerd dat ik het nodig vond veel verder te gaan met onze ambities voor het ziekenhuis. Op medisch gebied werden we steeds beter. Ik kreeg steeds meer ervaring in het opereren van fistels. Onze psychologische zorgtrajecten ontwikkelden zich met beperkte middelen. Maar we deden niet genoeg.

Ik heb mezelf altijd voorgehouden dat emotie zonder actie zinloos is. Het is een mantra waarnaar ik leef. Iedereen moet zoeken naar wegen om zijn gevoelens van verdriet, afkeer, bewondering en liefde om te zetten in beslissingen die helpen om het lijden van anderen te verminderen.

Ik wist dat ik iets positiefs moest stellen tegenover het ontketenen van zoveel haat en verdorvenheid in Oost-Congo. De enig mogelijke respons was meer lief te hebben en de liefde breder te verspreiden. We moesten het beter doen, uitbreiden, meer mensen bereiken, helpen om meer levens opnieuw op te bouwen en we moesten openlijk kritiek leveren op de wrede sociale conventies die de overlevers troffen. Inspirerende vrouwen, zoals Bernadette, lieten zien wat we konden bereiken.

Ze geeft aan iedere overlever die haar opzoekt dezelfde raad. 'Het is niet het einde van je leven, er wacht je een ander leven als je dat wilt. De verwondingen, de verkrachting, de herinneringen, die zullen niet weggaan. Je moet ze accepteren. We kunnen ze niet wegtoveren, hoe graag we dat ook zouden willen. Maar we kunnen ze achter ons laten, stapje voor stapje, elke dag, langzaam, na verloop van tijd.'

Bernadettes familie heeft haar nu omarmd als een heldin in plaats van haar aan haar lot over te laten. Ze past op verschillende nichtjes en neefjes bij haar thuis in Bukavu. Ze glimlacht elke keer weer trots als ze eraan denkt hoeveel Bernadettes er na haar zijn geboren. Verscheidene van haar broers en zussen hebben als eerbetoon hun kinderen naar haar vernoemd.

4
Pijn en kracht

Wamuzila, een tenger meisje met fijne gelaatstrekken, kwam in 2002 voor het eerst naar het ziekenhuis. Ze was toen ongeveer zeventien en een pittige tante die zich kon handhaven in discussies met mensen die veel ouder waren dan zij. Haar lieve, amandelvormige ogen glinsterden van levenslust, maar er was ook groot verdriet en verloren onschuld in te lezen.

Ze kwam uit Shabunda, een streek zo'n 250 kilometer ten westen van Bukavu. Dat lijkt niet ver, maar je komt er alleen via de bergen en het vochtige en dichte tropische regenwoud. Er lopen geen wegen naartoe en alleen mensen die heel moedig zijn en goed beveiligd worden proberen de streek over land te bereiken. Je kunt er alleen heen per vliegtuig dat bij goed weer kan landen op een kleine airstrip in het oerwoud. Het zou net zo goed een ander land kunnen zijn, zo afgelegen is het.

Shabunda is een enclave omringd door heuvels. Die vormen de begrenzing van de uiterwaarden van de Ulindi-rivier die uitmondt in de machtige Congo in het noorden. Er is amper elektriciteit of stromend water. De dorpjes, zandweggetjes en mijnen liggen allemaal verspreid over de vallei.

Wamuzila had geen opleiding gevolgd, wat op het platteland vaak het geval is bij meisjes zoals zij. Als er een dorpsschool is, sturen veel ouders alleen hun zoons daar een paar jaar naartoe, net lang genoeg om hen te leren lezen en schrijven.

Een betrouwbare schatting van de mate van geletterdheid in Congo is lastig te geven omdat de overheid weinig data verzamelt en omdat grote delen van het land niet toegankelijk zijn vanwege de aanwezige rebellen. In theorie is de basisschool verplicht en gratis voor iedereen. Maar het overgrote deel van de meisjes en vrouwen gaat er niet naartoe.

De UNESCO, de organisatie van de VN voor onderwijs, wetenschap en cultuur, schatte in 2016 dat een op de drie Congolese vrouwen analfabeet was, tegenover een op de tien mannen.[1] Dit lijkt me een te lage schatting; je hoeft alleen maar naar dorpen op slechts een halfuur van Bukavu te gaan om te zien hoe groot het probleem is. Wereldwijd zijn naar schatting 750 miljoen volwassenen niet in staat om een eenvoudige zin te lezen of te schrijven. De meesten van hen zijn vrouwen in Afrika of Zuid-Azië.

Het leven in Shabunda is hard en gevaarlijk. In het vochtige klimaat verspreiden muggenwolken malaria, in die regio doodsoorzaak nummer één. Het water in de rivieren en beken brengt talloze ziekten over waardoor diarree ook een belangrijke doodsoorzaak is, vooral voor kinderen en ouderen. De gezinnen zijn groot en hebben weinig middelen.

Net als miljoenen andere meisjes moest Wamuzila als kind elke dag meehelpen met het bewerken van het eigen stukje grond om de familie van voedsel te voorzien. Ze wist hoe ze cassave, rijst en mais moest verbouwen, hoe ze olie moest halen uit de vettige rode zaadjes van de palmboom of wanneer ze pinda's of bananen moest plukken. Ze kende de structuur van de zware, vruchtbare bodem van de velden rond haar dorp. Ze leerde om het land te bewerken en verwachtte dat ze, waarschijnlijk ergens in haar tienerjaren, zou trouwen en kinderen krijgen en haar eigen gezin zou onderhouden.

Toen ze opgroeide wist ze weinig van de buitenwereld, maar dit veranderde halverwege de jaren negentig. Toen rebellen en Rwandese troepen in 1996, aan het begin van de Eerste Congolese Burgeroorlog, Congo binnenvielen, vluchtten tienduizenden Hutu's vanuit de kampen rond Bukavu en langs de Congolees-Rwandese grens het binnenland in, naar plekken zoals Shabunda. Ze werden op de hielen gezeten door Rwandese troepen. Duizenden mensen werden doodgeknuppeld, doodgestoken met een bajonet of opgesloten in huizen die in brand werden gestoken. Plaatselijke bewoners werden gedwongen om massagraven te graven.

In februari 1997 werden een paar kilometer van de grootste stad in de streek, op een brug over de Ulindi, zo'n vijfhonderd mensen wreed vermoord door rebellen en het Rwandese leger. Na het bloedbad moesten de dorpsbewoners de lichamen in de rivier gooien en de brug schoonmaken.[2]

De Hutu-extremisten die verantwoordelijk waren voor de genocide vonden het landschap en het dichte bos van Shabunda een ideale plek om zich te verstoppen. Ze brachten hun familie diep het bos in en sloegen kampen op op plekken waar ze niet ontdekt konden worden. Ze vormden een militie, de Democratische Strijdkrachten voor de Bevrijding van Rwanda (FDLR).

Tijdens de Tweede Congolese Burgeroorlog, die in augustus 1998 begon, waren er rond Shabunda meer botsingen tussen de Rwandese invasietroepen en de Hutu-rebellen. Kabila begon wapens en voorraden voor de Hutu's te droppen. Toen het geweld steeds heviger werd, kwamen de Mai Mai, milities uit Congo, de plaatselijke bevolking verdedigen in de Rwandese etnische oorlog die op Congolese bodem was voortgezet.

Burgers kwamen in het kruisvuur tussen de strijdende partijen terecht; veel van hen werden op gruwelijke wijze vermoord, zogenaamd omdat ze een van beide kanten zouden steunen. In de loop van de tijd gingen de Mai Mai net zo tekeer als de buitenlandse troepen tegen wie zij de bevolking moesten beschermen.

Wamuzila's moeilijke, maar rustige jeugd werd op z'n kop gezet. De FDLR-milities terroriseerden Shabunda. De voetsoldaten verlieten hun kamp in de jungle en verschenen in smerige burgerkleding in de dorpen met een AK-47 over hun schouder. Ze waren duidelijk te onderscheiden van de Rwandese troepen, die frisgewassen legerkleding en rubberlaarzen droegen.

De rebellen vroegen de plaatselijke bewoners om voorraden – voedsel en medicijnen – maar ook om jongens en jonge mannen die ze als nieuwe rekruten wilden meenemen. Door al het plunderen werd het nog moeilijker om het land te bebouwen. Mensen raakten ondervoed. Vee werd schaars, maar de prijs van geiten of kippen ging juist omlaag: niemand wilde ze kopen omdat ze wisten dat ze meteen gestolen zouden worden.

Als een dorp weerstand bood, werd het aangevallen. Huizen werden in brand gestoken, mannen doodgeschoten en vrouwen in het openbaar verkracht. De rebellen wilden met deze wreedheden een signaal afgeven aan andere gemeenschappen die er misschien aan dachten om voor zichzelf op te komen. Een hele nederzetting werd in brand gestoken als de bevolking ervan werd verdacht 'de vijand' te helpen. Die vijand kon iedereen zijn, van het Rwandese leger tot een rivaliserende militie.

Vanaf het begin hadden de militieleden het speciaal gemunt op de vrouwen en meisjes. Overdag werden ze gegrepen als ze over de bospaadjes liepen. Vrouwen bedachten tactieken om zichzelf te beschermen, zoals in een groep bij elkaar blijven of oudere vrouwen in hun eentje eropuit sturen om boodschappen te doen, in de veronderstelling dat zij minder risico liepen om te worden ontvoerd of verkracht. 's Nachts gingen strijders in groepjes van drie of vier van deur tot deur op zoek naar een slachtoffer. Vaders en echtgenoten die probeerden hun vrouw of dochters te verdedigen, werden ter plekke vermoord.

Jonge, knappe, ongetrouwde meisjes werden een onmiddellijke dood bespaard. Ze werden onder bedreiging van een vuurwapen uit huis gehaald en meegenomen naar het oerwoud. Vanaf dat moment waren ze als slavin onderworpen aan meedogenloze meesters. Hun lichamelijke en geestelijke gezondheid verslechterde langzaam, stukje bij beetje, door de weken en soms maanden van misbruik. Hierdoor werden ze zo ongelukkig en wanhopig dat ze jaloers waren op familieleden die meteen waren gestorven door kogels of machetes.

Wamuzila werd in 2001 in haar dorp gegrepen tijdens een nachtelijke aanval door de FDLR. Ze maaide met haar armen en verzette zich spartelend en met alle kracht die ze in haar tengere tienerlichaam had tegen het gewicht van de dronken bruten die haar tegen de grond drukten en verkrachtten. Daarna namen ze haar mee het bos in.

Toen ze in het stikdonker over de modderige paden strompelde, smeekte ze haar belagers huilend om haar te laten gaan. Ze was bang, maar ze hoopte nog steeds dat ze medelijden met haar zouden krijgen. Ze schreeuwden dat ze moest doorlopen.

In het basiskamp aangekomen bonden ze haar als een dier vast aan een boom. Vanaf dat moment drongen leden van de militie zich voortdurend aan haar op: overdag als ze nuchter waren of 's nachts als ze dronken en agressief waren van de palmwijn. Het kamp verhuisde geregeld. De strijders bleven nooit langer dan twee weken op dezelfde plek.

Bijna een jaar lang ging het zo door. Ze kreeg bedorven eten of alleen restjes en sliep buiten onder bladeren en takken, huiverend van de kou. Ze was vaak ziek en had bijna altijd pijn vanwege de wonden en infecties die door haar kwelgeesten waren veroorzaakt.

Toen ze zwanger werd van haar belagers kwam er een einde aan haar kwelling. Ze werd vrijgelaten, al was dat natuurlijk niet uit mededogen. In haar verhaal komt geen enkel heldhaftig persoon voor van wie het geweten ging spreken of die met haar begaan was. Ze was gewoon niet langer bruikbaar als seksslaaf.

Ze probeerde te bevallen in het kamp, op de grond, midden in een bos: een tiener die het in haar eentje moest zien te klaren. Ze weet nog dat ze dacht dat ze zou sterven van de pijn, die erger was dan wat ze tot nu toe al had meegemaakt. Het lukte haar niet om de baby uit te drijven. Het hoofdje zat klem.

Haar overweldigers trokken verder en lieten haar achter. Haar wil om te leven was echter zo sterk dat ze erin slaagde om overeind te krabbelen. Ondanks alles wat ze had meegemaakt, vond ze de kracht om door het kreupelhout te strompelen met de foetus nog steeds in haar buik, tot ze in de verte rook zag. Ze liep erheen en kwam bij een dorp waar de mensen van haar schrokken. Voordat ze in elkaar zakte, slaagde ze erin om een paar woorden te mompelen in het Kirega, haar eigen taal.

Haar baby stierf en toen hij in haar buik was verschrompeld, wist ze zijn levenloze lijfje er eindelijk uit te persen. De obstructie tijdens de bevalling beschadigde haar genitaliën en veroorzaakte twee verschillende fistels, eentje tussen haar rectum en vagina en eentje tussen haar blaas en vagina. Twee weken nadat ze het bos had verlaten, werd ze gevonden door personeel van Médecins Sans Frontières (MSF, Artsen zonder Grenzen).

Ze belden ons ziekenhuis en vroegen of we haar konden opnemen. Net als zoveel slachtoffers voor en na haar werd ze vanuit Shabunda naar ons toe gebracht met een vliegtuigje dat was gecharterd door de organisatie.

Toen ze binnenkwam was ze bij bewustzijn, maar ernstig ziek. Ze had ondraaglijke pijn en de kenmerkende lucht van fistelpatiëntes hing om haar heen. Ze was net een gewond vogeltje, een in elkaar gedoken wezentje, zwak en kwetsbaar.

Door de ernst van haar verwondingen en haar leeftijd was ze een gecompliceerd maar helaas niet ongewoon geval. Het eerste wat we doen is de patiënte wassen en haar verwondingen onderzoeken. Als het nodig is, krijgt ze vocht, pijnstillers en antibiotica en natuurlijk controleren we op seksueel overdraagbare aandoeningen en hiv en we checken het hemoglobinegehalte in het bloed. Veel vrouwen hebben bloedarmoede omdat ze ondervoed zijn.

Wamuzila had vier operaties nodig. Ik voerde ze allemaal zelf uit.

Tijdens de eerste operatie plaatsten we een stomazakje, een relatief eenvoudige ingreep waarbij in de buik een kleine incisie wordt gemaakt waardoor de darm naar buiten kan worden gehaald. Dit voorkomt dat ontlasting infectie aan inwendige verwondingen veroorzaakt.

Bij de tweede operatie werd de vesicovaginale fistel hersteld – het gat tussen haar blaas en haar vagina. Ik weet nog dat we drie of vier uur lang aan het opereren waren, van 's morgens vroeg tot aan de lunch. Het is altijd een gecompliceerde ingreep, maar hoe moeilijk die is hangt af van de grootte en vooral de plek van de verwonding.

Ik ben twee mensen in het bijzonder dankbaar voor mijn expertise in het behandelen van fistels. Ze hebben allebei hun kennis ruimhartig met mij gedeeld. De eerste is Catherine Hamlin, een bijzondere vrouw uit Australië die samen met haar man Reginald in 1974 het Addis Ababa Fistula Hospital heeft geopend.

Het echtpaar Hamlin heeft tijdens hun werkzame leven tienduizenden vrouwen behandeld. Na mijn tijd in Frankrijk had ik de eer om korte tijd door Catherine te worden opgeleid. Ze was toen halverwege de zeventig en opereerde en onderwees met de energie en passie van iemand die half zo oud was. Ze bleef zich tot haar dood in 2020, toen ze zesennegentig was, inzetten voor de vrouwen in Afrika.

Mijn tweede leermeester is mijn goede vriend Guy-Bernard Cadière, een Belgische chirurg en een steun en toeverlaat voor het Panzi-ziekenhuis. Hij heeft me opgeleid in niet-invasieve kijkoperatietechnieken met een laparoscoop. Zonder andere mensen red je het niet en onthouden wie onze leermeesters en voorgangers waren, is een nuttig lesje in nederigheid.

De eerste pionier op het gebied van mijn medische specialisme is echter een man aan wie ik geen warme herinneringen koester.

De allereerste succesvolle behandeling van een fistel staat op naam van iemand die vaak wordt beschreven als de 'grondlegger van de gynaecologie', een Amerikaanse arts die James Marion Sims heette en die halverwege de negentiende eeuw zijn praktijk uitoefende in Alabama. Hij was ook de bedenker van het speculum, een instrument dat nog steeds wordt gebruikt om de vaginawanden te spreiden, en van de zogenaamde houding van Sims bij onderzoek.

Als studenten lazen we over hem in onze studieboeken en kregen we les in zijn technieken. Je moest wel onder de indruk zijn van deze verre figuur, die zelfs een eeuw na zijn dood nog zo'n grote invloed had op onze opleiding. Pas veel later kwam ik erachter hoe het werkelijk zat met zijn leven en methoden. Vooral de Afrikaanse en zwarte gynaecologen hebben redenen om zich ongemakkelijk te voelen over zijn nalatenschap.

Toen ik in 2008 in Boston een congres bijwoonde over fistels, hoorde ik een zwarte anesthesiste zijn werk hekelen tijdens een opmerkelijke presentatie voor een doodstille zaal. Geëmotioneerd en boos vertelde ze hoe Sims al zijn experimentele werk bij het behandelen van fistels had uitgevoerd op slavinnen zonder hen te verdoven. Een van hen, een meisje dat Anarcha heette, had hij meer dan dertig keer geopereerd.

De onthulling was voor mij aanleiding om meer te lezen over zijn geschiedenis. Binnen mijn beroep zijn er nog steeds mensen die hem verdedigen – met het argument dat hij een oplossing heeft gevonden voor een voorheen ongeneeslijke aandoening – maar zijn staat van dienst wordt nu terecht op een andere manier bekeken. In 2018 werd een groot bronzen standbeeld van hem verwijderd uit Central Park in New York.

Aan zijn bijdragen op medisch gebied valt weliswaar niet te tornen, maar als ik aan hem denk, zie ik hoe zijn vergeten patiëntes – Anarcha en andere vrouwen die hij in zijn artikelen noemt, zoals Lucy en Betsey – hem omringen. Zij zijn de echte heldinnen zonder wie Sims nooit roem en fortuin had vergaard.

Heel soms, bij ongeveer een op de vijftig vrouwen met een fistel die ik in het Panzi-ziekenhuis opereer, moeten we onze toevlucht nemen tot reconstructieve chirurgie die is gebaseerd op een naar de Duitse gynaecoloog Heinrich Martius vernoemde techniek. Martius beschreef deze techniek, die wordt toegepast bij grote fistels of als eerdere operaties zijn mislukt, voor het eerst in 1928. Daarbij wordt uit de onderbuik of uit de *bulbocavernosus*-spier een reep onderhuids vet gehaald waarmee de scheur wordt opgevuld en bedekt.

Wamuzila herstelde goed van de eerste twee operaties en na drie maanden waren we zover om de overgebleven rectovaginale fistel te herstellen. Zoals gezegd hangt de moeilijkheidsgraad van deze ingreep af van de plek, dus of het letsel onderaan, in het midden of boven in de vagina zit. Hoe dieper de verwonding, hoe moeilijker het is om erbij te komen. De ingreep moet vaak beginnen met het reconstrueren van de kringspier, die beschadigd kan zijn bij bevallingsgerelateerde en traumatische fistels.

Wamuzila bleef ongeveer een halfjaar bij ons. De laatste ingreep was het verwijderen van de stoma en het weer aansluiten van de darmen. Uiteindelijk waren haar wonden genezen. Ze liep rond zonder ongemak. Ze had weer controle over haar blaas en darmen.

Omdat haar verblijf zo lang duurde, was ze bevriend geraakt met medepatiëntes en het personeel. Tijdens de kerkdienst die we elke ochtend om zeven uur hielden op de binnenplaats net buiten mijn kantoor, zong ze enthousiast mee. Als ik bij wijze van ochtendritueel voor het begin van de werkdag even bleef staan om te luisteren naar de gebeden en de muziek, sloeg ik haar gade met in mijn achterhoofd haar akelige geschiedenis en verwonderde ik me over haar herstel.

In die tijd hadden we een kleinschalig vakonderwijsprogramma en Wamuzila had geleerd zeep te maken van palmolie. Daarmee kon ze een bedrijfje beginnen als ze weer thuis was.

Het werd tijd om te denken over haar terugkeer naar haar dorp. We hadden een beperkt aantal bedden en de behoefte was groot. We kregen elke dag nieuwe verkrachtingsslachtoffers binnen die verzorging nodig hadden.

We namen contact op met MSF. Ze zouden de komende dagen een vliegtuig naar Shabunda laten terugvliegen en wilden een plek vrijhouden voor Wamuzila.

Het nieuws maakte haar bang. Ze wist dat ze haar thuis na anderhalf jaar niet met open armen zouden ontvangen. De avond voor haar geplande vertrek begon ze te huilen en ze smeekte de verpleging om haar te laten blijven.

'Ik wil niet terug naar huis,' zei ze snikkend. 'Ik ben gelukkig hier in het ziekenhuis, ze zorgen hier voor me. Thuis wijst iedereen me na en lacht me uit.' Dat was hartverscheurend om te horen, maar we stonden met onze rug tegen de muur.

De volgende ochtend, toen de auto van MSF arriveerde om haar naar het vliegveld te brengen, ging ik naar de afdeling om haar gedag te zeggen. We hadden tijdens haar verblijf veel gekletst. Ze noemde me altijd 'papa' als we het over haar jeugd en haar angst voor de toekomst hadden.

Ze had me in vertrouwen verteld dat ze zich schaamde dat ze haar maagdelijkheid aan haar belagers had verloren. Ik legde haar uit, zoals ik dat bij al mijn jonge patiëntes deed, dat je je maagdelijkheid nooit kunt verliezen; die kun je alleen vrijwillig opgeven. Ik bleef herhalen dat wat haar verkrachters hadden gedaan een schande was, en dat die zich moesten schamen, niet zij.

Toen ik haar vertelde dat de auto er bijna was, weigerde ze naar buiten te gaan. Ze begon weer te huilen en ze smeekte ons om in het ziekenhuis te mogen blijven. Ik probeerde haar tot rede te brengen en legde haar uit dat we geen keus hadden. Maar ze werd hysterisch. Ze liet zich op de grond vallen, haar lijf werd slap en ze weigerde op te staan. Ze kneep haar ogen stijf dicht en schreeuwde dat ze ziek was en niet terug kon gaan.

Om haar te kalmeren vonden we het goed dat ze bleef zodat we haar konden onderzoeken. De auto werd weggestuurd en het vliegtuig vertrok die dag zonder haar. De verpleging controleerde haar waarden, die normaal waren. Ze mankeerde niets.

Door haar zichtbare leed besefte ik nog meer dat onze patiëntes allerlei nieuwe problemen te wachten stonden zodra ze de veilige omgeving van het ziekenhuis hadden verlaten. In het Panzi werd er naar hen geluisterd en voor hen gezorgd, niet alleen door onze artsen, maar ook door onze 'mamans chéries'. Niemand walgde van hun verwondingen. Voor meisjes als Wamuzila was ons ziekenhuis misschien wel de enige omgeving waar ze zich geliefd en gesteund hadden gevoeld.

Maar de buitenwereld was vijandig. Ze wisten dat ze thuis niet als mensen werden beschouwd die medeleven en steun hoorden te krijgen, maar als buitenbeentjes die je te schande maakten en zelfs ongeluk brachten.

Wamuzila was zeker niet de enige die zo reageerde, maar ze was wel iemand die grote indruk op me maakte. Als de datum van hun ontslag naderde, kwamen onze patiëntes vaak met nieuwe klachten: pijn in een ander lichaamsdeel of ademhalingsproblemen. Het was moeilijk te bepalen of die klachten echt of psychosomatisch waren. Daardoor werd het steeds lastiger om bedden vrij te maken.

Twee weken na de eerste geplande vertrekdatum regelde MSF een andere vlucht voor Wamuzila en deze keer stemde ze ermee in om te vertrekken. We omhelsden elkaar bij de auto. Ze droeg de nieuwe kleren die we elke ontslagen patiënte geven en ze had een tas met nog meer afscheidscadeautjes bij zich: schalen en bekers om zeep te maken, borden, koekjes en water voor onderweg.

Er vloeiden nog meer tranen. Verdrietig ging ze weg, met een zwakke glimlach zwaaiend vanaf de achterbank. Ik voelde een steek van wroeging en schaamte om mijn eigen machteloosheid.

Ze dwong me om verder na te denken over de aard van de verwondingen die we in het Panzi zagen en de manier waarop we voor onze patiëntes zorgden. Ik was onder de indruk van Wamuzila en van vrouwen zoals zij. Je móest wel bewondering hebben voor de moed en veerkracht die ze toonde door naar huis te gaan. Ze was overeind gekrabbeld en kon nog steeds lachen en liefhebben. Ze was niet gebroken.

Ze vond het doodeng om naar huis te gaan omdat ze wist dat ze nog verder was gezakt op de glibberige sociale ladder in haar dorp. Het was logisch dat ze bang was voor de ontvangst die haar thuis te wachten stond.

We hadden bij lange na niet kunnen doen wat nodig was om haar er weer helemaal bovenop te krijgen. Door haar zag ik in dat we meer moesten doen dan alleen het behandelen van verwondingen en trauma. We moesten een culturele strijd voeren: tegen vooroordeel, onverdraagzaamheid en uitsluiting. We moesten voorlichting geven en maatschappelijke verandering stimuleren, zodat overlevers van seksueel geweld het gevoel kregen dat ze niet kansloos waren, dat het geen levenslange straf was als ze waren verkracht en dat ze het stigma waaronder ze gebukt gingen van zich af konden schudden.

Daar was geld voor nodig. En het regelen van de financiën van het ziekenhuis was vanaf het begin lastig geweest.

We hadden sinds de bescheiden aanvang in onze opgeknapte voormalige plantagegebouwen uitgebreid. Dankzij de bijdragen van verschillende Zweedse kerkelijke en humanitaire organisaties en van de Swedish International Development Cooperation Agency konden we nieuwe voorzieningen bouwen: een tiental rechthoekige gebouwen, allemaal één verdieping hoog, rond een binnenplaats met palmen, bloemen en gras. Deze gebouwen waren met elkaar verbonden door verharde paden die waren overdekt met een zinken dak dat beschutting bood tegen de zon en de regen. Langs de paden hadden we rozen en andere bloemen geplant. In 2002 hadden we 125 bedden.

We hebben sindsdien financiële steun van verschillende hulporganisaties en regeringen gekregen, waaronder de United States Agency for International Development en de in de VS gevestigde non-profitorganisaties EngenderHealth en de Fistula Foundation. Ook de Britse regering heeft een forse bijdrage geleverd, waardoor we in 2007 een vleugel uitsluitend voor overlevers van seksueel geweld konden openen. We worden ook gesteund door de financiers van onze Zweedse kerk en we krijgen jaarlijks een bedrag van de Europese Unie, waardoor onze financiële positie nu solide is. Dit betekent dat we niet langer het hele jaar hoeven te knokken om financiële steun en geen tijd meer kwijt zijn met de gerechtelijke onderzoeken die daarmee gepaard gaan.

Uit de hele wereld krijgen we af en toe medische apparatuur cadeau. Het ziekenhuis lijkt soms een beetje op de bussen en taxi's die heen en weer rijden in de straten van Bukavu: in elkaar geflanst met nieuwe en versleten reserveonderdelen. Het is niet de efficiëntste manier om te groeien en je bent er voortdurend mee bezig, maar zo konden we onze diensten tenminste uitbreiden.

De Congolese staat is meestal afwezig – in de beginjaren was Bukavu in handen van de rebellen – en als die wel interesse toont, beland je van de wal in de sloot.

Congo is vaak beschreven als een 'mislukte staat', en bezoekers kunnen niet om de gevolgen daarvan heen. Je hoort het aan de stem van mensen die zich in de steek gelaten en verwaarloosd voelen. Je ziet het aan de dagelijkse verkeerschaos op onze wegen, de straatcriminaliteit, de rommelige bouwwerken en de stikdonkere avonden en nachten omdat openbare verlichting ontbreekt.

Elektriciteit en stromend water zijn een luxe waar je in Bukavu slechts met tussenpozen van kan genieten, als ze er al zijn. Zelfs kinderen uit de middenklasse moeten zich wassen bij een wastafel en hebben thuis nog nooit in bad gezeten of onder de douche gestaan.

Het budget voor de ordetroepen wordt weggesluisd, waardoor de politie nauwelijks voertuigen en geen benzine heeft. Vaak zie je agenten, met hun gebutste kalasjnikov over een schouder, meeliften op een motor. Voor hun loon zijn ze afhankelijk van smeergeld en je moet hen betalen voor werk dat in andere landen onder de gewone politietaken valt.

Toch bestaat de staat wel degelijk. Die ligt als een roofdier op de loer en valt onverwacht aan. Er zijn kantoren vol slechtbetaalde ambtenaren, toezichthouders en waakhonden die allemaal graag de regels in acht nemen wanneer het hún uitkomt.

Als de regels obscuur zijn, als de bureaucratie te stroperig is om doorheen te komen of als de sociale omgeving te gevaarlijk is om in te verkeren, kun je maar beter je prijs verhogen. Papieren en bescherming: die krijg je alleen als je ervoor betaalt.

Deze ambtenaren zien hun werk alleen als middel om er zelf beter van te worden. Sommigen zijn boosaardig, anderen proberen alleen maar voor hun gezin te zorgen op de enige manier die ze kennen: met vallen en opstaan, net als iedereen in Congo.

We zijn altijd een privéziekenhuis zonder winstoogmerk geweest en worden bestuurd door een kerkelijke organisatie, de CEPAC. Als een van de weinige voorzieningen voor de meer dan een miljoen inwoners van Bukavu zouden we voor medicijnen en apparatuur eigenlijk geld moeten krijgen van de overheid. In de praktijk hebben we, behalve een paar door de overheid betaalde artsen, van de staat nog nooit iets gekregen.

Vanwege het gebrek aan betrouwbare elektriciteit wekken we die zelf op. Stroomuitval kan drie of vier dagen duren. Momenteel krijgen we van het nationale stroomnet maar een paar uur elektriciteit per dag, wat betekent dat we bijna dag en nacht twee dieselmotoren laten draaien om de couveuses, beademingsapparaten en andere levensreddende apparatuur van stroom te voorzien.

Toen we in 1999 begonnen, was de wateraanvoer bescheiden, maar we redden het ermee. Die veranderde in een straaltje toen in de loop van de tijd steeds meer mensen in de omgeving van het Panzi-ziekenhuis kwamen wonen. We lieten elke dag een oude, gehavende waterwagen vullen met water uit het meer, maar dit bleek uiteindelijk onvoldoende. Daarom hebben we onze eigen waterleiding aangelegd. Die is bijna acht kilometer lang en komt van een waterbron in de heuvels achter Bukavu.

Vanwege het gebrek aan openbaar vervoer hebben we een eigen busdienst voor personeel en patiëntes. We gebruiken onze eigen vrachtwagens en materieel om de wegen in de buurt te repareren als ze zijn geblokkeerd door lawines. En we moeten constant beducht zijn op pogingen tot afpersing.

Op een keer kwamen plaatselijke ambtenaren naar me toe met een rekening van dertigduizend dollar voor het regenwater dat we hadden opgevangen op de daken van het ziekenhuis. We slaan het op in tanks en gebruiken het om dingen mee schoon te maken. Al het water was staatseigendom, werd me verteld.

Ook kwamen op een keer ambtenaren naar me toe die belasting eisten voor de op het terrein opgeslagen diesel voor de generatoren. Ze hadden een afschrift bij zich van de regelgeving over pompstations en beweerden dat die op ons van toepassing was.

Ik weiger smeergeld te betalen, maar andere keren heeft de staat gewoon geld van ons afgepakt. In 2014 ontving ik de Sacharovprijs van het Europees Parlement. Dit is een jaarlijkse onderscheiding voor een mensenrechtenactivist en er is een geldbedrag van vijftigduizend euro aan verbonden. Net als met al het prijzengeld dat ik ooit heb gewonnen – waaronder de Nobelprijs voor de Vrede – liet ik de cheque uitschrijven op naam van de Panzi Foundation.

De dag nadat het geld naar Congo was overgemaakt, werd onze bankrekening door de lokale belastingdienst bevroren. We konden geen medicijnen kopen en aan het einde van de maand konden we het salaris van het personeel niet betalen. Onze verpleegkundigen en artsen gingen voor het eerst samen demonsteren voor het kantoor van de belastingdienst in Bukavu.

Ik nam advocaten in de arm om het bevriezen van de rekening aan te vechten. Toen de rekening ten slotte werd vrijgegeven, was die leeg. Europees geld voor humanitaire doeleinden was helemaal opgeslokt door een altijd hongerige, maar uitgeholde staat. Ik heb het geld nooit teruggekregen.

In 2006, toen de wereld zich langzaam bewust werd van de gruweldaden die in Congo werden gepleegd, kreeg ik een uitnodiging om in New York de Verenigde Naties toe te spreken. Het was de eerste keer dat ik in de Verenigde Staten zou zijn en ik hoopte daar mensen te ontmoeten die financieel wilden bijdragen aan ons werk om een eind te maken aan het leed van Congolese vrouwen.

Al met al was de reis ontmoedigend en het werd duidelijk hoe groot de weerstand bij de Congolese overheid was om openlijk de verkrachtingscrisis in het land te bespreken. Maar ik ontmoette wel iemand die beschermvrouwe, donateur en een goede vriendin werd. Ze zou ons gaan helpen om meer te doen voor de slachtoffers dan ze alleen oplappen en weer terugsturen naar hun gemeenschappen. Dankzij haar konden we vrouwen als Wamuzila beter bijstaan.

Na mijn toespraak bij de Verenigde Naties werd ik gevraagd om mee te doen aan een discussie over seksueel geweld op de Universiteit van New York. Ik zou worden geïnterviewd door Eve Ensler, de feministische schrijfster en maakster van *De Vagina Monologen.* Ik geef toe dat ik Eve's roem en reputatie een beetje intimiderend vond.

Het werd een openbaring voor me. Het was de eerste keer dat ik een dergelijk interview gaf, in het openbaar en in een Engelssprekend land. Eve was iemand die me inspireerde en bij wie ik me meteen op mijn gemak voelde.

In de inleiding heb ik al opgemerkt dat ik jaren heb geworsteld met de gedachte dat ik als man opkom voor de rechten van vrouwen en dat ik, als ik over mijn werk praatte, ongemakkelijke stiltes of blikken vol onbegrip van zowel mannen als vrouwen te verduren kreeg. Bij Eve was dat anders.

Ze had meer dan wie ook in die tijd haar best gedaan om het waas van gêne weg te nemen waarmee vagina's waren omgeven. Ze gaf ze in haar toneelstuk een stem en vertelde intieme verhalen over ze. De manier waarop ze voorlichting gaf en mensen vermaakte was een grote verrassing voor me.

Ze was de eerste persoon die ik ontmoette die het niet gênant vond om in het openbaar over de vagina te praten, of over haar eigen geschiedenis van seksueel geweld door haar vader. We waren er allebei van overtuigd dat er rond de vagina zoveel taboes waren omdat mannen ze dan achter gesloten deuren konden blijven mishandelen.

Twee mensen uit twee heel verschillende werelden hadden elkaar gevonden: een witte boeddhistische vrouw uit New York en een zwarte christelijke man uit Oost-Congo. Ze sprak matig Frans en ik in die tijd maar een klein beetje Engels. Ik had bewondering voor haar vermogen om tegelijkertijd openhartig, grappig en geëngageerd te zijn. Zij had waardering voor mijn inzet als man om te strijden tegen seksueel geweld.

We hielden naderhand contact en raakten bevriend. Ze financierde vaak campagnes tegen geweld tegen vrouwen in de hele wereld via haar v-Day-beweging (de v staat voor *victory* (overwinning), *valentine* (liefje) en vagina). Die beweging financierde ze met de opbrengsten van *De Vagina Monologen* die overal ter wereld worden opgevoerd.

Ze vertelde me naderhand dat ze zich ook ongerust had gemaakt over de bijeenkomst in New York. Ze wist niets over mij en maar weinig over Congo, maar ze had het gevoel dat ze dingen zou horen die haar zouden dwingen om actie te ondernemen. Dat is een van de dingen die ik het meest aan haar bewonder: ze handelt vanuit haar hart. Ze zet haar woorden en opvattingen altijd om in daden.

'Kom je een keer naar Congo?' vroeg ik toen we in New York afscheid namen. 'Je bent altijd welkom.'

'Zeker. Dat zou ik erg leuk vinden,' antwoordde ze meteen.

Amper een jaar later stond ze voor mijn neus.

Omdat de erkenning van ons werk in het Panzi-ziekenhuis de laatste jaren groter is geworden, krijg ik vaak beroemde gasten uit de film- en entertainmentwereld op bezoek. Ze worden allemaal geraakt door de verhalen die ze horen, maar er zijn er maar weinig die zich langdurig betrokken tonen.

Eve was een van de eersten die belangstelling toonde en haar gevoeligheid en haar aanpak waren kenmerkend. Ze kwam zonder de kapsones van een beroemdheid en met een eenvoudig verzoek: ze wilde van de vrouwen zelf horen hoe ze hen kon helpen.

Ze kwam in een bijzonder lastige periode. In de hele provincie werd hevig gevochten. Als ik toen had geweten dat al die ellende nog meer dan tien jaar zou duren, weet ik niet of ik de kracht had kunnen opbrengen om door te gaan. Ik was voortdurend uitgeput omdat ik zeven dagen per week veertien uur per dag werkte en 's nachts vaak lag te woelen en te draaien omdat ik niet kon slapen. In die tijd namen we zo'n tien verkrachte vrouwen per dag op.

Wamuzila was ook teruggekomen. De jaren na haar vertrek waren geen fijne jaren geweest, zoals ze tot mijn eeuwige spijt al had voorspeld.

Toen ze terugkwam naar het Panzi was ze in coma. Ze had haar best gedaan om voor zichzelf een nieuw leven op te bouwen in haar dorp. Ze was begonnen met het maken en verkopen van zeep, wat haar status en een inkomen verschafte. Ze had een nieuwe rol gekregen in de gemeenschap waardoor de mening van haar dorpsgenoten over haar en andere overlevers van seksueel geweld was veranderd. Ze stuurde me een keer wat van haar zeep met een handgeschreven briefje erbij waarin ze me vroeg om mijn handen met die zeep te wassen voor ik ging opereren.

Maar haar dorp was opnieuw aangevallen en veroverd door de FDLR, de Rwandese Hutu-militie. Ze was voor de tweede keer gevangengenomen en had dezelfde verschrikkingen meegemaakt als de eerste keer.

Haar belagers hadden opnieuw een fistel veroorzaakt. En toen de Congolese soldaten die het rebellenkamp tijdens een tegenaanval hadden veroverd haar vonden, had ze hersenvliesontsteking. Ze werd naar een legerhospitaal in Bukavu gebracht en daarna voor de tweede keer naar ons overgebracht.

We stabiliseerden haar opnieuw. Ze kwam bij bewustzijn en we onderzochten haar op allerlei seksueel overdraagbare aandoeningen. We deden een vreselijke ontdekking: dit keer was ze hiv-positief. In die tijd had ongeveer een op de twintig opgenomen vrouwelijke patiënten de infectie.[3]

Zodra ze sterk genoeg was, plande ik een afspraak met Wamuzila in mijn spreekkamer. Ik moest haar vertellen dat ze de infectie had. Toen ik dat deed, werd ze boos. Ze wist dat de uitslag een doodvonnis was. Dit was voordat op grote schaal beschikbare en betaalbare antivirale middelen patiënten een toekomst boden. Ze herinnerde me eraan dat ze niet weg had willen gaan.

'Het moest van jou!' schreeuwde ze. 'Ik moest van jou helemaal in mijn eentje terug!'

Haar ogen schoten vuur. Ze wond er geen doekjes om en zei dat het ziekenhuis en ik haar in de steek hadden gelaten. Ze vond dat ze aan haar lot was overgelaten. Op het laatst barstte ze in tranen uit.

Ik luisterde en liet haar woede over me heen komen. Ik vertrouwde erop dat ze op een gegeven moment zou snappen dat ik mijn best voor haar had gedaan, dat er veel behoefte was aan het ziekenhuis, dat er voortdurend vrouwen waren die moesten wachten op een bed en een behandeling. Zij dacht dat ik sterk was, maar vanbinnen voelde ik me leeg en onmachtig. Toen ze gekalmeerd was, sloeg ik mijn arm om haar heen.

Na haar tweede opname bleef Wamuzila een paar jaar bij ons. Nadat ze was hersteld van de hersenvliesontsteking die misschien verband hield met haar hiv, moest ze opnieuw een reeks ingrepen ondergaan om haar fistel te herstellen. Ze was nog steeds bij ons toen Eve in 2007 naar ons toe kwam en ze was betrokken bij het belangrijkste moment van Eve's reis.

Eve wilde zo veel mogelijk patiëntes spreken en een aantal van hen wilde hun ervaringen wel met haar delen. Ze kwamen bij elkaar in een hangar aan de rand van het ziekenhuisterrein. In die tijd aten de vrouwen daar samen.

Ze zaten in groepjes op houten banken, gekleed in hun mooiste pagnes en ze popelden om onze vipgast uit New York te ontmoeten. Wamuzila was er ook bij, net als andere sterke en inspirerende oud-patiëntes uit die tijd, zoals Alphonsine en Jeanne.

Eve ging de kamer rond en sprak met kleine groepjes vrouwen. Ze werd geholpen door een vriendin van mij, Christine Deschryver, die haar gebruikelijke achterdocht tegenover buitenlandse beroemdheden had overwonnen en wel wilde optreden als Eve's gids en vertaalster.

Het was niet makkelijk geweest om Christine zover te krijgen dat ze meedeed. Ze was de dochter van een Belgische plantage-eigenaar en een Congolese moeder en was eerst leerkracht geweest en daarna hulpverleenster in Oost-Congo. Ze was getuige geweest van zoveel leed dat ze cynisch was geworden en niet meer geloofde dat mensen uit het Westen echt geïnteresseerd waren in de Congolese conflicten of dat een beroemde bezoeker zich daadwerkelijk wilde inzetten om verandering te bewerkstelligen. Toen ik haar voor het eerst vertelde over de bijzondere vrouw die ik in New York had ontmoet en die vagina's liet praten, keek ze me aan alsof ik gek was geworden.

Maar het klikte meteen tussen haar en Eve. Ze konden het vanaf dag één goed vinden.

Met Christines hulp vroeg Eve de overlevers om met haar over hun leven te praten. Ze vertelde ook haar eigen verhaal: hoe haar vader haar jarenlang seksueel had misbruikt toen ze nog een kind was, hoe ze uit huis was gevlucht en in New York op straat had geleefd, drugs had gebruikt en opnieuw slachtoffer was geworden van misbruik. Ze eindigde haar verhaal met een simpele oproep: 'Vertel me wat ik voor jullie kan doen.'

Op hun beurt waren haar toehoorders openhartig tegen haar. Eve was helemaal van streek door wat ze te horen kreeg. Het verlies en de pijn raakten haar diep. Naderhand zei ze dat het erger was dan alles wat ze was tegengekomen op haar reizen in Bosnië, Afghanistan of Haïti.

Voor haar Congolese lotgenoten was het een moment van verbondenheid en bewustwording. Ze beseften dat verkrachting niet alleen plaatsvond in de dorpen en oerwouden van Congo, maar ook in de huizen en straten van een van de rijkste steden ter wereld. Een beroemde, rijke schrijfster uit New York beschreef dezelfde ervaringen en emoties als die van hen.

De sfeer in de kamer werd geladen. Er vloeiden tranen, vrouwen omhelsden elkaar en af en toe klonk er een holle lach, als vrouwen de pijn probeerden te verlichten met een grap. Eve had de verhalen van vrouwen zelf willen horen en nu stortten ze hun hart uit.

Op een gegeven moment werd het voor iedereen verstikkend. Esther, een van de verpleegkundigen, stelde voor om muziek te gaan maken en een spelletje 'volg de leider' te doen, een methode die ze gebruikt om de apathie en het gevoel van troosteloosheid kwijt te raken die tegen het einde van een lange groepssessie kunnen ontstaan.

Een paar vrouwen hadden *ngoma's* bij zich, de traditionele houten trommels waarop in Congo wordt gespeeld.

Ze begonnen. Het geluid van Congolese trommels is fascinerend en bijzonder. De combinatie van de slagen, de stemmen en de zang geeft een effect waarvan ik kippenvel krijg.

De muziek maakte de sfeer lichter en ineens stond iedereen op en begon te heupwiegen, te klappen en te zingen. Sommige vrouwen vormden een rij, pakten elkaar vast bij de heupen en dansten de hangar rond. Hun handen en voeten bewogen volmaakt tegelijk. Eve ging meedoen.

Ik ben nooit dol geweest op dansen. Ik doe het zelden, ook niet op bruiloften. Maar ook ik liet me meeslepen door de stemming.

De vrouwen vormden groepjes en lieten om beurten zien hoe er in de dorpen en bij de stammen in de streek werd gedanst. Het leek wel alsof alle opgekropte energie en verdriet op spirituele wijze was omgezet in vreugde en geluk.

We dansten in de hangar, we dansten de deur uit en we dansten langs de andere ziekenhuisgebouwen de heuvel op, naar de hoofdingang. Ik probeerde in mijn witte doktersjas mee te doen en moest lachen om de geamuseerde blikken van bezoekers en andere patiëntes.

Die avond ging ik naar huis en ik sliep. Voor de eerste keer in maanden sliep ik de hele nacht rustig door.

Op de vraag wat ze voor hen kon doen kreeg Eve van bijna iedereen hetzelfde antwoord. 'We worden bang bij de gedachte dat we soldaten kunnen tegenkomen,' vertelde Wamuzila haar. 'Zoek iets voor ons waar we emotioneel kunnen herstellen en ons kunnen voorbereiden op een nieuw leven,' voegde Jeanne eraan toe. Ze wilden een opvang, de plek waar Wamuzila heen had kunnen gaan na haar eerste operaties in het Panzi, toen ze had geknokt om bij ons te mogen blijven.

Voordat ze vertrok zei Eve tegen hen dat ze hen had gehoord. 'Ik zal doen wat ik kan,' zei ze. En ze hield haar belofte.

Ze benaderde het hoofd van UNICEF, het kinderfonds van de VN, en vertelde dat de vrouwen die hulp nodig hadden vaak nog maar tieners waren met weinig of geen scholing. UNICEF zegde uiteindelijk een miljoen dollar aan fondsen toe.

Eve lanceerde met haar V-Day-beweging een wereldwijde op Congo gerichte campagne. Ze haalde me naar de Verenigde Staten voor mijn eerste rondreis waarbij ik lezingen zou geven in buurthuizen en op universiteiten in het hele land. Twee jaar lang organiseerde ze galadiners en benaderde ze rijke geldschieters in New York en andere steden. Met haar eigen geld kocht ze van lokale boeren twee stukken moerassige grond op ongeveer anderhalve kilometer afstand van het ziekenhuis in Bukavu.

Maar toen het project eindelijk van de tekentafel kwam en uitgevoerd zou worden, kreeg ze de diagnose baarmoederkanker, een vorm van kanker die een heel slechte prognose heeft. Meer dan ooit moesten we ons verlaten op het werk van Christine, die ermee had ingestemd om directeur te worden van ons plaatselijke project. Haar vastberadenheid, vasthoudendheid en vriendelijkheid waren voor ons onmisbare eigenschappen.

Gedrieën hielpen we de visie van de overlevers in het ziekenhuis om te zetten in de City of Joy, een veilige plek die de verkrachte vrouwen die er wonen bescherming, scholing en inspiratie biedt. Het motto, dat op de muur bij de ingang geschreven staat en voor alle nieuwkomers te lezen is, luidt: 'Pijn omzetten in kracht'.

Vanaf het begin betrokken we Wamuzila, Alphonsine en vrouwen als zij bij het proces: zij vergaderden met de architect over het ontwerp van de ruimten. Zij hadden de leiding.

Hulpverleningsprojecten schieten vaak tekort als ze de mensen die ze proberen te helpen er niet bij betrekken. Het lijkt logisch om dit te doen, maar ik heb zo vaak initiatieven die ergens ver weg op kantoren in westerse hoofdsteden waren bedacht, zien mislukken als ze in aanraking kwamen met de dagelijkse realiteit van Congo.

Toen het ontwerp klaar was, begon het lange, moeizame bouwproces. Om te beginnen was het terrein moerassig en alleen bereikbaar via een hobbelige, modderige weg die langs een houtskoolmarkt en sloppenwijken voerde. We liepen tegen de gebruikelijke problemen met elektriciteit en water aan. Een betrouwbare aannemer vinden was een hele opgave en door de betrokkenheid van een VN-agentschap waren de aanbestedingsprocedures streng, wat het allemaal des te ingewikkelder maakte.

We wilden ook per se dat er vrouwen in het bouwteam kwamen, wat opnieuw het signaal zou afgeven dat dit niet alleen een project was vóór vrouwen maar ook dóór vrouwen. Het was een voorbeeld van wat onze centrale boodschap aan alle toekomstige bewoonsters zou worden: dat vrouwen veel te sterk en te bekwaam zijn voor de positie en de rol die ze nu in de maatschappij hebben.

Vrouwelijke bouwvakkers had je in Congo niet, evenmin als bij de meeste bouwprojecten in de rest van de wereld. De hoofdaannemer reageerde totaal verbijsterd, maar ging ermee akkoord om hen aan te nemen omdat hij zeker wist dat hij ons vroeg of laat kon vertellen dat vrouwen inderdaad ongeschikt waren om muren te bouwen of timmerwerk te doen.

In het ziekenhuis benaderden we vrouwen die mogelijk geschikt waren. Sommigen waren sceptisch en moesten echt aangespoord worden om zich aan te melden voor 'mannenwerk'. Maar op de bouwplaats bleken ze heel leergierig te zijn en bovendien uitstekende, betrokken bouwvakkers.

Uiteindelijk gaven sommige van hun mannelijke collega's toe dat de vrouwen hen hadden geïnspireerd en gestimuleerd om beter te worden en harder te werken. 'Zo is het door de hele geschiedenis heen gegaan met mannen en vrouwen op het werk,' zei Eve later gekscherend.

Toen het gebouw gestalte kreeg, onderging ze chemotherapie in New York. Ze belde geregeld met Christine over het werk. Christine loog dan dat het goed ging om Eve de teleurstelling te besparen. Eve deed net of ze geen pijn had en verborg haar voortdurende angst dat ze zou overlijden voordat het project af was. Het verlangen om het centrum gerealiseerd te zien hield haar al die tijd op de been. Ze beschrijft het proces op een aangrijpende manier in haar boek *In the Body of the World*.

Toen we in februari 2011 de City of Joy inwijdden, bevond Eve zich onder de drieduizend aanwezigen. Er waren ook Amerikaanse politici, hulpverleners en een paar beroemdheden, maar vooral vrouwen uit Congo. De vrouwelijke bouwvakkers waren er ook en ze zorgden voor een van de ontroerendste momenten van de ceremonie.

Ze hadden betonblokken meegenomen die ze boven hun hoofd hielden toen ze aan het einde gingen dansen. Ze vertelden iedereen dat ze als eersten waren geslaagd, nog voordat het project zijn deuren had geopend. Eve regelde een subsidie van twintigduizend dollar zodat ze hun eigen bedrijf konden beginnen.

Het idee van de City of Joy was eenvoudig: vertrouwen op de overduidelijke kracht en veerkracht van de vrouwen in het ziekenhuis. We wilden meer doen dan alleen de vrouwen helpen om in het reine te komen met hun traumatische verleden en de toekomst met vertrouwen tegemoet te zien. We wilden dat ze een verandering zouden bewerkstelligen en de kracht hadden om het verschil te maken. Zodra ze vertrokken, zouden ze fungeren als voorlichtster en activiste en het beeld veranderen van hoe een overlever van seksueel geweld eruitziet en wat die in staat was te bereiken.

Elk halfjaar neemt de City of Joy negentig nieuwe bewoonsters op. Soms zijn het vrouwen uit het ziekenhuis, andere keren komen ze elders uit de provincie. In de loop van de jaren hebben we geholpen met het opleiden en ondersteunen van een netwerk van zorgverleensters in Zuid-Kivu. Het zijn buurtwerksters die helpen met het bestrijden van ziekten en het verbeteren van de hygiëne en die moeders helpen bij de bevalling. Ze fungeren als onze ogen en oren en ontdekken vaak vrouwen met verkrachtingsletsel die door hun gemeenschap zijn verstoten.

Elke nieuwelinge komt de City of Joy binnen via hoge zwarte toegangshekken die worden bewaakt door oud-leerlingen die ervoor zijn opgeleid. Zodra ze op de campus zijn, krijgen ze een plek toegewezen in gemeenschappelijke stenen bungalows die omgeven zijn door gazons en bloembedden.

Ze lopen over stenen paden, overschaduwd door bloeiende bougainvilles, palmbomen en sinaasappelbomen. Op het terrein het constante gekabbel van beekjes die een herinnering zijn aan het vroegere moerassige gebied dat ongeschikt was om op te bouwen. Elke dag komt er vers voedsel – ananassen, passiefruit, spinazie en nog veel meer – van een biologische boerderij die door Eve's v-day-organisatie is opgezet en die eveneens wordt bemand door oud-leerlingen van de City of Joy.

De opvang, met 'Mama Christine' aan het hoofd, is een oase van rust, een toevluchtsoord, een harmonieuze plek waar de oorlog buiten de hekken een verre herinnering lijkt. We streven naar het genezen van de geest en het herstellen van het lichaam. Veel vrouwen zijn bij aankomst ondervoed; als ze vertrekken, zijn ze allemaal sterker en gezonder.

In de opvang volgt elke overlever een reeks cursussen. Ik geef les over geslacht en vrouwelijke anatomie. Vaak begin ik met vragen wie van de aanwezigen er trots op is dat ze een vrouw is. Slechts een kleine minderheid steekt haar hand op. Gemiddeld zegt zo'n 80 procent dat ze liever als man was geboren. 'Als ik een man was geweest, had ik mezelf kunnen beschermen,' zeggen ze tegen me.

Veel vrouwen vinden dat de bron van al hun leed hun vagina is. Die wordt geassocieerd met alles wat is misgegaan. 'Het komt dáárdoor dat ik verkracht ben,' zeggen ze. Hun vagina is het probleem, niet hun belagers of de opvattingen van de mensen om hen heen. Het verklaart ook hun gebrek aan kansen in het leven en het gevoel dat ze worden afgewezen.

Ik moedig hen aan om meer te weten te komen over hun fysiologie en die te accepteren. Bij dit proces hoort kijken naar hun vagina. We geven hun een spiegel zodat ze dit kunnen doen als ze alleen zijn. Veel vrouwen kunnen in het begin niet eens *kuma* zeggen, het woord voor vagina in het Swahili, en hebben hun eigen geslachtsdelen nog nooit gezien.

Daarna tekenen we de vrouwelijke voortplantingsorganen en praten we over de verschillende onderdelen en functies. We bespreken de menstruatiecyclus, seks, anticonceptie, zwangerschap en borstvoeding. Je moet eerst je lijf kennen en begrijpen voordat je ervan kunt houden en er trots op kunt zijn.

We leggen uit hoe belangrijk het is om taboes te doorbreken en openlijk over de vrouwelijke anatomie en seksualiteit te praten en hoe de stilte rond deze kwesties de omgeving creëert waarin verkrachting plaatsvindt. We benadrukken dat de dader degene is die zich moet schamen en nooit het slachtoffer.

Er is ook therapie voor groepjes van vier tot tien vrouwen waarin ze worden aangemoedigd om hun persoonlijke verhalen met elkaar te delen. Dit hoort bij het leren accepteren en omgaan met het verleden. Delen helpt bij het opbouwen van vertrouwen tussen de vrouwen en zorgt ervoor dat ze beseffen dat je niet in je eentje hoeft te lijden.

Tijdens afzonderlijke sessies leren ze wat hun wettelijke en politieke rechten zijn. Ze leren ook de basis van zelfverdediging en zakelijke vaardigheden, en laaggeschoolde vrouwen leren rekenen, lezen en schrijven. Er is sport en yoga. Ze kunnen ook kiezen uit diverse vakopleidingen: kaarsen of zeep maken, borduren, leer bewerken of de grond bewerken.

De halfjaarlijkse feestelijke diploma-uitreikingen zijn een krachtige bevestiging van wat er in het leven bereikt kan worden met liefde. Gebroken geesten zijn veranderd in strijdlustige en sterke vrouwen die teruggaan naar hun dorp. Niet met de misselijkmakende angst van Wamuzila, maar met het verlangen om hun leven te veranderen, te re-integreren en hun gemeenschap te hervormen. Ik hoef niet langer snikkende patiëntes zoals Wamuzila uit te zwaaien. Zij was de eerste keer dat ze het ziekenhuis verliet totaal niet voorbereid op haar nieuwe leven.

We verrichten geen wonderen. Niet iedereen redt het. Met een operatie kan ik de schade aan een lichaam herstellen. De menselijke geest is veel complexer. Elke overlever moet leren leven met haar verleden en sommige wonden zijn zo diep dat ze nooit helemaal helen. Veel vrouwen moeten leren leven met de triggers die hun traumatische herinneringen weer boven laten komen.

Maar elk halfjaar krijgen negentig vrouwen hun diploma en breiden zo een netwerk uit dat sterker wordt met elke nieuwe aanwinst en dat bijeen wordt gehouden door gedeelde ervaring. Een klein aantal blijft om te helpen met het alsmaar groeiende aantal activiteiten van de City of Joy en wordt zelf docent of medewerker, maar de meesten gaan terug naar huis en zijn vastbesloten te zorgen voor verandering.

We hebben gezien dat veel vrouwen vrouwenrechtenactiviste worden in hun gemeenschap of coördinator van de plaatselijke markt of bij een maatschappelijke organisatie. Ze worden al hun hele leven ondergewaardeerd, maar in dat halfjaar in de City of Joy ontdekken ze hoe sterk ze zijn en wat ze allemaal kunnen. En als elke overlever de opvattingen van slechts een paar mensen om haar heen helpt veranderen, bereiken we waarop we hopen.

Rond dezelfde tijd dat we de City of Joy openden, begonnen we ook met Maison Dorcas, een instelling die is gebaseerd op dezelfde ideeën en die wordt gerund door de Panzi Foundation en dokter Christine Amisi, het onvermoeibare en inspirerende hoofd. Maison Dorcas dient als toevluchtsoord voor vrouwen met kinderen die uit verkrachting zijn geboren en voor vrouwen met ongeneeslijke fistels.

De programma's worden aangepast aan hun behoeften, maar het proces is hetzelfde: pijn omzetten in kracht. Honderden vrouwen hebben hun diploma behaald na maanden therapie, scholing en beroepsonderwijs.

De vrouwen die zijn geslaagd worden allemaal aangemoedigd om zich aan te sluiten bij organisaties die gebaseerd zijn op onderlinge solidariteit (MUSO's): initiatieven voor microfinanciering die groepen tot vijfentwintig vrouwen in staat stellen om elke maand kleine bijdragen te doen aan gezamenlijke spaarregelingen. Sommige fondsen worden gebruikt voor kleine leningen om een bedrijf te beginnen terwijl andere fungeren als een onderlinge zorgverzekering waardoor de leden voor het eerst een vangnet hebben. In Zuid-Kivu zijn er meer dan tweehonderd van en sommige hebben rond de drieduizend dollar gespaard.

Het is een fantastisch re-integratiemiddel. De MUSO's zijn toegankelijk voor iedereen, maar worden beheerd door overlevers, die vaak een verzoek tot toelating krijgen van andere leden van hun gemeenschap als ze horen wat de voordelen zijn.

Helaas kwam dit voor Wamuzila allemaal te laat. Hoewel ze een van de inspiratiebronnen van het project was, iemand door wie ik de beperkingen inzag van een louter medische benadering van de zorg voor slachtoffers van seksueel geweld, was ze er niet toen de deuren eindelijk opengingen.

Er waren vier jaar verstreken tussen het ontstaan van het idee voor de City of Joy in 2007 en de opening. Wamuzila verliet na Eve's bezoek voor de tweede keer het ziekenhuis en keerde opnieuw terug naar haar dorp. Later hoorde ik tot mijn verdriet dat ze was bezweken aan aids.

Het enige wat mij troost is hoe haar leven, getekend door zoveel pijn, heeft geholpen om het leed van anderen te verzachten. Haar nalatenschap leeft voort in vrouwen als Jeanne, die bij haar was tijdens de eerste ontmoeting met Eve in het ziekenhuis. Jeanne is een van de meest gewaardeerde personeelsleden van de City of Joy.

Aan het eind van haar tienerjaren werd ze twee keer gevangengenomen door rebellen die haar maandenlang misbruikten. Net als Wamuzila werd ze pas vrijgelaten toen ze zwanger was en een miskraam kreeg in het oerwoud. Ze werd uiteindelijk gered, maar ze was zo zwak en ziek dat ze haar in een mand naar het ziekenhuis moesten dragen. Ze was bewusteloos en de resten van haar ongeboren kindje waren binnen in haar aan het rotten.

De twee andere vrouwen die met dezelfde humanitaire vlucht bij ons werden afgeleverd, stierven. We waren bang dat Jeanne nooit zou herstellen.

Ze heeft geen familie, geen kinderen en zal de rest van haar leven last hebben van de complicaties van haar verwondingen. Toch is ze het levende bewijs dat er zelfs na zoveel ellende plaats is voor leven, geluk en liefde.

Steeds als er nieuwe vrouwen komen, vertelt ze haar verhaal: de verkrachtingen, de viezigheid en stank van haar verwondingen, de verschillende operaties. Maar ze vertelt hun ook dat ze God dankt dat ze nog leeft als ze 's morgens wakker wordt en de zon ziet opkomen. Haar openhartigheid, haar glimlach en haar aanstekelijke lach stimuleren anderen om hun hart te luchten en na te denken over hun eigen ervaringen.

Ze is nu begin dertig en bezig om haar middelbareschooldiploma te halen. Ze zal de rest van haar leven wijden aan het helpen van anderen in de City of Joy en een stem zijn voor de stille slachtoffers van misbruik. Haar leeftijdgenoot, Alphonsine, die als ongeletterde vijftienjarige patiënte in het Panzi werd opgenomen, is nu een van onze operatieverpleegkundigen.

Wamuzila's nalatenschap leeft ook voort in vrouwen als Tatiana Mukanire, die als jong kind wees was geworden en in 2004 werd verkracht in Bukavu, toen de stad was veroverd door militaire eenheden die trouw waren aan de duistere, door Rwanda gesteunde krijgsheren Jules Mutebusi en Laurent Nkunda.

Hun soldaten gingen plunderend van deur tot deur en verkrachtten en martelden mannen, vrouwen en kinderen. Onder de slachtoffers waren ook een paar buitenlandse hulpverleners. Tijdens en na de drie weken durende belegering behandelden we ongeveer 1600 verkrachte vrouwen.

Tatiana droeg de gevolgen van haar misbruik in stilte, waaronder een ongewenste zwangerschap die ze afbrak – ook al was dat volgens de wet in Congo strafbaar. Haar familie, die haar als kind had opgenomen toen haar ouders waren gestorven, drukten haar op het hart om te zwijgen. Ze wilde toch haar verhaal kwijt en vertelde het aan haar verloofde. Hij verliet haar.

Ondanks alles wist ze een plaats te krijgen op de universiteit, af te studeren en een goedbetaalde baan te bemachtigen, allemaal terwijl ze vocht tegen alcoholisme, eetstoornissen en suïcidale gedachten. Pas na tien jaar zocht ze medische en psychologische hulp. Toen ze mij raadpleegde, behandelde ik haar. Voor het eerst was ze openhartig over wat er was gebeurd. Ik zag dat er onder de pijn een bijzonder sterke vrouw schuilging.

Nu heeft ze haar leven weer op de rails. Haar innerlijke strijd is voorbij. Ze kan haar verleden nooit vergeten – soms staat ze nog 's morgens onder de douche te huilen – maar het bepaalt niet langer haar leven en het verlamt haar niet meer. Ze werd hoofd van een MUSO en is vooraanstaand lid van SEMA, een nieuw internationaal netwerk van overlevers van seksueel geweld dat we in juni 2017 hebben opgericht. Ze heeft gesproken voor de VN in New York en reist overal naartoe om haar ervaring te delen en andere vrouwen met vergelijkbare ervaringen te inspireren.

Ze woont in Bukavu met haar man, een jeugdliefde, die haar respecteert en stimuleert in haar werk. Toen ze graag woordvoerster wilde worden van andere slachtoffers, was ze een beetje bang voor zijn reactie. 'Als daar je hart ligt, steun ik je,' zei hij tegen haar. Ze hebben een paar weeskinderen geadopteerd en nu heeft Tatiana het gezin waarvan ze altijd heeft gedroomd.

Míjn droom is het om vrouwen als Tatiana te zien. Ze is opgekrabbeld en vecht nu voor anderen. Ze eist dat overlevers zoals zij gehoord worden en rechtvaardig worden behandeld. Ze is geliefd en heeft anderen lief, en ze is een lichtend voorbeeld voor mij en voor iedereen die ze ontmoet.

In 2017 publiceerde ze een open brief aan haar verkrachter. Het was een belangrijk moment voor haar, een openlijke erkenning van haar verleden, haar geworstel en haar schaamte, en het bewees hoeveel ze had bereikt. 'Ik wil dat je weet dat ik absoluut niet meer bang voor jou ben,' schreef ze. 'Je hebt me de moed gegeven om tegen je te vechten.'

5
In zijn woorden

Waarom verkrachten mannen? Die vraag wordt me vaak gesteld en helaas is er geen simpel antwoord op te geven. Toen ik eind jaren negentig voor het eerst achter de crisis in Oost-Congo kwam, kon ik niet bevatten wat ik zag. Het leek het werk van een stel maniakken en het ging mijn begrip als vader, man en burger te boven. Ik was als arts niet opgeleid om dit te doorgronden.

Ik stelde me de daders gewoon voor als monsters, bezeten door het kwaad en verstoken van enige menselijkheid. Mijn werk was het zorgen voor de slachtoffers; hun folteraars proberen te begrijpen lag niet in mijn vermogen.

Misschien hoorde dat bij mijn eigen manier van verwerken, maar met dit soort gedachten kom je er niet. Verkrachters, moordenaars of terroristen afdoen als 'slecht' of 'gestoord' kan je inderdaad even geruststellen. Door hen te ontmenselijken en hen als monsters te zien, kreeg ik het idee dat ze niet waren zoals ik of de mensen in mijn omgeving. Maar dat zijn ze wel, of in elk geval zijn ze dat ooit geweest, totdat ze vervielen tot verdorvenheid en geweld.

De oorlog tegen het lichaam van vrouwen in Congo is niet gevoerd door legers of psychopaten die door de bossen zwierven en hun perverse seksuele fantasieën uitleefden. Natuurlijk bestaan er ernstige psychische aandoeningen en in individuele gevallen kan dat soms een verklaring zijn. Maar de verkrachtingen moeten worden gezien als opzettelijke, bewuste keuzes en een gevolg van de minachting voor het leven van vrouwen in het algemeen. Dat is uiteindelijk de oorzaak.

Alleen als we begrijpen hoe en waarom dit geweld plaatsvindt, kunnen we proberen een antwoord te vinden op de individuele en collectieve niveaus – en dit geldt net zo goed voor Congo als voor elk vreedzaam land.

In de wandelgangen tussen de zalen en de spreekkamers kwam ik voor het eerst oog in oog te staan met een van de mannen wiens gewelddadige keuzes de oorzaak waren van het leed in mijn ziekenhuis. Het was een jonge man van net in de twintig. Aan zijn voorkomen en kleding te zien was hij arm en hij zag er zorgelijk uit, alsof hij gebukt ging onder schuld of schaamte. Hij was amper in staat om me aan te kijken en vroeg of hij me onder vier ogen kon spreken.

Ik word vaak aangesproken door mensen als ik rondloop in het ziekenhuis, dat bewust open en uitnodigend is ontworpen. Artsen en verpleegkundigen praten met patiëntes en bezoekers wanneer ze over het terrein wandelen. Op zo'n moment ga ik op mijn intuïtie af en stuur mensen die om hulp vragen meestal naar iemand van het personeel met het advies om een afspraak te maken. Soms nodig ik hen uit om met me mee te komen naar mijn spreekkamer.

Uit ons korte gesprekje kon ik niet goed opmaken wat deze jonge man wilde. Hij kwam niet voor medische hulp voor zichzelf, hij vroeg ook niet om raad of hulp voor zijn vrouw of zus. Hij wilde met mij praten, zei hij. Hij had problemen en kon nergens anders heen, hield hij vol. Ik vermoedde dat hij geld wilde. Ik zei tegen hem dat ik haast had en hem niet kon helpen.

Een paar dagen later was hij er weer en hij benaderde me met hetzelfde verzoek. Ik legde hem uit hoe mijn dagen waren ingedeeld: mijn veeleisende werk, mijn agenda die volstond met vergaderingen, consulten en operaties. Ik vertelde hem beleefd maar resoluut dat ik op individuele verzoeken als dat van hem niet kon ingaan.

De derde keer dat ik hem in het ziekenhuis tegenkwam, liet ik me vermurwen. Ik bedacht dat hij een goede reden moest hebben mij te blijven achtervolgen. Hij had een wanhopige blik in zijn bloeddoorlopen ogen. Ik zei tegen hem dat hij na mijn laatste afspraak, aan het eind van de dag, naar me toe kon komen.

Hij was op tijd en werd naar mijn spreekkamer aan de andere

kant van het ziekenhuiscomplex gebracht. 'Ga zitten en vertel het maar,' zei ik, toen ik opendeed. Ik nam hem van hoofd tot voeten op en keek hoe hij onhandig op de stoel plaatsnam.

Hij was iets kleiner dan ik en krachtig en atletisch gebouwd. Hij droeg een T-shirt, een spijkerbroek en sportschoenen en zijn haar was aan de zijkanten opgeschoren. Zijn handen lagen gevouwen op zijn schoot en onder zijn korte mouwen waren zijn gespierde armen te zien. We gingen tegenover elkaar zitten.

Mijn spreekkamer houd ik graag eenvoudig: simpele plavuizen, witte muren waarvan de onderste helft geelbruin was geschilderd zodat je vlekken niet ziet. Er hangen een paar ingelijste foto's aan de muur, er staat een boekenkast en sinds kort een glazen kast met persoonlijke zaken zoals certificaten en prijzen.

Er staat een bureau aan de ene kant van de kamer en aan de andere kant heb ik een zitgedeelte. Rondom een lage, glazen salontafel staan twee bankjes en twee leunstoelen, allemaal van donkerbruine corduroy. Ik ontvang iedereen hier bij een raam waar aan het einde van de dag, als de zon ondergaat, fraai warm licht door valt. Helaas moest ik de onderste helft om veiligheidsredenen laten verduisteren.

Dit is de privéruimte waar ik luister naar mijn bezoekers: collega's, patiëntes, politici, dominees, pastoors en journalisten, soms hulpverleners of belangrijke technici uit Silicon Valley, soms een buitenlandse minister of iemand van de VN die op inspectiereis is. Het is een dagelijks wisselende stoet van mensen.

Mijn bezoeker vertelde als eerste dat hij uit de omgeving van Hombo kwam, zo'n 150 kilometer ten westen van Bukavu. Ook op dit geïsoleerde en dichtbeboste gebied wordt door allerlei gewapende groeperingen geaasd. De hoofdstad ligt aan de rivier de Hombo en de enige weg die Bukavu verbindt met diamantstad Kisangani in het noordwesten loopt erdoorheen. Je doet zeven uur over de korte afstand tussen Bukavu en Hombo. Vijfentwintig jaar lang, tot 2011, hield de weg daar op nadat de brug over de rivier was ingestort.

De jonge man – die zei dat hij twintig was – vertelde dat hij wees was en niet meer terug naar huis kon. Hij liet in het midden waarom niet. Hij was nu in Bukavu, sliep op straat en hoorde bij de groeiende groep ontheemden zonder geld of vooruitzichten.

'Kunt u me helpen?' vroeg hij.

Hij zei dat hij palmolie wilde gaan verkopen en geld nodig had om een bedrijfje te beginnen. Hij wilde met honderd dollar drie grote blikken kopen en een van de duizenden andere straatventers van Bukavu worden die de hele dag langs de weg gebogen zitten over hun omgekeerde tonnen met uitgestald fruit, vis of huishoudelijke artikelen. Tegenwoordig zie je dit langs elke doorgaande weg, een teken van de armoede en wanhoop van de bevolking.

Ik wilde meer weten. Waarom kon hij niet terug naar huis? En was hij echt wees? Door de rol van de familie komt het in Congo en in de rest van Afrika zelden voor dat iemand echt wees is. Kinderen zonder ouders worden gewoonlijk net zoals mijn vader opgenomen in het gezin van ooms en tantes.

Uiteindelijk vertelde hij mij zijn verhaal. De aanvankelijk druppelsgewijze informatie veranderde in een enorme stroom, alsof hij zichzelf bevrijdde van een last.

Hij vertelde dat hij was opgegroeid in een boerendorpje, waar hij samen met zijn broers en zussen en zijn ouders woonde. Ze waren arm, maar hun leven was vredig, ondanks de aanwezigheid van een aantal milities in de streek. Dit veranderde toen hij twaalf was.

Katuku, een van de Congolese 'zelfverdedigingsgroepen', viel het dorp binnen. Hij herinnerde zich het geschreeuw, de schoten en de chaos. Een paar strijders kwamen naar zijn huis en voerden hem weg. Ze hielden hem onder schot en zeiden dat hij zich bij hen moest aansluiten.

Hij werd meegenomen naar het bos en ze namen hem op in de groep. Hij weet nog dat de leider tegen hem zei dat hij betaald zou worden en hem geld beloofde dat hij nooit heeft gekregen. 'Je krijgt ook vrouwen. Zoveel als je maar wilt,' had de leider gezegd. Hij herinnert zich het gevoel van macht toen hij voor het eerst een geweer in zijn handen kreeg. Dat voelde fijn.

Al snel deed hij mee aan de nachtelijke roofovervallen op dorpen in de streek. Ze waren op zoek naar voedsel, medische hulpmiddelen en andere dingen die konden worden verkocht om de militie te ondersteunen. Als ze op rooftocht gingen, zei de leider altijd tegen zijn mannen: 'De vrouwen zijn voor jullie, doe waar je zin in hebt.' De andere strijders grepen en verkrachtten hen. Hij was nog maar net een puber, maar onder druk van de anderen deed hij mee. Het werd onderdeel van het leven van de groep.

Mijn nekharen gingen overeind staan en ik voelde een steek van spijt dat ik hem überhaupt had uitgenodigd. Ik staarde naar de vloer en naar mijn salontafel. Toen ik weer opkeek, zag ik zijn gekwelde gezicht en de donkere kringen onder zijn ogen. Hij zat te wiebelen en te draaien terwijl hij naar woorden zocht. Soms keek hij naar het plafond of uit het raam in de verte.

Ik leunde met gevouwen handen voorover in mijn stoel. Ik overwoog om op te staan en hem eruit te gooien. Het was walgelijk, schandalig en absurd. Het was 2014 en ik had de afgelopen vijftien jaar de verwondingen en verwoesting gezien die door moordenaars als hij waren aangericht. Hij had overal hulp kunnen vragen. Waarom was hij uitgerekend naar mij en naar mijn ziekenhuis gekomen?

Ik gooide hem er niet uit. Ik voelde een golf van woede opkomen, maar die zakte weer. Ik besloot hem te laten praten. Hij zou me helpen het te begrijpen.

Hij was verslaafd geraakt aan het leven als rebel, verklaarde hij. De nachtelijke aanvallen, het geweervuur, het moorden, het geschreeuw. Het leven in het kamp was moeilijk en oncomfortabel en daarom merkte hij dat hij zich verheugde op de acties.

'Het was net een verdovend middel. Ik zette nergens vraagtekens bij,' zei hij. 'Ik vond het heerlijk om slechte dingen te doen.'

De reflex om te genieten van dit soort handelingen is een toestand die bekendstaat als 'appetitieve agressie', oftewel een hang naar geweld. Deze toestand is beschreven bij soldaten en veiligheidstroepen op de hele wereld en werd bevestigd in een onderzoek uit 2013. Daarbij zijn gesprekken gevoerd met meer dan tweehonderd gedemobiliseerde strijders uit zestien verschillende gewapende groeperingen in Congo.[1]

Het merendeel – 64 procent – was begonnen als kindsoldaat en meer dan de helft zei dat hij was gedwongen om mee toe doen. Een aanzienlijk aantal was slachtoffer van seksueel geweld gepleegd door hun eigen leider.

Hun verklaringen, waarin ze beschrijven hoe ze burgers onthoofdden of bevel kregen om deserterende kameraden dood te slaan of om mensenbloed of -vlees te nuttigen, zijn vaak huiveringwekkend. Meer dan vier op de tien waren het er 'een beetje' of 'volledig' mee eens dat anderen pijn doen fijn kon zijn, terwijl een op de drie een 'fysiek verlangen of fysieke behoefte om te vechten' had.

Mijn bezoeker en zijn mede-rebellen hadden zelfs mensen in zijn eigen geboortedorp geterroriseerd. Ze waren teruggegaan om te moorden en te verkrachten. Ze hadden vrouwen gegijzeld die hem hadden herkend als een jongen uit de streek. 'Hoe kun je ons dit aandoen? We hebben je ouders gekend,' hadden ze smekend gezegd. Hij rookte wiet en dacht er verder niet bij na.

Maar nu achtervolgde het verleden hem, zei hij. Hij sliep slecht en had geregeld nachtmerries. En hij kon nergens heen.

'Ik kan hen niet meer onder ogen komen,' zei hij. 'Daarom wil ik in Bukavu blijven.'

Ik luisterde fronsend en staarde nog steeds voornamelijk naar mijn voeten. Ik vroeg me af of ik zijn verhaal wel kon geloven. Het kon een manier zijn om sympathie op te wekken – zodat ik hem wat geld zou geven. Ik wilde hem op de proef stellen.

'Hoe zit het met je ouders?' vroeg ik en ik keek op. 'Wat is er gebeurd?'

Hij was even stil en verstijfde een beetje, alsof er een scheut van pijn door zijn ruggengraat ging. Zijn blik dwaalde door de kamer.

'Dat was het ergste,' zei hij. 'Mijn inwijding.'

Leiders van gewapende groeperingen hebben verschillende methoden om nieuwelingen murw te maken. Hun aanwinsten waren vaak kinderen die waren ontvoerd of onder bedreiging met geweld waren afgestaan door hun ouders. De procedure is veelal dezelfde: ze worden mishandeld en gebroken en vervolgens weer opgelapt, waarna loyaliteit van hen wordt geëist. Discipline wordt genadeloos afgedwongen door middel van een pak slaag en moord.

De inzet van gehersenspoelde kinderen als strijders is sinds 1996 een belangrijk element van het geweld in het oosten van Congo.

Naar schatting hebben tienduizend kindsoldaten samen met militairen uit Rwanda, Oeganda en Burundi aan de Eerste Congolese Burgeroorlog meegedaan.[2]

Congolese kinderen werden gelokt door de bekende toezeggingen van geld, wapens en vrouwen en vervolgens meegenomen naar de door Rwandese legerofficieren geleide bootcamps. Ze werden meedogenloos 'ontgroend' en blootgesteld aan extreem geweld. Soms werden ze gedwongen om in aanwezigheid van hun kameraden gevangenen te executeren.[3]

Tijdens de invasie van Congo beschreef een commandant van het Congolese leger hoe hij door zijn verrekijker naar de naderende soldaten keek en een grote groep kinderen zonder uniform zag. Sommigen droegen granaatwerpers die groter waren dan zijzelf.[4] Het hoofd van de rebellen, Laurent-Désiré Kabila, raakte zo gehecht aan zijn kindsoldaten, de zogeheten *kadogos* (wat 'kleintjes' betekent), dat hij ze aanstelde als lijfwacht zodra hij was geïnstalleerd als president. Naar verluidt is hij in januari 2001 door een van hen vermoord.

Sinds die tijd is de werving van kinderen een heel bekende en wijdverbreide tactiek die wordt ingezet door bijna alle rebellen in Oost-Congo, onder wie de rebellen die worden gesteund door Oeganda en Rwanda. Vaak ontvoeren en ronselen ze hun aanwinsten, maar ze halen hen ook uit de alsmaar groeiende groep straatarme kinderen in de steden. De dakloze en ouderloze kinderen willen hun leven vol vernedering en armoede maar wat graag verruilen voor een geweer en een paar honderd frank per maand.

Gedrogeerd, gehersenspoeld en onder de duim gehouden door de dreiging met geweld en marteling, hebben tienduizenden mannen en jongens met net zo'n verhaal als dat van mijn bezoeker deelgenomen aan de moordpartijen van de afgelopen twintig jaar.

Toen hij begon te vertellen over zijn inwijding, was ik er voor het eerst zeker van dat hij eerlijk was. Hij leek een traumatische flashback te hebben en brak voor mijn ogen. In tranen bekende hij dat ze hem hadden gedwongen om zijn eigen moeder te verminken. De leider had hem teruggestuurd en hem bevolen het te doen om te laten zien dat hij loyaal was.

'Ik had geen keus,' snikte hij. 'Ze zeiden dat ze me zouden vermoorden als ik het niet deed... Ik was nog maar een kind. Wat had ik dan gemoeten?'

Toen hij klaar was met het beschrijven van de ondraaglijke kwelling was het een paar minuten ijzig stil. Hij ademde snel en oppervlakkig. Mijn hart bonsde en ik voelde de spanning in mijn rug en benen.

'Ik weet dat ze niet is doodgegaan door wat ik haar heb aangedaan,' mompelde hij ten slotte. 'Maar ze stierf een paar jaar terug aan een ziekte. Ik heb haar nooit meer opgezocht.'

Het verhaal van deze jonge man geeft een inkijkje in wat er de afgelopen vijfentwintig jaar in Congo is gebeurd: de wijdverbreide inzet van kindsoldaten is gedeeltelijk het antwoord op de vraag waarom zulk extreem sadistisch gedrag zo is toegenomen. Maar waar is het allemaal begonnen? Waarom werden we eind jaren negentig in het Panzi-ziekenhuis ineens overspoeld met zoveel ernstig gewonde vrouwen?

De enige plausibele verklaring is dat het onmenselijke, verlammende geweld van de Rwandese genocide als een virus oversloeg naar Congo zodra de gevechten tussen de Tutsi's en de Hutu's zich door de invasies van 1996 en 1998 hadden verplaatst naar mijn land.

Vanaf het begin van ons werk in het Panzi hebben we onze patiëntes informatie gevraagd over de identiteit van hun belagers. In de beginjaren meldde meer dan 90 procent dat hun verkrachters gewapend waren en Kinyarwanda, de taal van Rwanda, spraken.

Alle verschrikkingen die plaatsvonden in Oost-Congo hadden zich een paar jaar eerder afgespeeld in Rwanda, tijdens de door Hutu's geleide genocide tegen de Tutsi's: de genitale verminkingen, de seksslavernij, de verkrachtingen in het openbaar en voor de ogen van gezinsleden, familieleden die werden gedwongen om andere familieleden te misbruiken of doden. Het was allemaal vastgelegd. Seksueel geweld was een doelbewuste tactiek als onderdeel van de etnische zuivering.

Verkrachting werd in Rwanda gebruikt als oorlogswapen en het is belangrijk om het onderscheid te begrijpen tussen dit opzettelijke en van tevoren beraamde type seksueel misbruik en het soort misbruik dat voorkomt in alle conflictgebieden. Akelig genoeg hoort verkrachting net als verwoesting en doden bij oorlog, al rust hier vaak een taboe op. In elke oorlog misbruiken militairen hun macht door vrouwen te grijpen. Dit zijn daden van de overwinnaar die zijn gericht op het 'lichaam van de vrouw van de verslagen vijand', zoals de feministische Amerikaanse schrijfster Susan Brownmiller het omschreef.

Het grootschalige misbruik van Franse en Belgische vrouwen door oprukkende Duitse soldaten tijdens de Tweede Wereldoorlog valt in deze categorie, net als de behandeling van Duitse vrouwen door soldaten van het Rode Leger aan het eind van het conflict. Toen het naziregime was verslagen, werden naar schatting 95.000 tot 130.000 verkrachtingsslachtoffers alleen al in de twee grootste ziekenhuizen in Berlijn behandeld en historici schatten dat er in het hele land in totaal waarschijnlijk miljoenen slachtoffers waren.[5] Er is ook bewijs van misbruik door Amerikaanse en Britse soldaten.

De massaverkrachting van Chinese vrouwen in 1937 in de Chinese stad Nanjing door boze, gefrustreerde en verveelde soldaten van het Japanse keizerlijke leger was eveneens uit wraak op de burgerbevolking vanwege de verliezen. Er vonden in de stad tijdens de eerste maand van de bezetting zo'n twintigduizend verkrachtingen plaats.[6] Tijdens taferelen die net zo beestachtig waren als die in de bossen van Congo, werden bij vrouwen bamboestokken en bajonetten in hun vagina gestoken en vaak werden ze vermoord als ze ook maar een beetje weerstand boden.

In Japan maakten veel geallieerde troepen hun bijnaam waar – de vrouwen noemden hen soms 'barbaren' – vanwege de seksmisdrijven tijdens de geallieerde bezetting van het land aan het eind van de Tweede Wereldoorlog. En in verslagen van de Vietnamoorlog staan beschrijvingen van groepsverkrachtingen, marteling en genitale verminking door Amerikaanse militairen die net zo misselijkmakend zijn als wat je in dit boek leest over de gebeurtenissen in mijn land.

Verkrachting als oorlogswapen is anders. Dan wordt het gebruikt als oorlogstactiek. Het wordt beraamd. Vrouwen worden met opzet gebruikt als middel om een vijandelijke bevolking te terroriseren. De toepassing ervan bij conflicten in Azië, Afrika en Europa in de twintigste eeuw is te verklaren door het feit dat het goedkoop, makkelijk te regelen en, helaas, gruwelijk effectief is.

In de tijd van de verkrachtingen in Afrika in de jaren negentig – in Rwanda maar ook in Liberia en Sierra Leone – gebruikten de door etnische en religieuze afkeer gedreven soldaten in Europa methoden die net zo wreed waren. Tijdens de oorlogen in voormalig Joegoslavië hadden Servische troepen en milities het bewust gemunt op Bosnische moslimvrouwen. Ze richtten zelfs verkrachtingskampen in, zoals de beruchte Partizan-sporthal in het stadje Foča.

Verkrachting is voor iedereen, mannen en vrouwen, net zo beangstigend als de dreiging van de dood. Verkrachtingen die worden gepleegd in het openbaar of voor de ogen van de hele familie, hebben het effect van een terroristische daad.

Het bespoedigde de exodus van niet-Servische gemeenschappen in Bosnië. En door zich te vergrijpen aan moeders of jonge slachtoffers beschadigden de daders de sociale structuur van hun vijanden, omdat vrouwen de belangrijkste verzorgers van de kinderen waren en degenen die de toekomstige generaties voortbrachten. Door de verkrachtingen in het openbaar te plegen, werden gezinnen verwoest: relaties strandden, mannen scheidden uit schaamte van hun vrouw.

Sommige overlevers van de oorlogen in voormalig Joegoslavië getuigden later voor de rechter dat hun belagers verkrachting zagen als middel om hun etnische identiteit permanent te ondermijnen op een manier die moord niet kon. 'Wees blij, zo meteen ben je zwanger van een Servische baby,' hadden sommige verkrachters treiterig gezegd.

De Rwandese en Joegoslavische conflicten in het laatste decennium van de twintigste eeuw hebben meer dan alle andere gezorgd voor bewustwording van de inzet van verkrachting als middel tot etnische zuivering. Dit heeft geleid tot belangrijke ontwikkelingen in internationale wetgeving, waarop ik later terugkom.

Massaverkrachtingen met vergelijkbare motieven hebben recent nog plaatsgevonden tijdens etnische en religieuze conflicten in Zuid-Soedan, Myanmar en Irak. In alle gevallen gebruiken mannen het als middel om de 'vijandelijke' bevolking te overheersen en vernietigen.

Soms wordt verkrachting ook gebruikt als wapen in conflicten die onderliggende economische motieven hebben. Dan is het niet zozeer bedoeld om de lokale bevolking te verdrijven, maar een manier om controle over hen te houden. In Zuid-Amerika gebruiken drugsbendes seksueel geweld als straf voor mensen of gemeenschappen die hun handel in gevaar brengen.

In het specifieke geval van de oorlog in Congo vindt verkrachting akelig genoeg plaats om alle bovenstaande redenen: door soldaten van buitenlandse bezettingslegers die op zoek zijn naar spanning of wraak, als middel om de plaatselijke bevolking te onderdrukken en te zuiveren en om economische redenen.

De Rwandezen die verantwoordelijk waren voor de eerste golf van geweld tegen vrouwen waren de Hutu-extremisten die na de genocide in 1994 naar Congo vluchtten. Ze werden gevolgd door het door de Tutsi's geleide Rwandese leger en door Congolese rebellen die deelnamen aan de invasie en de bezetting van Congo in de Eerste en Tweede Congolese Oorlog in respectievelijk 1996 en 1998. De laatstgenoemde soldaten hadden geen enkel respect voor het oorlogsrecht en mensenrechten, en terwijl ze door het land trokken begingen ze een hele reeks gruweldaden.

De Hutu's die na de Eerste Congolese Burgeroorlog achterbleven terwijl meer dan een miljoen Rwandese vluchtelingen naar huis waren teruggekeerd, vormden de kwaadaardige en meedogenloze FDLR-militie. Ze gebruikten verkrachting om de lokale bevolking te terroriseren in de gebieden die onder hun toezicht stonden.

Alle partijen – deze Hutu-rebellen, het Rwandese leger en hun gevolmachtigden – verspreidden het virus van de extreem gewelddadige verkrachtingen nog meer in Congo.

Eind jaren negentig waren tien verschillende landen betrokken bij de Tweede Congolese Oorlog en de meeste stuurden troepen. Het oostelijke deel van het land stond onder toezicht van de rebellenbeweging RCD die werd gesteund door Rwanda. De rebellen vielen echter al snel in verschillende facties uiteen.

Congolese zelfverdedigingstroepen schoten als paddenstoelen uit de grond en namen de wapens op. Historische geschillen over grond tussen etnische groepen en stammen werden gewelddadig toen het gezag ineenstortte. Al snel stond heel Oost-Congo in lichterlaaie. Het land was een lappendeken van verschillende oorlogen.

De verschillende groeperingen hadden met elkaar gemeen dat ze dezelfde tactiek hanteerden als de Rwandese extremisten en militairen. Ze hadden het virus te pakken. Ze hadden geen respect voor burgers. Ze verkrachtten op extreem wrede wijze in het openbaar, ze ontvoerden vrouwen en namen hen als seksslaven mee de bossen in.

Er was in de jaren negentig al sprake van misbruik door het Congolese leger, maar het virus sloeg vanaf 2003 pas echt over op de nationale troepen. Dat jaar was een vredesakkoord van kracht geworden dat was bedoeld om het door rebellen bezette noorden en oosten en het door de regering gecontroleerde westen te verenigen. Het akkoord was getekend door Laurent-Désiré Kabila's zoon Joseph, die de macht had gegrepen nadat zijn vader in 2001 was vermoord. Alle buitenlandse oorlogspartijen zouden hun troepen terugtrekken en de belangrijkste rebellenmilities zouden worden geïntegreerd in het nationale leger.

Deze tactiek van rebellen opnemen in het nationale leger staat bekend als *mixage et brassage* en hoort bij de vredesinspanningen in Congo. De regering kan de milities ter plaatse niet verslaan en daarom worden ze gepaaid met de uitnodiging om gewoon soldaat te worden, met een uniform en met het verzoek om een eed af te leggen om het land te beschermen. Als gevolg hiervan komen krijgsheren en duizenden voormalige kindsoldaten bij het Congolese leger.

Zo was het ook gegaan bij mijn bezoeker. Hij had besloten om naar Bukavu te komen toen zijn commandant ervoor had gekozen om bij het Congolese leger te gaan. Andere verachtelijke oorlogsmisdadigers dienen nog steeds als hoge militairen in het Congolese leger.

Veel krijgsheren hebben verschillende keren gewisseld tussen het leger en de rebellen. Een van hen is Laurent Nkunda, wiens soldaten in 2004 Bukavu hadden verwoest en duizenden vrouwen hadden verkracht, onder wie Tatiana, die ik in het vorige hoofdstuk heb voorgesteld.

Het opnemen van rebellen had grote gevolgen voor de discipline, samenhang en effectiviteit van het Congolese leger. De nieuwe rekruten legden hun wapens neer en zwoeren dat ze het land en zijn burgers zouden verdedigen – maar ze brachten ook hun wrede methoden mee. Hun oude wapens werden ontmanteld, maar hun mentaliteit veranderde niet. We registreerden steeds meer slachtoffers die waren misbruikt door het Congolese leger.

Nadat het virus het leger had besmet, sprong het uiteindelijk over op de burgerbevolking. Niet alle rebellen waren opgenomen door het leger. Sommigen, zoals mijn bezoeker, zagen het soldatenleven met een laag loon en slechte leefomstandigheden niet zitten. In plaats daarvan probeerden ze een normaal bestaan op te bouwen. Ze zochten een baan. Als het kon, gingen ze terug naar hun geboortedorp. Maar ze bleven op vrouwen azen. Ze bleven doorgaan met verkrachten.

Deze enorme infectieketen is ontstaan doordat het conflict zich al zo lang voortsleept. Het aantal slachtoffers, de miljoenen doden, al die verkrachte of ontheemde mensen, is zo verbijsterend hoog omdat het vechten nog steeds niet voorbij is, ondanks het vredesakkoord van 2002. In Oost-Congo wemelt het vijfentwintig jaar na de Eerste Congolese Oorlog nog steeds van de gewapende groeperingen.

En de brandstof die nu de gevechten gaande houdt en verklaart waarom verkrachting in Congo nog steeds wordt gebruikt als oorlogswapen, bevindt zich ondergronds. De oorzaak van de oorlogen lag weliswaar in het Tutsi-Hutu-conflict in Rwanda, maar nu wordt er gevochten om economische redenen in plaats van etnische. Het houdt verband met de minerale rijkdommen die in miljoenen jaren tijd onder de Congolese grond zijn ontstaan.

Vermoedelijk gaat hun oorsprong terug naar het precambrium, voordat er überhaupt leven op aarde was. Geologen geloven dat een oververhitte stroom vloeistof die rijk was aan metaallegeringen vanuit het binnenste van de aarde omhoog werd gestuwd en ten slotte tevoorschijn is gekomen in de korst van Centraal-Afrika. Daardoor heeft Congo een aantal van de rijkste afzettingen van koper, coltan, kobalt, kassiteriet, uranium, stanniet en lithium, en bovendien diamanten en goud. Sommige zijn geliefd vanwege hun schoonheid, andere zijn onmisbaar voor onze moderne op technologie gebaseerde economie.

Zodra de invasies van 1996 en 1998 waren begonnen, namen onze buren Rwanda en Oeganda op hun tocht door Congo voorraden van alles wat waarde had in beslag en brachten die naar hun eigen land: hout, koffie, vee en natuurlijk goud, diamanten en mineralen.

Ik weet nog dat ik tijdens de Eerste Congolese Oorlog, toen ik bezig was met de vluchtelingencrisis, terugvloog naar Nairobi en een tussenstop maakte in Kigali, de hoofdstad van Rwanda. Terwijl ik op het vliegveld zat te wachten, knoopte ik een gesprekje aan met wat mensen van het grondpersoneel en vertelde hun wat ik had gezien en wat er in Congo allemaal gebeurde. Op hun beurt vertelden ze me wat voor ongewoons ze hadden zien binnenkomen: vliegtuigen vol kratten met grijze stof. Ze hadden geen idee wat het was. Waarschijnlijk kassiteriet, kobalt of coltan, ertsen die van groot belang waren voor de elektronica-industrie.

Een paar jaar later was ik bij een etentje waar een man uit de streek die in de mineraalhandel zat ons vertelde dat hij failliet was gegaan en al het geld dat hij in zijn leven had verdiend was kwijtgeraakt na de invasie, toen al het kassiteriet uit zijn opslagplaats was gestolen en naar Rwanda was verscheept.

Tijdens de eerste jaren van de Tweede Congolese Oorlog gingen er volgens een in 2001 gepubliceerd onderzoek van de VN duizenden tonnen mineralen en kostbare metalen per vliegtuig het land uit.[7] Banken en bedrijven met hun hoofdkantoor in Oeganda en Rwanda hielden zich bezig met de plundering van de Congolese hulpbronnen in bezette gebieden.

De invasie eind jaren negentig viel samen met een piek in de prijzen van mineralen die werden gebruikt door de elektronica-industrie, toen de vraag naar mobiele telefoons, accu's en spelconsoles sterk steeg. Volgens de beruchte uitspraak van Paul Kagame, toen vicepresident en feitelijke machthebber van Rwanda, werd de bezetting 'zelffinancierend'. De plundering financierde de kosten van het leger.

Toen in 2002 de landen met militairen in Congo hun leger begonnen terug te trekken, bedreigde dit de lucratieve oorlogseconomie die was ontstaan door delving, bomenkap en smokkel. De generaals en politici moesten een manier vinden om hun financiële belangen veilig te stellen. De oplossing was het financieren van een rebellenoorlog bij volmacht. Rwanda steunde bijvoorbeeld Tutsimilities als het Nationaal Congres ter Verdediging van het Volk, oftewel de rebellenbeweging M23.

Deze milities hebben altijd nobele doelen – zoals het beschermen van etnische Tutsi's tegen discriminatie in Congo – en geven zichzelf belachelijke namen vol zelfverheerlijking die verwijzen naar democratie of verdediging. Ze worden echter gedreven door basale economische motieven: ze houden zich bezig met delven, smokkelen en afpersen.

De Congolese zelfverdedigingsmilities ontdekten ook dat het exploiteren en belasten van mijnen een manier was om jezelf te onderhouden en, als je de baas was, om rijk en machtig te worden. De meeste van deze rebellengroepen hebben banden met Congolese politici in Kinshasa of met hoge Congolese militairen die dienen als spierbundels om private belangen in de mijnindustrie te beschermen. Voor een politicus zorgt controle over een militie voor macht en daarmee voor invloed en het vermogen om vrede te stichten of chaos te veroorzaken.

De zwakke Congolese staat werkt samen met deze actoren en is niet bij machte geweest om de zeggenschap over hun grondgebied terug te krijgen en de industrie te regulariseren. Oorzaak hiervan is de doelbewuste verwaarlozing en onderbetaling van de gewapende troepen en het staatsapparaat. Ik zeg altijd dat de chaos in Oost-Congo een georganiseerde chaos is. Die dient de belangen van een netwerk dat zich uitstrekt tot personen op het hoogste niveau van de Congolese staat en tot de elite in onze buurlanden.

Verkrachting hoort bij dit proces van gewetenloze uitbuiting.

Vijfentwintig jaar seksueel geweld in Congo hangt samen met de plundering van grondstoffen.

Zoals mijn bezoeker had uitgelegd, hoorde de belofte van seks allereerst bij het wervingsproces van de milities en werd net als de belofte van wapens en macht gebruikt om nieuwelingen te lokken. Dezelfde tactiek werd gebruikt in Irak en Syrië door de ideologen van de Islamitische Staat (ook bekend als IS), die een uitgebreid systeem van seksuele slavernij hebben opgezet. Tegen jongens en mannen wordt gezegd dat ze zoveel vrouwen kunnen krijgen als ze maar willen. Verkrachting hoort bij het inwijdingsproces en bij een sadistische bondingsoefening tussen de nieuwelingen.

Maar seksueel geweld hoort ook bij de militaire strategie van de leiders. Verkrachting vindt plaats als straf voor iedereen die wordt verdacht van gebrek aan steun aan de rebellen. Als een gemeenschap van vijandigheid wordt verdacht – door samen te werken met het Congolese leger of een rivaliserende militie – zijn vrouwen het doelwit.

Het dient ook als middel om de burgerbevolking in de mijnstreken te verjagen. Zodra op een nieuwe locatie mineralen worden ontdekt, stromen de zelfstandige goudzoekers toe, wat vaak leidt tot conflicten over land en water. Massaverkrachting wordt gebruikt om de lokale bevolking te verdrijven. Het is geen etnische zuivering zoals in Rwanda of voormalig Joegoslavië. Verkrachting wordt hier gebruikt als oorlogswapen om een gebied te ontruimen voor persoonlijk gewin.

In 2009 deden we voor het eerst onderzoek waarin werd gekeken of er een duidelijk verband was tussen incidenten van extreem seksueel geweld en de plekken waar zich grote voorraden mineralen bevonden. Onze hypothese was dat de verkrachtingen waren geconcentreerd in mijnbouwgebieden.

Het onderzoeksrapport, dat ik samen met wetenschapper Cathy Nangini heb geschreven en dat is gepubliceerd in het medische tijdschrift PLOS *Medicine*, heeft gegevens gebruikt over de afkomst van de slachtoffers die we in het Panzi behandelden. We ontdekten dat driekwart van hen afkomstig was uit drie geïsoleerde landelijke gebieden – Walungu, Kabare en Shabunda – waar sprake zou zijn van grote hoeveelheden mineralen en mijnbouw onder toezicht van gewapende groeperingen.

Onze kaart, waarop gebieden met hoge aantallen verkrachtingen en voorraden stonden, was een treffende visualisatie van het verband tussen seksueel geweld en de strijd om de zeggenschap over mineralen, kostbare metalen en diamanten.

Wie profiteren er uiteindelijk van deze chaos? Natuurlijk de krijgsheren die bijna aan de top van de piramide staan. Zij ontvangen de belastingen en zijn vaak direct of via medewerkers betrokken bij de handel in deze conflictmineralen. Ze gebruiken het inkomen om hun mannen te betalen en nieuwe wapens te kopen.

Boven de krijgsheren staan de leden van de zakelijke, politieke en militaire elite – meestal overlappen die categorieën elkaar – die in de Congolese, Rwandese en Oegandese hoofdsteden in herenhuizen wonen en in dure auto's rijden. Zij organiseren de smokkel, vervolgens de eerste fasen van de verwerking en ten slotte de export naar markten in het Midden-Oosten en Azië. Ze werken samen met een legertje louche zakenmannen en multinationals die helpen met het witwassen van deze met bloed bevlekte productie door die de mondiale distributieketen in te brengen.

Mineralen zoals coltan, kobalt, tantaal en tin blijven essentiële grondstoffen voor de elektronicaproducten waar onze moderne economie en levensstijl op drijven: de condensatoren, printplaten en accu's die overal in zitten, van mobieltjes tot elektrische auto's en ruimte- en satelliettechnologie. Congo is 's werelds grootste producent van kobalt, dat wordt gebruikt in oplaadbare batterijen, en heeft voor zover bekend de grootste voorraden ter wereld.

Vooral Rwanda is nu een van de grootste exporteurs van mineralen in hoeveelheden die de eigen reserves en productiecapaciteit ver te boven gaan. Samen met Oeganda is het ook een belangrijke leverancier van goud, dat al twintig jaar een hoeksteen van de oorlogseconomie is. Bijna de hele goudproductie van Congo wordt het land uit gesmokkeld en dit patroon blijft onveranderd.

In een rapport van juni 2019 verklaarden VN-experts dat Rwanda 2,16 ton had gedeclareerd aan goudexporten naar de Verenigde Arabische Emiraten (VAE), een belangrijk mondiaal goudhandelscentrum. Maar volgens de cijfers van de VAE zijn de importen uit Rwanda 12,5 ton, dus zes keer zo groot. Oeganda gaf exporten aan van 12 ton, maar volgens gegevens van de VAE was het 21 ton.[8]

Daarom riep ik in 1918 in Oslo tijdens mijn speech bij het in ontvangst nemen van de Nobelprijs voor de Vrede de aanwezige notabelen en de tv-kijkers op om eens goed in de spiegel te kijken. Slimme marketing voor consumentengoederen is erop gericht om je de smerige geheimen van het productieproces te laten vergeten. De mijnen van Congo, waar mannen en jongens hun leven en gezondheid op het spel zetten bij het werken in onverlichte tunnels of enorme open groeves, zijn de smerigste, duisterste, meest vergeten uithoek van onze moderne mondiale economie.

'Als je in je elektrische auto rijdt, als je je smartphone gebruikt of je sieraden bewondert, denk dan even aan het menselijke leed dat het maken van deze voorwerpen veroorzaakt,' zei ik in mijn speech. 'Als je je ogen sluit voor deze tragedie, ben je medeplichtig.' Ik beschuldigde niemand, maar ik wilde ervoor zorgen dat alle mensen die luisterden, wisten dat ze de realiteit niet langer konden negeren.

Het lukt nu enigszins om de diefstal en het witwassen van de grondstoffen van Congo tegen te gaan. De Organisatie voor Economische Samenwerking en Ontwikkeling (OESO) heeft voor bedrijven die tin, tantaal, wolfraam en goud uit Congo gebruiken richtlijnen opgesteld die hen verplichten om hun leveranciers te controleren.

In 2010 hebben de Verenigde Staten de Dodd-Frank Act aangenomen. Daarin staat onder andere een bepaling die eist dat in de VS geregistreerde bedrijven die mineralen uit Congo of de regio gebruiken, zorgvuldigheid betrachten en verslag uitbrengen over hun productieketen. Twaalf Afrikaanse landen, waaronder Congo en Rwanda, hebben ook wetgeving ingevoerd die bedrijven verplicht om hun productieketen te controleren.

Deze maatregelen hebben in sommige gebieden effect, maar de prikkels zijn zo groot en de winstmarges op gesmokkelde mineralen en kostbare metalen zo gigantisch, dat corrupte criminele netwerken nog steeds manieren vinden om te profiteren. 's Nachts vertrekken er geregeld boten uit de haven in Bukavu. Over het kalme water van het Kivumeer varen ze naar losplaatsen in Rwanda waar de grenswachten een oogje toeknijpen.

Helaas voor Congo is het stelen van de natuurlijke rijkdommen ten behoeve van een kleine elite een patroon dat zich de afgelopen twee eeuwen steeds heeft herhaald, zij het in verschillende vormen. Eerst profiteerden Europese kolonisten ervan en daarna Afrikanen. Maar de methoden en doelen zijn altijd hetzelfde.

De eerste handelaren die het gebied ontgonnen zonder rekening te houden met de inwoners kwamen in de achttiende eeuw: de Portugese zeelieden en Arabische handelaren die zich op zoek naar slaven op de kusten van Afrika waagden.

Toen kwam de heerschappij van de Belgische koning Leopold II, die de grenzen van het huidige land bepaalde met zijn Onafhankelijke Congostaat. Zijn criminele extractieve regime richtte zich in het begin op ivoor. De olifantenkuddes van de equatoriale bossen werden op grote schaal afgeslacht en hun slagtanden werden naar Europa verscheept. Daarvan maakten ze de luxevoorwerpen van die tijd: biljartballen, pianotoetsen, schaakstukken, decoraties en kunstgebitten. Door de uitvinding van de rubberband in 1888 ontstond er een nieuwe hausse.

De vertegenwoordigers van de koning, die samenwerkten met plaatselijk opgeleide Congolese soldaten, dreven de bewoners met dwangarbeid en collectieve straffen de bossen in om rubber te tappen. De verbijsterende hebzucht ging gepaard met ongelooflijke wreedheid. Als de arbeiders de productiequota niet haalden, werden complete dorpen in brand gestoken, vrouwen gegijzeld en bij duizenden mensen ledematen afgehakt.

Door de tirannie van zijn heerschappij, vereeuwigd op foto's van mannen, vrouwen en kinderen met afgehakte handen of voeten, is de bevolking van Congo naar schatting gehalveerd. Massamoord, ziekten, verhongering en uitputting hadden daar allemaal een aandeel in. Het geboortecijfer daalde drastisch. Miljoenen Congolezen lieten het leven. Adam Hochschild, de schrijver van de bestseller *De geest van koning Leopold II en de plundering van Congo*, concludeert dat het moorden 'de omvang van een genocide' had.[9]

België nam de Onafhankelijke Congostaat in 1908 over na internationale ophef over het wanbestuur van Leopold. Die ophef was de aanleiding voor de eerste internationale mensenrechtencampagne, georkestreerd vanuit het Verenigd Koninkrijk en hartstochtelijk gesteund door Mark Twain in de Verenigde Staten. In Brussel wemelt het nog steeds van de standbeelden van Leopold en de toonaangevende publieke werken van zijn tijdperk die zijn gefinancierd met Congolese arbeid. Pas nu, dankzij de Black Lives Matterbeweging, is de druk ontstaan om dit verleden onder ogen te zien.

Vanaf 1908, toen Europa militariseerde, viel de Belgische heerschappij samen met een hausse in de prijs van metalen. Tijdens de Eerste Wereldoorlog was er al snel veel vraag naar Congolees koper voor artilleriegranaten. Congolees uranium werd later gebruikt in de atoombom die aan het eind van de Tweede Wereldoorlog op de Japanse stad Hiroshima werd geworpen.

De minerale rijkdommen van het land verklaren waarom het ondenkbaar was dat onafhankelijk Congo in 1960 uit de invloedssfeer van het Westen zou verdwijnen. Toen premier Patrice Lumumba bij de Sovjet-Unie steun ging zoeken, was dit voor België en de Verenigde Staten aanleiding om hem te vermoorden.

Tijdens de veertig jaar dat Mobutu daarna aan de macht was, ging de exploitatie van de minerale rijkdommen van Congo voor persoonlijk gewin van een kleine groep gewoon door. In plaats van de Europeanen werden hij en zijn netwerk van trawanten steenrijk terwijl het land armer werd.

De afgelopen twintig jaar hadden de opbrengsten van de mineralen van Congo gebruikt kunnen worden om de publieke sector te ontwikkelen – de scholen, wegen, ziekenhuizen en het leger – die mijn medeburgers en ik zo hard nodig hebben. In plaats daarvan wordt het geld overgeheveld, grotendeels naar de zakken van particulieren, maar ook naar de schatkisten van onze buren. Zij profiteren van de banen, de belastingopbrengsten en de inkomsten uit vreemde valuta door de verkoop van gesmokkelde Congolese rijkdommen.

China, dat de afgelopen tien jaar vergaande winningsrechten voor zichzelf heeft bemachtigd via obscure deals met de regering van voormalig president Joseph Kabila, is de laatste buitenlandse mogendheid die naar gelegenheden tot zelfverrijking uitkijkt. Het patroon van uitbuiting gaat gewoon door.

Zelfs als er door buitenlandse investeerders belasting wordt betaald aan de Congolese staat komt er vanwege de endemische corruptie waaraan Kabila in de achttien jaar dat hij aan de macht was niets heeft gedaan, amper iets van bij de bevolking terecht. Actiegroep Global Witness schatte dat tussen 2013 en 2015, slechts twee jaar dus, 750 miljoen dollar aan door bedrijven aan overheidsinstanties betaalde mijnbouwinkomsten verloren is gegaan voor de schatkist. En dat is nog maar een fractie van het totaal.

Dit is het verhaal van Congo, een van de rijkste landen ter wereld, dat te gronde is gericht door 150 jaar buitenlandse bezetting, dictatuur en gewetenloze uitbuiting. De jonge man die in 2014 naar mijn kantoor kwam, was maar een piepklein onderdeel van dit veelomvattende, ingewikkelde plaatje. Op het moment dat de Mai Mai zijn dorp aanvielen, was zijn leven veranderd. Hij zei niet van wie de leider zijn bevelen kreeg of wiens belangen de milities uiteindelijk dienden. Hij had geen idee wie er boven hem aan de touwtjes trok.

Nadat ik een uur naar zijn verhaal had geluisterd, was voor mij de maat vol. Ik wilde dat hij vertrok. Om een eind aan het gesprek te maken, zei ik tegen hem dat hij nog jong was en zijn hele leven nog voor zich had. Hij moest proberen zijn zonden goed te maken en een nieuwe betekenis aan zijn leven zien te geven.

BVES is een liefdadigheidsinstelling in Bukavu waar voormalige kindsoldaten terechtkunnen. Ze krijgen daar steun, counseling en een opleiding. Ik schreef de naam en het telefoonnummer op en raadde hem aan contact met hen op te nemen. En uit medelijden vermengd met verlangen om zijn vertrek te bespoedigen, zei ik dat ik hem de honderd dollar zou geven die hij nodig had.

Toen hij aanstalten maakte om te vertrekken en we tegenover elkaar stonden, stelde ik hem bijna onwillekeurig nog een laatste vraag. Ik had jarenlang geprobeerd om me het soort mens voor te stellen dat een vrouwenlichaam zo kon toetakelen. Nu stond er eentje voor me.

'Maar waarom moesten de verkrachtingen met zoveel geweld gepaard gaan?' vroeg ik hem. 'Ik heb het nooit begrepen. Je hebt geen idee wat ik de afgelopen jaren allemaal gezien heb. Waarom moet je iemand verminken?'

Van zijn antwoord kreeg ik het ijskoud.

'Als je de keel van een geit of een kip doorsnijdt, sta je daar verder niet bij stil. Met een vrouw is het net zo. We deden met hen wat we wilden,' zei hij.

Hij vertrok. Ik sloot de deur achter hem en plofte terug in mijn stoel. Ik begon te piekeren over wat ik had gehoord en probeerde het te begrijpen. Ik kneep in mijn neusbrug en wreef in mijn ogen. Ik schudde vol ongeloof mijn hoofd.

Tijdens zijn aarzelende, soms warrige relaas kreeg ik geen moment het gevoel dat hij naar me toe was gekomen om vergeving of dat hij spijt had van de levens die hij had genomen en de levens die hij had verwoest. Hij leek zich enigszins schuldig te voelen vanwege zijn moeder, maar dat was alles.

Hij zwolg in zelfmedelijden en verdriet om zijn eigen miserabele situatie. Hij wilde hulp voor zichzelf, geen advies over hoe hij kon boeten voor zijn verleden. Maar toen ik zat na te denken over het gesprek, had ik tot mijn verrassing ook een beetje medelijden met hem.

Zonder zijn geweer en machtsgevoel bood hij een zielige, zwakke en beschadigde aanblik. Hij leed duidelijk aan een posttraumatische stressstoornis en als hij geen hulp kreeg, stonden hem nog meer nachtmerries en ellende te wachten.

Wat moest ik van hem denken? Hij was tegelijkertijd pleger en slachtoffer van geweld, een kind dat was gehersenspoeld en misleid en was veranderd in een moordenaar. De echte schuldigen waren de volwassenen die hem willens en wetens hadden gemanipuleerd. Zij waren de lafaards die uiteindelijk verantwoordelijk waren voor zijn daden.

Hij hoorde bij de vele Congolezen die het conflict in zijn gezogen en vervolgens weer zijn uitgespuugd. We waren hoe dan ook allemaal getraumatiseerde overlevers. We hadden allemaal pijnlijke verliezen geleden, niet alleen gestorven geliefden maar ook ontspoorde levens en niet-verwezenlijkte idealen.

Ik bleef denken aan wat hij vlak voor zijn vertrek had gezegd. Het was zo kil, zo terloops, zo zakelijk. Vrouwen verkrachten was voor hem niet meer dan het doden van een geit of een kip. De pijn die hij veroorzaakte, interesseerde hem niet omdat die zijn eigen seksuele en gewelddadige behoeften bevredigde, net zoals een gebraden kip of geit zijn honger stilde. Dat hij vrouwen en dieren in één adem noemde, maakte duidelijk hoe weinig belang hij hechtte aan hun leven. Daaruit bleek een schokkend gebrek aan respect.

Toen ik de dagen erna zijn gedrag overdacht, besefte ik dat deze totaal beklagenswaardige man iets gemeen had met alle verkrachters. Hij was natuurlijk een extreem voorbeeld, maar zijn houding was vergelijkbaar met de nette zakenman die zich opdringt aan een ondergeschikte, de dronken student die een jaargenoot te pakken neemt, de keurige gezinsman die zijn vrouw verkracht of de producer uit Hollywood die actrices dwingt om met hem naar bed te gaan. Want steeds als een man verkracht, in elke situatie, in elk land, verraden zijn daden dezelfde overtuiging: dat zijn behoeften en verlangens voorgaan en dat vrouwen inferieure wezens zijn die je kunt gebruiken en misbruiken.

Mannen verkrachten omdat ze het leven van een vrouw minder waard vinden dan het hunne. En als ze denken dat ze hun macht ongestraft kunnen gebruiken voor de bevrediging van hun eigen seksuele lusten, dan maken ze daar gebruik van.

Een verstoring van de rechtsorde in een vreedzaam land laat zien wat er kan gebeuren als mannen denken dat ze ongestraft hun macht kunnen misbruiken. Onder zulke omstandigheden neemt seksueel misbruik plotseling toe. Er is veel onderzoek gedaan naar de kwetsbaarheid van vrouwen in zulke tijden en welke gendergerichte noodmaatregelen je moet nemen vanwege hun speciale behoefte aan bescherming. New Orleans na orkaan Katrina was daarvan een sprekend voorbeeld.

Er was verwarring over de omvang van het seksuele geweld tijdens de wetteloosheid die heerste na de orkaan waardoor de stad was overstroomd. Op dat moment waren er in de media wat aangedikte berichten over massaverkrachtingen die vervolgens in twijfel werden getrokken. Maar twee wetenschappers van de Loyola-universiteit vonden in een onderzoek dat in 2007 werd gepubliceerd uitgebreid bewijs van een toename van seksuele misdrijven.[10]

Het lijkt veel op misdrijven in oorlogstijd: een populaire jazzzangeres vertelde dat ze wakker werd gemaakt toen ze op haar dak lag te slapen en vervolgens onder bedreiging van een mes werd verkracht. Andere vrouwen werden gegrepen toen ze boodschappen deden of als ze teruggingen naar hun huis. Het aantal meldingen van 'verkrachting door een onbekende' – waarbij het slachtoffer de dader niet kende – ging met sprongen omhoog. In vredestijd gebeurt dat in een minderheid van de gevallen.

Volgens een onderzoek door het National Sexual Violence Resource Center in 2006 vond een groot deel van de vermelde gevallen – 31 procent – plaats in opvanghuizen of op evacuatieplekken zoals de Superdome, het stadion in de stad. Het onderzoek leverde bewijs voor zevenveertig verkrachtingen – het topje van de ijsberg gezien de problemen bij het opsporen van slachtoffers en hun terughoudendheid om aangifte te doen.

De manier waarop vrouwen worden behandeld tijdens oorlogen en natuurrampen moet worden gezien als een expliciete verschijningsvorm van het geweld dat hun in vredestijd achter gesloten deuren wordt aangedaan. Seksueel geweld is een mondiale epidemie en met de aanpak ervan zijn we nog maar net begonnen.

De cijfers verschillen per land. In een groot onderzoek in de Verenigde Staten, uitgevoerd door het Amerikaanse Centers for Disease Control and Prevention, meldde een op de vijf vrouwen (21,2 procent) dat ze op enig moment in hun leven het slachtoffer was geworden van verkrachting of een poging daartoe.[11] Dat zijn grofweg 26 miljoen vrouwen. Volgens de cijfers werden 1,5 miljoen vrouwen elk jaar verkracht of werd een poging daartoe gedaan. 43,6 miljoen vrouwen kregen tijdens hun leven te maken met enige vorm van seksueel geweld.

In het Verenigd Koninkrijk was volgens een in 2017 gepubliceerd onderzoek het aantal vrouwen dat na hun zestiende het slachtoffer was geworden van verkrachting of een poging tot verkrachting aanzienlijk lager, namelijk 3,4 procent. Maar 20 procent zei een vorm van aanranding te hebben meegemaakt, zoals ongewenste aanraking of exhibitionisme.[12] Voor Australië zijn de cijfers grofweg hetzelfde.[13] In Frankrijk zei een op de zeven volwassen vrouwen (14,5 procent) dat ze ten minste één keer in hun leven seksueel geweld had meegemaakt.[14]

In 2018 meldde de United Nations Office on Drugs and Crime in een opzienbarend rapport dat thuis de 'gevaarlijkste plek voor vrouwen' is. De overgrote meerderheid van het misbruik van meisjes en vrouwen vindt plaats in de privésfeer, niet in de wouden van Congo of op de slavenmarkten van IS.

Volgens een onderzoek van de Wereldgezondheidsorganisatie uit 2013 heeft een derde (30 procent) van alle vrouwen tijdens een relatie fysiek en/of seksueel geweld door hun partner meegemaakt.[15]

Als seksueel geweld zich voordoet zonder gevolgen voor de dader, wordt het gedoogd. En zodra een handeling wordt gedoogd, gaat die bij de cultuur horen. In Congo heeft verkrachting met extreem geweld zich verspreid onder en verankerd in de bevolking omdat het een normale manier werd om vrouwen te behandelen. Maar seksueel geweld is ook normaal geworden in bijna alle samenlevingen en vooral binnen bepaalde instituties, zoals het leger, universiteiten, gevangenissen en zelfs Hollywood.

Om het jaar publiceert het Amerikaanse ministerie van Defensie de resultaten van een onderzoek naar aanranding in het leger, gebaseerd op een enquête onder honderdduizend soldaten.[16] Dat initiatief moet worden toegejuicht. Het laat zien dat er vooruitgang wordt geboekt in de erkenning van het probleem.

De pogingen van het Amerikaanse leger om seksueel geweld uit te roeien zijn veel transparanter en systematischer dan die van de legers van andere landen. Er zijn de afgelopen tien jaar honderden miljoenen uitgegeven om te proberen rekruten bewust te maken. De recentste cijfers zijn echter verbijsterend en geven ons een beeld van hoe vaak verkrachting voorkomt in de legers van andere landen en hoe problematisch het zal worden om dit uit te bannen.

Uit de enquête van 2018 blijkt dat een op de zestien vrouwelijke soldaten *alleen al dat jaar* is betast, verkracht of op een andere manier is aangerand. Slechts een derde van de gevallen werd gemeld bij meerderen. In het marinierskorps van de VS meldde een op de tien ondervraagde vrouwen te zijn aangerand, twee keer zoveel als bij de landmacht en de luchtmacht. De jongste vrouwen en de vrouwen met de laagste rang bleken het kwetsbaarst en de daders waren meestal niet de hogere en meer ervaren officieren, maar juist hun gelijken.

Ook op universiteitscampussen komt seksueel misbruik schrikbarend vaak voor. Uit enquêtes blijkt dat in de Verenigde Staten tussen de een op de vijf en een op de vier studentes een of andere vorm van ongewenst seksueel contact heeft ervaren.

De Association of American Universities heeft in 2015 onder 15.000 studenten op 27 universiteiten en hogescholen een onderzoek uitgevoerd, een van de grootste in zijn soort. Bij 27,2 procent van de vrouwelijke ouderejaarsstudenten bleek sprake te zijn geweest van ongewenst seksueel contact – van lastigvallen tot penetratie – met geweld of toen ze bedwelmd waren door alcohol of drugs. Ongeveer de helft van de slachtoffers meldde gedwongen penetratie of een poging tot gedwongen penetratie.[17]

Op de elite-universiteiten zijn de cijfers nog hoger. Op de Universiteit van Yale gaf 34,6 procent aan te zijn aangerand, op de Universiteit van Michigan 34,3 procent en op de Harvard-universiteit 29,2 procent. Uit de enquêtes bleek dat queers, homo's, lesbiennes en transgenders het meest werden geconfronteerd met misbruik.

Universiteiten en het leger zijn samen met gevangenissen instituties waarbij de omvang van het bewezen seksuele geweld heeft geleid tot media-aandacht, onderzoek en actie om de kijk op de verhoudingen tussen de seksen en seksueel gedrag te veranderen. Maar het is aan alle organisaties, van bedrijven tot verenigingen en parlementen, om actie te ondernemen. Als ze seksueel geweld niet bestrijden, gedogen ze het stilzwijgend.

Allereerst moet de mening van mannen over vrouwen worden aangepakt. Ze mogen vrouwen niet langer beschouwen als tweederangsburger, voorwerp of bezit, maar ze moeten hen zien als gelijke. En dit moet gepaard gaan met maatregelen die een misdrijf bestraffen, ongeacht of het wordt gepleegd in een door een oorlog verscheurd land als Congo, in een rampgebied, op een universiteitscampus of in een slaapkamer. In de volgende hoofdstukken ga ik verder in op mijn ideeën over het voeren van deze strijd.

Ik heb de voormalige kindsoldaat die in 2014 naar mijn spreekkamer kwam nooit meer gezien. Ik weet niet of hij mijn geld goed heeft besteed, of hij een bedrijfje in palmolie is begonnen en een nieuwe toekomst voor zichzelf heeft gecreëerd. Ik weet niet of hij hulp heeft gezocht voor zijn psychische problemen. Ik betwijfel het, want hij is nooit naar de organisatie gegaan die ik hem had aangeraden.

Je vraagt je misschien af waarom ik na zijn bekentenis de politie niet heb ingeschakeld, maar ik kan je verzekeren dat dat zinloos was geweest. Er lopen duizenden gedemobiliseerde ex-strijders zoals hij rond in Bukavu. Onze amper betaalde veiligheidstroepen hebben de middelen en de motivatie niet om hun misdrijven te onderzoeken.

Een paar organisaties zoals BVES proberen hen te helpen, maar voor de rest worden ze aan hun lot overgelaten. Een recent hulpprogramma voorzag in motorfietsen voor gedemobiliseerde strijders, zodat zij hun brood konden verdienen met het vervoeren van passagiers. Het gevolg was een toename van agressief gedrag op de weg omdat deze jonge mannen op zoek naar een adrenalinekick met roekeloze snelheid op hun motoren rondscheurden.

De oud-strijders horen bij de nalatenschap van onze decennia van geweld. Al stopt het vechten vandaag, we zullen nog generatieslang te maken hebben met hun onbehandelde psychische problemen.

Door hem ging ik nadenken over hoe zijn leven anders had kunnen verlopen. Er was niets onontkoombaars aan de keuzes die hij had gemaakt. Waarom was hij zo ongegeneerd en had hij totaal geen spijt van zijn daden, en gingen mijn patiëntes juist gebukt onder het stigma en de schaamte als gevolg van zijn misdaden? Hoe hadden zijn destructieve neigingen en de mannen die hem hadden gebruikt een halt toegeroepen kunnen worden? Als hij als jongen anders was opgevoed, had hij dan misschien de verleiding van wapens en de verkrachtingscultuur van zijn militie wel kunnen weerstaan? Ik bleef maar piekeren over deze vragen. En de antwoorden zijn niet alleen van belang voor Congo, maar ook voor de rest van de wereld.

6

Je stem laten horen

De eerste en belangrijkste stap in de strijd tegen seksueel geweld is erover praten en je stem laten horen. Ik wil je graag vertellen over een twaalfjarig meisje dat me op een andere manier naar mijn eigen rol heeft leren kijken. Dit was in 2006, iets meer dan drie jaar na het vredesakkoord dat een einde had moeten maken aan de oorlog in Congo, maar dat uiteindelijk net zo kansloos bleek als we al vreesden. Dat jaar zochten 1851 overlevers in onze gespecialiseerde kliniek hulp voor hun verwondingen. De meesten waren 's nachts in hun eigen huis aangevallen. Meer dan de helft was het slachtoffer geworden van een groepsverkrachting.[1]

Het was in een tijd waarin ik vaak doodmoe thuiskwam van een dag heen en weer rennen tussen consulten en operaties, en van geldzorgen en moedeloosheid vanwege de eindeloze stroom patiëntes.

Zowel in fysiek als mentaal opzicht hadden we enorme vooruitgang geboekt in de opvang van onze patiëntes, maar we waren nog jaren verwijderd van het holistische behandelingsprogramma dat we vandaag de dag aanbieden, met meer gespecialiseerde zorg, re-integratieprogramma's en beroepsopleidingen. De hulp van City of Joy en Eve Ensler kwam pas later.

We waren, buiten het ziekenhuis om, begonnen met pogingen om de oorzaken van de verkrachtingscrisis aan te pakken en niet alleen de gevolgen die we elke dag in het ziekenhuis te zien kregen. Zo ontwikkelden we een informatieprogramma bij plaatselijke militaire rechtbanken. We praatten met rechters die de krijgsraad tegen van verkrachting beschuldigde Congolese soldaten voorzaten. Daarbij constateerden we dat er een sterke stijging was van het aantal gevallen waarbij voormalige rebellen betrokken waren, rebellen die in het kader van het mixage et brassage-beleid als geüniformeerde soldaten in het reguliere leger waren geïntegreerd.

Slechts een klein aantal agressors kwam voor de krijgsraad, maar het waren altijd gewone soldaten en lage officieren, nooit commandanten of hoogste leiders. Toch zagen we het contact met rechters van de krijgsraad als een mooie kans om ons werk toe te lichten. Onze documentatie en medische rapporten werden regelmatig gebruikt tijdens procedures, en onze artsen werden soms als getuigen opgeroepen. Maar ons werk werd nog steeds op grote schaal verkeerd begrepen.

In maart van dat jaar kregen we hoog bezoek van de belangrijkste patholoog-anatoom bij de militaire rechtbank in de hoofdstad Kinshasa. Nadat hij in zijn jeep was aangekomen, werd de generaal naar mijn kantoor gebracht, waar ik hem bij de ingang begroette.

Ik was meteen enorm onder de indruk van zijn omvang. Zijn reusachtige silhouet vulde de deurpost. Hij moet ruim 1,80 meter lang zijn geweest. Zijn armen waren zo dik dat de stof van zijn uniform straktrok toen hij zijn hand uitstak om de mijne te schudden. Aan zijn revers bungelden glanzende medailles.

We gingen zitten en ik bedankte hem voor zijn belangstelling voor ons werk. Ik legde kort het een en ander uit over het ziekenhuis en vertelde dat de vrouwen die in het Panzi waren opgenomen slechts het topje van de ijsberg vormden, de ernstigste gevallen van een probleem dat in Oost-Congo wijdverbreid was. Hij knikte en luisterde.

Ik vertelde over onze samenwerking met de militaire rechtbanken en legde uit hoe onze medische rapporten tot stand kwamen. Ons personeel was opgeleid om, indien nodig, forensische aantekeningen en foto's te maken van de verwondingen die ze tegenkwamen. In hun verslagen namen ze getuigenissen van slachtoffers op die soms als bewijsmateriaal in de rechtbank werden gebruikt. In de hoedanigheid van arts beoordeelden ze of de verwondingen op een verkrachting wezen.

Ook legde ik hem het schrijnende geval voor van een van onze artsen: zij was onlangs door een rechterlijk ambtenaar gevangengezet omdat ze tijdens een hoorzitting niet was komen opdagen als getuige-deskundige. Ze had van tevoren een briefje gestuurd om te zeggen dat ze wegens een medisch noodgeval verhinderd was, maar daar had de ambtenaar zich niets van aangetrokken. We moesten borg betalen om haar vrij te krijgen.

Hij knikte nog wat. Hij zat beleefd te luisteren, maar met een blik die waarschuwde dat ik zijn geduld niet te veel op de proef moest stellen. Ik vroeg hem of hij het goed vond om een beetje rond te kijken en een paar patiëntes te ontmoeten. Dat vond hij prima.

Hij stapte door het ziekenhuis met het zelfverzekerde air van een hooggeplaatste militair en negeerde de afgewende blikken van patiëntes en hun families. De meeste Congolezen voelen zich instinctief ongemakkelijk als er mannen in uniform in de buurt zijn.

We kwamen bij de vleugel die was gereserveerd voor de overlevers van seksueel geweld. Hier bevinden zich speciale afdelingen en openbare ruimten voor de vrouwen en de meisjes, evenals speciale operatiekamers. In de ontmoetingsruimte, een grote hangar met open zijkanten, hadden zo'n vijftig vrouwen zich verzameld. Ze zaten aan lange houten tafels, nieuwsgierig naar de bezoeker, maar ook een beetje nerveus.

Toen we begonnen, legde ik uit wie hij was en waarom hij naar het Panzi was gekomen, en daarna moedigde ik de aanwezige vrouwen aan om vragen te stellen of om over hun eigen ervaring te vertellen als ze dat nuttig vonden. Een flink aantal van hen maakte graag van de gelegenheid gebruik.

Onze bezoeker stond breeduit, met de armen over elkaar. Hij luisterde respectvol, zijn gezicht een toonbeeld van vastberadenheid. Verschillende vrouwen vertelden om beurten kort over hun verkrachting, verhalen die elk op hun eigen manier schrijnend en pijnlijk waren. Toen stond een jong meisje op om haar verhaal te doen.

Ik had haar nog niet eerder gezien, maar ze zei dat ze Witula heette en twaalf jaar was. Ze vertelde dat ze uit de regio Shabunda kwam, de grondstofrijke enclave van waaruit een constante stroom slachtoffers zijn weg naar het ziekenhuis vond. Ze was licht gebouwd en had kortgeknipt haar.

‘Ik was met mijn moeder op het land toen er ineens overal werd geschoten,’ begon ze. Ze sprak helder, met de onbevangenheid van een kind. Haar zelfvertrouwen was behoorlijk indrukwekkend voor iemand die zo jong was. Ze zweeg en haalde diep adem. Ze herpakte zich een seconde of twee en ging toen verder met een stem die met elk woord krachtiger werd.

‘Mensen begonnen alle kanten op te rennen,’ zei ze. ‘Ik probeerde bij mijn moeder te blijven, die terugrende naar het dorp. Het was allemaal erg verwarrend. Ik liep vlak achter mijn moeder, maar kon niet zo snel rennen als zij. Plotseling voelde ik handen om mijn middel en ik viel. Het volgende ogenblik lag ik op de grond en lag er iets heel zwaars op me. Het was een man. Ik kon me niet bewegen. Hij was veel zwaarder dan ik.’

Ze beschreef hoe ook andere rebellen naar haar toe renden – ze waren van de FDLR, de extremistische Hutu-militie uit Rwanda. Hun machinegeweren hingen over hun schouder. Ze werd van het veld waar ze was gevallen naar een paar struiken gesleurd.

Ze begon te gillen, vertelde ze, zó hard dat het leek alsof haar longen zouden barsten. Mensen renden nog steeds alle kanten op. Er klonken overal kreten en geweerschoten. Niemand hoorde haar. En ook al hoorden ze haar wel, er kwam niemand om te helpen.

‘Ik was nog nooit met een man samen geweest,’ zei ze. ‘Ik schreeuwde me schor. Het deed zoveel pijn. Ik smeekte om genade.’

In de ruimte was het doodstil geworden.

Ik stond naast de generaal en terwijl ze sprak, zag ik zijn zelfverzekerde blik plotseling veranderen. Het was alsof er een kleine barst in een bakstenen muur was ontstaan. Hij spande de spieren van zijn kaak aan. Zweetdruppels parelden op zijn voorhoofd. Zijn ogen werden vochtig. ‘Hoe kan iemand dat zo’n meisje aandoen?’ hoorde ik hem mompelen terwijl hij zachtjes met zijn hoofd schudde. ‘Hoe is het mogelijk?’

Witula ging verder. Terwijl ze sprak, staarden sommige vrouwen naar de vloer, andere keken het meisje met betraande ogen aan, vol medeleven en bewondering. Ze spoorden haar aan om door te gaan met haar verhaal.

Ze wist niet precies hoeveel mannen haar hadden verkracht. De laatste had haar in de geslachtsdelen gestoken. Met een mes, zei ze, maar het had ook een bajonet kunnen zijn, waarvan ik de gevolgen al tientallen keren had gezien.

'Wat er daarna gebeurde, weet ik niet meer,' vervolgde ze. 'Ik lag daar maar. Ik dacht dat ik dood zou gaan en ik smeekte God om een einde te maken aan de pijn. Maar toen het schieten was opgehouden, durfden de mensen weer terug te komen naar het dorp. Ze vonden me in het veld, helemaal onder het bloed. Ik ben toen flauwgevallen. Ze hebben me hiernaartoe gebracht.'

Op dat moment verschenen er tranen op de wangen van de generaal. Sommige vrouwen begonnen ook te huilen. Toen het meisje klaar was met haar verhaal bleven de gruwelijke details nazingen in de stille kamer. Het enige geluid was het zachte gebrom van de generatoren.

De generaal hield het niet meer uit. Hij snikte. Iedereen keek hem verwonderd aan. Toen begonnen zijn knieën te knikken.

Hij viel flauw en belandde hard op zijn rug.

Het ging allemaal zo snel dat ik niet kon reageren. Er was geen tijd om hem op te vangen. Er klonken kreten. De rust veranderde in paniek.

Ik schoot naar voren en hielp hem in de stabiele zijligging te leggen. Een collega rende weg om een zuurstofmasker te halen. De vrouwen dromden om hem heen. Tientallen vrouwen keken met van angst vertrokken gezichten op hem neer. Een paar van hen begonnen hem koelte toe te wuiven.

Na een paar minuten kwam hij weer bij bewustzijn. We hielpen hem overeind en hij liep wankelend naar een van de spreekkamers. We controleerden zijn hartslag en legden hem aan het infuus. We vroegen of hij een medische aandoening had die zijn reactie zou kunnen verklaren.

'Nee,' verzekerde hij ons. 'Ik kreeg het te kwaad. Ik wist niet dat iemand een kind zó afschuwelijk kon mishandelen.'

Toen hij weer een beetje was opgeknapt, liep ik met hem mee terug naar zijn jeep, waar zijn chauffeur stond te wachten. Hij zag bleek. Hij bedankte me voor de rondleiding en ons werk en trok het portier dicht.

Ik kan niet helemaal verklaren waarom hij zo reageerde. Als militair had hij op de hoogte moeten zijn van de wreedheden die in onze regio werden begaan. Had hij al die tijd weggekeken en ervoor gekozen de propaganda van de regering en het leger te geloven? Dacht hij dat de berichten overdreven waren, of verzonnen door mensen met een politieke agenda?

Had het verhaal zijn eigen traumatische herinneringen losgemaakt, herinneringen die hij had onderdrukt? Dacht hij aan zijn eigen kinderen terwijl hij naar het meisje luisterde? Misschien werd hij overvallen door schaamte, omdat de militaire organisatie die hij diende kennelijk niet in staat was om burgers te beschermen. Of misschien was het iets omvangrijkers, en besefte hij dat wij volwassenen geen van allen in staat waren geweest om onze kinderen te beschermen.

Ik kan er alleen maar naar gissen. Maar deze gebeurtenis, een van de onvergetelijkste bezoeken die ik ooit heb meegemaakt, was een belangrijke mijlpaal in mijn leven. Ze toonde aan dat ons werk binnen het militaire rechtssysteem wel degelijk impact had. Ik wist zeker dat de generaal door zijn ervaring een ander mens was geworden, en dat hij meer bereid zou zijn om slachtoffers serieus te nemen en medische rapporten als essentieel bewijs te accepteren.

Ook bewees het voorval weer eens hoe belangrijk het was om onze patiëntes het zelfvertrouwen terug te geven en hen aan te moedigen om hun stem te laten horen en een klacht in te dienen. In de veilige omgeving van het ziekenhuis was Witula erin geslaagd haar pijn voelbaar te maken. Samen met de andere moedige vrouwen uit Shabunda inspireerde ze overlevers die het moeilijk vonden om over hun schaamte heen te komen.

Bovenal was ik, samen met alle anderen in de kamer, getuige geweest van de kracht van woorden. Het was alsof David de confrontatie met Goliath was aangegaan. Witula had haar status als zielig ‘slachtoffer’ uit een afgelegen boerendorp genegeerd en de generaal, die prominente persoon, geveld met de kracht van haar getuigenis. Ze schaamde zich totaal niet – en waarom zou ze ook? – omdat de maatschappij haar nog niet had besmet met het waardeloze begrip ‘eer’.

Ik had het idee dat ik getuige was geweest van een specifieke vorm van de kracht van vrouwen die ik sindsdien in andere situaties vaker ben tegengekomen. Vrouwen hebben het vermogen om door de broze buitenkant te prikken van mannen, die zo graag kracht en onkwetsbaarheid willen uitstralen. Die machomaskers zijn ontworpen om intimiderend te zijn, maar ze kunnen worden doorgeprikt. Ze leggen het af tegen echte innerlijke kracht.

Door de gebeurtenis met de generaal begon ik me af te vragen of ik op een andere manier naar mezelf moest gaan kijken. Ik zag mezelf in de eerste plaats nog steeds als arts, iemand die rondliep in een witte jas of in operatiekleding. Ik heb bijna al mijn tijd in het ziekenhuis doorgebracht. Maar de toespraak van dit onverschrokken meisje inspireerde me. Het leek een oproep om méér te doen.

Ik nam elke gelegenheid te baat om anderen te waarschuwen voor de crisis. Ik was beschikbaar voor journalisten wanneer ze navraag deden in Bukavu. Ik heb lokale VN-agentschappen geïnformeerd over de situatie ter plaatse. Ik heb onderzoekers van Human Rights Watch geholpen bij het opstellen van het eerste grote internationale rapport over de kwestie van extreem seksueel geweld in Congo in 2002, getiteld *The War Within the War*. We zagen het als een belangrijke maatschappelijke taak om gedetailleerde maar geanonimiseerde gegevens te verzamelen over patiëntes en hun verwondingen.

Toch kwam ik tot de conclusie dat ik niet alleen als arts moest optreden, maar ook als spreekbuis voor mijn patiëntes. Ik vond dat ik mijn positie als hoofd van het ziekenhuis moest gebruiken om hun verhalen zoveel en zo ver mogelijk naar buiten te brengen. In 2006, hetzelfde jaar dat de generaal flauwviel, kreeg ik dankzij een andere invloedrijke bezoeker de kans om dat ook echt te doen.

Jan Egeland, destijds ondersecretaris-generaal van de VN voor humanitaire zaken, organiseerde een reis naar Oost-Congo en vroeg mijn hulp bij het voorbereiden van zijn vergaderingen. Hij was destijds de hoogste functionaris bij de VN die belangstelling toonde voor ons werk.

We hielpen hem bij het organiseren van een reeks bijeenkomsten, zowel in dorpen die zwaar waren getroffen door geweld als in het ziekenhuis, waar hij gesprekken onder vier ogen voerde met overlevers. Na onze ervaring met de generaal vonden we het veiliger om een-op-eengesprekken of bijeenkomsten in kleine groepen aan te bieden. Het was een enorme hoeveelheid werk, maar we grepen deze zeldzame kans om bewustwording te vergroten met beide handen aan. Honderden vrouwen wilden graag met Jan spreken, vooral omdat hij toegang had tot machtige mensen die mogelijk een einde zouden kunnen maken aan het lijden van het land.

Ik weet nog dat hij tegen het einde van zijn reis naar mijn kantoor kwam voor een ontmoeting die hem diep raakte. Het was met een vrouw die hem vertelde dat ze het bos was in gegaan om brandhout te zoeken voor de bereiding van het avondeten. Haar man en kinderen wachtten op haar, maar ze kwam niet terug. Veel afschuwelijke getuigenissen beginnen op die manier.

Ze werd gegrepen en ontvoerd door een groep van zo'n dertig rebellen van Rwandese afkomst. Die namen haar mee naar een kamp en bonden haar aan twee bomen vast, een touw aan elke uitgestrekte ledemaat. De touwen zaten zo strak dat ze de bloedtoevoer afsneden en de zenuwen in haar handen en voeten afknelden.

Toen ze uiteindelijk naar haar man en kinderen kon terugkeren, moest ze gedragen worden. Ze kon niet meer lopen. Ze vertelde Jan vanuit haar rolstoel over wat ze had meegemaakt.

Ik zag het effect dat het op hem had. Jan en ik hadden al veel tijd samen doorgebracht en ik was hem gaan waarderen vanwege zijn energie, inzet en medeleven. Nadat de vrouw was vertrokken en we weer alleen waren, leek hij wanhopig. Terwijl hij op de bruine bank in mijn zithoek zat, zakte hij moedeloos onderuit.

Hij blies zijn wangen op en slaakte een zucht, sloot zijn ogen en wreef met zijn hand over zijn kaak. Heel even had hij zijn natuurlijke gedrevenheid verloren, de formidabele eigenschap die meteen zichtbaar was toen hij in Congo aankwam.

'Dit gaat al een maand zo,' zei hij ongelovig. 'Ik kan het gewoon niet... Ik bedoel, hoe is het mogelijk dat dit nog stééds gebeurt?'

In de loop der jaren heb ik veel mensen zo zien reageren: allemaal zoeken ze vergeefs naar woorden om hun afschuw, onbegrip en woede tot uitdrukking te brengen. Dit is de dagelijkse realiteit in Oost-Congo.

De veerkracht van de overlevers in het Panzi-ziekenhuis, de bevlogenheid waarmee ze spraken en hun verlangen dat de wereld een einde zou maken aan de gevechten, maakten een blijvende indruk op Jan. Terug in New York vertelde hij op een persconferentie over de ontmoeting met de vrouw in de rolstoel.

Hij was zo onder de indruk van wat hij had gehoord, en zo verontwaardigd dat de vrouwen van Congo geen internationale prioriteit kregen, dat hij voorstelde dat ik naar New York zou komen om de Verenigde Naties toe te spreken.

Die uitnodiging kwam als een complete verrassing. Het was zo'n moment waarop je leven plotseling in een stroomversnelling terechtkomt nadat het zich tijdenlang in een frustrerend traag tempo heeft voortgesleept. Als iemand me aan het begin van dat jaar had verteld dat ik tegen het einde van het jaar de VN zou toespreken, had ik het nooit geloofd.

Maar een paar maanden later, in september, vloog ik naar New York in het besef dat ik een podium kreeg om namens de vrouwen te spreken die hun verhalen met Jan hadden gedeeld. Het was een taak die ik in alle bescheidenheid, en met een zekere schroom, had aanvaard. Ik hoopte dat mijn woorden ook maar een fractie bezaten van Witula's overtuigingskracht tijdens het bezoek van de generaal. Dan zouden de aanwezige regeringen voldoende onder de indruk zijn om een eind te maken aan de wreedheden.

Sinds het jaar 2000 waren de VN actiever geworden en hadden ze gaandeweg hun inspanningen uitgebreid om de vrede in Congo te handhaven. Deze missie stond aanvankelijk bekend als de Mission de l'Organisation des Nations Unies pour la stabilisation en République démocratique du Congo (MONUSCO), en werd uiteindelijk de grootste strijdmacht die opereerde met een VN-mandaat. Maar over het algemeen gingen de gevechten en martelingen gewoon door, veelal onder het onverschillige oog van wereldleiders.

Correspondenten die voor grote internationale mediabedrijven werkten, kwamen soms een weekje verslag doen over Congo, maar er was weinig belangstelling voor nieuws uit een ver oorlogsgebied met ogenschijnlijk onbegrijpelijke slachtpartijen. Geen enkele wereldmacht vond dat zijn belangen in Congo bedreigd werden.

Rwanda kreeg nog altijd veel financiële en diplomatieke steun van met name de Verenigde Staten en het Verenigd Koninkrijk. Geen enkele invloedrijke leider gaf een beëindiging van het conflict prioriteit in zijn buitenlandbeleid.

Ik arriveerde een paar dagen eerder in New York en bereidde me voor door contact op te nemen met de Congolese ambassade. Ik hoopte op wat hulp en begeleiding. Ik dacht, achteraf nogal naïef, dat we aan dezelfde kant stonden bij het zoeken naar oplossingen voor de ellende in ons land. Ik had in Bukavu aan mijn toespraak gewerkt en hem vervolgens in het vliegtuig aangescherpt. Ik was van plan hem eerst aan de ambassadeur voor te leggen.

Dat jaar vonden de eerste vrije presidentsverkiezingen in Congo in eenenveertig jaar plaats. Tegen alle verwachtingen in, en vooral met financiële steun van de Europese Unie, brachten miljoenen Congolezen voor het eerst in hun leven een stem uit. Het was inspirerend en ontroerend. De stemming resulteerde in een overwinning voor de destijds vijfendertigjarige Joseph Kabila.

Hij had de macht gegrepen toen zijn vader, Laurent-Désiré, in 2001 werd vermoord. Nadat hij de Global and Inclusive Agreement van 2002 had ondertekend, een overeenkomst die was bedoeld om een einde te maken aan de gevechten, voerde hij vooral campagne als vredestichter. Ondanks het aanhoudende geweld in het oosten, waar milities en Rwanda nog steeds aan het vechten waren, steunden de mensen van Zuid- en Noord-Kivu hem massaal. Ze zagen hem als de beste kans op stabiliteit en vrede.

Ik behoorde niet tot zijn aanhangers, waardoor ik op gespannen voet stond met veel van mijn collega's. Zijn pogingen om vrede te stichten overtuigden me niet en ik vond zijn gebrek aan visie verontrustend. Hij leek geen echt programma te hebben voor de aanpak van de overige problemen van het land: corruptie, ondervoeding en het ontbreken van infrastructuur. Ik vertelde iedereen dat ik hoopte dat ik ongelijk had, dat hij een effectievere leider zou blijken nu hij voor het eerst een democratisch mandaat had.

Toen ik in New York aankwam, was ik ondanks mijn bedenkingen bereid om zijn regering te steunen bij pogingen om het leven van Congolese burgers te verbeteren en de gevechten te beëindigen. Ik geloofde dat we een gemeenschappelijk belang hadden om de verkrachtingscrisis te erkennen en de invloed van de internationale gemeenschap te gebruiken om er een einde aan te maken. Ik belde de Congolese ambassade en vroeg of ik de ambassadeur kon spreken.

Eerst kreeg ik te horen dat hij de stad uit was. Toen ik terugbelde, maakten we een afspraak, maar hij kwam niet opdagen.

De volgende dag nam ik een taxi van mijn hotel naar het VN-gebouw aan East 42nd Street. Ik zou spreken over seksueel geweld in conflictgebieden tijdens een sessie, voorgezeten door de secretaris-generaal van de VN, Kofi Annan, en bijgewoond door Jan Egeland en de Jordaanse prinses Haya Bint al-Hussein.

Kort voordat ik plaatsnam, sprak ik even met Kofi Annan. Hij vroeg of ik de Congolese gezant had ontmoet. 'Nee,' antwoordde ik, 'dat was niet mogelijk.' Hij reageerde verbaasd.

We liepen de grote zaal in en ik voelde de zenuwen door mijn lijf gieren. Ik had wel vaker in het openbaar gesproken, vooral in kerken in Bukavu, maar de belangrijkste diplomaten ter wereld toespreken, dat was wel even iets anders. Ik haalde diep adem en klopte nog een laatste keer op mijn colbert om er zeker van te zijn dat mijn bril en de kopie van mijn toespraak nog in de binnenzak zaten.

Alle 193 lidstaten van de VN waren uitgenodigd. Terwijl ik op het podium plaatsnam, keek ik naar de aanwezigen die in een gigantische halve cirkel om mij heen zaten. Elk land had zijn eigen plek. Vooraan zaten de ambassadeurs, achter hen hun adviseurs.

Ik keek naar de naambordjes en vinkte in gedachten de landen af: Australië, China, Frankrijk, Duitsland, de Verenigde Staten, het Verenigd Koninkrijk... Ze waren er allemaal en zaten onbewogen, met koptelefoons op, onze toespraken af te wachten, die in de zes officiële talen van de VN werden doorgegeven.

Mijn ogen flitsten door de ruimte, op zoek naar de Congolese delegatie. Toen ik die vond, kreeg ik een schok van teleurstelling. Hun plaatsen waren leeg. Geen ambassadeur, geen adviseurs.

Tijdens mijn toespraak dwaalde mijn blik steeds weer af naar die plek, alsof ik door een fel licht werd aangetrokken. Het was een oogverblindende leegte. De stoelen bleven de hele tijd onbezet. Plotseling begreep ik waarom de ambassadeur niet had teruggebeld en nooit op de afspraak was verschenen.

Ik heb je al verteld over de administratieve problemen waarmee we vanaf het begin van ons werk in het Panzi-ziekenhuis te maken kregen: het gebrek aan financiering door de overheid, de corruptie, de pogingen tot afpersing. Dit was de eerste keer dat ik me realiseerde hoe ik door de regering-Kabila werd gezien: ik was aldoor geboycot en, erger nog, de patiëntes in mijn ziekenhuis waren geboycot. Ik was in New York en fungeerde als hun vertegenwoordiger. De lege stoel maakte mij volkomen duidelijk dat de regering het absoluut niet wenselijk vond dat ik namens de Congolese vrouwen sprak en de aandacht wilde vestigen op hun lot.

Alsof dat nog niet erg genoeg was, werd ik naderhand benaderd door de ambassadeur van Soedan, die bezwaar maakte tegen het feit dat ik de massale verkrachting van vrouwen door de Janjaweedmilitie in Darfoer, die door de regering gesteund werd, aan de kaak stelde.

'Hoe durft u dat te beweren?' vroeg hij verontwaardigd. 'Waar is het bewijs?' Ik wees hem op de talloze rapporten van zowel de VN als mensenrechtenorganisaties die in het land werkzaam zijn.

Toch was dit voorval in bepaalde opzichten therapeutisch. In de inleiding zei ik al dat ik steeds beter ging begrijpen hoe moeilijk het is om een vrouw te zijn, en een overlever van seksueel geweld.

Mijn behandeling bij de VN was een schoolvoorbeeld van hoe vrouwen worden behandeld als ze de moed hebben om hun belagers aan te klagen. Ze krijgen te horen dat ze moeten zwijgen zodat ze geen schandaal veroorzaken en niemand in verlegenheid brengen. In sommige landen is de afgelopen decennia veel vooruitgang geboekt, maar de neiging om mensen die zich uitspreken te negeren, niet te geloven of te intimideren blijft bedroevend sterk en diepgeworteld.

Het doorbreken van het zwijgen over seksueel geweld in al zijn facetten – intimidatie, verkrachting, incest – is de essentiële eerste stap in de aanpak van het probleem. Zoals ik in hoofdstuk 3 al zei verzonnen veel van de eerste patiëntes in het Panzi-ziekenhuis onwaarschijnlijke verhalen om hun verwondingen te verklaren. Ze hadden alleen maar een ongelukje gehad, beweerden ze dan. Ze gingen gebukt onder de maatschappelijke druk om alles te verzwijgen. Deden ze dat niet, dan werden ze in het openbaar gestigmatiseerd en belachelijk gemaakt.

Het doorbreken van dit taboe is om verschillende redenen essentieel. Ten eerste gedijt seksueel geweld in stilte. Zwijgen schept een klimaat waarin mannen ongestraft door kunnen gaan met misbruik. Het dient hun belangen. Zolang een probleem wordt ontkend, veranderen destructieve gedragspatronen niet.

Ten tweede weerhoudt zelfcensuur vrouwen ervan om kracht uit elkaar te putten. In ons werk in Congo leggen we veel nadruk op groepstherapie, waarbij vrouwen worden aangemoedigd om hun verhalen met elkaar te delen. In de City of Joy begeleidt de inspirerende Jeanne, over wie ik je in hoofdstuk 4 heb verteld, dit proces.

Door ervaringen met elkaar te delen, realiseren nabestaanden zich vaak dat ze er niet alleen voor staan en dat ook anderen worstelen met dezelfde pijn, afwijzing en schuldgevoelens. Rolmodellen zoals Jeanne zijn het bewijs dat de toekomst hoopvol en vol mogelijkheden is.

Ten derde is je stem laten horen enorm belangrijk voor de bewustwording, vooral voor die van mannen. Alleen door bewustwording kunnen we beginnen met het veranderen van het overheidsbeleid, jongens anders opleiden en mannen de gevolgen laten inzien van seksueel misbruik dat vaak zulke diepe psychologische wonden achterlaat.

Begrijp me niet verkeerd: ik snap het volkomen als vrouwen besluiten hun ervaringen niet te delen, en ik respecteer dat besluit. Bij het Panzi wordt niemand verplicht of onder druk gezet om deel te nemen aan groepstherapie. Het is niet voor iedereen de juiste aanpak. Er zijn tal van redenen waardoor vrouwen hun ervaringen liever voor zich houden. Als we vrouwen een schuldgevoel bezorgen omdat ze hun belager niet willen aanklagen, maken we het alleen maar erger.

Maar het is wel zo dat we de noodzakelijke maatschappelijke en culturele veranderingen alleen kunnen bewerkstelligen als we samen de schouders eronder zetten, en dit vereist dat ook mensen die nooit zijn aangerand zich uitspreken tegen deze gruweldaden. We maken allemaal deel uit van dit systeem en spelen allemaal een cruciale rol bij het corrigeren ervan. Daarom was de #MeToo-beweging van 2017 ook zo'n keerpunt. Vanuit Bukavu keek ik verrukt toe hoe de beweging zich ontwikkelde, zeker toen die zoveel vrouwen ertoe aanzette om er voor het eerst openlijk over te spreken.

Actievoerders die zich inzetten tegen seksueel geweld drongen al decennia aan op een meer open discussie over de veelvuldige verkrachtingen en andere vormen van misbruik. Na een ontmoeting met Eve Ensler in New York in 2006 steunde ik samen met haar de Breaking the Silence-campagne. Daarnaast waren we in 2010 betrokken bij een VN-campagne genaamd Stop Rape Now, die beroemdheden inzette om seksueel misbruik onder de aandacht te brengen.

Eerdere campagnes hadden de basis gelegd. De Amerikaanse Take Back the Night-beweging uit de jaren zeventig vestigde de aandacht op verkrachtingen en aanvallen op vrouwen. Recente varianten zijn Hollaback!, opgericht in New York in 2005, en It's On Us, een initiatief dat in 2014 werd gestart door de regering van Barack Obama en Joe Biden. De beweging Time's Up uit 2018 bouwde hierop voort. Een groot aantal nationale campagnes van feministische organisaties over de hele wereld leverden eveneens een bijdrage.

Maar de #MeToo-beweging wist veel meer vrouwen te bereiken dan alle eerdere pogingen om taboes te doorbreken. De beweging werd aangewakkerd door sociale media en het feit dat beroemdheden persoonlijke verhalen over hun eigen ervaringen deelden, in plaats van alleen voorgekauwde stukjes op te lezen waarin geweld tegen vrouwen werd veroordeeld.

Nooit eerder hadden overlevers van seksueel misbruik zich in zo'n groten getale durven uitspreken. Het leek een wereldwijde groepstherapie, waarbij elke nieuwe onthulling anderen inspireerde om hun eigen verhaal te doen. Heel veel mannen werden zich pijnlijk bewust van de alomtegenwoordigheid van agressief seksueel gedrag binnen bedrijven, in kantoren, op straat en in slaapkamers.

Vrouwen voelden zich vaak niet geroepen om iets op sociale media te posten, maar de publieke ontboezemingen leidden wel tot belangrijke gesprekken achter gesloten deuren. Echtgenotes en vriendinnen deelden hun ervaringen veel vaker. Volgens Eve Ensler heeft het er weliswaar niet toe geleid dat mannen zich openlijk gingen verontschuldigen voor hun slechte gedrag, maar veel mannen gingen wel bij zichzelf te rade.

En toch duurde het niet lang voordat de oude instincten weer de kop opstaken. Tarana Burke, die in 2006 met het #MeToo-idee begon, vroeg zich publiekelijk af of het eigenlijk wel zo'n belangrijk keerpunt was. Ze was ook bang dat allochtone vrouwen zich niet vertegenwoordigd voelden, aangezien de media-aandacht zich aanvankelijk richtte op de onthullingen van Hollywoodactrices over machtige blanke misbruikers zoals Harvey Weinstein. En er was veel verzet tegen de beweging.

Ik vroeg me al af wanneer de tegenaanval zou beginnen, en ik hoefde niet lang te wachten. Tegenstanders gebruikten allerlei verkeerde argumenten, allemaal bedoeld om het onderwerp seksueel misbruik terug in het doosje te stoppen, op een plekje waar we konden doen alsof het niet bestond, alsof het een gênant familiegeheim was.

Ze beriepen zich op twee argumenten: ofwel dat de ernst van seksueel misbruik overdreven werd en niet de aandacht verdiende die het kreeg, ofwel dat de beschuldiging van misbruik zo ernstig was dat zij niet klakkeloos mocht worden geuit tegen mannen die zich niet konden verdedigen.

Sommige critici beweerden dat alle mannen werden afgeschilderd als seksmaniakken en ten onrechte werden belasterd. Anderen zeiden dat vrouwen overdreven of gewoon verhalen verzonnen en vervielen daarmee in het geliefde cliché dat vrouwen van nature geneigd zijn tot wraakzuchtige verzinsels over aanranding. Conservatieven en politici in ontwikkelingslanden bagatelliseerden de beweging als een bewijs van de seksuele verdorvenheid van de rijke, burgerlijke samenleving of het decadente, liberale Westen.

Een van de beruchtste tegenaanvallen kwam van een groep bevoorrechte, spraakmakende vrouwen in Frankrijk, onder wie actrice Catherine Deneuve, die beweerde dat #MeToo het verleidingsspel dreigde te verpesten. Dit impliceerde dat seksuele intimidatie een onvermijdelijk onderdeel van het datingproces is, en dat je je er niet zo druk om moet maken. Argumenten over het beschermen van vrouwen werden alleen maar gebruikt 'om hun rol als eeuwige slachtoffer te bevestigen, en ze af te schilderen als hulpeloze schepsels overgeleverd aan fallocratische demonen', schreven de vrouwen.

De boodschap van alle tegenstanders was eigenlijk dezelfde als die van de afwezige Congolese delegatie bij de VN: je kunt beter je mond houden. Wanneer slachtoffers van seksueel geweld of actievoerders weigeren hun mond te houden, worden ze vaak het slachtoffer van intimidatie.

In 2019 woonde ik in Noorwegen een conferentie bij om het probleem te bespreken. In een hotel in de hoofdstad Oslo waren honderden afgevaardigden van vrouwengroepen, hulporganisaties en functionarissen uit verschillende landen samengekomen. Een van de sprekers was een Oekraïense vrouw, Iryna Dovgan, die zich had aangesloten bij ons internationale platform voor overlevers.

Iryna vertelde het publiek over de vele verkrachtingen van vrouwen in Oost-Oekraïne, dat sinds 2014 in handen is van separatisten die gesteund en bewapend worden door Rusland. Toen ze voor het eerst in het openbaar sprak, leek ze nog wat onzeker, maar in Oslo was ze zelfverzekerd en welbespraakt.

Iryna, toen tweeënvijftig, was door separatisten gevangengehouden in haar geboorteplaats Jasynoevata, waar ze een schoonheidssalon had. Ze werd er valselijk van beschuldigd te spioneren voor de Oekraïense troepen die het gebied aan het bombarderen waren in een poging het op de rebellen te heroveren.

Tijdens de verhoren werd ze geslagen, gemarteld en bedreigd met groepsverkrachting. Vervolgens werd ze urenlang in het openbaar aan een lantaarnpaal gebonden zodat ze door voorbijgangers beledigd en gemolesteerd kon worden. Onderzoekers van de United Nations Human Rights Monitoring Mission in Oekraïne in 2017 vonden significant bewijs van seksueel misbruik in detentiecentra die werden gerund door regerings- en rebellentroepen.

Na afloop van de toespraak in Oslo kwamen de afgevaardigden bijeen voor een lunchbuffet, meestal een moment van kennismakingen en gesprekken over koetjes en kalfjes. Iryna werd echter benaderd door een man die zei dat hij een Russische diplomaat was, en al snel kreeg ze het idee dat hij haar een beetje afzonderde van de drukke menigte om haar heen.

'Ik heb met belangstelling naar uw toespraak geluisterd,' begon hij. 'Maar hoe weten we dat het waar is wat u beweert?'

Iryna was verbouwereerd. 'Het is mijn eigen verhaal. Ik heb het zelf meegemaakt,' antwoordde ze. 'Waarom zou ik hier een verhaal uit mijn duim komen zuigen?'

'U moet niet vergeten dat wij Russen en jullie Oekraïners één volk zijn,' vervolgde hij, met een stem die alsmaar dreigender werd. 'Beseft u niet hoeveel schande u teweegbrengt om op die manier in het openbaar te spreken?' Hij beëindigde het gesprek met de waarschuwing dat ze ermee moest stoppen om Rusland zwart te maken.

Ze kwam me daarna opzoeken en vertelde wat er was gebeurd. Ze was zichtbaar geschokt en had het gesprek ervaren als een duidelijke poging tot intimidatie. Het bijwonen van dit soort evenementen en spreken in het openbaar vergden moed. Ik zag dat haar vastberadenheid op de proef werd gesteld.

Iryna blijft conferenties bijwonen, en in haar streven om de problemen in Oost-Oekraïne onder de aandacht te brengen, spreekt ze nog net zo overtuigend over haar ervaringen als toen. Maar als ze niet de steun had gehad van familie en collega's, én van leden van ons internationale netwerk van overlevers, had ze misschien al lang het bijltje erbij neergegooid.

Het is van groot belang dat vrouwen permanente ondersteuning krijgen, niet alleen op het moment dat ze besluiten hun stilzwijgen te verbreken, maar ook in de maanden en jaren daarna. Intimidatie kan soms nog veel explicieter zijn, maar heeft altijd hetzelfde doel: slachtoffers het zwijgen opleggen.

Verschillende vrouwen die door Harvey Weinstein werden misbruikt, verklaarden voor de rechtbank hoe hij zijn invloed in de filmindustrie op precies dezelfde ijzingwekkende manier gebruikte om te voorkomen dat iemand zou klagen. 'Je gaat het nooit redden in deze branche,' of: 'Ik zorg ervoor dat je nooit meer werk krijgt.'

De berichtgeving over de Weinstein-affaire vestigde ook de aandacht op de wijze waarop hij en andere machtige mannen te werk gingen; zo zetten ze advocaten in om hun slachtoffers het zwijgen op te leggen, vooral wanneer bedreigingen en intimidatie geen effect hadden. Geheimhoudingsovereenkomsten, of NDA's, vaak onderdeel van een schikking bij seksueel wangedrag, voorkomen dat een slachtoffer haar ervaringen deelt. Zo stellen ze haar belager in staat om ongestraft door te gaan met misbruik.

In één zo'n geval werd onthuld hoe turnster McKayla Maroney, winnaar van olympisch goud, onder druk werd gezet om een NDA te ondertekenen bij USA Gymnastics. Dit nadat ze had geklaagd over misbruik door topsportarts Larry Nassar. Deze cultuur, waarin beschuldigingen van misbruik binnen de Amerikaanse turnselectie onder het tapijt werden geveegd, legde slachtoffers het zwijgen op en gaf Nassar de kans om door te gaan met zijn praktijken. Hij werd pas in 2018 gearresteerd, na tientallen jaren van kindermisbruik, en veroordeeld tot levenslang. In totaal getuigden meer dan 150 slachtoffers tegen hem.

Sinds het begin van de #MeToo-beweging hebben meerdere Amerikaanse staten wetgeving aangenomen die werkgevers minder ruimte geeft of zelfs verbiedt om hun werknemers te dwingen NDA's te ondertekenen als arbeidsvoorwaarde of als onderdeel van een regeling voor intimidatie of seksueel misbruik. Een van die staten, New Jersey, heeft NDA's zelfs niet-afdwingbaar gemaakt.[2]

In de meest patriarchale samenlevingen is intimidatie veel explicieter en wordt het veel meer sociaal geaccepteerd. Zogenaamde eerwraak, waarbij een verkrachte vrouw wordt aangevallen en soms zelfs vermoord door haar familieleden, maakt deel uit van de samenzwering om vrouwen bang te maken en daarmee te voorkomen dat ze hun mond opendoen. Verkrachting wordt in deze gemeenschappen gezien als een bron van schaamte, zelfs als een vorm van overspel.

In 2000 schatte het Bevolkingsfonds van de Verenigde Naties dat er elk jaar vijfduizend vrouwen en meisjes werden vermoord uit eerwraak, niet alleen vanwege verkrachting, maar vaak omdat ze gewoon hun eigen partner wilden kiezen in plaats van de man die door hun ouders was uitgekozen. Bij nog veel meer moorden wordt gedaan alsof het zelfmoord of een ongeluk is. Dus zijn de cijfers, zoals zo vaak bij geweld tegen vrouwen, waarschijnlijk aan de lage kant.

De mondiale statistieken met betrekking tot moord op vrouwen zijn veelzeggend. Er worden wereldwijd veel meer mannen vermoord dan vrouwen. De meeste mannen worden vermoord door vreemden. Maar vrouwen worden meestal vermoord door iemand in hun directe omgeving.

Global Study on Homicide, een rapport dat in 2019 werd gepubliceerd door het United Nations Office on Drugs and Crime (UNODC), concludeerde dat van de 88.000 vrouwen die opzettelijk werden gedood, 58 procent om het leven was gebracht door een partner of familielid. Het gevaarlijkste continent voor vrouwen was Afrika, gevolgd door Amerika.[3]

Zogenaamde eremoorden en alle andere vormen van huiselijk geweld en intimidatie van vrouwen hebben ernstige gevolgen voor overlevers die hun stem laten horen en hun belagers voor het gerecht willen brengen.

De zaak van een zeventienjarig meisje dat in 2017 werd verkracht in de Noord-Indiase deelstaat Uttar Pradesh, bekend geworden als het Unnao-schandaal, is een ander ontmoedigend voorbeeld van hoe het laten horen van je stem vaak enorme persoonlijke gevolgen heeft.

India heeft een begin gemaakt met de aanpak van de endemische problemen waardoor het land een van de gevaarlijkste plekken ter wereld is voor vrouwen. In 2012 werd in New Delhi en andere steden massaal geprotesteerd vanwege de groepsverkrachting en moord op een drieëntwintigjarige studente fysiotherapie in een bus. Deze protesten bleken een keerpunt met betrekking tot de publieke erkenning van het probleem en de dreigingen waarmee vrouwen te maken hadden. Maar de vooruitgang gaat met horten en stoten.

Buiten de relatieve rijkdom en privileges van middenklassenbuurten in de steden blijft het leven zeer patriarchaal, met veel nadruk op vrouwelijke 'eer'. Het kastenstelsel maakt vrouwen met een lage status ook nog eens bijzonder kwetsbaar. De inefficiënte en vaak corrupte veiligheids- en gerechtelijke instanties maken het buitengewoon moeilijk om naar juridische oplossingen te zoeken.

Vijf jaar na de protesten in New Delhi toont de Unnao-zaak aan hoeveel werk er nog moet worden verzet. In juni van dat jaar werd het slachtoffer, een meisje uit een lage kaste uit een dorp in Uttar Pradesh, de grootste staat van India, naar Kanpur gelokt, een grote stad met veel leerlooierijen. Ze had van een buurvrouw in haar dorp gehoord dat ze daar werk zou vinden. In plaats daarvan werd ze ontvoerd, verkracht en verhandeld. Een van de mannen die haar verkrachtte was Kuldeep Singh Sengar, een politicus uit de hogere kaste uit haar dorp die tijdens zijn twintigjarige carrière was opgeklommen tot parlementariër.

Toen ze ontsnapte aan haar ontvoerders ging ze terug naar haar familie en deed ze wat maar weinig vrouwen in haar situatie durven te doen, uit angst voor vergelding of door druk van de familie om erover te zwijgen: ze diende bij de politie een aanklacht in tegen Sengar.

De verkrachtingszaak in New Delhi uit 2012 bracht aan het licht hoe de Indiase politie aangiftes van seksueel geweld negeerde of weigerde te onderzoeken. Misschien geloofde het meisje de beweringen dat het land intussen was veranderd. Maar de politie weigerde haar aangifte tegen de politicus in behandeling te nemen, en een arts die haar onderzocht, gaf haar het advies om haar eisen van rechtvaardigheid te laten vallen.

Maar het meisje toonde uitzonderlijke moed en hield voet bij stuk. Toen de politie in haar dorp niet reageerde, ging ze naar de lokale rechtbank, vervolgens naar de regionale politie en uiteindelijk naar andere politici. Haar familie werd de hele tijd bedreigd. De plaatselijke politie arresteerde haar vader op basis van verzonnen aanklachten. Hij werd zo zwaar mishandeld dat hij in de gevangenis aan zijn verwondingen overleed.

Een paar dagen na de arrestatie van haar vader probeerde het meisje zichzelf uit pure wanhoop voor het kantoor van de gouverneur in brand te steken. Hoewel de politie dit net op tijd kon voorkomen, trok de poging tot zelfverbranding de aandacht van de nationale pers. De federale politie werd ingeschakeld om het geval te onderzoeken en uiteindelijk werd Sengar ondervraagd en gearresteerd.

Maar daarmee was haar beproeving nog niet voorbij. Voor het trotseren van zo'n invloedrijke man moest ze nog een veel hogere prijs betalen. Toen ze een paar maanden later met haar advocaat en twee tantes onderweg was, zwenkte een vrachtwagen naar hun kant van de weg en botste frontaal op hun voertuig.

Haar tantes kwamen om het leven. Een van hen was kroongetuige in de zaak. Het slachtoffer belandde op de intensive care, maar overleefde de aanrijding.

Toen Sengar eind 2019, meer dan twee jaar nadat hij haar had aangevallen, eindelijk werd veroordeeld voor verkrachting en een levenslange gevangenisstraf kreeg opgelegd, was het slachtoffer jarenlang bedreigd en in het openbaar voor leugenaar uitgemaakt. Ze had haar vader en tantes verloren en was zelf zwaargewond geraakt. Haar acties getuigden van buitengewoon veel kracht, maar veel vrouwen die over haar offers lezen of horen, vinden waarschijnlijk dat ze beter haar mond had kunnen houden.

Op deze manier wordt het zwijgen gehandhaafd. In veel delen van de wereld worden vrouwen in een constante staat van angst gehouden. Ze krijgen van kindsbeen af te horen dat de essentie van hun vrouwelijkheid en hun waarde in hun 'eer' ligt, waarmee hun seksuele zuiverheid bedoeld wordt. Ze weten dat het verlies van die 'eer' een rampzalige bron van schaamte, en zelfs een mogelijk doodvonnis kan zijn.

Vrouwen onder druk zetten om eerst aan hun 'eer' te denken in plaats van aan hun recht op een leven zonder geweld, is de meest dwingende manier om vrouwen over de hele wereld het zwijgen op te leggen als ze slachtoffer zijn geworden van seksueel misbruik. Het bedreigen, afranselen, bespotten en soms vermoorden van degenen die dapper genoeg zijn om met hun verhaal naar buiten te komen, dient om de status quo in stand te houden. Simpel gezegd, het aan de kaak stellen van seksueel geweld is in veel delen van de wereld uiterst riskant, omdat het de gevestigde belangen van mannen aantast.

Toen ik eenmaal had besloten om niet alleen maar hun arts, maar ook spreekbuis te zijn van de vrouwen in mijn ziekenhuis, kreeg ik gaandeweg zelf met verschillende vormen van intimidatie te maken. Dat ik werd doodgezwegen tijdens mijn eerste toespraak bij de VN in 2006 maakte deel uit van dit patroon.

De bedreigingen hebben in de loop der jaren verschillende vormen aangenomen. Soms is het een nachtelijk telefoontje of een anoniem sms'je. In het ergste geval wordt er gedreigd dat mijn vrouw of dochters iets zal overkomen. Er waren mensen die voor mijn huis automatische wapens afvuurden in de lucht. Zelfs tijdens de begrafenis van mijn moeder in december 2019 werd ik onderweg naar ons geboortedorp Kaziba bedreigd met een aanslag.

Je komt nooit te weten wie erachter zit. De dreiging is constant maar ook zo vaag dat het heel moeilijk is om je ertegen te wapenen. Iedereen die er belang bij heeft de waarheid over het conflict in Oost-Congo te onderdrukken en vrouwen het zwijgen op te leggen, ziet mij als vijand.

Het zijn lang niet altijd mensen die iets te maken hebben met de overheid. Soms zijn mijn vijanden mannen die door mijn patiëntes van verkrachting worden beschuldigd. Bij het Panzi bieden we gratis rechtsbijstand om patiëntes te motiveren aangifte te doen. Soms zijn degenen die worden beschuldigd machtige mannen met een bedrijf, een politieke carrière en een reputatie die ze moeten beschermen.

Krijgsheren, politici en hoge legerofficieren die er belang bij hebben het geweld in Oost-Congo in stand te houden als dekmantel voor de plundering en smokkel van mineralen en edelmetalen, zien mijn gelobby om hun activiteiten onder de aandacht te brengen als een bedreiging voor hun inkomen.

En mijn eis dat er op een dag gerechtigheid moet komen voor de naar schatting vijf miljoen doden en vermisten, de oorlogsmisdaden en de honderdduizenden verkrachtingen in Congo die het gevolg waren van de Eerste en Tweede Congolese Oorlog, bedreigt iedereen met bloed aan zijn handen, dus ook onze buitenlandse buren Rwanda, Oeganda en Burundi.

Sinds de aanval op mijn eerste ziekenhuis in Lemera zijn er verschillende aanslagen op mijn leven geweest. In 2004, tijdens de bezetting van Bukavu door afvallige legergeneraals, vuurden gewapende mannen een spervuur van kogels af op mijn privékantoor in het centrum van de stad. Een kogel ging dwars door mijn lege bureaustoel. Als een vriend die voor een internationale humanitaire groep werkte mij niet had uitgenodigd voor een kopje thee, zou ik er op dat moment in hebben gezeten.

Ik ben ook veel dank verschuldigd aan de vredesmacht van de Verenigde Naties en hoge VN-functionarissen die hebben geregeld dat een team van vredeshandhavers mijn huis vierentwintig uur per dag bewaakt. Sinds 2013 hebben ze mij vrijwel onafgebroken beschermd, en mij vergezeld op mijn zeldzame uitstapjes naar buiten. Zonder hen had ik Congo al lang moeten verlaten.

Hoewel ik voortdurend moet leven met een knagend gevoel van onveiligheid, ben ik me ook bewust van mijn privileges. Ik kan rekenen op de steun van verschillende niet-gouvernementele organisaties (ngo's), een handvol sympathieke VN-functionarissen en buitenlandse vrienden. Door mijn werk heb ik mensen leren kennen bij de overheid en het leger. De vrouw in Unnao in India had dat allemaal niet. Ze nam het in haar eentje op tegen mensen met macht. Als vrouwen zich uitspreken, doen ze dit vaak in hun eentje, zonder dat ze beschermd worden.

De onheuse bejegening bij de VN in 2006 maakte duidelijk dat de nieuwe regering van Joseph Kabila mij zag als tegenstander en niet als bondgenoot in de strijd voor de waardigheid en veiligheid van onze medeburgers. Die boodschap werd in de daaropvolgende jaren steeds openlijker en bedreigender.

Zelfs na mijn eerste toespraak bij de VN bracht ik nog steeds het grootste deel van mijn tijd in het ziekenhuis door, als arts en chirurg, maar ik probeerde ook om te reizen en meer lezingen te geven. Mijn walging werd steeds groter en ik werd steeds bozer. Op onze regering, op onze buurlanden, op de bedrijven die van onze ellende profiteerden, op de internationale gemeenschap omdat die niet krachtiger optrad. Ik wist dat voor elke vrouw die we behandelden, er duizenden anderen waren die het ziekenhuis niet eens hadden gehaald.

Ik voelde me in de steek gelaten door westerse mogendheden – de Verenigde Staten en het Verenigd Koninkrijk bleven Rwanda beschermen – maar ook door de Afrikaanse Unie, het samenwerkingsverband van Afrikaanse staten. De stilte en de krachteloosheid van die Unie zijn een smet op de organisatie, die lijkt op een vakbond van leiders die vooral elkaars belangen op het oog hebben. In plaats van ernaar te streven dat Afrikanen niet langer worden afgeslacht, houden ze elkaar de hand boven het hoofd.

Mijn gelobby begon wat persoonlijke erkenning betreft in het buitenland vruchten af te werpen. In 2008 won ik de Mensenrechtenprijs van de Verenigde Naties en de Olof Palme-prijs, een Zweedse mensenrechtenprijs. Beide werden uit naam van mijn patiëntes in ontvangst genomen. De enige trots die ik daarbij voelde, was dat hun stem eindelijk gehoor begon te krijgen.

Ik begon dat jaar ook aan een doctoraat, eerst aan de Universiteit Gent en daarna aan de Vrije Universiteit Brussel. Mijn doel was om met anderen te delen wat ik door bittere ervaring had geleerd, in de hoop dat het elders in de wereld lijden zou voorkomen, en ook om de bewustwording in medische kringen te vergroten. Het onderwerp van mijn proefschrift – de behandeling van laag-traumatische urogenitale en intestinaal-genitale fistels – is een trieste samenvatting van de vaardigheden die ik in de loop der jaren heb verworven.

In 2011 hadden we een zaak die me vervulde van zoveel walging en woede dat ik tot de conclusie kwam dat ik me nog altijd niet voldoende inzette. Het was een keerpunt, en mijn overgang van arts naar activist versnelde. Mijn missie om me uit te spreken over Congo kreeg nog meer urgentie.

Een moeder kwam met een kind van een jaar of elf naar het ziekenhuis. De moeder kwam me bekend voor. Ze liep mank, waarschijnlijk veroorzaakt door polio die ze in haar jeugd had opgelopen. Ze kwamen uit Mwenga, een gebied ten zuidwesten van Bukavu.

Ze bevestigde waar ik al bang voor was: ze was in 2000 in het Panzi behandeld. Ze was een van de eerste patiëntes die we in de jaren na de opening hadden behandeld voor verkrachtingsletsel. Ze was thuis aangevallen en vervolgens door haar man in de steek gelaten.

Ze was naar het ziekenhuis gekomen voor de behandeling van haar verwondingen – genitaal letsel en een infectie – maar ze was ook zwanger van het kind van een van haar belagers. Ze was extreem getraumatiseerd en had onze psychische ondersteuning hard nodig.

Zoals veel vrouwen in haar situatie vond ze het idee dat ze een kind zou baren dat haar dagelijks aan haar verkrachting zou herinneren angstaanjagend. Toen haar dochter, die ze Wakubenga noemde (wat 'zij die wordt geminacht' betekent), was geboren, wees ze haar af en ze weigerde om haar borstvoeding te geven.

Veel moeders in haar situatie kunnen hun kind nooit accepteren. Om elke dag weer aan de verkrachting te worden herinnerd, en de tegenstrijdige emoties die daarmee gepaard gaan, is gewoon niet te verdragen. Bovendien weten ze dat het kind een enorme wissel zal trekken op hun beperkte middelen. Zal het kind ooit een partner of een goede baan kunnen vinden in een samenleving die het stigmatiseert en buitensluit?

Ik heb meegemaakt dat voormalige patiëntes hun baby achterlieten bij de deur van mijn kantoor. Er worden regelmatig baby's achtergelaten bij de bewaakte toegangspoort van het ziekenhuis. Andere vrouwen komen in tranen binnen en bekennen dat ze hun kind hadden meegenomen naar de oever van een rivier en op het punt hadden gestaan om het erin te gooien.

We hebben tegenwoordig een speciaal team om moeders en kinderen in deze omstandigheden te helpen. Veel van het werk wordt gedaan door onze buitengewone 'mamans chéries', de verpleegkundigen die maatschappelijk werkster zijn geworden en die elke patiënte begeleiden. Ze ondersteunen de moeders en werken ook samen met de familie van patiëntes, waarbij ze soms huisbezoeken afleggen om spanningen met echtgenoten en ouders op te lossen.

Jaarlijks worden zo'n drieduizend kinderen in het ziekenhuis ter wereld gebracht. In sommige jaren is maar liefst 15 procent van de geboorten, ongeveer 450 kinderen, het gevolg van een verkrachting. Ons gespecialiseerde centrum, Maison Dorcas, biedt nu huisvesting, zorg en psychische steun aan deze nieuwe moeders.

Na verloop van tijd en aangemoedigd door het personeel was Wakubenga's moeder gaan begrijpen dat haar kind net zo onschuldig was als zijzelf, en dat ze allebei het slachtoffer waren van hun agressors. Als ze haar had afgewezen had ze haar leed alleen maar erger gemaakt. Er is buitengewone kracht voor nodig om dit punt te bereiken: het vermogen om onvoorwaardelijk lief te hebben. De meeste vrouwen die in het Panzi bevallen van kinderen die het gevolg zijn van verkrachting slagen erin hun kinderen te accepteren.

Maar veel vrouwen ook niet. Sommigen lopen gewoon weg, of ze accepteren het kind maar negeren het als het opgroeit. De kinderen worden gemeden door hun ouders, broers en zussen en leeftijdgenoten, zijn vaak verstoken van onderwijs en worden uitgescholden op straat. We hadden een vrouw die haar zoontje in zijn gezicht interahamwe noemde, een veelgebruikte term voor Rwandese extremisten.

We hebben geen idee hoeveel kinderen dit lot delen, maar ik noem ze 'tikkende tijdbommen': kinderen die zijn geboren uit geweld en die opgroeien tot volwassenen die nooit liefde of genegenheid hebben gekend. In 2008 bleek uit een onderzoek in de stad Shabunda dat op een bevolking van een half miljoen mensen drieduizend kinderen verwekt waren tijdens een verkrachting.

Iets meer dan tien jaar nadat we Wakubenga en haar moeder uit het Panzi hadden ontslagen, kwamen ze allebei terug. Wakubenga was nu een prepuber. En tot mijn schrik hoorde ik dat ook zij was verkracht, en zwanger was.

Het was bijna te barbaars en te krankzinnig om te begrijpen: een kind dat door een verkrachting was verwekt, was zélf verkracht en nu in verwachting. Het probleem begon zich te verspreiden over meerdere generaties.

Later dat jaar, in 2011, werd ik uitgenodigd om een ander panel over seksueel geweld toe te spreken bij de VN in New York, dit keer tijdens een nevenbijeenkomst van de Algemene Vergadering, de jaarlijkse bijeenkomst van wereldleiders. Ik was uitgenodigd door de speciale vertegenwoordiger van de secretaris-generaal inzake seksueel geweld in gewapende conflicten, een VN-mandaat dat in

2009 is ingesteld en wordt geleid door Margot Wallström, een dappere en energieke Zweedse. Ik vertrok naar New York met Wakubenga in mijn achterhoofd.

Dit keer zou het anders gaan dan in 2006. Vijf jaar eerder was ik de Congolese ambassadeur gaan opzoeken in de veronderstelling dat hij me zou helpen. Inmiddels wist ik dat ik van mijn eigen regering alleen maar tegenwerking kon verwachten. Het was dan ook een verrassing toen ik werd benaderd door een minister.

Kort na aankomst ontmoette ik een oude vriend die Congo jaren geleden had verlaten om een hoge functie bij de VN in New York te gaan bekleden. We dronken samen wat in mijn hotel in Midtown en wisselden nieuwtjes uit. Ik vertelde hem over Wakubenga en mijn wanhoop over de passiviteit van de internationale gemeenschap. Hij ging weg en wenste me succes met mijn toespraak.

Maar later die avond belde hij me terug. Hij zei dat hij een bericht had ontvangen van de staf van de toenmalige Congolese minister van Volksgezondheid, een bondgenoot van president Kabila, die ons uitnodigde voor het diner. Of ik op de uitnodiging wilde ingaan?

Ik was op zijn zachtst gezegd verbaasd, maar gezien mijn gespannen verhouding met de regering stemde ik toe. Ik dacht dat het misschien een kans zou zijn om de lucht te klaren, vooral met een minister die gezien zijn portefeuille misschien wat sympathieker was dan zijn collega's in het kabinet. Ik zei dat ik de uitnodiging graag accepteerde en de volgende avond werden we ontvangen in zijn hotel.

Hij verbleef in het vijfsterrenhotel Waldorf Astoria, zoals veel buitenlandse delegaties tijdens de Algemene Vergadering. Toen ik aankwam, was het in de foyer een drukte van belang. Mensen draafden alle kanten op. Werknemers, diplomaten en zakenlieden liepen in en uit en buiten dirigeerde personeel in livrei de gasten naar zwarte limousines.

Ik begaf me naar een privé-eetzaal waar we samen zouden eten. Ik werd naar een tafel gebracht waar de minister en mijn vriend al zaten te wachten. Het was heel besloten: alleen wij drieën.

Ik weet nog dat er aanvankelijk vooral beleefdheden werden uitgewisseld. Ik zei iets over de bedrijvigheid in de foyer en de enorme luxe van het hotel. De minister keek alsof hij dat allemaal gewend was. Ik nam aan dat president Kabila in een van de luxueuze suites zat.

Nadat de kelner onze bestelling had opgenomen, ging hij over tot de orde van de dag.

'En, dokter, wat doet u hier in New York?' vroeg hij.

'Ik krijg een onderscheiding van de Clinton Foundation,' legde ik uit. Dit was de waarheid, maar niet de hele waarheid. De Clinton Foundation had besloten mij hun Global Citizen Award uit te reiken tijdens een ceremonie na de Algemene Vergadering. Ik vond het niet verstandig om de VN-toespraak meteen ter sprake te brengen.

'Dat is mooi,' zei hij, onwetendheid voorwendend. 'Is dat alles? Ik heb gehoord dat u ook een toespraak gaat houden, klopt dat? Hoe laat?'

'Ik ben door de speciale vertegenwoordiger uitgenodigd om morgen over de situatie in Zuid-Kivu te praten,' antwoordde ik. 'Ik ben van plan om...'

Ik stond op het punt hem te vertellen waar mijn toespraak over ging. Ik wilde hem de gegevens over het aantal opnames in het Panzi overleggen en zelfs de kwestie van Wakubenga ter sprake brengen. Ik nam aan dat hij wilde weten wat ik ging zeggen om er zeker van te zijn dat ik zijn regering niet publiekelijk zou aanvallen. Hij onderbrak me halverwege mijn zin.

'De president houdt morgen zijn toespraak op de Algemene Vergadering. Ik heb u laten komen om u een goede raad te geven,' zei hij, terwijl hij een pauze nam en over de tafel naar me toe leunde. 'Als ik u was, zou ik de toespraak niet houden.'

De woorden werden kalm maar nadrukkelijk uitgesproken. Ik keek onderzoekend naar zijn gezicht om er zeker van te zijn dat ik de boodschap goed had begrepen, maar zijn blik was bloedserieus en dreigend.

'Doet u het wel, dan kan ik in Congo niet instaan voor uw veiligheid,' vervolgde hij duister, met zijn hand in de lucht gebarend alsof hij naar ons land wees dat duizenden kilometers verderop lag en totaal verschilde van de weelderige dinerzaal waarin we nu zaten.

Ik had ineens het gevoel alsof er iets in mijn keel was blijven steken. Ik hapte naar adem. Werd ik hier, tijdens een etentje in een stil hoekje van het Waldorf Astoria, daadwerkelijk bedreigd?

'Maar minister, mijn... mijn toespraak staat op de agenda,' stamelde ik. 'Verschillende staatshoofden hebben al laten weten dat ze zullen komen. We moeten de bewustwording vergroten. Dit is iets wat we moeten...'

'Ik zal nog iets duidelijker zijn. Als u toch doorgaat, is dat uw eigen keuze, want daarna kunt u niet meer terug naar Congo. Dat is dan te gevaarlijk,' voegde hij eraan toe. 'Begrijpt u wat ik zeg?'

Ik voelde de grond onder mijn voeten wegzakken. Dagenlang had ik me voorgesteld hoe mijn terugkeer naar de VN eruit zou zien, hoe de diplomaten en politici met hun koptelefoons op hun hoofd naar me zouden luisteren. Ditmaal voelde ik me gesteund, zelfverzekerder, klaar om mijn frustratie en woede te uiten. Maar nu zag ik alles in het water vallen.

'Ik begrijp uw zorgen,' antwoordde ik. 'Maar misschien kan ik u de toespraak van tevoren laten zien? Ik zou een paar wijzigingen kunnen aanbrengen. Er is vast wel een manier waarop we het eens kunnen worden.'

Ik wist dat ik een knieval deed, maar de enige oplossing was proberen te onderhandelen. Hij was niet geïnteresseerd.

Hij was duidelijk op me afgestuurd om een signaal af te geven. Het leek onmogelijk om tot hem door te dringen. Hij was ongevoelig voor elk argument en voor elk beroep dat ik op zijn geweten zou doen. Hij praatte tegen me met de superioriteit van een minister ten opzichte van een eigenwijs doktertje van een provinciaal ziekenhuis, en zo zag hij me gegarandeerd.

Het eten arriveerde en er werd zachtjes een bord voor me neergezet. Ik staarde naar mijn salade, had plotseling geen eetlust meer en voelde een overweldigend verlangen een stil plekje te zoeken om na te denken over wat ik nu ging doen.

De rest van de maaltijd ging in een waas voorbij. De minister was weer net zo vriendelijk als voor het eten. Hij schaamde zich niet voor het dreigement dat hij zojuist had geuit en het boeide hem ook niet dat ik me ongemakkelijk voelde. Toen hij klaar was met zijn hoofdgerecht, zat zijn missie erop. Hij excuseerde zich en vertrok.

Ik liep terug naar mijn hotel terwijl er talloze vragen door mijn hoofd spookten. Moest ik hem trotseren? En kon ik dat überhaupt? Het was schandalig om me zo te intimideren. Maar hoe kon ik dan ooit nog terug naar huis, laat staan mijn werk voortzetten? En Madeleine en de kinderen? Die zou ik ook in gevaar brengen.

Terug in het hotel hakte ik de knoop door. Dit was een waarschuwing die ik serieus moest nemen. Het was niet zomaar een nachtelijk telefoontje geweest waarin ik met de dood werd bedreigd. Het was een minister die zich als maffialid gedroeg en geen poging deed om zijn identiteit of zijn ware intenties te verbergen.

Ik belde Margot Wallström en vertelde haar wat er was gebeurd. Ik legde uit dat ik mijn toespraak gezien de omstandigheden moest annuleren. Ze zei dat ze mijn beslissing begreep en vroeg of ik me in het hotel veilig genoeg voelde. Ze zei dat ze de toenmalige secretaris-generaal, Ban Ki-moon, zou informeren.

De volgende dag kreeg ik bezoek van verschillende Amerikaanse functionarissen van het ministerie van Buitenlandse Zaken die mijn verklaring opnamen over wat er was gebeurd. Ze vroegen of ik beveiliging nodig had, maar dat sloeg ik af. Ik zei dat ik mijn toespraak had afgezegd en naar huis wilde.

Ik bleef in New York om de Clinton Foundation-prijs in ontvangst te nemen tijdens een ceremonie in het Hilton Hotel. De voormalige Amerikaanse president Bill Clinton overhandigde de prijs in een zaal vol met vermogende donateurs en een groot aantal Amerikaanse beroemdheden. Ik hield een korte toespraak waarin ik ons werk uitlegde en iedereen aanspoorde om zich te verdiepen in het conflict in Congo. Maar mijn gedachten waren elders.

Ik wilde naar huis, naar Madeleine. Ik was gekwetst en geschokt. Op de terugreis, in mijn vliegtuigstoel, dacht ik steeds weer aan het gesprek in het Waldorf Astoria. De vlucht leek een eeuwigheid te duren.

Bedreigingen en intimidatie van overlevers van seksueel geweld komen uit allerlei hoeken: van hun belagers, van de families van hun belagers, van gemeenschapsleiders en publieke figuren, zelfs van hun eigen familie. Degenen die zich ondanks al deze pressie uitspreken, hebben onze steun nodig. Ze verdienen ons respect. Ze verdienen erkenning voor de kracht die ze tonen door te weigeren zich te laten intimideren.

Toen ik eindelijk terug was in Bukavu stond Madeleine me op te wachten. Ik voelde me schuldig omdat ik haar aan gevaar had blootgesteld. Misschien was ik, verblind door mijn eigen gerechtvaardigde woede, onverstandig of te zelfverzekerd geweest toen ik in New York mijn stem wilde laten horen.

Ze stelde me met haar gebruikelijke kalmte en wijsheid gerust. Ik zou nog wel vaker de gelegenheid krijgen om in het buitenland te spreken, zei ze. Ik had me teruggetrokken, maar alleen om door te kunnen gaan met mijn werk.

Er kwamen inderdaad andere gelegenheden. De bewondering voor het jonge meisje dat zo'n verpletterende indruk op de generaal had gemaakt en mijn respect voor de vrouwen die hun ervaringen met Jan Egeland hadden gedeeld, stopte ik weg. De woede over het leven van Wakubenga kropte ik op.

Het jaar daarop werd ik opnieuw uitgenodigd door de VN. Ik werd gevraagd om deel te nemen aan een panel met Michelle Bachelet, de eerste vrouwelijke president van Chili, en William Hague, de toenmalige Britse minister van Buitenlandse Zaken. Ik voelde me zelfverzekerd genoeg om de uitnodiging te accepteren.

Een nieuwe moordaanslag volgde. Ik krijg nog steeds flashbacks van het geweervuur, het geschreeuw in het donker, het ineengezakte lichaam van een dierbare vriend die zijn leven gaf om het mijne te redden. Weer een onopgeloste misdaad, weer een poging om seksueel geweld onder het tapijt te vegen.

7

Strijden voor rechtvaardigheid

Begin 2014 kon ik het niet meer aan. In de twee voorafgaande jaren hadden we een eindeloze stoet kinderen met de meest vreselijke verwondingen moeten opnemen in het ziekenhuis. Ze kwamen allemaal uit hetzelfde dorp, Kavumu, ruim dertig kilometer van Bukavu. Het was ooit begonnen met een paar gevallen, maar in de jaren erna kwamen er nog tientallen bij.

Ze waren allemaal onder vergelijkbare omstandigheden ontvoerd. In het holst van de nacht, door mannen die het huis waren binnengedrongen en de slachtoffers vaak drogeerden. Vervolgens werden ze verkracht en de volgende ochtend onder het bloed en in de war teruggestuurd. Elk schrijnend geval stond voor een verwoeste kindertijd; de verwondingen en littekens waren zo erg dat voor de meeste slachtoffers als ze volwassen waren een normaal seksleven of kinderen krijgen waarschijnlijk niet meer mogelijk was.

In de eerste vijf maanden van 2014 hadden we vijftien heel jonge meisjes onder behandeling. De druppel die de emmer deed overlopen was een meisje van vier dat met ernstige rectovaginale verwondingen naar het ziekenhuis was gebracht. Het was walgelijk, hartverscheurend en het ging mijn bevattingsvermogen simpelweg te boven.

Samen met mijn vriend en vertrouwde collega Guy-Bernard Cadière, de Belgische chirurg die is gespecialiseerd in laparoscopie, abdominale kijkoperatie en in de behandeling van fistels, heb ik haar geopereerd. Met zijn team van de medische faculteit van de Vrije Universiteit Brussel bezoekt hij Bukavu regelmatig. Hij zamelt geld in voor ons werk, hij voorziet ons voortdurend van advies en hij heeft onze chirurgen zijn niet-invasieve technieken bijgebracht.

Er zijn maar weinig dingen waar een chirurg nog van schrikt. De binnenkant van het lichaam bevat nauwelijks nog geheimen voor ons, maar toen we dat meisje opereerden moesten we allebei onze tranen wegslikken. Toen we de verwondingen onderzochten, vroegen we ons hardop af hoe ze waren toegebracht. Het ene moment werkten we in verbijsterde stilte, het volgende waren we des duivels.

Na afloop trok ik mijn medische handschoenen uit, deed mijn jas aan en liep in gedachten verzonken en vervuld van woede en weerzin terug naar mijn kantoor. Hoeveel andere meisjes zouden ze nog verminken voordat hier eindelijk een einde aan werd gemaakt?

Toen ik weer was gekalmeerd, besloot ik om zelf naar Kavumu te gaan. Ik wilde uit de eerste hand van de gemeenschap vernemen wat daar precies gebeurde, en de situatie met eigen ogen zien. Waarom konden die gezinnen hun kinderen niet beschermen? Waar waren de ouders toen ze werden ontvoerd en misbruikt?

Ik worstelde weer met een gevoel van enorme machteloosheid. Het voelde alsof ik altijd maar bezig was de brokken op te rapen en kapotte lichamen op te lappen. Ik raakte getraumatiseerd en het einde van al die ellende leek nog lang niet in zicht. Ik wilde zelf horen wat die vaders en moeders te vertellen hadden.

Een week later organiseerden we in samenwerking met verschillende humanitaire organisaties een bijeenkomst in een plaatselijk buurthuis. Ik reed ernaartoe met mijn escorte van VN-soldaten. We hadden de hoofdaanklager uit Bukavu uitgenodigd, evenals een hoge officier van de Congolese strijdkrachten en een vertegenwoordiger van de politie, die alle drie bereid waren om te komen. De gouverneur van de provincie en de regionale minister van Binnenlandse Zaken waren aanvankelijk ook bereid geweest om te komen, maar zij trokken zich op het laatste moment terug.

De mate van interesse viel af te lezen aan het aantal mensen dat kwam opdagen: het waren er zo'n vijfhonderd, opeengepakt in de verstikkende ruimte. Sommigen zaten met z'n tweeën op een stoel, anderen stonden achterin. Vanwege plaatsgebrek stonden er zelfs buiten nog mensen te dringen.

De sfeer was van meet af aan geladen. Het publiek bestond voornamelijk uit vrouwen van wie een aantal zich met waaiers koelte zat toe te wuiven. Toen we gingen zitten zaten ze hardop tegen elkaar te praten en sommigen wierpen de officier van justitie en de politieagent beschuldigende blikken toe.

Toen ze de microfoon kregen om hun verhaal te doen, kwamen al die jaren van opgekropte frustratie er eindelijk uit. Ze vertelden hoe de gemeenschap in voortdurende angst leefde. Elke avond gingen ze naar bed in de wetenschap dat de volgende ochtend een kind verdwenen kon zijn, of dat ze midden in de nacht overvallen konden worden door gewapende mannen die de gammele deur van hun huis inbeukten op zoek naar een nieuw slachtoffer.

Sommige vrouwenrechtenactivisten smeekten de aanwezige mannen om er iets aan te doen. 'Hebben jullie dan geen enkel mededogen?' riep iemand. 'Het gaat niet over verkrachting, het gaat over onze kinderen die worden afgeslacht!'

De officier van justitie nam het woord en vertelde de aanwezigen dat hij pas in actie kon komen als ouders zich meldden en een aanklacht indienden. 'Jullie moeten dit aan de kaak stellen,' drong hij aan. 'Als je geen aanklacht indient, is het voor mij heel lastig om iets te ondernemen.' Er klonk verontwaardigd gemompel. Een paar moeders naast me rolden met hun ogen.

Zodra hij klaar was, namen de aanwezige vrouwen hem op de korrel. Ze scholden hem uit voor 'Monsieur Honderd Dollar' omdat hij erom bekendstond steekpenningen aan te nemen. De daders worden nooit gepakt, zei een plaatselijke buurtwerker onder luide bijval. En al werden ze gepakt, zei hij, dan kochten ze zichzelf gewoon vrij.

'Ze gaan gewoon door met hun praktijken omdat ze toch de dans ontspringen,' legde hij uit. 'Ze weten dat het geen gevolgen heeft.'

Naast de reeks verkrachtingen was er in en rond Kavumu ook sprake van moord, brandstichting en mishandeling. Een plaatselijke activist die de verkrachtingen had willen onderzoeken, was in zijn huis voor de ogen van zijn dochter neergeschoten. De regio was zó onveilig dat er zelfs een naburig legerkamp was aangevallen.

Verschillende mensen lieten doorschemeren dat ze wisten wie er achter deze golf van afpersingen zat, maar niemand durfde namen te noemen. 'Als we iets zeggen, worden we ook vermoord,' zei de buurtwerker, en hij voegde eraan toe: 'Komende nacht zou wel eens mijn laatste kunnen zijn, alleen omdat ik hier vandaag mijn mond opentrek.'

De officier van justitie en de politieagent probeerden zich te verdedigen. Uiteindelijk gaven ze de schuld aan een militie in het gebied. Ze zeiden dat ze bezig waren de militieleden te arresteren. Maar hun woorden klonken onoprecht. Elke keer dat ze probeerden zichzelf vrij te pleiten, werden ze door de aanwezigen weggehoond.

Het werd duidelijk dat het probleem niet te wijten was aan een gebrek aan moed in de gemeenschap, en nog minder aan een gebrek aan waakzaamheid van de ouders. Ouders vertelden dat ze de hele nacht opbleven. Soms waren ze doodmoe omdat ze om de beurt wakker moesten blijven om op hun kinderen te passen. Ik was enorm onder de indruk van de zeggingskracht waarmee veel moeders hun verhaal deden.

Het werkelijke probleem was de totale afwezigheid van een functionerend rechtssysteem. En dit dorp buiten Bukavu was onze wereld op microniveau. Op het eerste gezicht lijkt het misschien ver van ons bed, met die houten hutjes en modderige wegen. Maar het probleem waarmee de moeders van deze meisjes geconfronteerd worden, is een probleem waarmee vrouwen overal ter wereld te maken hebben: zelfs als ze hun mond opendoen en de misdrijven aan de kaak stellen, laat het strafrechtsysteem hen heel vaak in de steek.

Seksueel misbruik gedijt in stilte, maar gedijt ook wanneer mannen ongestraft hun gang kunnen gaan. Aristoteles, de grondlegger van de westerse filosofie, schreef dat 'de mens, wanneer hij is geperfectioneerd, het beste dier is dat er bestaat. Maar wordt hij gescheiden van wet en gerechtigheid, dan is hij het slechtste dier dat er bestaat.' Na alles wat ik heb gezien, ben ik het volledig met hem eens.

In Kavumu waren er geen wetten; de mens was er op zijn

slechtst. Maar uiteindelijk zag ik hoe krachtig het rechtssysteem kan zijn als je maar vastberaden genoeg bent en genoeg middelen kunt inzetten.

Aan het einde van de bijeenkomst kwamen verschillende vrouwen, samen met de buurtwerker die zich had uitgesproken, naar me toe. Met gedempte stemmen, zodat ze niet konden worden afgeluisterd, vertelden ze me wie er werkelijk verantwoordelijk was.

De militie die in het gebied actief was, werd geleid door een lid van de regionale raad in Zuid-Kivu. 'Frederic Batumike,' zei iemand. 'Hij is oppermachtig. Niemand durft iets tegen hem te ondernemen.'

Na de bijeenkomst besloten we nog beter ons best te doen om een einde te maken aan de meest weerzinwekkende reeks verkrachtingen die we hier ooit hebben meegemaakt. In totaal zijn er in Kavumu tussen 2012 en 2015 zeker zesenveertig meisjes verkracht, in leeftijd variërend van achttien maanden tot tien jaar.

We sloten ons aan bij een brede coalitie van actoren, waaronder de in New York gevestigde Physicians for Human Rights-groep, waarmee ik al meer dan tien jaar samenwerk, evenals TRIAL International, een in Genève gevestigde groep die zich richt op het ondersteunen van slachtoffers via de rechtspraak. Ons team van juridische experts en onze artsen waren hierbij onmisbaar.

In 2009 richtte onze Panzi Foundation een nieuwe juridische dienst op als onderdeel van ons 'holistische zorg'-programma voor overlevers. Het was een natuurlijke voortzetting van ons werk en droeg bij aan de medische zorg, psychische ondersteuning en sociaaleconomische integratieprogramma's die werden uitgevoerd door de City of Joy en Maison Dorcas.

We merkten dat veel van de overlevers die deze programma's volgden hun trauma's te boven kwamen, hun zelfvertrouwen terugkregen en de kracht vonden om de stigmatisering van anderen het hoofd te bieden. Toen ze hun gevoel van eigenwaarde eenmaal hadden teruggekregen, wilden ze weten hoe ze genoegdoening en gerechtigheid konden krijgen, niet alleen voor zichzelf, maar ook om te voorkomen dat anderen hetzelfde overkwam.

Als ik vrouwen zie die de moed hebben gevonden om aangifte te doen, ondanks de geringe kans van slagen en het risico op intimidatie, weet ik dat het werk van onze teams effect heeft: het vereist kracht, geloof in je rechten en je eigenwaarde. Dit is ook precies wat we proberen aan te moedigen.

De juridische afdeling van het ziekenhuis staat bekend als de 'gerechtelijke kliniek' en is opgericht door Thérèse Kulungu, een energieke advocaat. Thérèse komt uit het westen van Congo, zestienhonderd kilometer verderop, maar nadat ze in de krant over ons werk had gelezen, besloot ze om zich bij ons aan te sluiten. Ze nam het vliegtuig en kwam naar ons toe, en dat terwijl ze nog nooit eerder een voet in Bukavu had gezet.

Haar inzet is intussen geëvenaard door die van haar opvolgers, die toezicht houden op een team van zes advocaten die overlevers adviseren over hun wettelijke rechten. Zij assisteren hen bij het indienen van aanklachten en begeleiden hen tijdens rechtszaken. Ze werken ook samen met andere advocaten en gemeenschapsleiders in de hele provincie, om burgers en vrouwen in het bijzonder te informeren over het strafrechtsysteem.

Het is belangrijk en vaak gevaarlijk werk, dat gesteund wordt door verschillende buitenlandse partners, waaronder het Eastern Congo Initiative, opgericht door acteur Ben Affleck en politica Whitney Williams.

Het werk van de gerechtelijke kliniek en de artsen van het ziekenhuis, die door Physicians for Human Rights opgeleid zijn in het maken van forensische rapporten, was van vitaal belang bij het verzamelen van bewijs tegen de daders in Kavumu. We namen gedetailleerde verklaringen op van slachtoffers en hun gezinnen en maakten video-interviews en foto's.

Daarnaast probeerde ik zo veel mogelijk media-aandacht te genereren, in Congo en daarbuiten. De Belgische verslaggever Colette Braeckman was gezaghebbend in Europa, en de Amerikaanse journalist Lauren Wolfe schreef voor het tijdschrift *Foreign Policy* een gedetailleerd en aangrijpend verhaal over Kavumu, getiteld: 'A Miserable Mystery in Congo'.

Er kwam steeds meer druk op de Congolese autoriteiten om te laten zien dat ze iets deden. Tegen die tijd had de regering van Kabila een speciale vertegenwoordigster voor seksueel geweld aangesteld, meer voor de vorm dan een echte stap om het probleem aan te pakken. Toen we contact met haar opnamen over Kavumu zei ze dat ze niets kon doen vanwege de parlementaire onschendbaarheid van Batumike, die lid was van de Zuid-Kivu-raad en het gebied rond Kavumu vertegenwoordigde.

Maar de openbare aanklager en de politie kregen begin 2016 de opdracht om hun halfslachtige onderzoek serieuzer aan te pakken. Die inspanningen duurden niet lang. De klad kwam er al snel in toen ook zij concludeerden dat Batumike niet vervolgd kon worden.

Gelukkig bleek het militaire rechtssysteem een effectievere bondgenoot, en bovendien minder vatbaar voor corruptie. In maart namen onderzoekers van de krijgsraad in Bukavu de zaak over. Ze betoogden dat de reeks verkrachtingen een misdaad tegen de menselijkheid was, en dat gaf hun de bevoegdheid om tot vervolging over te gaan.

Drie maanden later werd Batumike samen met tientallen andere mannen gearresteerd. Hij werd gevangengezet in zijn huis, waar de politie een verouderd maar nog steeds functionerend halfautomatisch Colt-pistool met het stempel 'US Army' aantrof, dat ongetwijfeld was gekocht op de enorme zwarte markt voor afgedankte wapens. Dit betekende dat hij kon worden aangeklaagd wegens het bezit van een oorlogswapen.

Rechercheurs vonden ook telefoongegevens waaruit bleek dat hij herhaaldelijk contact had met een stel schofterige militieleden die waren betrapt op het verkrachten van een jong meisje. Daarnaast legden ze banden bloot tussen hem en de operationele leiders van zijn gewapende groep, die zichzelf Jeshi la Yesu (het Leger van Jezus) noemde. Met dit bewijs konden ze aantonen dat hij de leiding had over die mannen.

Het volledige verhaal van hun schrikbewind kwam naar buiten toen hij in december 2017, samen met zeventien anderen, werd berecht door het hoge militaire gerechtshof. Hun controle over de streek was begonnen toen Batumike opdracht had gegeven voor de moord op een Duitse expat die een plantage bezat in de regio Kavumu. Het raadslid had toen tevergeefs geprobeerd zijn land in beslag te nemen. Toen hem de eigendomsaktes werden geweigerd, liet hij het gebied eenvoudigweg bezetten door een groep mannen gewapend met kalasjnikovs.

De militie werd vervolgens ingezet om iedereen die als een politieke tegenstander van de baas werd gezien te intimideren en het zwijgen op te leggen, onder wie de vermoorde buurtwerker die een onderzoek was begonnen. Batumike gebruikte zijn positie, invloed en geld om politie- en gerechtelijke onderzoeken tegen zijn handlangers tegen te houden.

Het onderzoek wierp nieuw licht op de aanvallen op kinderen. De rechtbank concludeerde dat de militieleden werden beïnvloed door een medicijnman die drankjes voorschreef die hen tegen vijanden moesten beschermen. Voor deze brouwsels was bloed uit maagdenvlies nodig.

Dit soort rituele kwakzalverij en bijgeloof heeft een lange geschiedenis in Congo, hoewel er normaal gesproken geen seksueel geweld bij komt kijken. Het speelde een beruchte rol in de Simba-opstand tegen Mobutu in de jaren zestig, waarbij jonge krijgers zwart poeder kregen toegediend dat was gemaakt van vermalen leeuwen- en gorillabotten en magische amuletten waarvan ze geloofden dat ze vijandelijke kogels in water veranderden.

Tijdens het drie weken durende proces organiseerde de krijgsraad hoorzittingen in Kavumu waar tientallen getuigen en slachtoffers verklaringen aflegden, vaak achter een scherm en met apparatuur die hun stem vervormde om hun identiteit te beschermen – zaken die helaas zeldzaam waren in Congo. De moeders van de kinderen speelden een cruciale rol. De overgrote meerderheid nam plaats in de getuigenbank en vertelde over hun afschuw en ellende en hun vurige wens dat de mannen werden gestraft. In de einduitspraak werd Batumike veroordeeld tot levenslange gevangenisstraf. Elf andere leden van de militie werden veroordeeld voor misdaden tegen de menselijkheid. Het was de eerste keer dat een zittend raadslid in Congo schuldig werd bevonden aan de misdaden van zijn militie. Ook was het voor het eerst dat seksueel geweld door een binnenlandse rechtbank werd veroordeeld als een misdaad tegen de menselijkheid. De vonnissen werden later in hoger beroep bekrachtigd.

We waren ongelooflijk blij met deze uitkomst. De bewoners van Kavumu konden vijf jaar van terreur eindelijk achter zich laten. Ouders konden in alle rust naast hun kinderen slapen. De verkrachtingen stopten net zo plotseling als ze waren begonnen.

Sindsdien heb ik geen kinderen uit Kavumu meer hoeven te opereren. Een overtuigender bewijs voor de impact van het recht is er niet.

Advocaten, artsen en psychologen van het ziekenhuis blijven gevaarlijke missies ondernemen naar gebieden in Oost-Congo die getroffen zijn door massale verkrachtingen om getuigenverklaringen op te nemen en aanklachten voor te bereiden. Deze reizen zijn zwaar en vaak erg hachelijk.

Een keer moest een team dagenlang op een weggetje in de jungle op hulp wachten omdat het autopech had. Soms moeten ze per boot de rivier op en vervolgens een hele dag over junglepaden lopen om de meest afgelegen dorpen te bereiken. Overal vinden ze overlevers die hopen dat hun belagers ooit voor het gerecht worden gebracht, maar die erg sceptisch zijn over de haalbaarheid, en bang voor hun eigen veiligheid.

Eind 2019 boekten ze opnieuw groot succes bij de vervolging van een krijgsheer in de Shabunda-regio, een man die bekendstond als Kokodikoko. Hij leidde een van de meer dan twaalf Mai Mai-milities in de regio, groepen die zogenaamd de plaatselijke bevolking verdedigen tegen Rwandese militanten, maar die in de praktijk bestaan uit brutale maffiosi. Vaak zijn de groepen betrokken bij mijnbouw en afpersing.

Militaire onderzoekers, bijgestaan door de VN, vlogen per helikopter naar de regio, zodat hij berecht kon worden op de plek waar veel van de misdaden hadden plaatsgevonden. Een kerk en een openbaar gebouw werden ingericht als geïmproviseerde rechtszaal. Er waren 175 meldingen van verkrachting in het gebied. Samen met onze ngo-partners en de VN hebben we geholpen bij het treffen van maatregelen om te zorgen dat vrouwen durfden te getuigen omdat ze wisten dat ze veilig waren.

In totaal namen vijftig slachtoffers plaats in de getuigenbank, onder wie acht die door de militie waren ontvoerd en als seksslavinnen in een grot waren vastgehouden. Ze kenden het risico op represailles als hun identiteit bekend werd. Maar ze wisten ook dat ze voor iets groters vochten dan alleen hun eigen gerechtigheid. Hun bereidheid om hun ervaringen opnieuw te beleven omwille van gerechtigheid hielp anderen te beschermen.

Kokodikoko, een voormalige politieagent die gangster was geworden, gedroeg zich aanvankelijk arrogant en minachtend tegenover de rechtbank. Hij liep rond alsof niemand hem wat kon maken en schepte op dat het proces hem in heel Congo en daarbuiten beroemd maakte. Hij leek te genieten van alle media-aandacht. Maar toen het bewijs zich tegen hem opstapelde, werd hij steeds minder verwaand.

De rechtbank kwam te weten dat hij ooit een man had doodgeschopt en dat ontvoerde vrouwen eerst door hem persoonlijk werden verkracht voordat ze aan zijn mannen werden overgedragen. Op een gegeven moment begon Kokodikoko tegen de juryleden te schreeuwen, zijn ogen uitpuilend van woede en zijn gezicht vertrokken van razernij.

De verklaringen van getuigen en overlevers, onderbouwd door het werk van het Panzi-team, waren opnieuw essentieel voor de levenslange gevangenisstraf die hij en twee andere strijders uiteindelijk kregen opgelegd voor misdaden tegen de menselijkheid. Toen hij na het vonnis in handboeien werd weggeleid, liep hij hevig te snikken.

Het was ook voor het eerst dat de rechtbank de Congolese staat op de vingers tikte voor het niet nakomen van zijn plicht om burgers te beschermen die om hulp hadden gevraagd. De overheid werd veroordeeld tot het betalen van schadevergoeding aan de slachtoffers.

Dit zijn onze succesverhalen. Ze laten zien dat het recht kan zegevieren met de hulp van een samenwerkingsverband van bereidwillige partners – medisch, juridisch en administratief – en van een competente en betrokken gerechtelijke instantie. Beide processen waren een belangrijk signaal voor commandanten, politici en gewone soldaten: op een dag konden ook zij ter verantwoording worden geroepen voor hun daden. Deze overwinningen zouden onmogelijk zijn geweest zonder de moed van overlevers.

Maar helaas zijn dit uitzonderingen die de regel bevestigen.

Al meer dan twintig jaar is de boodschap aan de oorlogsmisdadigers in Congo dat ze straffeloos kunnen doorgaan met afslachten, martelen, verkrachten en plunderen. In veel gevallen is dergelijk gedrag de enige manier om aan de macht te komen. Een Congolees spreekwoord zegt dat je duizend mensen moet hebben gedood om generaal in het leger te worden. Het blijft een land van bijna totale wetteloosheid.

De werkdruk in onze gerechtelijke kliniek is altijd enorm en de resultaten zijn vaak ontmoedigend. In een recent geval verkrachtte een hoge ambtenaar in Bukavu na een feestje een meisje in zijn auto. Ondanks overweldigend bewijs werd hij vrijgesproken – naar verluidt na het betalen een vergoeding van tienduizend dollar.

Bij de behandeling van individuele rechtszaken is het civiele rechtssysteem doortrokken van dit soort corruptie, zelfs in steden als Bukavu. Alleen de armen worden veroordeeld; de machtigen kunnen bijna altijd hun vrijheid kopen. In de afgelegen gebieden van Oost-Congo functioneren de politie en de rechtspraak nauwelijks, ook niet als die gebieden onder toezicht staan van de regering. Waar rebellen de scepter zwaaien, zijn gerechtelijke stappen nagenoeg onmogelijk.

Eerst ontkende de regering dat er een verkrachtingscrisis was, en vervolgens werd ze vijandig tegen degenen die probeerden de crisis aan te pakken. In het Waldorf Astoria had ik dit aan den lijve ondervonden. Ondanks berichtgeving, parlementaire onderzoeken en werkgroepen die het probleem van seksueel geweld hebben onderzocht, bleven de noodzakelijke hervormingen uit: financiering en betrokkenheid bij het binnenlandse rechtssysteem, gekoppeld aan verbetering van onze disfunctionele veiligheidstroepen.

De veroordeling van Batumike en Kokodikoko was alleen mogelijk dankzij de uitzonderlijke reactiesnelheid van het militaire rechtssysteem en de zeldzame toepassing van het internationaal humanitair recht, dat de afgelopen vijfentwintig jaar drastisch is uitgebreid.

Dankzij deze verbeteringen biedt het internationaal recht theoretische bescherming aan vrouwen in conflictgebieden, waar ook ter wereld. Dit is een mooie stap voorwaarts, maar nogmaals, het probleem zit hem in de uitvoering. De recente opleving van het wereldwijde nationalisme heeft ook ondermijnende gevolgen voor sommige van deze gekoesterde verworvenheden.

Na de Tweede Wereldoorlog legden talloze getuigen bij de internationale tribunalen die waren opgericht om oorlogsmisdadigers te berechten (in Neurenberg voor nazi-gruweldaden in Europa en in Tokio voor Aziatische oorlogsmisdaden) verklaringen af over het systematische gebruik van verkrachting, maar dit werd niet vervolgd als een misdaad tegen de menselijkheid. In de processen van Neurenberg werden verkrachtingen überhaupt niet vervolgd.

In de jaren negentig zorgden de eerste internationale tribunalen sinds Neurenberg en Tokio voor grote sprongen voorwaarts. Bij het Joegoslaviëtribunaal dat sinds 1993 is gevestigd in Den Haag, toonden officieren van justitie voor het eerst aan dat verkrachting als een oorlogsmisdaad en een misdaad tegen de menselijkheid kon worden beschouwd.

Een historische uitspraak volgde in februari 2001, toen de rechtbank met succes drie Servische militairen en paramilitairen veroordeelde voor de verkrachting van niet-Servische vrouwen en moslimvrouwen in de stad Foča in het huidige Bosnië en Herzegovina. Ze werden veroordeeld tot gevangenisstraffen tussen de twaalf en achtentwintig jaar voor verkrachting als misdaad tegen de menselijkheid, en voor seksuele slavernij.

Het Rwandatribunaal, in 1995 opgericht in Tanzania in Oost-Afrika, heeft ook gezorgd voor nieuwe jurisprudentie over hoe verkrachting op grond van internationaal recht kan worden vervolgd. De zaak van Jean-Paul Akayesu, een Hutu-burgemeester die verantwoordelijk was voor de moord op zo'n tweeduizend mensen in zijn gebied, toonde voor het eerst aan dat verkrachting als genocide kan worden beschouwd.

Opmerkelijk genoeg werd Akayesu aanvankelijk niet beschuldigd van verkrachting. Aanklagers zagen de signalen die erop wezen op dat verkrachting schering en inslag was over het hoofd of interpreteerden ze verkeerd. Navi Pillay, de enige vrouwelijke rechter die de zaak behandelde en die uit Zuid-Afrika kwam, speelde een belangrijke rol bij het toelaten van nieuw bewijs tegen Akayesu nadat een overlever een huiveringwekkende getuigenis had afgelegd over de groepsverkrachting en het misbruik van Tutsi-vrouwen in Akayesu's district. Pillay gaf opdracht om de aanklachten te wijzigen, waarmee duidelijk werd dat een vrouw zich veel beter kan inleven in de impact van seksuele misdrijven dan haar mannelijke collega's.

Akayesu werd in 1998 tot levenslange gevangenisstraf veroordeeld.

Deze historische uitspraken – dat verkrachting met voorbedachten rade als militaire tactiek voortaan een misdaad tegen de menselijkheid en een oorlogsmisdaad was, en kon worden beschouwd als een methode voor het plegen van genocide – werden opgenomen in het oprichtingsverdrag van het Internationaal Strafhof. De oprichting van het Internationaal Strafhof, dat ook zijn hoofdkwartier heeft in Den Haag, was een hoogtepunt in de ontwikkeling van het internationaal humanitair recht. Het was een mijlpaal voor de mensheid, het product van mondiale samenwerking en een duidelijk signaal dat de verachtelijkste oorlogsdaden niet langer werden getolereerd.

Het Internationaal Strafhof is opgericht om de ernstigste misdrijven – oorlogsmisdaden, misdaden tegen de menselijkheid en genocide – begaan ná 2002, toen het hof van kracht werd, te kunnen vervolgen. Het strafhof kreeg de bevoegdheid om onderzoeken te starten in landen die oorlogsmisdaden niet wilden of konden vervolgen. De boodschap aan krijgsheren, dictators en andere mensenrechtenschenders was dat ze nergens meer veilig waren. Zelfs mislukte staten waren niet langer wetteloze gebieden.

Congo was een van de meer dan 120 ondertekenaars van het oprichtingsverdrag. Dit vormde de wettelijke basis voor onze krijgsraden om Batumike en Kokodikoko te vervolgen. Zonder internationaal humanitair recht zou ik misschien nog steeds jonge kinderen uit Kavumu moeten opereren.

In 2004 verwees de regering het conflict in Oost-Congo door

naar het Internationaal Strafhof, waar de hoofdaanklager, Luis Moreno-Ocampo, prompt een onderzoek instelde. Het was het nationale rechtssysteem niet gelukt om de daders te straffen. Zouden internationale aanklagers het beter doen?

Congo was een van de acht landen, allemaal in Afrika, waar het Internationaal Strafhof in de eerste tien jaar na de oprichting onderzoeken instelde. Het besluit van Moreno-Ocampo om zich op Afrika te concentreren en niet op andere delen van de wereld, werd door sommige critici – meestal mensen met een ideologisch of persoonlijk belang bij het ondermijnen van zijn werk – als een inschattingsfout gezien.

Er waren incidentele successen. In 2012 werd Thomas Lubanga, een militieleider in de staat Ituri in het oosten van Congo die banden onderhield met Oeganda, schuldig bevonden aan misdaden tegen de menselijkheid voor het rekruteren van kindsoldaten van elf jaar en ouder. Het was de eerste succesvolle veroordeling door het hof, een klinkende overwinning. Maar ondanks alle aanwijzingen dat hij ook seksuele misdrijven had gepleegd, werd hij daarvoor niet aangeklaagd en hij kreeg maar veertien jaar gevangenisstraf.

Lubanga is inmiddels vrijgelaten.

In 2014 werd Germain Katanga, een andere militieleider uit Ituri, veroordeeld tot twaalf jaar gevangenisstraf voor het aanrichten van een bloedbad in een dorp. Jammer genoeg werd hij vrijgesproken van verkrachting en seksuele slavernij.

In juli 2019 volgde een derde overwinning: het Internationaal Strafhof veroordeelde Bosco Ntaganda, een voormalige generaal in het Congolese leger die rebel was geworden. Hij leidde twee door Tutsi's gedomineerde milities die werden gesteund door Rwanda. Het strafhof hoorde dat zijn mannen baby's hadden opengesneden, vrouwen als seksslavinnen hadden gehouden en burgers hadden onthoofd. Hij werd schuldig bevonden aan achttien aanklachten van oorlogsmisdaden, waaronder verkrachting, en veroordeeld tot dertig jaar gevangenisstraf.

Deze successen waren vergelijkbaar met die van ons bij de militaire rechtbanken: een *proof of concept*, een bewijs dat het systeem resultaten kon opleveren. Toch waren ze volkomen ontoereikend om misdadigers af te schrikken.

Er zijn honderden mannen zoals die in deze drie geruchtmakende voorbeelden, honderden misdadigers die de mannen, vrouwen en kinderen van Oost-Congo hebben geterroriseerd. Sommigen van hen zitten in het leger of werken als zakenlieden in Congo. Of ze wonen in Rwanda, zoals Laurent Nkunda, waar de wet ze moeilijk kan bereiken.

Daarbij is het Internationaal Strafhof sinds zijn oprichting voortdurend ondermijnd, ook door de Verenigde Staten, die net als China en Israël publiekelijk tegen de oprichting van deze uiterst belangrijke supranationale gerechtelijke instantie hebben gestemd.

Als de machtigste democratie ter wereld, zouden de Verenigde Staten zich altijd sterk moeten maken voor de rechtsstaat. Ze waren de drijvende kracht achter de multilaterale internationale instituties die na de Tweede Wereldoorlog werden opgericht. Maar de Verenigde Staten hebben zich nooit bij het Internationaal Strafhof aangesloten, in tegenstelling tot hun westerse partners. Daarmee scharen ze zich aan de zijde van voornamelijk autoritaire staten die zich tegen het strafhof verzetten omdat ze bang zijn voor transparantie en geen verantwoording willen afleggen voor hun daden.

Toen de hoofdaanklager van het strafhof in 2019 een onderzoek probeerde te starten naar oorlogsmisdaden in Afghanistan, dat lid is van het strafhof, werd de Amerikaanse president Donald Trump woest. Het onderzoek wilde zich richten op de misdaden van de Afghaanse regering en de Taliban, maar óók op de goed onderbouwde beschuldigingen van marteling en seksueel misbruik tegen Amerikaanse troepen tijdens en na de invasie van het land in 2003. Trump kondigde sancties aan tegen de hoofdaanklager en een andere hoge functionaris.

Verschillende Afrikaanse landen, waaronder Oeganda, Gambia en Zuid-Afrika, dreigden zich uit het Internationaal Strafhof terug te trekken en probeerden het vanwege de aanvankelijke focus op Afrika af te schilderen als een samenzwering tegen het continent.

Ik ontken niet dat er genoeg aanleiding is om de effectiviteit en de handelswijze van het Internationaal Strafhof in twijfel te trekken. De begrotingsbijdragen zijn meer dan een miljard dollar maar sinds 2002 is het slechts negen keer tot een veroordeling gekomen, en op het moment van schrijven zijn er slechts vijfendertig arrestatiebevelen uitgevaardigd. Verschillende spraakmakende vervolgingen zijn verprutst. Maar deze mislukkingen zouden ons ertoe moeten aanzetten om na te denken over hoe we het strafhof kunnen hervormen en verbeteren, in plaats van pessimistisch en wanhopig te worden of tot de conclusie te komen dat het project gedoemd is te mislukken. Veel mensen begrijpen het belang van multilaterale instellingen zoals het Internationaal Strafhof niet. Die instellingen lijken complex en veraf en worden voortdurend bekritiseerd door nationalistische politici.

Ze zijn niet volmaakt en moeten voortdurend worden gemoderniseerd en verbeterd. Maar hun regels en voorschriften bieden wel degelijk bescherming. Hoewel het voor westerlingen met hun degelijke rechtssystemen misschien allemaal niet zo belangrijk lijkt, is het Internationaal Strafhof voor een Congolese moeder die dagelijks werd verkracht in een kamp in het bos, of van wie de kinderen voor haar ogen werden afgeslacht, misschien wel de enige hoop op gerechtigheid. Dit zijn de menselijke gezichten achter de moeizame juridische betogen en de traag verlopende strafprocessen in de rechtszalen van Den Haag.

Zolang ze niet bang hoeven te zijn dat ze moeten boeten voor hun daden, zullen mannen in conflictgebieden er nooit van worden weerhouden vrouwenlichamen te zien als voorwerpen die naar believen kunnen worden gegrepen, misbruikt en achtergelaten. Geen rebel of legeraanvoerder zal zich dan ooit geroepen voelen om zijn soldaten voor te lichten en in het gareel te houden. En ik vrees dat er dan ook nooit een einde komt aan de constante stroom slachtoffers die met verminkte en toegetakelde lichamen in het Panzi-ziekenhuis terechtkomt.

Dat misdaden in Congo straffeloos gepleegd konden worden, verklaart waarom ze vandaag de dag nog steeds plaatsvinden. Het verklaart ook waarom de voormalige kindsoldaat die in mijn kantoor zo schaamteloos over zijn verleden sprak, zich totaal niet bezwaard voelde om zijn misdaden te bekennen.

Als ik een prijs in ontvangst neem blijf ik daarom de internationale gemeenschap namens de mishandelde vrouwen van Congo in mijn toespraken oproepen om actie te ondernemen. Ik vind het onbegrijpelijk dat er nog steeds geen serieus initiatief is om de mensen achter de wandaden in Congo voor het gerecht te brengen.

De genociden in voormalig Joegoslavië en Rwanda waren beide aanleiding voor ad-hoctribunalen die samen meer dan 250 van de ergste daders hebben aangeklaagd. Het Speciaal Hof voor Sierra Leone, opgericht in 2002, deed onderzoek naar de burgeroorlog in het West-Afrikaanse land in de jaren negentig, en verklaarde in 2012 voormalig president Charles Taylor schuldig aan oorlogsmisdaden.

In 2003 werd met internationale hulp een straftribunaal opgericht om de leiders van de Rode Khmer in Cambodja te vervolgen die in de jaren zeventig verantwoordelijk waren voor de dood van meer dan anderhalf miljoen mensen in vier jaar tijd.

Het dodental in Congo over een periode van twintig jaar is gigantisch. Zoals zo vaak ontbreken ook hier exacte gegevens. Aan de hand van oversterftecijfers berekende de non-profitorganisatie International Rescue Committee dat in de eerste tien jaar, van 1998 tot 2008, maar liefst vijf miljoen doden het directe gevolg zijn geweest van de gevechten of van ziekte en ondervoeding veroorzaakt door de oorlog. Maar afgezien van de beperkte onderzoeken door het Internationaal Strafhof en af en toe een zaak bij een militaire rechtbank in Congo is er geen enkele serieuze poging gedaan om de boosdoeners voor het gerecht te brengen.

Aan gebrek aan bewijs ligt het niet. Het Bureau van de Hoge Commissaris voor de Mensenrechten van de VN onderzocht nauwgezet de oorlogsmisdaden die waren begaan tussen 1993 en 2003. In die periode waren rebellen die werden gesteund door de legers van Rwanda, Oeganda en Burundi twee keer Congo binnengevallen. Meer dan twaalfhonderd ooggetuigen werden geïnterviewd door een team van meer dan twintig mensenrechtenexperts.

Het resulteerde in wat bekendstaat als het Mapping Report,[1] een nauwgezet onderzoeksverslag dat meer dan 500 pagina's beslaat. Het beschrijft 617 incidenten van ernstige mensenrechtenschendingen die kunnen worden opgevat als misdaden tegen de menselijkheid en mogelijk genocide, waarbij de auteurs vaak de juiste woorden proberen te vinden voor wat zij 'onbeschrijfelijke wreedheid' noemen.

Van een paar van deze incidenten ondervond ik persoonlijk de gevolgen: de aanslag op mijn ziekenhuis in Lemera is te vinden op pagina 75; een bloedbad in mijn geboortedorp Kaziba staat 60 pagina's verderop beschreven. Nog iets verderop beschrijft het rapport het bloedbad, de massale verkrachting en de verminkingen in het dorp Kasika als wraak voor een aanval op rebellen en Rwandese officieren in augustus 1998.

Een van de vermoorde vrouwen was de zwangere vrouw van het stamhoofd. Ik had haar nog maar een paar weken eerder onderzocht en verteld dat ze in verwachting was van een tweeling. Haar ingewanden waren opengereten en de baby's uit haar baarmoeder gerukt. In dezelfde regio, in het centrum van de stad Mwenga, ontdekten onderzoekers dat vijftien vrouwen waren verkracht, naakt door de straten waren gesleept en daarna levend begraven. Op elke pagina staan verschrikkingen.

De VN-commissaris die verantwoordelijk was voor dit baanbrekende werk was Navi Pillay, de voormalige Zuid-Afrikaanse rechter die zitting had in het Rwandatribunaal en zo'n essentiële bijdrage had geleverd aan de erkenning van verkrachting als oorlogsmisdaad. Ik reken haar tot de vele krachtige vrouwen die mij hebben geïnspireerd.

Ze werd geboren in een Indiaas immigrantengezin in Durban en groeide op in armoede voordat ze zich bij de antiapartheidsstrijd aansloot. Door haar vastberadenheid en scherpe intellect werd ze de eerste rechter van kleur in het hooggerechtshof in haar land. Ze is bescheiden en tegelijk compromisloos in haar streven om de waarheid boven tafel te krijgen, en ze is bovendien onpartijdig, waardoor ze gaandeweg veel machtige vijanden heeft gekregen.

Het Mapping Report was de eerste poging om de boosdoeners verantwoording te laten afleggen voor de chaos in Congo. Toen ze het in 2010 publiceerde, legde ze een duidelijk verband tussen de aanhoudende massale verkrachtingen, het geweld en de gerechtelijke tekortkomingen. 'De cultuur van straffeloosheid in de DRC – die tot op de dag van vandaag voortduurt – heeft het ontstaan en de groei van gewapende groepen in de hand gewerkt, evenals het gebruik van geweld om geschillen op te lossen en natuurlijke hulpbronnen in handen te krijgen,' verklaarde ze.

Als stank voor dank voor het blootleggen van deze schandalen kreeg ze geen tweede volledige termijn als commissaris en werd ze aan de schandpaal genageld door staten die publicatie van het rapport niet zagen zitten, met name Rwanda. Nog vóór de publicatie werd een concept van het rapport naar de pers gelekt. De mediaberichten besteedden vooral aandacht aan de rol van de Rwandese troepen bij de wreedheden en aan de suggestie dat het bloedbad dat ze hadden aangericht onder Hutu-vluchtelingen op Congolees grondgebied in wezen neerkwam op genocide.

De Rwandese regering 'verwierp het uitdrukkelijk' en zei dat het rapport een poging was tot 'validering van de dubbele genocidetheorie', die stelt dat een tweede genocide plaatsvond tegen de Hutu's in Congo. President Paul Kagame, een voormalige commandant, dreigde zijn drieduizend vredessoldaten uit VN-operaties terug te trekken. Secretaris-generaal Ban Ki-moon bracht een overhaast bezoek aan het land om de betrekkingen glad te strijken.

Ten slotte werd de uiteindelijke versie van het rapport afgezwakt. De term 'naar verluidt' kwam vaker voor om de indruk te wekken dat er sprake was van twijfel. En zodra het was vrijgegeven, werd het in het VN-hoofdkwartier ergens op een plank gelegd, waar het kolossale werk tot op de dag van vandaag, meer dan tien jaar later, stof ligt te verzamelen.

Het rapport deed een reeks aanbevelingen, onder andere dat de regering een geloofwaardig 'waarheids- en verzoeningsmechanisme' moest opzetten. Dit moest het land in staat stellen het verleden onder ogen te zien en te helen. Ook opperde het rapport de oprichting van een speciaal strafhof bestaande uit Congolese en internationale rechters die de ernstigste mensenrechtenschenders moesten berechten. Er waren destijds enkele voorstellen om de opdracht van het Rwandatribunaal uit te breiden tot de vervolging van misdaden in Congo.

Geen van deze aanbevelingen is ooit opgevolgd. Dat president Joseph Kabila het rapport liever negeerde was begrijpelijk: hij had in de rebellengroep van zijn vader gediend, zij aan zij met de Rwandese soldaten van wie was vastgesteld dat ze misdaden hadden begaan. Ook onder de wereldmachten was er weinig animo om iets te doen met het Mapping Report. Vooral de Verenigde Staten en het Verenigd Koninkrijk bleven Rwanda steunen en de hand boven het hoofd houden. Pas na kritiek omdat ze de genocide niet voorzien of voorkomen hadden, hebben de Verenigde Staten sinds 1994 tientallen miljoenen dollars aan humanitaire hulp in Rwanda gepompt om de wederopbouw te financieren.

Het blijft uiterst gevoelig en zelfs gevaarlijk om het rapport en zijn aanbevelingen internationaal ter sprake te brengen. Ter gelegenheid van het tienjarig bestaan van het rapport, eind 2020, werd ik het onderwerp van een gemene lastercampagne in de Rwandese staatsmedia en nadat ik me erover had uitgesproken, kreeg ik een golf van nieuwe doodsbedreigingen over me heen.

De internationale gemeenschap blijft in Congo de andere kant op kijken. Er zijn talloze andere VN-rapporten geweest, zoals die over de exploitatie van Congolese grondstoffen, maar behalve het sturen van steeds meer soldaten in een poging om het geweld onder controle te houden, is er weinig zinvols gedaan. Sinds 1999 is er in Congo een VN-vredesmacht ingezet die gestaag in omvang is toegenomen omdat het conflict zich heeft verspreid. Er zijn nu ongeveer zestienduizend medewerkers en de kosten van meer dan 1,6 miljard euro per jaar worden betaald uit VN-fondsen waaraan de Verenigde Staten de grootste bijdrage leveren. Het is de grootste VN-vredesmissie uit de geschiedenis.

De politie en militairen in Congo doen hun best om zo moedig en professioneel mogelijk te werk te gaan. Ik ben hen dankbaar voor mijn bescherming. Toch zijn ze in Congo in een kansloze strijd verwikkeld omdat ze met te weinig zijn om iets te kunnen bereiken en beknot worden door regels die hen ervan weerhouden de strijd met rebellen aan te gaan.

Alleen gerechtigheid en het afleggen van rekenschap kunnen Congo blijvende stabiliteit brengen, en in plaats van alleen vredeshandhavers te financieren, zou de internationale gemeenschap haar invloed kunnen gebruiken om de daders voor het gerecht te brengen. In totaal is het jaarlijkse budget voor de vredesmissie acht keer hoger dan het budget voor het Internationaal Strafhof met zijn onderzoeken in verschillende landen. Het is een schrijnend geval van verkeerde prioriteiten stellen.

De internationale gemeenschap heeft de middelen die haar ter beschikking staan – legaal, economisch en diplomatiek – nooit effectief ingezet om een einde te maken aan het conflict in Congo. Het land zit vol met mensen die staan te springen om te getuigen. Al die mensen hunkeren naar het moment waarop de wapens vervangen worden door wettelijk gezag. De vrouwen die in mijn ziekenhuis worden behandeld zijn geen hulpeloze slachtoffers die tot zwijgen zijn gebracht door de verwondingen op hun lichaam. Het zijn moedige, krachtige overlevers die bereid zijn hun stem te laten horen om anderen te helpen.

Maar er moet een functionerend rechtssysteem zijn dat naar hen luistert, hun belagers achter de tralies zet en een krachtig signaal afgeeft dat het tijdperk van straffeloosheid voorbij is. De Congolese staat moet natuurlijk het voortouw nemen. Sinds 2019 hebben we een nieuwe president die heeft beloofd het land te hervormen. Maar voor het geval Congo niet in staat is op te treden, is het Internationaal Strafhof in het leven geroepen om wél op te treden.

Tot nu toe heb ik stilgestaan bij de mechanismen die zijn bedacht om daders voor het gerecht te brengen in oorlogsgebieden waar staten vaak niet de middelen hebben om verkrachters te vervolgen. Laten we nu eens kijken hoe seksueel geweld wordt vervolgd in vreedzame landen. Worden vrouwen beter beschermd op plaatsen met goed-functionerende rechtbanken en politiediensten?

Helaas is dat nauwelijks het geval.

De Amerikaanse non-profitorganisatie Rape, Abuse & Incest National Network (RAINN) schat dat van elke 1000 gevallen van aanranding er slechts 230 bij de politie worden gemeld.[2] Een grootschalig onderzoek op basis van interviews met 40.000 vrouwen door het Bureau van de Europese Unie voor de grondrechten concludeerde in 2014 dat in het blok van 28 landen slechts 14 procent van de seksuele misdrijven werd aangegeven bij de politie.[3] De General Social Survey on Victimization in Canada van hetzelfde jaar concludeerde dat slechts 5 procent van de gevallen werd gemeld.[4]

Seksueel misbruik is de vorm van misdaad die het minst gerapporteerd wordt en neemt, in tegenstelling tot andere vormen van geweld, niet af in ontwikkelde landen, zo hebben onderzoeken herhaaldelijk aangetoond. Bovendien leidt slechts een fractie van de aangiftes tot een veroordeling. Dit staat bekend als 'uitslijten' – het aantal gevallen dat niet leidt tot een schuldbekentenis of veroordeling.

Decennialang hebben feministische groepen en regeringen de slachtoffers van seksueel geweld aangespoord om toch vooral aangifte te doen. Dit was het onderwerp van mijn vorige hoofdstuk. Het doorbreken van de stilte en het doorbreken van taboes zijn essentieel om verkrachting efficiënt aan te pakken.

Hoewel vrouwen dit advies in de meeste landen steeds vaker opvolgen, leidt dat helaas nog niet tot meer veroordelingen. Steeds meer mensen zijn bereid om hun stem te laten horen. De #MeToo-beweging heeft die ontwikkeling een enorme boost gegeven.

Twee onderzoekers van de Universiteit van Yale keken naar het aantal gemelde gevallen in de dertig meest ontwikkelde landen ter wereld in de zes maanden na de eerste publieke beschuldigingen tegen Harvey Weinstein. Uit de gegevens bleek dat de gerapporteerde gevallen van seksueel geweld in alle landen met gemiddeld 13 procent waren toegenomen.[5]

Maar in het Verenigd Koninkrijk is het aantal vervolgingen de laatste jaren in strikte zin gedaald. De Crown Prosecution Service in Engeland en Wales heeft in 2018 slechts 1758 verkrachtingszaken voor het gerecht gebracht, een daling van 38 procent ten opzichte van het jaar ervoor.[6]

In Frankrijk leidde #MeToo tot een stijging van het aantal ingediende zaken, met een toename van 11 procent in 2017, 19 procent in 2018 en 12 procent in 2019, volgens cijfers van het ministerie van Binnenlandse Zaken. Toch is het aantal veroordelingen de laatste tien jaar aan het dalen. Tussen 2007 en 2017 daalde het aantal veroordeelden voor verkrachting met 40 procent.[7]

RAINN schat dat slechts 230 van de 1000 verkrachtingen in de Verenigde Staten aan de politie worden gerapporteerd. Van de gemelde gevallen leiden 46 tot een arrestatie en slechts 5 tot een veroordeling. Dat betekent dat de verkrachter er in 995 van de 1000 gevallen mee wegkomt.

Uit een analyse van *The New York Times*, een jaar na het explosieve begin van de #MeToo-beweging in oktober 2017, bleek dat in totaal 201 mannen op prominente posities waren gedwongen af te treden nadat er publieke beschuldigingen tegen hen waren geuit. Meer dan de helft van hen (124) werd vervangen door een vrouw, wat hielp om de enorme ongelijkheid tussen mannen en vrouwen in belangrijke banen aan te pakken. Dit is een vooruitgang. Maar het aantal vervolgingen was nog steeds heel gering.

Afgezien van een handjevol beroemdheden – Weinstein, acteur Bill Cosby, zanger R. Kelly – kregen maar weinigen echt te maken met de rechter: volgens een analyse van de Axios-nieuwssite in maart 2020 waren het er slechts elf.

Om meer vrouwen ervan te overtuigen hun stem te laten horen en een aanklacht in te dienen, moeten ze erop kunnen vertrouwen dat de beslissing de moeite waard zal zijn. Het probleem is meestal niet de wet zelf. Vooruitgang in de nationale wetgeving inzake seksuele misdrijven gaat veel verder terug dan de recente wijzigingen in het internationaal recht, maar ze hebben beide dezelfde tekortkoming: ze bieden alleen theoretische bescherming.

De systemische vooroordelen die vrouwen in het rechtssysteem tegenwerken zijn het probleem. Veel hiervan is terug te voeren op de manier waarop verkrachting in het verleden is vervolgd.

In de vroegste beschavingen werd verkrachting beschouwd als overspel of ontucht. In middeleeuws Europa ontwikkelde de wetgeving zich zodanig dat men het als een opzichzelfstaande misdaad tegen vrouwen ging beschouwen, maar alleen als hun 'eer' op het spel stond. Bijna alle rechtsstelsels namen dit concept als centrale gedachte over.

Alleen vrouwen die überhaupt als eervol werden beschouwd – dus niet de armen, prostituees en minderheden – konden juridisch gezien het slachtoffer worden van verkrachting. En de rechtbanken, die volledig uit mannen bestonden, eisten van vrouwen dat ze bewezen dat ze eervol waren.

Hun seksuele verleden werd opeens relevant bewijs, net als de geringste aanwijzing dat ze hun belagers op de een of andere manier hadden aangemoedigd. Van vrouwen werd verwacht dat ze zich tegen de aanval verzetten, omdat men aannam dat 'eervolle' vrouwen zouden proberen hun belagers af te weren om hun reputatie te beschermen. Het ontbreken van letsel of aanwijzingen dat ze om hulp hadden geroepen, werd daarom als verdacht en diskwalificerend beschouwd.

Ongehuwde vrouwen moesten bewijzen dat ze vóór de verkrachting nog maagd waren geweest. Elke eerdere seksuele ervaring sloot hen uit als slachtoffers. Zogenaamde maagdelijkheidstesten – totaal onbetrouwbare testen waarbij twee vingers in de vagina werden gestoken om de elasticiteit ervan vast te stellen – waren in de achttiende en negentiende eeuw in de meeste Europese landen gemeengoed.

Alle slachtoffers werden ook nog eens als van nature ongeloofwaardig beschouwd omdat algemeen werd aangenomen – door de mannelijke juristen tenminste – dat vrouwen de neiging hadden verhaaltjes over aanranding te verzinnen, bijvoorbeeld om mannen tot een huwelijk te dwingen of een zwangerschap te verklaren. Dit omdat ze zwak van geest waren, en vatbaar voor hysterie.

In het zeventiende-eeuwse Engeland werd dit geformaliseerd met iets wat de *cautionary instruction*, waarschuwingsinstructie, wordt genoemd. Deze werd vóór een proces aan de jury voorgelezen en wees erop dat verkrachting een wel erg gemakkelijke aanklacht was waartegen men zich moeilijk kon verdedigen. De instructie verspreidde zich door het hele Britse Rijk en bleef tot voor kort geworteld in de rechtssystemen van Australië, de Verenigde Staten, Canada, een groot aantal Afrikaanse landen en Ierland. Tot de jaren zeventig en tachtig informeerden rechters jury's nog steeds dat verkrachting een aanklacht is die je heel makkelijk doet en vervolgens lastig is te weerleggen.

Deze zeer korte geschiedenisles over hoe verkrachting werd beschouwd en hoe die werd vervolgd, is essentieel voor het begrijpen van de vooroordelen en problemen waarmee we tegenwoordig in westerse rechtsstelsels worden geconfronteerd. Het begrip 'eer' blijft bestaan – een achterhaald, versleten vooroordeel uit een ander tijdperk. Het verklaart waarom aanklagers geen zaken willen aannemen tenzij de vrouw het 'perfecte slachtoffer' is, wat betekent dat ze geen 'diskwalificerende' eigenschappen heeft, en waarom jury's zo terughoudend zijn om iemand schuldig te verklaren.

Uit spraakmakende rechtszaken van de afgelopen jaren, waarin het slachtoffer de schuld kreeg en beweerd werd dat vrouwen zelf verantwoordelijk waren voor de aanranding, blijkt wel dat oude gewoonten en houdingen maar moeilijk uitsterven. Tijdens het proces tegen zwemmer Brock Turner van de Stanford-universiteit in 2016 werd zijn slachtoffer, Chanel Miller, door Turners advocaat aan de tand gevoeld over haar kleding, haar relatie met haar vriend en haar seksuele verleden.

Tijdens een verkrachtingszaak tegen twee rugbyspelers in een Noord-Ierse rechtbank, begin 2018, werd het string-achtige ondergoed van de vrouw die de aanklacht had ingediend in de rechtbank getoond, wat activisten zagen als een tactiek om haar in diskrediet te brengen en twijfel te zaaien over haar integriteit. Ondanks getuigenverklaringen dat ze op weg naar huis in tranen was, en er volgens een medisch rapport een scheur in haar vagina was geconstateerd, werden de twee sportmannen vrijgesproken.

In 2018, tijdens de vervolging van vier Spaanse mannen die zichzelf de 'Roedel' noemden, liet een lagere rechtbank 'bewijs' toe van een privédetective die was ingehuurd door een van de beklaagden. Het zogenaamde bewijs bestond eruit dat het tienerslachtoffer na haar aanranding glimlachend met vrienden op de foto stond, alsof dat moest aantonen dat ze eigenlijk helemaal niet getraumatiseerd was.

Al deze gevallen leidden tot protesten tegen de manier waarop de rechtszaken gevoerd werden, zowel tegen de behandeling van de slachtoffers als tegen de vonnissen. Ze toonden aan dat er zelfs in landen met de meest beschermende wetgeving sprake bleef van seksisme en onverdraagzaamheid, geworteld in de eeuwenlange discriminerende behandeling van slachtoffers van seksueel geweld.

In andere landen worden overlevers nog steeds gedwongen om 'maagdelijkheidstesten' te ondergaan omdat alleen seksuele zuiverheid hen tot betrouwbare getuigen maakt. Volgens UN Women zijn er meer dan twintig landen waarin vrouwen die een aanklacht indienen zo'n test moeten ondergaan, hoewel er geen medisch bewijs is dat zo'n procedure werkt. In India maakte het testen met twee vingers nog steeds deel uit van onderzoek naar verkrachting; pas in 2013 werd het door het hooggerechtshof van India verboden.

Het idee dat vrouwen de neiging hebben om te liegen blijft diepgeworteld, ook al is er geen enkel bewijs dat valse aantijgingen van verkrachting een wijdverbreid probleem zijn. Dit is een van de vele fabeltjes over verkrachting waar feministen al tientallen jaren tegen vechten. Maar iedereen – van politieagenten, aanklagers en rechters tot jury's – is altijd op zijn hoede voor de zogenaamd onbetrouwbare vrouw.

Ondanks de enorme media-aandacht voor incidentele gevallen waarin valse beschuldigingen worden bewezen, wijst al het onderzoek erop dat die een kleine minderheid vormen. De vaakst aangehaalde cijfers, die zijn gebaseerd op drie studies uit de Verenigde Staten, schatten dat het aantal 'valse' beschuldigingen ergens tussen de 2 en 10 procent ligt, aldus het in de VS gevestigde National Sexual Violence Resource Center. In een groot onderzoek door het ministerie van Binnenlandse Zaken in het Verenigd Koninkrijk, uit 2005, werden 3527 verkrachtingszaken tegen het licht gehouden, en de conclusie was dat slechts 9 procent 'vals bleek te zijn'.[8]

We moeten ons bewust zijn van deze eeuwenoude vooroordelen tegen overlevers van seksueel geweld om te begrijpen waarom het aantal meldingen en veroordelingen zo verbijsterend laag blijft, zelfs na een halve eeuw van enorme vooruitgang bij het uitbreiden en verbeteren van de wetgeving.

De wetten tegen aanranding en intimidatie zijn sinds de jaren zeventig dankzij de inspanningen van feministische organisaties enorm uitgebreid. Seksistische taal die verwijst naar de eer, kuisheid of zedigheid van een vrouw is geschrapt. Verkrachting binnen het huwelijk is een misdrijf geworden, waarmee het idee dat er in het huwelijk automatisch sprake is van seksueel consent overboord werd gezet.

Het idee van wat verkrachting inhoudt is ook verruimd tot ongewenste penetratie van elke opening, niet alleen de vagina, wat dus ook theoretische bescherming biedt aan mannelijke slachtoffers. Ongewenste penetratie met vingers of andere voorwerpen kan op dezelfde manier worden vervolgd als penetratie met een penis.

De zogenaamde *rape shield laws* hebben paal en perk gesteld aan het gebruik om het seksuele verleden van de slachtoffers te gebruiken om hen in diskrediet te brengen. Er wordt niet langer nadruk gelegd op de noodzaak van lichamelijk letsel om een aantijging te bewijzen, waarmee eindelijk erkend wordt dat veel slachtoffers gewoon verstijven van angst, of tot seks worden gedwongen. Ook worden slachtoffers niet langer verplicht om de verkrachting onmiddellijk erna aan de instanties te melden – nog een discriminerend aspect van ouderwetse wetten met betrekking tot seksueel misbruik.

De meest geavanceerde wetgeving ter wereld is tegenwoordig gebaseerd op consent. Hiermee hoeft een jury of rechter niet langer te beoordelen of er sprake was van fysiek geweld. De enige eis is dat beide partners vrijelijk toestemming moeten geven. Ook wordt hiermee erkend dat bepaalde personen – bewusteloze of kwetsbare mensen bijvoorbeeld, of iemand die wordt bedreigd of gedwongen – niet in staat zijn toestemming te geven.

Zweden haalde in 2018 de pers toen het met een ongekend vooruitstrevende verkrachtingswet kwam die vereist dat beide partners expliciet toestemming moeten geven voor seks, verbaal of fysiek. Dit is het 'ja betekent ja'-model, en het staat in schril contrast met wetten die vereisen dat een partner nadrukkelijk heeft geweigerd ('nee betekent nee') om de penetratie juridisch als een verkrachting te kunnen beschouwen.

Het leidde tot overdreven geruchten en spotternij van bepaalde sceptici die geloofden dat geliefden in Zweden voortaan een contract moeten tekenen voordat ze met elkaar naar bed gingen, of dat ze hun passie even moeten parkeren voor een discussie over de vraag of ze allebei toestemmen. Het belangrijkste en bewonderenswaardige punt van deze wet is echter het signaal dat ermee wordt afgegeven: dat beide partners, maar vooral vrouwen, in alle stadia actief hun toestemming moeten verlenen of uitspreken. Het probleem is dat 'toestemming' nog steeds door veel mensen verkeerd wordt begrepen.

In andere landen zijn de verbeteringen op het gebied van vrouwenrechten tot stilstand gekomen of hebben nooit plaatsgevonden. Ik schets hier geen simplistisch beeld van achtergebleven ontwikkelingslanden ten opzichte van meer geavanceerde westerse landen. Malta bijvoorbeeld, een klein maar welvarend EU-lid in de Middellandse Zee, beschouwde verkrachting tot 2018 nog steeds als een misdaad die 'de goede orde van gezinnen' aantast. Congo heeft sinds 2006 een uitstekende wet inzake verkrachting, maar het probleem, zoals met zoveel Congolese wetgeving, is de invoering.

In een uitgebreid overzicht van wetgeving met betrekking tot aanranding in tweeëntachtig rechtsgebieden, gepubliceerd in 2018, openbaarde de in de VS gevestigde actiegroep Equality Now dat het in ten minste negen landen, waaronder Irak, Koeweit en de Filipijnen, nog steeds mogelijk was dat een verkrachter zijn straf ontliep als hij met het slachtoffer trouwde. Libanon, Jordanië en Tunesië hadden vergelijkbare wetten, die pas in 2017 werden aangepast.

Getrouwde vrouwen in uiteenlopende landen als Singapore, India en Sri Lanka konden niet door hun partners worden verkracht, omdat verkrachting binnen het huwelijk geen erkend misdrijf was. Tientallen anderen gebruikten verouderde taal of eisten dat bewijs voor de rechtbank werd gepresenteerd, waardoor het bijna onmogelijk was om iemand veroordeeld te krijgen. In Senegal in West-Afrika werd verkrachting pas in januari 2020 als een ernstig misdrijf beschouwd, toen het als een misdaad de wetboeken inging in plaats van als een vergrijp.

De eerste stap om de wereldwijde verkrachtingsepidemie aan te pakken is het realiseren van duidelijke wetgeving, waarbij gebruik wordt gemaakt van het concept van consent. Dit concept erkent vrouwen volledig als autonome, onafhankelijke individuen. Strenge wetten met lange gevangenisstraffen voor verkrachting zijn een afschrikmiddel maar ook, in de fase van het wetsvoorstel, een kans om mannen en vrouwen voor te lichten over hun rechten en verantwoordelijkheden.

Maar zoals blijkt uit de Congolese wet van 2006, is dit nog maar het begin. Tenzij onderdeel van een veel bredere reeks hervormingen, waarvoor middelen en onderwijs nodig zijn, zal alleen die ene wet nooit echte impact kunnen hebben.

Toch valt er nog veel te bereiken. De meest radicale actievoerders stellen voor om het principe van de zogenaamde onschuldpresumptie in gevallen van seksueel geweld om te draaien. Dit betekent dat iemand niet meer onschuldig is totdat het tegendeel is bewezen, maar juist schuldig totdat zijn onschuld kan worden vastgesteld. Dit zou ongetwijfeld kunnen leiden tot gerechtelijke dwalingen, maar dan nog altijd minder dan nu, want nu gaan de meeste verkrachters gewoon vrijuit.

Ik snap dat sommige mensen met zulke argumenten komen, maar ik ben het er niet mee eens. We moeten nagaan hoe we het huidige systeem kunnen verbeteren, zodat het eerlijker en evenwichtiger wordt in de wijze waarop het omgaat met beschuldigingen van verkrachting, in plaats van fundamentele rechtsbeginselen te verwerpen.

Het belangrijkste aandachtsgebied is het ter beschikking stellen van geschoold personeel dat slachtoffers kan helpen zich te oriënteren wanneer zij om hulp of advies vragen. Deze eerste gesprekken vinden meestal plaats in een ziekenhuis of op een politiebureau en zijn absoluut noodzakelijk om een vrouw te helpen beslissen een klacht in te dienen.

Verpleegkundigen, artsen en wetshandhavers moeten weten hoe ze bewijsmateriaal moeten vergaren dat voor een toekomstige vervolging kan worden gebruikt. Dit houdt in: testen op DNA dat zich onder vingernagels, op de huid of in het lichaam bevindt, evenals het speuren naar tekenen van letsel die wijzen op verkrachting. Ze moeten gedetailleerde schriftelijke verklaringen afleggen en een medisch attest opstellen dat in de rechtbank kan worden toegelaten.

Dit soort dingen doen we in het Panzi-ziekenhuis altijd als we een nieuwe patiënte ontvangen, maar deze gewoonten en procedures zijn niet altijd vanzelfsprekend in medische instellingen en bij politiediensten die niet zijn voorgelicht over hoe je moet omgaan met seksuele misdrijven. Er is een grote culturele verschuiving nodig, vooral op werkplekken waar onwetendheid, seksisme en vrouwenhaat gemeengoed zijn. Het werk is procedureel en administratief, maar er is ook een belangrijke psychologische en sociale dimensie.

Het is van vitaal belang dat een politieagent of een verpleegkundige die een slachtoffer van seksueel geweld opvangt, haar kwetsbaarheid en mogelijke schaamte begrijpt. Een onhandig geformuleerde vraag ('Weet je wel zeker dat het klopt dat...') of een weinig invoelende houding ('Waarom heb je dan met hem afgesproken?') kan slachtoffers het gevoel geven dat zij zelf verantwoordelijk zijn voor de verkrachting.

Zowel de politie als het medisch personeel moet ook de gevolgen van een trauma begrijpen, zeker omdat dit vaak van invloed is op het vermogen van een slachtoffer om zich details te herinneren en gebeurtenissen in chronologische volgorde te plaatsen. Veel patiëntes hebben me verteld hoe ze het bewustzijn verloren of gewoon bevroren en een soort uittredingservaring hadden, waardoor ze alleen nog vage herinneringen hadden aan hun belager. Dit zijn geen signalen die argwaan zouden moeten wekken.

De inzet van gespecialiseerde vrouwelijke politieagenten die zijn getraind in het omgaan met seksueel geweld kan helpen om de aangifte van seksuele misdrijven en veroordelingen te verbeteren. Vrouwen voelen zich over het algemeen meer op hun gemak als ze met een andere vrouw over intieme seksuele ervaringen kunnen praten, wat natuurlijk lastig is voor politiediensten die overal ter wereld vooral uit mannen bestaan.

Het idee van 'one stop'-centra voor slachtoffers van seksueel geweld, waar politie, medisch personeel en psychologische hulpverleners vierentwintig uur per dag beschikbaar zijn, heeft ook een impuls gekregen. De eerste centra zoals deze werden in de jaren zeventig in de Verenigde Staten geopend en zijn sindsdien uitgebreid. Het Verenigd Koninkrijk en Canada hebben vergelijkbare door de overheid gefinancierde initiatieven, terwijl België en Frankrijk bezig zijn hun eigen versies van hetzelfde concept uit te breiden. Ook de Indiase regering maakte het opzetten van crisiscentra voor verkrachting onderdeel van haar reactie op de groepsverkrachting in New Delhi in 2012, die tot protesten leidde.

Voor mensen die er gebruik van maken vormen ze een onmisbare steun, en ook kunnen ze een belangrijke rol spelen bij de verspreiding van kennis onder de bevolking en binnen politiediensten. Maar dan moet wel algemeen bekend zijn dat ze bestaan, anders gaan deze voordelen verloren. Het andere probleem heeft met schaal te maken: ze zijn meestal alleen levensvatbaar in grote bevolkingscentra en ze hebben vaak te weinig middelen.

De oplossing voor de langere termijn is het voorlichten van zowel de politie als de medische diensten, van plattelandsgebieden tot grote steden, en hen beter leren omgaan met vrouwen die melding komen maken van een aanranding. Vanwege het wijdverbreide fabeltje dat vrouwen geneigd zijn iemand uit wraak te beschuldigen van seksueel geweld, verzuimen wetshandhavers vaak om op te treden of ze raffelen het onderzoek af, zodat er een hoop bewijs verloren gaat. Dit gebeurt nog bijna overal. Te veel politieagenten vinden geweld tegen vrouwen niet belangrijk, of houden de cultuur zelfs willens en wetens in stand.

Vanwege mijn expertise word ik af en toe ingeschakeld om te adviseren over gevallen in het buitenland die bijzonder complexe reconstructieve chirurgie vereisen. Zodoende heb ik een paar jaar geleden in België een patiënte geopereerd. Zij leed aan een traumatische fistel, toegebracht tijdens een groepsverkrachting, die ondanks verschillende operaties was teruggekomen.

We slaagden erin haar te behandelen, maar ik was verbijsterd toen ik achteraf hoorde hoe ze door de politie was behandeld. Toen ze in shocktoestand naar het plaatselijke politiebureau ging om aangifte te doen, werd ze behandeld alsof ze dronken was. Ze werd naar een cel gebracht om te ontnuchteren. Pas later merkten agenten dat ze bloedde en brachten ze haar naar het ziekenhuis.

In Detroit was er nog een tragisch voorbeeld van wat er gebeurt als de politie het onderzoek naar seksuele misdrijven niet serieus neemt. In 2009 werden in een vervallen opslag meer dan elfduizend zogenaamde zedensets aangetroffen. Deze worden gebruikt om DNA te verzamelen na een verkrachting. Er was nooit iets mee gedaan.

De uitvinding van de eerste zedenset, een setje flacons en wattenstaafjes voor het verzamelen van forensisch bewijs, werd in een recent onderzoek door *The New York Times* toegeschreven aan Marty Goddard, een heel onopvallende en vergeten activist in Chicago in de jaren zeventig.

Marty was geschokt door het lakse onderzoek in verkrachtingszaken en het stelselmatig vernietigen van bewijsmateriaal door agenten. Destijds stond er in het lesboek van de politie van Chicago dat 'veel aangiftes van verkrachting onterecht zijn' en dat een 'écht slachtoffer van verkrachting over het algemeen de indruk wekt van een persoon die onteerd is'.[9]

De ontdekking van de achtergelaten setjes in Detroit veroorzaakte een schandaal en heeft in de afgelopen tien jaar alsnog geleid tot honderden DNA-onderzoeken. Er werden enkele duizenden overeenkomsten gevonden in de forensische database van de FBI. Als gevolg hiervan werden meer dan achthonderd vermoedelijke verkrachters geïdentificeerd, wat eind 2019 resulteerde in bijna tweehonderd veroordelingen.[10] In de jaren dat de zedensets met het verzamelde DNA in een magazijn stof lagen te verzamelen, had een aantal van deze verkrachters nog meer slachtoffers gemaakt.

Wanneer actievoerders het hebben over de noodzaak van 'systemische' verandering in het strafrechtsysteem, bedoelen ze dit: tenzij je het hele systeem verandert zodat elk onderdeel werkt, levert het niets op. Eén zwakke schakel kan funest zijn voor de kans dat een vrouw gerechtigheid krijgt, en kan leiden tot nog veel meer slachtoffers.

Kijk maar naar het voorbeeld van Detroit: in de stad gold de strikte op toestemming gebaseerde verkrachtingswet van de staat Michigan, die seksueel misbruik bestraft met levenslange gevangenisstraf; de politie was uitgerust met zedensets om bewijs te verzamelen; duizenden vrouwen luisterden naar het advies van actievoerders en kwamen naar voren om aanklachten in te dienen en DNA af te geven.

Denk eens aan de hoeveelheid werk die nodig was om op dit punt te komen. Het was het resultaat van letterlijk decennialange investeringen van wetgevers en maatschappelijke groeperingen.

Maar hun moeite was voor niets omdat politieagenten niet eens de moeite namen om bewijsmateriaal te verwerken en het naar behoren te onderzoeken.

Helaas hebben vrouwen in de hele wereld meestal geen toegang tot zedensets en moeten ze het doen met politieagenten die niet zijn getraind in het bewaren van bewijsmateriaal in een verkrachtingszaak, of die daar vijandig tegenover staan. En tenzij een slachtoffer binnen tweeënzeventig uur na het seksuele misbruik medisch wordt onderzocht, is elk fysiek bewijs waarschijnlijk verloren gegaan.

Het is volkomen begrijpelijk dat veel slachtoffers alle herinneringen aan de ontmoeting met hun verkrachter meteen willen vernietigen. Ik ken er een paar die hun kleren hebben verbrand, terwijl anderen me vertelden dat ze daarna meerdere keren hebben gedoucht om te proberen de geur van hun belager kwijt te raken.

Een ander gebied dat aandacht behoeft is de verjaringstermijn van gevallen van seksueel geweld. Deze verschilt van land tot land en soms ook daarbinnen. Het idee achter het stellen van een tijdslimiet aan hoelang een misdrijf achteraf kan worden vervolgd, is bedoeld om de noodzaak de wet te handhaven af te wegen tegen het risico dat je iemand veroordeelt op basis van herinneringen die in de loop van de tijd zijn vervaagd en veranderd.

Moord wordt als het zwaarste misdrijf beschouwd en de meeste landen hebben daar geen verjaringstermijn voor. Waarom zouden we verkrachting dan anders behandelen, terwijl we zo goed weten welke verwoestende gevolgen die heeft? In de Verenigde Staten heeft bijvoorbeeld Alaska geen tijdslimiet voor de vervolging van verkrachting, terwijl in Massachusetts een termijn van vijftien jaar geldt.[11]

Zedenmisdrijven zijn anders dan andere misdrijven. Het kan jaren duren voordat een slachtoffer zich op zijn gemak voelt en zelfverzekerd genoeg is om haar stem te laten horen, vooral als het misbruik als kind heeft plaatsgevonden of door een familielid is gepleegd. Deze factoren pleiten voor lange verjaringstermijnen.

En waarom zou bewijs in gevallen waarin DNA achteraf wordt verzameld als verouderd worden beschouwd als er twintig of zelfs dertig jaar later een match wordt gevonden?

Door de omvang van seksueel misbruik in conflicten en in vredestijd in combinatie met de moeite die het kost om bewijs te verzamelen en het gebrek aan getuigen, menen sommige mensen dat het probleem nooit zal verdwijnen. Pessimisten roepen dat seksuele misdrijven onmogelijk te vervolgen zijn, dat alles neerkomt op het woord van de een tegen dat van de ander – 'haar woord tegen het zijne' – omdat seksueel misbruik meestal achter gesloten deuren plaatsvindt.

Ze hebben het mis. Er zijn tal van manieren waarop regeringen het verzamelen en onderzoeken van bewijs kunnen verbeteren. Het vereist wel aanhoudende investeringen en middelen, dat ontken ik niet.

Maar stel je eens voor dat er een vorm van misdaad was die door vrouwen bedreven werd en waar mannen het slachtoffer van waren. Stel je voor dat er een epidemie uitbrak van pijnlijke en gewelddadige aanvallen op penissen die mannen ernstig psychisch leed en lichamelijk letsel toebrachten.

Het probleem werd zo ernstig dat duizenden mannen zich meldden met beschuldigingen, maar de politie was totaal niet geïnteresseerd. Een paar zaken kwamen voor de rechter, maar de beschuldigde vrouwen gingen allemaal vrijuit. De mannen hadden waarschijnlijk gewoon zichzelf verwond, concludeerde de rechter of de jury. Toen er steeds meer aanvallen kwamen, begonnen mannen zich kwetsbaar te voelen.

Het is ondenkbaar dat dit niet een enorm schandaal zou worden. De straten zouden volstromen met demonstranten. Politici zouden over elkaar heen buitelen met beloften van 'voorbeeldstraffen' voor de schuldigen, zwaardere straffen en extra middelen voor voorlichting en onderzoek. In kranten zou worden aangedrongen op actie. In hoofdstuk 3 vertelde ik je over het geval van een jonge mannelijke patiënt in 2008 wiens penis was afgesneden. De buitengewone belangstelling van de pers voor zijn zaak, ook al lagen mijn afdelingen vol met gewonde vrouwen, had geen duidelijker bewijs kunnen zijn van de gendervooroordelen in de media.

De omvang van het seksuele geweld tegen vrouwen overal ter

wereld is een écht schandaal, geen denkbeeldig schandaal. Het gebeurt op dit moment. Het gaat door vanwege seksisme en omdat aan het leven van vrouwen opvallend weinig waarde wordt gehecht. Het zou in elk land op nationaal veiligheidsniveau prioriteit moeten hebben.

Voor iedereen die eraan twijfelt of het recht kan zegevieren, verwijs ik naar onze zaak tegen Batumike in Kavumu. Aanklagers en politie riepen dat hij onaantastbaar was, dat er niets tegen gedaan kon worden. Maar nu zit hij achter de tralies en zal daar hopelijk de rest van zijn leven blijven.

We hebben meer van dit soort overwinningen nodig in Congo, Myanmar, Soedan, Syrië, Irak, Jemen en Afghanistan, niet minder. We hebben meer internationale rechtspraak en samenwerking tussen landen nodig om de rechtsstaat te ondersteunen. Er moeten meer mannen zoals Weinstein in de nor belanden.

Het straffen van verkrachters en plegers van seksueel misbruik geeft het signaal af dat seksueel geweld onacceptabel is. Veroordelingen zorgen voor bewustwording en ontmoediging. Overal waar mannen zich gedragen als 'het slechtste dier', op het slagveld of in de slaapkamer, moeten ze beseffen dat ze het risico lopen dat ze voor de rechter moeten verschijnen.

8
Erkenning en herinnering

Het kan niet genoeg benadrukt worden: ons strafrechtsysteem en onze internationale rechtssystemen moeten aanklachten van seksueel geweld beter behandelen. We moeten hard werken om te zorgen dat slachtoffers gehoord worden, dat ze een beroep kunnen doen op justitie en verkrachters effectief achter de tralies belanden. Maar in sommige gevallen, als het vrijwel onmogelijk is de dader te identificeren of bewijs niet te leveren is – bijvoorbeeld in oorlogsgebied – moeten we bedenken hoe vrouwen op andere manieren erkenning en compensatie kunnen krijgen.

In 2010 vloog ik naar een regio waarover ik al heel veel gehoord had, maar waar ik nog nooit was geweest. Ik kende het gebied alleen van mijn patiëntes, die het vaak door hun tranen heen beschreven wanneer ik aan hun bed zat in het ziekenhuis of ze in mijn spreekkamer zag. Het was een plek die ik in mijn hoofd associeerde met het ergste misbruik, de ergste armoede en achterstelling die we kennen in Oost-Congo.

Sinds de opening van ons ziekenhuis in Panzi in 1999 hadden we te maken met een constante stroom meisjes en vrouwen uit de regio Shabunda. Sommigen hadden de driehonderd kilometer lange reis op eigen kracht gemaakt, anderen werden, amper bij bewustzijn of halfdood, door familieleden of hulporganisaties gebracht. Allemaal lieten ze hun sporen na in het ziekenhuis en op mij, zoals Wamuzila, over wie ik in hoofdstuk 4 schreef, of het meisje dat ervoor zorgde dat de generaal flauwviel in het ziekenhuis in 2006, over wie ik het had in hoofdstuk 6.

De dorpen in Shabunda worden, net als andere in Oost-Congo, aan hun lot overgelaten door het leger, dat niet in staat is de gewapende groepen uit te roeien die voortdurend voor angst en leed zorgen. Ze worden in de steek gelaten door het rechtssysteem, met als gevolg dat verkrachters en moordenaars nog steeds ongestraft hun gang kunnen gaan. En ze worden in de steek gelaten door de overheid, die niet zorgt voor basisvoorzieningen als water, elektriciteit of onderhoud aan de enige weg die de regio verbindt met de buitenwereld.

Het hele gebied is net iets kleiner dan België en telt ongeveer een miljoen inwoners. Het is bedekt met dichtbegroeid tropisch bos, net als het grootste deel van Congo. Die groene deken had ik al bewonderd toen ik er met een VN-helikopter overheen vloog vanuit Bukavu.

Vanuit de lucht zag onze jungle er zover het oog reikte uit als een gigantisch veld dicht opeengepakte broccoliroosjes, een onmetelijke groene deken die de aarde en grond eronder verhulde. Ik stelde me de planten voor die onder dat dikke pak bladeren en takken vochten om het licht, de gespikkelde schaduwen, de uitgekapte paden door de klimplanten en het gezang van vogels. Dat was het soort wildernis waar ik vroeger graag doorheen liep, maar waar ik tegenwoordig helaas nauwelijks van kan genieten.

Je snapt waarom de guerrillagroepen die de regio en de bewoners al sinds eind jaren negentig terroriseren zich zo graag verschansen in Shabunda. Het onherbergzame bos, de grotten en de rotsachtige grond bieden een ideale schuilplaats als je bereid bent de ontberingen te doorstaan van weinig voedsel, muggen en slangenbeten.

Ik wist dat zich onder het gebladerte de kampen van de rebellen bevonden, waar mannen rondliepen en misschien een nieuwe nachtelijke aanval planden die voor nog meer bloedvergieten zou zorgen. Hoeveel vrouwen werden er onder schot gehouden op het moment dat ik eroverheen vloog?

Toen ik naar de belangrijkste stad in Shabunda vloog, zag ik tekenen van de illegale activiteit die de brandstof vormt voor de gevechten. Af en toe week het dichte bladerdek, alsof de wildernis door een grote kam opzij geveegd was die diepe, rode littekens zichtbaar maakte van leem en hoopjes aarde. Daar was het oerbos gekapt, niet in één keer weggemaaid, maar met bloed, zweet en tranen door duizenden arbeiders met handzagen neergehaald.

Op de open plekken zag ik mannen en jongens werken, kleine, vrijwel naakte figuurtjes die via een rattengang mijnen binnengingen of bovenop aan het hakken waren met scheppen en schalen in de hand, op jacht naar coltan, goud of tin dat zich onder de grond bevond. In welke producten, waar in de wereld, zouden de vruchten van hun werk uiteindelijk terechtkomen? Ze keken op en staarden naar boven.

Op andere plekken, aan de ondiepe randen van beken en rivieren zag je kleine groepjes mensen voorovergebogen staan, tot aan hun enkels in de modder, op zoek naar goudschilfers in het sediment. Ik maakte mijn reisgenoten erop attent, maakte gebaren met mijn hand en deed moeite om mijn stem boven de herrie van de helikoptermotor uit te laten komen.

Ik was op onderzoeksmissie, betaald door het Hoog Commissariaat voor de Mensenrechten van de VN. De missie werd geleid door plaatsvervangend commissaris Kang Kyung-wha uit Zuid-Korea, en onder de deelnemers bevonden zich zowel de voormalige Finse minister van Defensie Elisabeth Rehn als een senior VN-functionaris uit New York en ook vrouwenrechtenactiviste Jessica Neuwirth, met wie ik goed bevriend raakte tijdens onze samenwerking. We waren gevraagd om slachtoffers van seksueel geweld te bezoeken en te onderzoeken wat zij nodig hadden in de zin van herstelbetalingen.

Het was onze taak het functioneren van het rechtssysteem te evalueren, waarvan ik wist dat het vrijwel niet bestond en, veel belangrijker, te kijken hoe slachtoffers op een andere manier schadevergoeding zouden kunnen krijgen voor het hun aangedane leed.

Het was vaak hartverscheurend werk, maar er werd me wel iets duidelijk: het rechtssysteem laat overlevers van seksueel geweld niet alleen in de steek, overheden vergroten die tekortkoming door overlevers niet te erkennen op andere manieren die hun lijden kunnen verlichten.

We landden op een airstrip in de belangrijkste stad van de regio Shabunda, die ook Shabunda heet. Bijna alle goederen die de plaatselijke bevolking nodig heeft, worden aangeleverd op deze hobbelige landingsstrook, die net lang genoeg is om er kleine vliegtuigjes te laten landen, volgeladen met eten en drinken, keukengerei, accu's of medicamenten. Als gevolg van de schaarste kost een fles water of cola in Shabunda soms net zoveel als in een westerse hoofdstad.

We werden verwelkomd door tientallen mensen die we in de verte al hoorden zingen toen de motor van de helikopter tot stilstand kwam. Het waren vooral vrouwen en ze stormden naar voren toen we uit de helikopter stapten, terwijl de rotorbladen steeds langzamer boven ons hoofd cirkelden.

Ik omarmde zoveel vrouwen als ik kon. Het was een emotioneel weerzien met patiëntes die in het ziekenhuis hadden gelegen, van wie ik er veel zelf geopereerd had. Ik herkende een paar gezichten. Ik was hier nooit eerder geweest, maar door de lachende gezichten en de omhelzingen was het alsof ik thuiskwam.

Een lokale hoge ambtenaar was er ook om ons te begroeten, naast de commandant van het bataljon van de VN-vredesmacht die permanent in de stad gelegerd was. Ze gaven ons beiden een update van de veiligheidssituatie en zeiden dat het gebied rond het dorp, waar zo'n twintigduizend mensen woonden, veilig was, maar daarbuiten konden het leger en de VN de veiligheid van de bewoners niet garanderen.

De laatste maand was er een plotselinge toename van aanvallen geweest in dit gebied, werd ons verteld. Indien mogelijk gingen vredessoldaten naar de bewuste plek toe, maar zelfs zij konden maar moeilijk in sommige dorpen komen. Grote gebieden waren simpelweg ontoegankelijk over land en te gevaarlijk om vanuit de lucht te bereiken.

Begeleid door een menigte plaatselijke vrouwen en de ambtenaar, en geëscorteerd door VN-vredessoldaten, werden we naar een standbeeld geleid in het midden van de stad dat opgericht was als eerbetoon aan de overlevers in het gebied. Het was even onverwacht als inspirerend.

Het was het beeld van een in brons gegoten vrouw op een betonnen sokkel. Ze zat op haar hurken met een arm achter zich gestrekt en de hand op de grond om haar gewicht te ondersteunen; haar andere hand had ze tegen haar voorhoofd. Haar hoofd was achterovergebogen en haar gezicht keek naar de lucht, en ze had een gepijnigde uitdrukking op haar gezicht alsof ze met plotseling, onvoorzien verdriet te maken had. Ze leek in die houding gebukt te gaan onder fysieke pijn, maar toch, leek mij, sterk genoeg om weer op te krabbelen.

Het was een ongemakkelijke aanblik, maar ongelooflijk krachtig in wat het verbeeldde en symboliseerde. Onze gidsen legden uit dat het beeld geplaatst was met het gezicht naar Congo's buurlanden, met name naar Rwanda, dat door de gemeenschap als de bron van alle ellende en angst gezien werd.

We gingen verder en kwamen bij een gebouw in de stad waar we afgesproken hadden met overlevers die bereid waren met ons te praten over hun ervaringen. In totaal zouden we dergelijke bijeenkomsten in zeven verschillende plaatsen in het land hebben, waarbij we elke keer weer iets zouden leren over de barbaarsheid van het conflict en de moed van de slachtoffers.

Ook al wist elke vrouw dat ze niet gedwongen was haar ervaring te beschrijven en dat het ons erom ging te weten waaraan zij behoefte had, vertelden ze allemaal uit zichzelf hun persoonlijke verhaal, vaak met als reden dat de wereld moest weten wat er aan de hand was.

We ontmoetten een echtpaar dat in 2005 in hun dorp door Mai Mai-strijders aangevallen werd. De vrouw was het slachtoffer geweest van groepsverkrachting en had dieprode, ontsierende littekens op haar been op de plek waar ze haar in brand hadden gestoken. Haar man, die haar had proberen te redden, was bijna doodgeslagen en raakte daarbij twaalf tanden en zo goed als geheel zijn gehoor kwijt.

Hij vertelde hoe vrienden en familie hem na de aanval hadden aangeraden zijn vrouw te verlaten, maar dat hij besloot bij haar en hun zes kinderen te blijven. Hij begreep dat het niet haar fout was, een zeldzaam en hoopvol voorbeeld van een echtpaar dat samen tegenspoed het hoofd biedt. De meeste andere vrouwen hadden niet zoveel steun van hun echtgenoot.

Alle zeven overlevers benadrukten dat de beste reactie op hun leed zou zijn als er voor vrijheid en veiligheid in de regio gezorgd werd, zodat anderen eenzelfde lot bespaard zou blijven. 'Wat mij het meest dwarszit, is dat onze vijanden er nog steeds zijn,' zei een van hen. 'Ook als we individueel hulp krijgen, zijn onze problemen niet weg wanneer onze vijanden er nog zitten.' Anderen deden praktische voorstellen, zoals de aanleg van waterputten dichter bij dorpen, zodat meisjes niet meer zo ver hoefden te lopen om water te halen uit bronnen of beken. Ook gerechtigheid was belangrijk, al hadden maar weinig vrouwen de hoop dat hun beulen voor de rechter zouden moeten verschijnen.

Onze laatste ontmoeting die dag maakte diepe indruk op me. Die deed me beseffen wat het voor slachtoffers betekent dat seksueel geweld in conflictgebieden niet erkend wordt. Ons laatste gesprek hadden we met de oudste vrouw die we spraken in Shabunda, een weduwe van eenenzestig die zes dagen lang ontvoerd was en daarbij slachtoffer was geweest van groepsverkrachting in de jungle.

Ze was stevig gebouwd en zat vol energie. Ze kwam bij ons zitten in haar prachtig gedecoreerde pagne, het hoofd opgeheven. Ze vertelde ons wat ze had meegemaakt, en toen ze klaar was vroeg ik haar wat ze nodig had.

'Ik heb niets nodig,' zei ze. De verontwaardiging spatte uit haar ogen. 'Ik wil maar één ding. Wij vrouwen verdienen respect.

Wij baren kinderen, voeden ze op, werken. Maar we worden vernederd. Ik werd vernederd door kinderen, niet ouder dan mijn kleinkinderen. Niets kan die schaamte wegnemen, niets. Maar ik wil dat de president hier komt en in het openbaar zijn excuses aanbiedt.

Ik wil dat hij hierheen komt en het leed en de misdaden die ons aangedaan zijn erkent. Dat zal mij helpen helen, dan zal ik me weer gerespecteerd voelen door de mensen hier,' zei ze.

Ik keek vol bewondering naar haar. Haar woorden getuigden van zoveel wijsheid en kracht. Net als bijna alle overlevers die we ontmoetten, ging het haar niet om vergelding. De overgrote meerderheid van de vrouwen wilde vrede, scholen voor hun kinderen of nieuwe kerken waar de gemeenschap weer bijeen kon komen.

De oudere vrouw noemde iets essentieels wat slachtoffers van seksueel geweld vaak niet wordt gegeven: erkenning. Zij wilde erkenning en een excuus voor het feit dat men haar niet beschermd had. En dat wilde ze niet alleen voor zichzelf: ze wilde het ook voor anderen in dezelfde situatie, die nog steeds in stilte leden.

Toch wordt zo'n erkenning maar heel zelden gegeven. In Congo deed president Kabila tijdens zijn ambtstermijn van 2001 tot 2019 precies het tegenovergestelde. Hij ontkende en verbloemde; hij bedreigde mensen zoals ik, die probeerden aandacht te krijgen voor de crisis. Hij weigerde herstelbetalingen te financieren om deze vrouwen te compenseren.

Het standbeeld van de overlever op haar hurken in het dorpscentrum was onderdeel van het proces van erkenning van de vrouwen van Shabunda. Het was de eerste keer dat ik ooit een openbaar eerbetoon had gezien aan de vrouwelijke slachtoffers van de Congolese oorlogen. Zoiets is er in Bukavu niet.

De vrouwen die wij interviewden zeiden dat ze het standbeeld mooi vonden. Het hielp het gevoel van schaamte te verlichten dat sommige vrouwen nog steeds hadden. Het bestaan ervan liet zien dat je bewondering en sympathie voor hen moest hebben en ze niet moest stigmatiseren, wat zo vaak gebeurde.

Ik vroeg me af hoeveel standbeelden of monumenten er in de wereld opgericht waren voor verkrachtingsslachtoffers in andere oorlogen. Voor de Eerste en Tweede Wereldoorlog is er in elk Frans en Brits dorpje wel een soort monument ter nagedachtenis van de gevallen en gewonde soldaten tijdens de veldslagen in die vreselijke conflicten. Politici bewijzen in jaarlijkse ceremonies eer aan hun moed. Hun offers mogen nooit vergeten worden, horen we – en terecht.

Maar wie herinnert zich de honderdduizenden, misschien wel miljoenen vrouwen die ook slachtoffers waren, onder schot gehouden en verkracht door Duitse, Russische of geallieerde troepen, of tot seks gedwongen om zichzelf of hun familie te redden? Wie herinnert zich de kinderen die geboren werden uit die verkrachtingen?

De neiging om misbruik op individueel niveau te verzwijgen, waarbij tegen vrouwen wordt gezegd er geen aandacht aan te schenken en dat hun ervaring iets is om je voor te schamen, functioneert ook op institutioneel en bestuursniveau. Vrouwen hebben andere ervaringen in oorlogen en conflicten. Ze vechten zelden mee en zijn vrijwel nooit de aanstichters, maar de tol die ze betalen is er niet minder om.

Deel van het probleem is volgens mij de manier waarop we gewapende conflicten documenteren, die invloed heeft op hoe wij ze ons herinneren en ze herdenken. De eerste historische schets wordt gemaakt door journalisten, waardoor de genderonbalans in de internationale media, vroeger en nu nog steeds, onderdeel is van de reden dat vrouwen vaak letterlijk uit de geschiedenis geschreven worden.

Sinds 1995 onderzoekt het Global Media Monitoring Project de vertegenwoordiging van vrouwen in de internationale geschreven pers en op radio en tv. Er zijn sindsdien vijf onderzoeken verricht, het meest recente in 2015. Ze laten zien dat er bar weinig is veranderd in die twintig jaar tijd. Slechts 24 procent van de onderwerpen in het nieuws – de mensen die geïnterviewd worden of over wie het nieuws gaat – is vrouw.

Wereldwijd zijn de meeste journalisten mannen en die dominantie is met name groot onder de hoofdredacteuren die de nieuwsagenda bepalen. Ook hebben zij vrijwel het monopolie op het gebied van oorlogsverslaggeving. In het werk lopen vrouwelijke verslaggevers extra gevaar geïntimideerd of aangerand te worden, maar hun gezichtspunt en hun vermogen om vrouwen te spreken en hun vertrouwen te winnen, zijn vaak essentieel bij de verslaglegging van verhalen.

Wanneer de journalisten hun werk hebben gedaan, zijn de verantwoordelijken voor het maken van de eerste versie van de geschiedenis veelal mannen. Op geschiedenisfaculteiten zitten meestal voornamelijk mannen, en populaire historici – die opzienbarende studies en bestsellers schrijven over conflicten – zijn vaak ook mannen.

Oorlogsverslaggeving is vaak gericht op de strategische beleidsmakers, de actie op het slagveld, technische vooruitgang, doden en gewonden onder de troepen en individuele heldendaden. Overal zijn de politici, strategen, commandanten en soldaten mannen. Zo worden oorlogen in films en kinderboeken geportretteerd. Vrouwen komen er amper in voor, alleen als nevenschade.

Een paar jaar geleden las ik een boek dat mede geschreven is door Rochelle G. Saidel, een Amerikaanse wetenschapster en oprichtster van het Remember the Women Institute, dat mijn perspectief op de Tweede Wereldoorlog veranderde. Ze raakte aan het eind van de jaren zeventig geïnteresseerd in seksueel misbruik tijdens de Holocaust, omdat er een strafproces liep tegen een nazi-oorlogsmisdadiger in de Verenigde Staten, in Albany, New York, waar zij toen woonde.

Ze ontmoette daar een aantal vrouwen die de regering van de VS uit Israël had laten komen om te getuigen tijdens een zitting over deportatie tegen Vilis Hāzners, een Let die officier was in Hitlers Waffen-SS. Al luisterend naar de verhalen kreeg ze het idee om het gebruik van seksueel geweld tijdens de Holocaust te onderzoeken, waar vrijwel nooit over gesproken werd.

Ze ging research doen, stortte zich op geschriften en documenten uit de archieven en interviewde overlevers. Ze ging naar Ravensbrück, een naziconcentratiekamp voor vrouwen in Oost-Duitsland. Ook ging ze de samenwerking aan met collega-wetenschapster dr. Sonja Hedgepeth, die dezelfde interesses had.

Het gebrek aan documentatie over seksuele misdrijven tijdens de Holocaust kwam niet omdat die er niet waren. Volgens de rassenwetten van de nazi's waren relaties en fysiek contact met joden strikt verboden. Als gevolg daarvan werd er vrijwel niets vastgelegd. Toch was er een systeem van bordelen en seksuele slavernij dat welig tierde in gevangenissen en kampen van dwangarbeiders. Toen ze meer bewijzen boven water hadden gehaald van wijdverspreid seksueel misbruik, gingen Saidel en Hedgepeth workshops geven om mensen bewust te maken van de ervaringen van joodse vrouwen. Tijdens een daarvan in Yad Vashem, het herinneringscentrum van de Holocaust in Jeruzalem, zat er een zeer gewaardeerde Israëlische wetenschapper in de zaal.

Tijdens hun presentatie, toen Saidel het over massaverkrachting had, stond hij op en onderbrak hen, zichtbaar kwaad. 'Joodse vrouwen werden niet verkracht tijdens de Holocaust. Waar zijn de documenten?' schreeuwde hij.[1] Ze realiseerden zich dat ze hier een van de laatste taboes van de meest verfoeilijke periode uit de twintigste eeuw aanroerden.

De twee professoren besloten dat het tijd was om een boek te schrijven om de orthodoxe mening dat seksueel geweld niet voorkwam tijdens de Holocaust ter discussie te stellen. Ze hadden het gevoel dat, door dat geweld te ontkennen of er niet van te weten, historici vrouwen de erkenning ontzegden die ze zo verdienden. Het resultaat van hun werk, het eerste in zijn soort, werd in 2010 gepubliceerd onder de titel *Seksueel geweld tegen Joodse vrouwen tijdens de Holocaust.*

Dat er zo weinig geschreven was over seksueel misbruik van Joodse vrouwen komt doordat er zo weinig bekend is over seksueel geweld in de hele wereld. Overlevers waren bang voor de gevolgen die hun verklaringen zouden hebben en bang om door hun gemeenschap gestigmatiseerd te worden.

Velen van hen waren ten tijde van het misbruik jonge vrouwen die zich zorgen maakten over hun huwelijksvooruitzichten na de oorlog als slachtoffer van verkrachting. Maar ze hadden ook te maken met extra druk die uniek is aan de Holocaust: door de onvoorstelbare schaal waarop moorden en martelingen hadden plaatsgevonden, hadden ze het gevoel dat het ter sprake brengen van seksueel geweld misschien zou afleiden van het verlies dat anderen geleden hadden. Zij leefden en konden de seksuele misdrijven door de nazi's nog aan de kaak stellen, dus waren ze beter af dan de zes miljoen andere Joden die vermoord waren.

Een andere reden waarom veel overlevers zich niet uitgesproken hadden, wat zeer relevant is voor mijn punt over het aantal vrouwen in de media en in de geschiedenis, is dat niemand de tijd had genomen om hen op te zoeken en over te halen hun herinneringen te delen, totdat Rochelle Saidel en Sonja Hedgepeth bij hen aanklopten.

Geen van de (vrijwel alleen mannelijke) reporters, historici en officiers van justitie die de volle omvang van de door de staat gefaciliteerde moordpartijen in de concentratiekampen hielpen onthullen, had ooit naar bewijs van seksueel geweld gezocht. Ze vonden het niet omdat ze er nooit naar vroegen of er nooit op zo'n manier naar vroegen dat er heel persoonlijke verhalen naar boven zouden komen. Zoals ik in het vorige hoofdstuk al zei, werd er naar aanleiding van de Neurenbergprocessen voor nazimisdadigers niemand vervolgd voor verkrachting of seksuele misdrijven.

De emotionele tol die overlevers betalen voor het wegdrukken van hun herinneringen, wordt zichtbaar in een interview dat Saidel had met een sociaal werkster in een verzorgingstehuis in Toronto voor overlevers van de Holocaust. De sociaal werkster vertelde haar dat vrouwen op hun sterfbed heel vaak nog iets kwijt moesten voor ze hun laatste adem uitbliezen.

'Ik moet u iets vertellen,' zeiden ze dan terwijl het leven hun ontglipte. 'Ik ben verkracht, maar vertel het niet aan mijn familie.'[2]

Toen ik over deze vrouwen las, brak mijn hart. Hun hele leven hadden ze hun pijn verborgen gehouden, hun innerlijke schade, omdat ze zich schaamden of omdat ze vonden dat ze geen aandacht en sympathie verdienden. Pas op hun sterfbed wisten ze zichzelf te bevrijden van de last van die geheimhouding.

Als gevolg van het werk van Saidel en Hedgepeth is er iets veranderd. Mannelijke wetenschappers onderbreken hun toespraken en seminars niet langer. In 2018 organiseerden zij een baanbrekende tentoonstelling getiteld VIOLATED! Women in Holocaust and Genocide in de Ronald Feldman Gallery in New York. Hier was kunst te zien die seksueel geweld verbeeldde tijdens de Tweede Wereldoorlog, in Rwanda en Bosnië.

Het erkennen van het bestaan van seksueel geweld heeft niet afgeleid van de weerzinwekkende realiteit van de getto's of de gaskamers. Het heeft bijgedragen aan een completer beeld van wat er gebeurd is. De erkenning kwam te laat voor de arme vrouwen van het verpleeghuis in Toronto die op hun sterfbed fluisterend hun verhaal deden, maar zal ons tot nadenken moeten stemmen over de gendervooroordelen in onze gezamenlijke geschiedenis.

In 2018 vloog ik de halve wereld over om een andere groep vrouwen te ontmoeten die door hun strijd om erkenning heldinnen zijn in hun eigen land en ver daarbuiten. Zij hebben meer bereikt dan wie ook met hun lessen aan de wereld over de schade van seksueel geweld in conflicten en het belang van het betuigen van spijt. In mijn gesprekken met hen echoden de woorden in mijn hoofd van de oudere weduwe die ik in Shabunda had ontmoet en wier grootste wens was dat president Kabila van Congo zijn excuses zou aanbieden.

Het zijn de 'troostmeisjes' van Zuid-Korea en ze staan voor de naar schatting 200.000 meisjes en jonge vrouwen die verhandeld werden en gedwongen te werken als seksslavinnen voor het Japanse leger van de keizer tijdens militaire operaties in Azië, vanaf het begin van de twintigste eeuw totdat het verslagen werd in 1945. Ik gebruik liever de Koreaanse naam *halmoni*, wat 'grootmoeders' betekent.

Hun verhaal – over ontwrichte levens en decennialang zwijgen – roept medelijden op, maar hun campagne voor officiële excuses en erkenning van de verantwoordelijkheid van de Japanse staat wekt diepe bewondering. Hun strijd, die ze met serene waardigheid en ijzeren vastberadenheid tot in hun laatste levensjaren voeren, heeft als doel om zelf te helen, maar ook om anderen te helpen.

Als gevolg van hun campagne, die voor veel spanningen heeft gezorgd in de diplomatieke betrekkingen met Japan, is Zuid-Korea misschien wel een van de landen met het meeste bewustzijn van de impact van seksueel geweld in conflicten. Hun leed is meermaals erkend door de eigen regering en er zijn standbeelden voor hen opgericht en een museum over hun leven.

Het Museum voor Oorlog en Vrouwenrechten, een van mijn eerste haltes in Seoel, was het eerste museum in zijn soort dat ik ooit bezocht. Het museum heeft een bescheiden onderkomen in een achterbuurt en de bouw nam jaren in beslag vanwege gesteggel over de locatie. Een Koreaanse veteranenvereniging protesteerde tegen de aanvankelijke plannen om het te vestigen in een park in Seoel dat opgedragen is aan 'martelaren' van de strijd voor onafhankelijkheid van het land, alsof verkrachte vrouwen de herinnering aan de bevrijdingsstrijd zouden bezoedelen.

Het museum mag dan klein zijn, de indruk die het maakt compenseert dat ruimschoots. Op de twee verdiepingen en in een flauw verlichte, lege betonnen kelder, bedoeld om een idee te geven van de grimmige en desoriënterende omstandigheden waarin veel vrouwen verkeerden, leren bezoekers over de ware gruwelen die degenen ten deel vielen die ontvoerd werden en gevangengezet in door de overheid goedgekeurde bordelen.

Ik werd getroffen door een muur met betonnen afgietsels van de gezichten en handen van sommige van de grootmoeders. Ze zien eruit alsof ze door het oppervlak heen komen en staan symbool voor de moeite die het kost om de stilte te doorbreken en hun ervaringen aan de openbaarheid toe te vertrouwen. Een andere muur bestaat uit stenen met elk een foto en een boodschap erop van een overlever, met links daarvan gaten als symbool voor degenen die nooit hun stem hebben kunnen laten horen.

Ik bleef staan en staarde naar een foto van een slecht uitziende, broodmagere jonge vrouw die onderzocht wordt door een Japanse arts in een witte jas. Ik vroeg me af hoe die arts zijn opleiding en mijn beroepsethiek zo had kunnen verraden dat hij ze in dienst had gesteld van zo'n afschuwelijke wreedheid. Elke vrouw die ontvoerd was, onderging vernederende onderzoeken op seksueel overdraagbare aandoeningen.

Ik voelde me verontwaardigd en klein toen ik naar een verblijf in de hoofdstad liep waar een steeds kleiner wordende groep grootmoeders woont en verzorgd wordt. Ik ontmoette Kim Bok-dong, toen eenennegentig, een elegante maar frêle overlever met grijs haar dat haar vriendelijke gezicht omlijstte. Ze vertelde me rustig en ernstig over haar ervaringen en over de hoop die ze had voor de tijd die haar nog restte.

Kim was veertien jaar oud toen soldaten bij haar huis in Yangsan kwamen in het zuiden van het land tijdens de bezetting van Zuid-Korea door Japan. Ze zeiden tegen haar ouders dat zij in het kader van de oorlogsinspanningen in een fabriek moest gaan werken, iets waarvan ze wisten dat ze het niet konden weigeren. Japan was in oorlog met China en Koreanen werden gedwongen dienst te nemen in het leger.

Kim werd uit haar huis geplukt en kwam als jonkie terecht bij een groep vrouwen van achttien tot twintig jaar oud. Ze werden opeengepakt in een vrachtwagen naar een haven in de buurt gebracht, waar een reis begon waarbij ze met verschillende schepen als dieren vervoerd werden naar hun bestemming in de door Japan bezette provincie Guangdong, in het zuiden van China. Onderweg had ze geen idee waar ze heen ging. Ze voelde zich zoals elke veertienjarige zich zou voelen – onzeker en met veel heimwee – en wist niet wat haar ontvoerders van plan waren.

Toen ze in Guangdong aankwam, werd ze naar een Japanse militaire basis gebracht, waar ze lichamelijk onderzocht werd en vervolgens tewerkgesteld. Ze werd vernederd door de eerste soldaat die haar verkrachtte. Het was een verschrikkelijke ervaring.

Ze probeerde zelfmoord te plegen samen met twee andere vrouwen. Haar moeder had haar wat geld gegeven toen ze wegging en dat had ze weten te verbergen tijdens haar reis naar China. Ze gaf het aan een schoonmaker in het kamp in ruil voor een fles alcohol waardoor ze haar mond verbrandde toen ze zichzelf dwong het te drinken. Ze raakte buiten bewustzijn.

Wat ze zich van daarna herinnerde, was dat ze bijkwam in het militaire ziekenhuis nadat artsen haar maag leeggepompt hadden. Als gevolg daarvan hield ze de rest van haar leven maag-darmproblemen.

'Ik lag in mijn eentje in een kamer en zij kwamen een voor een binnen. Ze keken je amper aan en het maakte hun niets uit of je pijn had,' vertelde ze. 'Zodra ze klaar waren, was de volgende aan de beurt.' Acht jaar lang was dit haar leven, tot haar tweeëntwintigste.

Na Guangdong werd ze naar Hongkong gebracht en andere militaire bases in de Grote Oceaan. Ze kwam uiteindelijk in Singapore terecht, toen dit bevrijd was door Amerikaanse en Britse troepen, werd vrijgelaten en kon ten slotte per schip naar huis komen.

Tegenover haar familie hield ze vol dat ze in een fabriek had gewerkt, ze durfde de waarheid niet te vertellen. Pas toen haar moeder bleef aandringen dat ze moest trouwen, na verschillende keren geweigerd te hebben, had ze de moed het haar te vertellen. Haar moeder stierf later aan een hartaanval, waarvan Kim denkt dat die te maken had met haar ellende.

Ze trouwde nooit en sprak met niemand anders over haar oorlogservaring. Ze was eenzaam. Ze dronk en rookte veel. Pas toen ze in de zestig was, vier decennia later, verbrak ze de stilte, geïnspireerd door vrouwenrechtenorganisaties in Zuid-Korea die zich begonnen te roeren.

Het duurde tot 1991, zesenveertig jaar na het officiële einde van de Tweede Wereldoorlog, dat de eerste 'troostmeisjes' in het openbaar hun verhaal deden in Korea. De vrouw die het zwijgen doorbrak heette Kim Hak-sun. Zij besloot haar verhaal openbaar te maken omdat ze elke keer woede voelde en oncontroleerbare huilbuien kreeg als ze hoorde hoe de Japanse regering het bestaan ontkende van dat systeem van seksuele slavernij.

Haar besluit om zich uit te spreken en vervolgens een juridische claim in te dienen tegen Japan, spoorde tientallen andere vrouwen uit Korea, de Filipijnen, China, Australië en Nederland aan om ook hun verhaal te vertellen. Het was een soort #MeToo-moment uit het pre-internettijdperk, waarbij elke nieuwe getuigenis weer andere vrouwen overhaalde zich uit te spreken. Alles bij elkaar waren het meer dan tweehonderd vrouwen, slechts een fractie van het totale aantal.

Kim Bok-dong was een van hen. Zij vertelde haar verhaal in 1992. In dat jaar sloot ze zich aan bij de protesten die elke woensdagmiddag plaatsvonden voor de Japanse ambassade in Seoel, waarbij van Japan officiële excuses en compensatie geëist werden.

Die protesten vinden nu nog steeds plaats, met steun van de kinderen en kleinkinderen van overlevers. Zij dragen spandoeken en gele vlinders, symbool van geweldloosheid. Tegenover de ambassade staat een bronzen standbeeld van een jong meisje in traditionele Koreaanse kleding dat rechtop in een stoel zit, haar vuisten vastberaden gebald. Haar blik is onbewogen, gericht op de diplomatieke instelling. Naast haar staat een lege stoel die uitnodigt haar voorbeeld te volgen.

'We willen dat ze erkennen dat wij slachtoffers waren,' zei Kim zacht, opkijkend van achter haar bril. 'Ik weet dat ik alleen nog leef om hun excuses te horen. Die wil ik horen uit naam van alle anderen die vóór mij gestorven zijn.'

Ruim vijfentwintig jaar nadat ze de openbaarheid had gezocht, zei ze dat ze het moe was om actie te blijven voeren en te praten over de verkrachtingen tegenover journalisten en publiek. Ze had nooit verwacht dat de strijd zo lang zou duren.

In 1993 gaf de kabinetssecretaris van de toenmalige Japanse regering, na een eerste onderzoek, een verklaring uit waarin erkend werd dat er *comfort stations*, trooststations, bestonden en waarin 'oprechte excuses' gemaakt werden en 'spijt' betuigd werd. Maar dit werd door Kim en anderen als onvoldoende bestempeld. Zij eisten een officieel excuus en compensatie van de staat.

Ook nu nog houden sommige politici van nationalistisch rechts in Japan vol dat het om prostituees ging. In 2007 bekostigden ruim veertig parlementsleden een paginagrote advertentie in *The Washington Post* waarin ten onrechte beweerd werd dat 'er nooit een historisch document is gevonden' waaruit bleek dat vrouwen gedwongen werden zich tegen hun wil te prostitueren. In 2014 voerde de Japanse regering een herziening door van het originele excuus en strooide daarmee zout in de wonden van de grootmoeders die het hadden overleefd.

De kwestie is nog steeds niet opgelost, deels door de actie van de voormalige president van Zuid-Korea, Park Geun-hye, die sindsdien vastzit wegens omkoping en machtsmisbruik. Zij onderhandelde in 2015 over wat een 'definitieve en onomkeerbare' regeling heette met de Japanse regering, waarbij Tokio instemde met het maken van excuses en met de betaling van een miljard yen (rond de tien miljoen dollar in die tijd) aan een stichting om overlevers te steunen. Op zijn beurt eiste Japan dat het standbeeld voor zijn ambassade in Seoel verwijderd werd.

Maar hoewel de overeenkomst uit hun naam gesloten zou worden, werd geen van de overlevers door president Park benaderd. Ze voelden zich verraden en niet gehoord onder het mom van het oplappen van diplomatieke betrekkingen. Ze weigerden de deal, die door Parks opvolger opgeschort werd.

In januari 2019, vijf maanden nadat ik haar had ontmoet, overleed grootmoeder Kim in Seoel. Ze had al kanker toen ik bij haar was. Ze hield tot het allerlaatst vast aan haar droom om officieel excuses te krijgen en wilde al het compensatiegeld dat ze kreeg aan een fonds geven voor onderwijs aan kinderen, onderwijs dat zij zelf voor een groot deel had moeten missen. Haar laatste woorden waren een uitdrukking van afschuw over hoe zij behandeld was.

Niet alleen Japan worstelt met de erfenis van en verantwoordelijkheid voor zijn acties in de oorlog. De overwinnaars van de Tweede Wereldoorlog hebben allemaal zo hun blinde vlekken.

In 2014 ondertekende de Russische president Vladimir Poetin een wet die het strafbaar stelt om 'valse informatie te verspreiden over de daden van de Sovjet-Unie in de Tweede Wereldoorlog', waardoor het nu gevaarlijk werd om de massaverkrachtingen, uitgevoerd door soldaten van het Rode Leger in Duitsland en officieel ontkend, zelfs maar ter sprake te brengen.

De geschiedenis van seksueel geweld, gepleegd door de geallieerden in het verslagen Japan – Amerikaanse troepen, maar ook Britse, Australische en Indiase troepen als deel van de British Commonwealth Occupation Force – blijft een ander, relatief onbekend hoofdstuk uit de oorlog. In iets meer dan een week tijd, tussen 30 augustus en 10 september 1945, vonden er 1336 verkrachtingen plaats door geallieerde troepen in de provincie Kanagawa ten zuiden van Tokio.[3]

De Japanse regering was bang dat de geallieerde troepen zich net zo slecht zouden gedragen als hun eigen troepen en zette een bordeelsysteem op in het hele land dat bekendstaat als de Recreation and Amusement Association, waardoor prostituees en andere verhandelde vrouwen gedwongen werden buitenlandse troepen te 'dienen'. Ook al mochten geallieerde troepen geen gebruikmaken van prostituees, commandanten lieten het oogluikend toe.

In Frankrijk concludeerde het Office of the Judge Advocate General for the European Theatre of Operations dat 'er een enorme toename was van het aantal gewelddadige zedendelicten met de komst van onze troepen in Frankrijk', na de landing van de geallieerden in Normandië in 1944.

Ik zeg niet dat alle soldaten verkrachters zijn of dat we hun offers en heldendaden in gewapende conflicten niet meer moeten herdenken. Dat zou absurd zijn en verkeerd. Maar we moeten niet vergeten dat er naast dappere soldaten ook schoften zijn. En vrouwen die aangerand zijn verdienen het te worden herinnerd, verzorgd en gecompenseerd, net als gewonde veteranen of krijgsgevangenen. Hun wonden zijn dan wel niet zichtbaar, ze kunnen je hele leven voelbaar blijven.

Minder dan twintig grootmoeders in Korea leven nog en zijn de fakkeldragers van hun beweging. Grootmoeder Kim heeft niet voor niets gestreden, hoe bitter en gedesillusioneerd ze aan het eind van haar leven ook was. Er zijn minstens tien standbeelden en monumenten opgericht in de VS die gewijd zijn aan 'troostmeisjes', vaak ondanks officiële bezwaren van Japan.

Er zijn ook gedenktekens gewijd aan 'troostmeisjes' in Vietnam en de Filipijnen.

De geest van grootmoeder Kim leeft voort in de wekelijkse protesten, in deze gedenktekens, in de ontroerende documentaire *My Name Is Kim Bok-dong* uit 2019, of in de jaarlijkse naar haar genoemde prijs die uitgereikt wordt aan vrouwen die in haar voetsporen treden.

De prijswinnaar van 2019 was een bijzondere vrouw genaamd Vasfije Krasniqi-Goodman, die een vrouwenrechtenorganisatie in Kosovo leidt en deel uitmaakt van SEMA, ons wereldwijde netwerk van overlevers van seksueel geweld in oorlogstijd. In 1999 was Vasfije zestien jaar oud, de jongste dochter van een groot gezin dat verstrikt raakte in een oorlog waarbij Kosovo, met zijn bevolking van overwegend moslims en etnische Albanezen, zich afscheidde van het christelijke, door Serviërs gedomineerde Joegoslavië.

Op een dag kwam er een Servische politieagent naar het huis van haar familie, die op zoek was naar haar vader en broer. Ze waren niet thuis, maar de politieman stond erop dat zij met hem meeging, nadat hij haar uit haar moeders armen had gerukt en dreigde andere familieleden dood te schieten die hem tegen zouden houden.

Zij was enkel het doelwit omdat zij moslim was. De politieagent, die verband om een van zijn handen had, was onlangs neergeschoten door etnische Albanese soldaten. Zowel hij als een andere, oudere man verkrachtte haar.

Het heeft tien jaar geduurd voor Vasfije zich uit zou spreken.

Toen zij dat deed, was zij de eerste Kosovaarse vrouw die haar verkrachters in het openbaar beschuldigde. Sindsdien is zij een pleitbezorger voor de naar schatting twintigduizend vrouwen die hetzelfde lot als zij hebben ondergaan, van wie de meeste nog steeds in stilte lijden, omdat ze zich schamen of bang zijn gestigmatiseerd te worden.

De politieman en de oudere man die Vasfije verkrachtten, hebben hun straf echter ontlopen, zoals zo vaak het geval is. Ondanks het ooggetuigenverslag van haar familie over haar ontvoering draaide het Kosovaarse hooggerechtshof de schuldig bevinding van de lagere rechtbank terug op basis van een vormfout in 2014.

Toch wist Vasfije haar woede en teleurstelling om te zetten in de energie die haar nu drijft bij haar campagnewerk. Ze sprak de Mensenrechtenraad van de Verenigde Naties toe, het Amerikaanse Huis van Afgevaardigden en hield op veel conferenties toespraken namens andere overlevers.

Dankzij het lobbywerk van vrouwengroepen en de mondelinge steunbetuiging van de vrouwelijke president van het land heeft Kosovo in 2017 als eerste een compensatiefonds in het leven geroepen voor overlevers. Dat fonds biedt een levenslange maandelijkse vergoeding van soms wel 275 dollar – zo'n 90 procent van het gemiddelde salaris van Kosovaarse vrouwen. Het proces is bureaucratisch en vrouwen moeten zelf bewijzen dat zij ervoor in aanmerking komen, wat frustrerend kan zijn en een tweede golf van traumatisering teweeg kan brengen. Ik heb verschillende wanhopige overlevers gesproken van wie de aanvraag afgewezen werd.

Maar het programma is van grote symbolische waarde: het is een publieke erkenning van de schade die verkrachting veroorzaakt, van het bestaan van overlevers, van de noodzaak om hen te herinneren en voor hen te zorgen, net als voor soldaten die bij de gevechten gewond raakten. Het helpt ook bij het proces van heling, omdat het deels de gebreken van het rechtssysteem bij het vervolgen van de daders compenseert.

Ondanks Kosovo's zeer patriarchale cultuur verzet het land zich tegen stigmatisering en helpt het overlevers ook op andere manieren. In het centrum van de hoofdstad Pristina staat een vijftien meter hoog monument genaamd 'Heroinat, Heldinnen'. Het bestaat uit twintigduizend metalen pinnen, met allemaal een medaille in militaire stijl en het hoofd van een vrouw erop, één voor elk slachtoffer van verkrachting tijdens de oorlog. Ik heb daar bloemen gelegd toen ik er eind 2019 was en was blij om te zien dat het een toeristische attractie was geworden.

Het is misschien een teken van vooruitgang, het lichtpuntje in de achtereenvolgende oorlogen die onze planeet blijven teisteren, dat overlevers van seksueel geweld het nu makkelijker lijken te vinden om hun verhaal te doen en erkenning te eisen voor henzelf en anderen.

Grootmoeder Kim en haar Koreaanse mede-taboedoorbrekers hebben er vier decennia over gedaan om op te staan en te spreken over hun ervaringen na de Tweede Wereldoorlog. Het heeft Vasfije tien jaar gekost om de verstikkende stilte rond de verkrachtingen tijdens de oorlog in Kosovo te trotseren. Maar toen Islamitische Staat in 2014 zijn eigen systeem van seksuele slavernij van Jezidi-vrouwen had opgezet, vertelden vrouwen die ontsnapt waren aan hun ontvoerders vrijwel direct hun verhaal aan journalisten en stelden ze de wereld op de hoogte van wat er gebeurde in de vluchtelingenkampen in Noord-Irak.

De meest opvallende van die vrouwen was Nadia Murad, die het gezicht werd van het lijden van Jezidi-vrouwen. Binnen een jaar werd ze door Samantha Power, VN-ambassadeur van de Verenigde Staten, uitgenodigd om te spreken tot de VN-Veiligheidsraad in New York. Dat zij zo snel erkenning kreeg was een teken dat onze institutionele mechanismen om seksueel geweld te identificeren en te veroordelen zijn verbeterd.

Nadia vertelde de Verenigde Naties hoe haar zes broers door IS-strijders doodgeschoten werden, hoe zij verkocht werd, vernederd, verkracht en geslagen. Elk woord kwam heel krachtig uit haar mond, waarbij haar trillende handen verraadden hoe moeilijk het was om zo'n persoonlijk verhaal te vertellen in een ruimte vol vreemden en in een onbekende omgeving. Toen ze klaar was, werd er geapplaudisseerd door de normaal gesproken onverstoorbare diplomaten.

Keer op keer, net als grootmoeder Kim, haalde ze in het openbaar en tegenover journalisten de pijnlijke herinneringen op aan haar vredige leventje in Irak voor de oorlog, vertelde ze hoe haar broers en familieleden afgeslacht werden en deelde ze intieme details van haar ervaringen toen ze aan IS-strijders overgeleverd was. Laten we nooit de offers vergeten van vrouwen zoals Nadia, Vasfije, grootmoeder Kim of Tatiana Mukanire, Bernadette en Jeanne, mijn dierbare voormalige patiëntes in Congo, die het woord voeren namens anderen.

In 2018 erkende het Nobelcomité haar heldhaftige campagnewerk door haar te onderscheiden met de Nobelprijs voor de Vrede, samen met mij. De prijs bood ons beiden een groter platform dan we ooit gehad hadden om te spreken over seksueel geweld. Het moet gezien worden als deel van de bemoedigende trend om het belang te erkennen van het probleem van seksueel geweld, ook al vindt dat momenteel nog steeds vrijwel geheel straffeloos plaats in conflictgebieden, van Congo tot Liberia, Syrië, Myanmar of Nigeria.

Ik was in Bukavu toen het Nobelcomité de winnaars van de prijs bekendmaakte. Het was op een vrijdag en ik was de hele dag in de ok, bezig met een operatie aan een perineum, omringd door collega's die me bijstonden met hun gebruikelijke kalme concentratie en professionaliteit. Toen we bijna klaar waren, merkten we dat er buiten het gebouw commotie was.

Mijn eerste gedachte was dat er misschien brand was of een veiligheidsprobleem. Maar het geschreeuw werd duidelijker en ik hoorde mensen juichen en joelen. Onze anesthesiste ging op onderzoek uit terwijl ik de laatste hechtingen verrichtte. Even later kwam ze terug, sloeg haar arm om mijn nek en drukte me tegen zich aan.

'Papa, je hebt de Nobelprijs gewonnen!' gilde ze.

Ik was stomverbaasd toen alle leden van het team me feliciteerden. Ik maakte mijn werk aan de patiënte af en strompelde met operatieschort en mondkapje de ok uit. Buiten in de hal hoorde ik de menigte. Bij de ingang van de afdeling chirurgie hadden tientallen patiëntes uit onze overlevers-afdeling en verpleegkundigen zich verzameld.

Ik ging naar buiten om hen te begroeten, knipperde tegen het zonlicht. Ze juichten en hieven een lied aan. Ik probeerde het nieuws tot me te laten doordringen toen ik armen om me heen voelde, en dansende mensen zag. Dat deed me denken aan die keer dat we met Eve Ensler samen hadden gedanst toen zij in 2007 het ziekenhuis voor het eerst bezocht.

Destijds was dat een ontlading van spanning. Deze keer werd er iets gevierd wat mijn persoonlijke prestatie oversteeg. Het stond voor iets veel groters. We vierden dat de wereld eindelijk aandacht schonk aan de vrouwen van Congo. Na twee decennia niet gehoord en als onbelangrijk afgedaan te zijn, werd nu erkend dat het leven van mijn patiëntes ertoe deed.

In de loop der jaren hadden overlevers al zo vaak de moed gehad om met buitenlandse journalisten te praten, met VN-functionarissen en diplomaten in Bukavu, waarbij ze hun verschrikkelijke persoonlijke verhalen vertelden om zo de wereld te informeren over wat er gaande was. Achteraf voelden ze zich vaak moedeloos, omdat er niets leek te veranderen. Dan stelde ik ze altijd gerust, zei dat elke bijdrage een verschil maakte.

De Nobelprijs was de erkenning dat hun werk en opoffering niet vergeefs was geweest.

De menigte werd groter en groter en auto's en motoren toeterden op de straat buiten het ziekenhuis. Ik liep langzaam naar mijn werkkamer, genoot van de vrolijke gezichten op deze plek waar zoveel tranen zijn vergoten. Ik liep langs de spreekkamers waar in de loop der jaren duizenden ellendige verhalen te horen waren geweest; langs het metalen toegangshek met het gevaarlijke prikkeldraad waarvan ik altijd wilde dat het niet nodig was; langs de rijen bloeiende rode en paarse rozen die me elke ochtend als ik op het werk aankom opfleuren.

Ik kwam bij mijn werkkamer en bedankte iedereen die me begeleid had. Ik ging naar binnen en deed de deur dicht. Ik viel neer in mijn vertrouwde bruine leunstoel. Ik voelde me blij, opgetogen, een beetje uitzinnig, trots, verrast, overweldigd. Het was een bont spectrum van emoties.

Al snel concludeerde ik twee dingen: ik voelde me nederig dat ik de prijs deelde met Nadia, die ik al een aantal keer ontmoet had. En ik wist dat de prijs alleen iets zou betekenen en een doel zou dienen als hij zou helpen een eind te maken aan de ellende in Congo die in eerste instantie had geleid tot mijn nominatie.

Ik heb in de loop der jaren verschillende prijzen mogen ontvangen en ik heb geprobeerd ze als platform te gebruiken om de ideeën die in dit boek ter sprake komen verder te verspreiden. Elke keer kreeg ik door die publieke erkenning weer hoop, meestal gevolgd door de teleurstelling dat de levensomstandigheden in oostelijk Congo steeds slechter werden en er geen einde leek te komen aan het geweld.

De twee maanden daarna werkte ik aan mijn toespraak voor de prijsuitreiking die in december in Oslo zou plaatsvinden. Hoe moest ik die gelegenheid benutten om leden van het koninklijk huis, politici en de miljoenen mensen voor de televisie aan te spreken? Die nacht schreef en herschreef ik, of eigenlijk was het in de vroege ochtend, wanneer ik het helderst ben en geen personeel, patiëntes of bezoekers te woord hoef te staan.

Het was eenzelfde soort uitdaging als het schrijven van dit boek. Ik voelde dat ik expliciet moest zijn over het lijden dat ik had gezien, zonder opzettelijk mensen te choqueren. Ik wilde luisteraars tot nadenken dwingen zonder te veel te provoceren. Ik wilde vooral iedereen herinneren aan onze collectieve verantwoordelijkheid voor de ramp in Congo, niet alleen als consumenten van producten die afhankelijk zijn van mineralen die daar gedolven worden, maar ook als medemensen, leden van een familie die overal op dezelfde manier met verdriet en pijn te maken hebben.

Ik heb mijn toespraak nooit teruggekeken. Ik heb het nooit kunnen verdragen om mezelf op video of televisie te zien. Ik had urenlang geoefend op mijn speech en hij was in een flits voorbij. Ik weet nog hoe mijn stem galmde in de grote, holle ontvangstruimte van het stadhuis van Oslo, waar de ceremonie elk jaar gehouden wordt.

Er waren geen nare verrassingen zoals de lege stoelen van de Congolese delegatie bij de VN in 2006. Ik zag Madeleine op de eerste rij zitten en mijn kinderen zaten tussen de twee groepen onberispelijk geklede gasten in avondtenue.

Ik sprak over de aanval op mijn kliniek in Lemera, de bloedige start van ons werk in Panzi, onze ontsteltenis bij het zien van de stroom kinderen uit Kavumu. Ik herinnerde iedereen aan de miljoenen doden en honderdduizenden verkrachtingen in twintig jaar tijd. Ik benadrukte dat de telefoons in ieders zak en de oogverblindende sieraden die te zien waren, deel uitmaakten van het probleem.

Ik bracht het UN Mapping Report ter sprake, het VN-rapport waarin oorlogsmisdaden en misdaden tegen de menselijkheid in kaart gebracht worden en dat 'ligt te schimmelen in een bureaula in New York'. Ik hoopte dat dit wellicht nieuwe interesse zou wekken, dat journalisten misschien opnieuw naar de inhoud ervan zouden kijken en zich af zouden vragen waarom er geen actie ondernomen werd.

Ik weet niet hoeveel mensen er thuis gekeken hebben. Mijn toespraak werd live uitgezonden door internationale zenders, maar niet door de staatstelevisie in Congo, het enige nationale kanaal in mijn land. In plaats daarvan werd er een basketbalwedstrijd uitgezonden.

Het belangrijkste gevolg van de prijs was dat ik daardoor de middelen kreeg om mijn werk uit te breiden. Direct erna ben ik gaan lobbyen voor een plan dat we aangedragen hadden naar aanleiding van onze onderzoeksmissie in Shabunda tien jaar eerder, toen we overlevers gingen interviewen.

Ik was nooit de vrouwen vergeten die aan ons hun wens kenbaar maakten om erkenning te krijgen en hoe dat eruit zou kunnen zien: scholen voor hun kinderen, geld om bedrijven op te starten of land te kopen, geld voor psychologische hulp en gezondheidscentra, en ook publieke erkenning. Aan het eind van ons rapport, dat wij voorgelegd hadden aan de Hoge Commissaris voor de Mensenrechten van de VN, deden wij het voorstel om een internationaal fonds voor overlevers in het leven te roepen, gefinancierd door donoren die een aantal van die eisen zouden proberen in te willigen.

Dat idee is nooit van de grond gekomen. De enige buitenlandse regering die er iets mee deed was Brazilië, waarvan de president destijds, Dilma Rousseff – een vrouw – een miljoen dollar toezegde. Dat was alles. Geen enkele andere regering reageerde.

Na de Nobelprijs en met het gunstige klimaat waar de #MeToo-beweging voor zorgde, kreeg ik het gevoel dat ik het idee nieuw leven in zou kunnen blazen. Duitsland onder Angela Merkel wilde mijn voorstel van een internationaal fonds voor overlevers van seksueel geweld steunen in de Veiligheidsraad van de VN. Dat voorstel werd aangenomen door de wereldmachten in april 2019, als deel van resolutie 2467.

Zes maanden later maakten Nadia en ik de officiële start van het fonds bekend. Frankrijk zegde meteen meer dan zes miljoen dollar toe en de Europese Unie nog eens twee miljoen. Japan droeg een aantal miljoen dollar bij en ook Groot-Brittannië en Zuid-Korea waren bereid tot financiering. Ik hoop nog steeds dat de Verenigde Staten op een dag ook mee zullen doen.

Onze eerste projecten zijn in Guinee in West-Afrika, in Congo en Irak. Het fonds doet veel, altijd met als doel overlevers te erkennen en te compenseren. De filosofie erachter is dat het altijd door overlevers gerund en geleid moet worden en andere overlevers moet dienen. Het fonds vraagt wat zij nodig hebben en speelt daarop in.

Een deel van het werk bestaat uit het financieren van groepen waarin overlevers zich kunnen organiseren en hun stem laten horen. Ook wordt er technisch advies geboden aan regeringen die compensatie willen geven, zoals ik beschreef in Kosovo. Er zijn zoveel vrouwen in de wereld die een eenzame strijd voeren voor herstel en niet gezien of met opzet genegeerd worden door hun regering.

Neem de Rohingya-vrouwen die door regeringstroepen uit hun huizen verdreven werden in Myanmar tijdens een moord- en massaverkrachtingscampagne tegen moslims. Zij zitten met z'n allen in smerige vluchtelingenkampen in het aangrenzende Bangladesh. Wie levert hun de specialistische zorg die ze nodig hebben, wie doet het essentiële lobbywerk om aandacht te vragen voor hun behoeften?

In 2019 reisde ik naar Nigeria om een aantal slachtoffers te ontmoeten van Boko Haram, de islamitische extremistische groepering die actief is in het noorden van het land en het op vrouwen en meisjes gemunt heeft. In 2014 waren zij verantwoordelijk voor het ontvoeren van bijna driehonderd schoolmeisjes in het dorp Chibok, waardoor de campagne #BringBackOurGirls op de sociale media ontstond.

Ze hebben inmiddels zo'n tweehonderd meisjes vrijgelaten, maar er worden er nog honderd vermist. Ik heb een paar van de overlevers gesproken op een conferentie waar zij het woord namen en vertelden over wat zij nodig hadden. Sommige Chibok-meisjes kregen een beurs van de regering nadat ze vrijgelaten waren en kregen dankzij de campagne zelfs de mogelijkheid om in de VS te studeren. Maar het onderwijs van honderden andere meisjes die onder het conflict lijden, is ontwricht.

Voor hen is er weinig hoop op gerechtigheid en nauwelijks financiële ondersteuning. Ik hoorde dat de meisjes vooral onderwijs wilden. Ons fonds en mijn stichting kijken hoe wij ze kunnen helpen.

Daarom was de Nobelprijs voor de Vrede zo belangrijk voor me. Het gaf de tienduizenden vrouwen die in ons ziekenhuis in Bukavu gelegen hebben erkenning. Het gaf de boodschap af dat zij ertoe deden. Het verschafte mij een platform om mij uit te spreken over het conflict in Congo, de zoektocht naar gerechtigheid en om aan te geven hoe belangrijk het is dat de wereldmachten hun invloed aanwenden om de oorzaak van het conflict aan te pakken. Naast het gebaar en de toespraken wordt er ook wat gedaan.

De cheque van 500.000 dollar die ik heb gekregen wordt goed besteed. Het geld wordt gebruikt om een perceel aan te kopen in de Congolese hoofdstad Kinshasa, waar we een nieuw centrum voor overlevers openen en alles wat we in Bukavu geleerd hebben ter beschikking stellen aan een nieuwe en onbehandelde populatie.

De vrouwen van Shabunda blijven een bron van inspiratie. Ik hoop dat er op een dag in het hele land meer standbeelden zijn die de veerkracht erkennen van de overlevers, die de littekens dragen van deze onverwerkte periode toen Congo de verkrachtingshoofdstad van de wereld genoemd werd. Ik zie nog steeds dat beeld voor me van die in brons gegoten gekwelde vrouw op haar hurken. Een dergelijke openbare erkenning helpt overlevers weer op de been.

Werken aan de erkenning en herinnering van overlevers maakt deel uit van de strijd, is een component van het collectieve antwoord waartoe ook het aan de kaak stellen van seksueel geweld en het verbeteren van het strafrechtsysteem behoren. Maar die uiterst belangrijke taken, waaraan de laatste drie hoofdstukken gewijd zijn, zijn herstelwerkzaamheden. Net als wat ik deed in de operatiekamer van het ziekenhuis. Het is iets doen aan de gevolgen van seksueel geweld dat al plaatsgevonden heeft, niet aan de oorzaken. Het zou niet nodig hoeven zijn om vrouwen weer op de been te helpen.

Om te voorkomen dat er verkrachtingen plaatsvinden, moeten we ons allereerst afvragen waarom er in de wereld zoveel slecht opgevoede en schofterige mannen zijn – en waarom goede, fatsoenlijke mannen al zo lang niets van zich laten horen.

9

Mannen en mannelijkheid

Mijn gedachten over mannen en mannelijkheid moeten beginnen met een fundamentele persoonlijke vraag naar mijn eigen identiteit: Waarom ben ik de man die ik ben? Ik zie mezelf niet als rolmodel. Ik heb genoeg gebreken, daar weet mijn vrouw Madeleine alles van. Ik ben niet als mannelijke feminist grootgebracht; dat idee zou geen van mijn ouders begrijpen, en ikzelf ook niet. Toch was mijn opvoeding als jongen anders dan die van andere jongens, en dat heeft zeker invloed gehad op de man die ik ben geworden, op de professionele keuzes die ik heb gemaakt en ook op mijn houding ten opzichte van vrouwen.

Ik groeide op in een huishouden waar vraagtekens werden gezet bij sommige, hoewel niet alle, rigide ideeën over genderrollen, die in alle patriarchale samenlevingen, niet alleen de Afrikaanse, de overhand hebben. Ik was het derde kind van mijn ouders en kwam na twee zussen, en in de Congolese traditie werd ik dus de erfgenaam van de familie.

De geboorte van de eerste jongen is in elk Congolees gezin reden voor een feest. Hij zorgt niet alleen voor de instandhouding van de familielijn – de naam wordt zo doorgegeven aan de kinderen van de volgende generatie – maar heeft ook belangrijke financiële implicaties. Alleen jongens erven huizen en andere bezittingen van hun vaders. Vandaar dat jongens, vanaf het moment dat ze geboren worden, op een voetstuk geplaatst worden, iets waar ze zich, als ze ouder worden, steeds meer van bewust zijn.

Een van de manieren waarop dit duidelijk wordt bij Congolese gezinnen, ook tegenwoordig nog, is het feit dat jongens geen huishoudelijk werk hoeven te doen en geen dagelijkse taken hebben in het huishouden. Hun zussen worden geacht schoon te maken, te koken en te wassen als ze oud genoeg zijn. Erger nog, ze worden geacht naar de jongens te luisteren, wat een duidelijke hiërarchie schept die zelfs de jongste telgen begrijpen.

Behalve thuis bij de Mukweges.

Om onduidelijke redenen had mijn moeder vrij progressieve ideeën over de taken en verantwoordelijkheden van haar kinderen. Ik vermoed dat dit vooral te maken had met haar moeilijke en onzekere jeugd, als gevolg van de dood van haar moeder en de afwijzing die ze voelde van haar vader. Ze was afhankelijk van een man als verzorger – haar oudere broer, die elke dag op zoek ging naar voedsel en die op haar en haar twee zussen paste.

Haar broer liet zien dat mannen ook huishoudelijk werk konden doen dat normaliter voor vrouwen bestemd was. Omdat ze al op zo'n jonge leeftijd voor zichzelf hadden moeten zorgen, wilde mijn moeder de dingen doorgeven waardoor zij en haar broer en zussen hadden kunnen overleven. Ze wilde dat wij onafhankelijk zouden zijn. 'Je moet voor jezelf kunnen zorgen zonder van anderen afhankelijk te zijn,' zei ze altijd tegen ons.

Daarom dwong ze mij, zodra ik oud genoeg was, om 'meidenwerk' te doen zoals de afwas of de was. Ik moest zelf mijn bed opmaken en mijn schoenen poetsen voor ik naar school ging, dingen die traditioneel gezien mijn zussen geacht werden te doen.

Eerst sputterde ik tegen en vond ik mijn moeder onrechtvaardig en onnodig streng. Ik weet nog dat ik bij mijn vrienden kwam en zag hoe hun zussen hen op hun wenken bedienden. Zodra we klaar waren met eten, gingen we weer spelen of gingen we ons huiswerk maken terwijl de meisjes alles opruimden. Als jongetje smachtte ik naar zulk soort privileges.

Maar na verloop van tijd deed ik dat werk en genoot ik uiteindelijk van het gevoel onafhankelijk te zijn en mijn steentje bij te dragen. Het werd ongemakkelijk rond mijn twaalfde en in mijn puberteit, wanneer vrienden bij ons thuis kwamen. 'Waarom doe jij meidendingen?' vroegen ze. De vrienden van mijn oudere zussen waren al even verbijsterd. Ze zagen me als een curiositeit, lachten en maakten grappen als ik de was deed of kleren streek.

Maar al die vaardigheden kwamen me van pas toen ik als jongeman alleen in Kinshasa, Bujumbura en Frankrijk woonde. En ik denk dat mijn moeders egalitaire zienswijze veel invloed had op de manier waarop ik naar vrouwen keek. Ik werd voor zover ik me kan herinneren niet gestimuleerd om te denken dat ik beter was dan mijn zussen en werd niet vrijgesteld van huishoudelijk werk. Integendeel, mijn oudere zus Elizabeth genoot veel respect van mijn ouders, vooral van mijn vader, en dat heb ik overgenomen. Hoe kan er van mannen verwacht worden dat ze vrouwen respecteren en hen als gelijken zien als we ze van jongs af aan macht geven over hun onderworpen zusters?

Ik kreeg een heel hechte band met mijn zus Roda, die twee jaar ouder is dan ik. We waren twee handen op één buik, zowel bij het werken als bij het spelen. Zij kreeg het meeste van de opbrengsten uit mijn eerste stappen in de zakenwereld, toen ik als tiener limonade verkocht achter in onze tuin. Van mijn inkomsten kocht ik jurken en schoenen voor haar. Wanneer ze die aantrok, glom ik van trots. Andere keren hielp ik haar met huishoudelijke taken, gewoon om haar blij te maken. We waren een team.

Maar zo groeien de meeste jongens niet op. Meestal worden ze zich al op jonge leeftijd bewust van hun genderprivileges door de manier waarop ze thuis behandeld worden en door de relatie met hun zussen of andere meisjes van hun leeftijd. Eigenlijk begint het onderscheid zelfs nog eerder. In de meeste landen begint het zelfs voor kinderen geboren worden.

Als er in het ziekenhuis zwangere vrouwen bij me op het spreekuur komen die al twee dochters hebben, willen ze altijd wanhopig weten of hun kind een jongetje of een meisje wordt. Heel vaak heb ik ze moeten troosten als ik ze vertelde dat het kind van wie zij zwanger waren weer een dochter zou zijn. Een paar jaar geleden ben ik om die reden opgehouden mijn patiënten te informeren over het geslacht van hun baby.

Ik begrijp waarom zij jongens zo belangrijk vinden. Ze leven in een systeem dat waarde hecht aan mannelijke erfgenamen. Hun status is afhankelijk van het feit dat zij zoons baren.

Veel vrouwen hebben me door hun tranen heen na een echo toevertrouwd hoe bang ze waren om naar huis terug te gaan, omdat hun man hen misschien zou slaan omdat ze weer een meisje hadden gekregen. Sommige vrouwen, die al drie of vier meisjes achter elkaar hebben gehad, weten dat hun een scheiding boven het hoofd hangt of gedwongen polygamie, wat illegaal is, maar nog steeds plaatsvindt. Het wordt in sommige gemeenschappen sociaal nog steeds geaccepteerd dat de man een andere vrouw neemt als de eerste te veel meisjes baart.

Deze diepgewortelde geslachtsvoorkeur verklaart waarom er sprake is van zulke rampzalige wanverhoudingen in met name India en China. In beide landen heeft vrouwelijke foeticide – het selectief aborteren van vrouwelijke foetussen – geleid tot een scheefgegroeide bevolking van overwegend mannen. Dat is duidelijk te zien aan het geboortecijfer, waaruit blijkt dat er in beide landen op elke 100 meisjes 106 tot 108 jongens geboren worden.[1] Er zijn miljoenen 'extra' mannen en 'ontbrekende' vrouwen, wat voor enorm veel sociale problemen zorgt, zoals het ontvoeren van bruiden en meer geweld.

De genderhiërarchie wordt op duizenden andere manieren zichtbaar en versterkt in het leven van een jongen en een meisje, vanaf de vroegste jeugd tot aan de puberteit en de volwassenheid. Het gebeurt vanaf de baarmoeder tot het graf. De boodschap is altijd hetzelfde: dat een leven van een man meer waard is dan dat van een vrouw.

Toen mijn vader doodging, erfden mijn broers en ik zijn land, niet mijn zussen. Als oudste zoon werd ik symbolisch het hoofd van de familie tijdens een ceremonie die plaatsvond na de uitvaart.

Die ceremonie wordt geleid door een oom van moederskant – een restant van de matriarchale gebruiken uit het prekoloniale tijdperk – die volgens de traditie de familiewapens, zoals een machete of een speer, overhandigt aan de oudste zoon. Hij kon ook koperen armbanden of jachttrofeeën overdragen zoals luipaardvellen of -tanden, die als tekens van kracht en moed gezien werden. In de moderne tijd schenkt de oom meestal symbolische bezittingen zoals een colbert of een horloge.

Mijn oom gaf me de dierbare bijbel van mijn vader, zijn eerste, met vergeelde en versleten pagina's. Er zaten met potlood beschreven briefjes bij en bij elke passage stond de datum waarop hij die voor het eerst gelezen had. Ook kreeg ik zijn stok, die hij had gebruikt tijdens de lange wandelingen die hij als reizende evangelist in de jaren veertig gemaakt had. De bijbel is helaas zoekgeraakt tijdens een reis naar Parijs een aantal jaar geleden, toen mijn tas gestolen werd van de bagageband op het vliegveld.

Aan het eind van de uitvaart werden mijn broers en zussen gevraagd hun eerbied te betonen. Volgens de Congolese paternalistische traditie erkennen ze mij dan als het gezinshoofd en noemen ze mij zelfs 'papa'. Ik word geacht op hen te letten en voor de familiebezittingen te zorgen. Dat was wel even wat anders dan met mijn zussen samen de afwas doen.

Niemand van ons kan aan de traditie ontsnappen en niemand zou ook het gevoel moeten hebben dat te moeten. De gewoonten en ceremonies van het leven vormen de grammatica van ons bestaan en zijn van belang voor onze identiteit en ons zelfbeeld. Maar het is wel belangrijk ze ter discussie te stellen. We moeten goed kijken wat de invloed ervan is. Als wij de boodschap meegeven dat jongens beter zijn, meer verdienen of meer waard zijn, houden we het onrecht – en uiteindelijk het geweld – tegen vrouwen in stand.

Waarom zeg ik geweld? Wat is het verband tussen de verdeling van huishoudelijke taken, nalatenschapstradities of begrafenisceremonies en verkrachting? Dat hoe meer jongens en mannen te horen krijgen dat ze beter zijn, dat hun levens belangrijker zijn, hoe groter de kans is dat zij menen het recht te hebben andermans dochters en zussen te domineren en te mishandelen.

Niet alleen vaders geven gendervooroordelen aan kinderen door. Ook moeders zijn verantwoordelijk. Ik heb me vaak afgevraagd of de reden dat moeders hun zoons pamperen, als prinsjes opvoeden en trots zijn op hun fysieke kracht en mannelijkheid, is dat zij indirect door hen leven. Ze leren hun zoons gebruik te maken van alle privileges en voordelen die hun onthouden werden. Het is een soort reactie op alle vernederingen die zij hebben moeten ondergaan gedurende hun leven. Dat is ten dele de uitdaging waarvoor we staan.

Eeuwenlange culturele conditionering veranderen is moeilijk, maar de meeste landen boeken vooruitgang met het aanpakken van een aantal grote institutionele vooroordelen tegen vrouwen die door de eeuwen heen in cement gegoten zijn, vastgelegd in wetten die door mannen uit eigenbelang gemaakt en opgelegd zijn.

In 2019 had ik het voorrecht om een werkgroep over vrouwenrechten voor te zitten ter gelegenheid van de G7-top met als gastheer de Franse president Emmanuel Macron, die gendergelijkheid bovenaan de officiële agenda had gezet. In de stad Biarritz kwamen de leiders bijeen van de rijkste democratieën in de wereld: de Verenigde Staten, Canada, Groot-Brittannië, Frankrijk, Duitsland, Italië en Japan.

Tijdens ons werk keken we naar de ongelijke behandeling van vrouwen en meisjes in de hele wereld en concludeerden we dat 2,5 miljard van hen – bijna de helft – in landen leefden waar de wet hen benadeelde. Dat nam allerlei vormen aan: in sommige landen kunnen vrouwen nog steeds geen land erven of commercieel werk doen, of een baan aannemen zonder toestemming van hun man. Op grond van bepaalde wetgeving mogen zij zelf geen rekening openen of lening afsluiten om een onderneming te starten. Er zijn verscheidene voorbeelden van discriminerende wetten met betrekking tot echtscheiding, burgerschap en voogdij over kinderen.

We hebben een lijst opgesteld met 79 voorbeelden van gendergelijkheidswetten die als inspiratie kunnen dienen voor landen om geweld tegen vrouwen aan te pakken, vrouwen economisch meer mogelijkheden te geven en discriminatie in het onderwijs en de gezondheidszorg tegen te gaan. Het is verbazingwekkend hoeveel werk er nog verzet moet worden, zelfs in landen die zichzelf vrouwvriendelijk noemen. Zo denkt bijvoorbeeld rond de 80 procent van de Amerikanen dat de Amerikaanse grondwet gelijke rechten garandeert voor mannen en vrouwen. Maar dat is niet zo.

De Founding Fathers stellen niet expliciet dat Amerikaanse mannen en vrouwen gelijke rechten hebben. Men denkt dat vrouwen onder het veertiende amendement vallen, de zogenaamde Equal Protection Clause, die aangenomen werd in 1868 om gelijke rechten en bescherming te geven aan vrijgemaakte (mannelijke) slaven. Sindsdien wordt dit door het hooggerechtshof gezien als een uitbreiding van burgerrechten voor alle Amerikanen, onder wie vrouwen. Dat is niet hetzelfde als expliciet verklaren dat mannen en vrouwen gelijk zijn.

Om die historische vergissing recht te zetten, nam het Amerikaanse Congres in 1972 het zogeheten Equal Rights Amendment (ERA) aan, dat aan de grondwet moest toevoegen dat 'gelijke rechten onder de wet niet onthouden of ontnomen mogen worden door de Verenigde Staten of door welke staat ook op grond van sekse'.

Het werd ter ratificatie voorgelegd aan de Amerikaanse staten en vijfendertig daarvan keurden het meteen goed – er waren nog drie staten nodig om het amendement aan te nemen. Tegen het einde van het proces raakte de wetgeving verwikkeld in een heftige cultuuroorlog over de rol van vrouwen in de maatschappij en het recht op abortus. Het momentum ging voorbij en het voorstel werd nooit opgenomen in het wetboek.

In recente jaren hebben Nevada, Illinois en Virginia het amendement geratificeerd, dankzij de toegenomen belangstelling naar aanleiding van de #MeToo-campagne, maar na aanvechting van de wet door de regering-Trump en door tegenwerking in de door de Republikeinen gecontroleerde Senaat werd het niet opgenomen in de wet in 2020. Groepen als de ERA Coalition, mede opgericht door mijn vriendin Jessica Neuwirth, voeren er nog steeds campagne om het erin te krijgen, wat, een eeuw nadat vrouwen voor het eerst stemrecht kregen, een grote symbolische overwinning zou zijn.

En symboliek doet ertoe. Als individuen vangen we de hele tijd signalen op over onze plaats en status in de maatschappij. Vaak zijn ze subtiel en bijna niet waarneembaar, gevat in taal en gedrag, maar ze versterken de schadelijke hiërarchie van gender – en ras natuurlijk, waar de Black Lives Matter-beweging de aandacht op gevestigd heeft.

Maar ook als er wetgeving is die gelijke behandeling voor vrouwen garandeert, neemt het proces tussen een nieuwe wet en een nieuwe houding vaak decennia in beslag. Kijk maar naar de kloof in westerse landen tussen het salaris van mannen en vrouwen, dan zie je het verschil tussen wetgeving en vooruitgang. Na een halve eeuw regulerende actie met als doel het uitbannen van discriminatie thuis, op school en op de werkplek, is er nog steeds een groot verschil tussen wat mannen en vrouwen betaald krijgen voor hetzelfde werk.

De meest recente cijfers van de Organisatie voor Economische Samenwerking en Ontwikkeling (OESO) tonen dat fulltime werkende mannen gemiddeld 13 procent meer betaald krijgen dan vrouwen in alle dertig lidstaten, maar achter dat cijfer gaan grote verschillen schuil.[2] De kloof was in de Verenigde Staten en Canada ongeveer 19 procent, in Japan 24 procent en in Groot-Brittannië 16 procent. De betaling van deeltijdwerk en zelfstandigen toont een veel groter nadeel voor vrouwen in alle landen. Vrouwelijke ondernemers in de VS verdienen bijvoorbeeld de helft van wat hun mannelijke collega's krijgen. Voor mensen van kleur is dat onderscheid zelfs nog groter.

Statistieken voor het verschil in inkomen – dus alle soorten inkomen, niet alleen loon – laten wereldwijd een zelfs nog diepere kloof zien.

Het World Economic Forum (WEF), dat het wereldwijde genderverschil al sinds 2004 bijhoudt, schat dat het jaarlijks inkomen van mannen bijna het dubbele is van dat van vrouwen: 21.000 tegenover 11.000, volgens de koopkrachtpariteit, een economische maatstaf die rekening houdt met verschil in wisselkoersen. Het verschil in loon mag dan in westerse democratieën langzaam kleiner worden, in de rest van de wereld wordt het groter.[3]

Loonverschillen, discriminerende wetten, door mannen gedomineerde sociale conventies, de oneerlijke verdeling van huishoudelijk werk, de ondervertegenwoordiging van vrouwen op machtsposities, waar ik het later verder over zal hebben; allemaal geven ze de ondermijnende boodschap af dat het leven van vrouwen minder waard is dan dat van mannen.

Wij hebben verschillende projecten in de gemeenschap lopen die tot doel hebben de vooroordelen tegen vrouwen en meisjes in Congo te corrigeren. Niet-discriminerende wetten zijn belangrijk, maar het basiswerk van maatschappelijke organisaties is essentieel.

Vaak hebben gemeenschappen en individuen hulp nodig, een duwtje in de rug en wat vriendelijke overreding, om hun gedrag ter discussie te stellen of zelf de voordelen ervan te zien. Dat soort werk kost veel tijd en energie. Het vraagt kracht en investering, gedurende lange tijd. Ik heb het resultaat met eigen ogen gezien, maar ben ook geconfronteerd geweest met de moeilijkheden.

Ik wil een verhaal vertellen dat voor mij belangrijk was om de complexiteit van de kwestie te begrijpen en de uitdaging waarvoor we staan als we ouders willen stimuleren om meisjes net zo te waarderen als jongens. Dat maakte me duidelijk waarom we ouders niet gewoon kunnen be- of veroordelen die hun zoons als prinsjes opvoeden en hun dochters als slaven behandelen. Ze reageren vaak overeenkomstig de gewoonten en tradities die hun leven vormgeven.

Onze stichting in Panzi heeft een project om meisjes te stimuleren om naar school te gaan in de omgeving. Zoals ik in eerdere hoofdstukken al beschreef, werken we in een arm district van Bukavu, bestaande uit een wirwar van modderige wegen en paden met hutjes en huisjes erlangs. De scholen die er zijn worden net als elders in Congo door kerkelijke organisaties gerund en zijn particulier.

De armste ouders kunnen zich vaak geen onderwijs veroorloven voor al hun kinderen. Gemiddeld heeft elk gezin in Congo rond de zes kinderen en de meest kwetsbaren hebben meestal grotere gezinnen dan de hogeropgeleiden en rijkeren. Een groot gezin wordt gezien als een langetermijnverzekering en voor de allerarmsten zijn kinderen de enige betrouwbare en gratis bron van vreugde.

Schoolgeld is daarom een grote uitgave voor de meeste gezinnen in Panzi, en dat was het ook voor mijn familie toen ik opgroeide. Met beperkte middelen kiezen veel ouders er daarom voor om jongens en niet meisjes naar school te laten gaan.

We wilden een aantal van de armste meisjes rond Panzi bereiken die niet de kans kregen om te leren. De stichting zette een project op waar ouders hun dochters voor konden inschrijven; wij zouden de kosten dekken en voor een kit zorgen met basis-lesmateriaal, zoals een schooltas, potloden, pennen en papier.

In 2015 ging ik naar een bijeenkomst om een aantal ouders te ontmoeten die aan het project meededen. Toen ik van tevoren de lijst doorkeek van ouders en hun kinderen, viel het me op dat er verrassend veel leerlingen ingeschreven stonden met genderneutrale voornamen. Het moesten meisjes zijn, maar het hadden ook jongens kunnen zijn. Je kon het niet zeggen.

Dat trok mijn aandacht. Je moet constant alert zijn in een land waar fraude endemisch is, als je wilt dat je geld bij de juiste personen terechtkomt.

Na de ceremoniële formaliteiten ging ik met de ouders praten. Voor het grootste deel waren dat landarbeiders en verkopers uit de streek-Panzi, het soort mensen dat je aan de kant van de weg twaalf uur per dag ziet zitten in kraampjes, of die karren duwen en hard werken op bouwplaatsen. De meeste hadden hun kinderen bij zich.

Ik begon met een moeder te praten die alleen was. Ze zei me dat haar dochter Bahati heette – een van de genderneutrale namen die was opgedoken op de inschrijvingslijst. Ik vroeg ernaar. 'Wie is zij? Ik wil haar graag ontmoeten,' zei ik.

Ze had niet mee kunnen komen, legde de moeder uit. Ik had het idee dat zij zich ongemakkelijk voelde en zich geneerde. Ik drong nog een beetje aan. 'Bij wie is ze? Kun je haar vragen of ze komt? Het is belangrijk dat alle kinderen de mensen van de stichting leren kennen,' zei ik.

Ze kon niet antwoorden, ze staarde naar de grond. Toen vertelde ze me haar verhaal, zonder op te kijken.

Ze was weduwe en ze verkocht bananen op straat tegenover het ziekenhuis. Het was langdurig, vermoeiend werk, zittend langs de weg in de stank van het verkeer en de herrie van het getoeter van ongeduldige chauffeurs. Zo verdiende ze nog geen dollar per dag. Dat betekende dat ze niet genoeg geld had om al haar kinderen naar school te kunnen laten gaan. Toen ze over de stichting hoorde, zag ze een kans. Ze had haar zoon ingeschreven.

'Als ik een van mijn dochters stuur, zal zij na school trouwen en bij de familie van haar man gaan wonen en hen helpen,' zei ze. 'Ze zal niet bij mij blijven. Wat heb ik er dan aan?'

Ze maakte onterecht gebruik van geld om verwaarloosde meisjes te helpen. Toch voelde ik sympathie voor haar. Zij voerde een dagelijks gevecht tegen honger, ziekte en het fysieke ongemak van extreme armoede, alsook tegen het schuldgevoel te weten dat ze niet in staat was naar behoren voor al haar kinderen te zorgen.

En wat ze beschreef klopte. We leven in een maatschappij waarin meisjes, als ze trouwen, als bezit overgaan van de ene familie naar de andere en de bruid haar vaders achternaam inruilt voor die van haar man. De dochter van deze vrouw zou naar alle waarschijnlijkheid aan het eind van haar tienerjaren trouwen en haar moeder voorgoed verlaten, tenzij ze het zo goed deed op school dat ze een carrière zou kunnen nastreven en haar lage sociale status het hoofd zou kunnen bieden. Het rechtvaardigde niet wat ze gedaan had, maar het verklaarde het wel.

Ons onderwijsproject gaat door, met regelmatige controle van de kinderen die de hulp krijgen. We geven op deze manier honderdduizenden dollars per jaar uit en helpen zo jaarlijks tussen de drie- en vijfduizend kinderen.

Onze uitdaging als maatschappij is ouders te overtuigen dat ze moeten geloven in de talenten van hun dochters. Net zoals al decennialang in het Westen te zien is, is het zo dat hoe meer kansen vrouwen hebben om hun potentie ten volle te benutten en werk buitenshuis te vinden, hoe meer ouders in hun onderwijs zullen investeren.

Ik herinner me een gesprek met een man die een paar jaar geleden een nierdialyse onderging in het ziekenhuis. Ik liep langs hem in een wachtkamer en hij sprong op om me te bedanken voor de hulp die zijn gezin had gekregen. Hij pakte mijn hand heel stevig vast en zei hoe het hem had ontroerd dat hij als moslim niet gediscrimineerd werd.

Als de stichting niet aangeboden had het schoolgeld voor zijn dochter te betalen, zou hij niet in haar onderwijs geïnvesteerd hebben, bekende hij. Zij was bestemd voor het huwelijk en de opvoeding van kinderen. De man had verschillende zoons die voor hem prioriteit hadden.

Maar niets was zo gelopen zoals hij had verwacht. Zijn dochter had hard gewerkt op school, had haar middelbareschooldiploma gehaald en een baan gevonden als boekhouder bij een plaatselijk bedrijf. Ze was getrouwd, maar haar loon gaf haar financiële onafhankelijkheid. Zijn zoons bleken minder succesvol.

'Zij betaalt nu mijn behandeling,' zei hij. 'Ik had het mis. Zonder haar zou ik nu dood zijn.'

De laatste tien jaar hebben we ook gewerkt met gemeenschappen in Oost-Congo gericht op het stimuleren van 'positieve mannelijkheid' als deel van ons hulpprogramma *Badilika* (Verandering). Daarbij gaan onze vrijwilligers vaak naar afgelegen dorpen om het over mensenrechten te hebben, het gemeentebestuur ter verantwoording te roepen en het vooral te hebben over de rol van mannen en vaders die gezinshoofd zijn.

In deze plattelandsgemeenschappen zijn het altijd de vrouwen die koken en schoonmaken; zij dragen de kinderen en zorgen er in eerste instantie voor. Ze werken op het land om voor voedsel te zorgen voor het gezin en doen het overgrote deel van het zware werk van het planten en oogsten van cassave, zoete aardappels, yams, bonen of mais. Als ze het werk op het land gedaan hebben, brengen ze de producten naar de markt.

Als de familie marktgewassen kweekt zoals koffie of noten, zijn mannen soms zo goed om die te dragen. Bomen omhakken wordt ook gezien als mannenwerk, net als het bouwen en onderhouden van het huis. Mannen hebben de economische macht door het beheer van het huishoudgeld, dat ze besteden aan wat zij als prioriteiten beschouwen.

De verantwoordelijkheden en de vereiste energie, nodig voor hun respectievelijke taken, zijn totaal verschillend. En het zal nu niemand meer verbazen dat het meeste werk op vrouwen neerkomt. Het is heel gewoon dat je in dorpen mannen ziet kaarten terwijl hun vrouwen op het land aan het werk zijn of langskomen met een zware vracht op hun rug of hoofd. Het is absurd oneerlijk en om gek van te worden als je dat ziet.

Toch is dat wereldwijd min of meer hetzelfde, zoals blijkt uit de vele onderzoeken naar de hoeveelheid vrije tijd die respectievelijk mannen en vrouwen hebben. Mannen doen veel meer betaald werk, maar het onbetaalde werk – voor kinderen en oudere familieleden zorgen, schoonmaken, boodschappen doen en andere huishoudelijke taken – wordt voor het overgrote deel door vrouwen gedaan bij heteroseksuele stellen. In de dertig democratische landen die lid zijn van de OESO doen vrouwen gemiddeld meer dan het dubbele van de hoeveelheid onbetaald werk dan mannen. En in elk land hebben mannen meer vrije tijd.

De verschillen lopen uiteen van zo'n dertig tot veertig minuten meer vrije tijd per dag voor mannen in landen als de Verenigde Staten, Groot-Brittannië, Australië, Duitsland en Zweden, tot ongeveer een uur meer in Frankrijk, India en Zuid-Afrika. Mannen hebben bijna anderhalf uur extra in landen als Italië, Griekenland of Portugal. Opgeteld bedragen die verschillen tot wel honderden uren meer vrije tijd voor mannen.

De coronacrisis heeft die trends alleen maar versterkt. Nu miljoenen stellen in de lockdown onder hetzelfde dak zaten, was het verschil tussen de dagelijkse hoeveelheid werk van mannen en vrouwen duidelijker dan ooit. Marlène Schiappa, staatssecretaris voor Gelijkheid tussen man en vrouw in Frankrijk, sprak voor veel mensen toen zij waarschuwde voor de 'stille uitputting' van vrouwen als gevolg daarvan. Het hoofd van het IMF, Kristalina Georgieva, waarschuwde in april 2021 dat vrouwen met jonge kinderen hun baan opzegden. Zij behoorden volgens haar tot 'de grootste slachtoffers van de economische lockdowns'.

Het probleem is dat mannen niet graag te horen krijgen dat ze macho zijn. Ze zijn meestal blij met hun privileges, die hen vrijstellen van een gelijke belasting van de minst leuke taken des levens. Naar een dorp in Congo gaan om daar mannen de les te lezen over hun spelletjes rummikub en blackjack terwijl hun vrouwen aan het werk zijn, verandert eeuwenoude tradities niet.

In 2010 gingen we werken met een stam, de Warega, afkomstig uit een streek oostelijk van Bukavu. Ze zijn in totaal met miljoenen mensen en hebben hun eigen taal, het Kirega. Velen van hen zijn in de loop der jaren naar Bukavu gegaan, op zoek naar werk en de laatste tijd ook naar veiligheid, door de aanwezigheid van gewapende groepen op hun grondgebied.

We gingen naar de stamhoofden en spraken met hen over het

werk dat we wilden doen, gericht op het verbeteren van de status van vrouwen maar ook van hun landbouwpraktijken. Ze stonden open voor onze ideeën en beloofden, toen ze persoonlijk naar het ziekenhuis waren gekomen voor een eerste bijeenkomst, om ons hulpproject te steunen.

Dat begon met kleine, vrijwillige seminars. We nodigden echtgenoten en ongehuwde jongemannen uit om bijeenkomsten bij te wonen in verschillende dorpen van Warega-gemeenschappen. Degenen die erop ingingen stonden natuurlijk veel meer open voor verandering, maar het waren allemaal werkende mannen met een traditionele boerenachtergrond.

Ons werk begon met een discussie over de rol en verantwoordelijkheden van vrouwen. De mannen werden aangemoedigd om al het werk dat door hun echtgenotes werd gedaan te evalueren. Toen ze hun dagelijkse taken beschreven, gaven sommigen er blijk van verrast te zijn en zelfs ietwat gegeneerd, toen ze de lange lijst van klussen opsomden die zij zonder te klagen in stilte uitvoerden. Velen gaven toe dat ze hun vrouw vrijwel nooit zagen uitrusten.

Vrijwilligers schreven alle werkzaamheden op bij een plaatje van een vrouw met wel zes armen of meer, een beetje zoals de hindoegodin Durga. Maar waar Durga meestal afgebeeld wordt met wapens in haar handen was de vrouw op ons plaatje met haar handen aan het koken, schoonmaken, voeden, verbouwen en noem maar op.

In een serie bijeenkomsten onderzochten we waarom bepaald werk voor vrouwen bestemd was en ander werk voor mannen. Zo hadden hun ouders het gedaan en hun grootouders voor hen, antwoordden de mannen meestal. Zo was het leven in het dorp altijd geweest.

De gesprekken gingen vervolgens over hun persoonlijke financiën. De projectleiders vroegen hoeveel geld ze verdienden met hun werk op het land en of er het hele jaar door genoeg voedsel was. Families in dat gebied hadden het meestal moeilijk en ondervoeding was een groot probleem ondanks de ongelooflijk rijke bodem. De plunderingen van gewapende groepen en de gevaren van het werken op het land waren af te lezen aan de uitgemergelde gezichten van veel gezinnen in het dorp.

De cursusleiders – de teams waren een mix van mannen en vrouwen – sneden ook taboes aan, zoals menstruatie, waarbij uitgelegd werd wat de impact daarvan op het lichaam en de energie van vrouwen was, en de lichamelijke effecten van zwangerschap en hoe moeilijk het was om direct voor en na de bevalling te werken. Ook hadden we het over de huishoudelijke taken van zoons en dochters en de houding tegenover onderwijs voor meisjes.

Tot slot werd aan de mannen gevraagd om taken te noemen waarbij ze hun vrouwen zouden kunnen helpen. Het doel was hen te stimuleren om na te denken over manieren om met hun vrouw een aantal taken te delen. Sommige mannen maakten zich zorgen over de reactie van anderen: als die zagen dat zij de oogst van hun vrouwen droegen, zouden ze misschien uitgelachen worden omdat ze vrouwenwerk deden.

De cursusleiders benadrukten dat wanneer zij samenwerkten, ze misschien de opbrengsten van het land zouden kunnen vergroten. Of dat, als ze meer voor de kinderen zorgden, hun vrouw meer tijd zou hebben voor het werk op het land. Zo zouden ze efficiënter zijn. En gelukkiger.

Niet iedereen verwelkomde de suggesties, misschien eerst alleen een minderheid. Het veranderen van een cultuur is een proces van generaties, want meestal is het zo dat alleen jonge mensen openstaan voor nieuwe ideeën. Maar we zagen wel dat verschillende mannen bereid waren het te proberen, vooral om samen meer op het land te werken.

Zij werden uiteindelijk de grootste pleitbezorgers. Deze 'early adopters' vertelden, als ze terugkeerden van het land, andere boeren hoe zij samen met hun vrouw meer konden oogsten. Door dat inkomen konden ze weer beter bouwen. Sommigen verruilden hun rieten daken voor golfplaten daken. Anderen bekenden dat hun relatie met hun vrouw en kinderen een stuk beter was als gevolg van alle veranderingen.

Het resultaat was zo positief dat de ouderen van de stam me vroegen om hun streek te bezoeken, een uitnodiging die ik heel graag aannam. Het gaf me de kans om ons werk te verdiepen. Het Badilika-project is sindsdien uitgebreid naar drie verschillende regio's en we werken samen met vijftien verschillende Congolese partnerorganisaties aan allerlei kwesties.

De methoden zijn in elke plaats anders. Soms zijn er seminars, toneelstukken of filmvertoningen die erop gericht zijn een discussie los te maken over de rol en de rechten van vrouwen, en ook over seksueel geweld. Sommige van onze partners geven huwelijksworkshops waarin aan echtparen gevraagd wordt samen te praten over hun rolverdeling. Een groep heeft een bordeel gesloten dat meewerkte aan de werving van meisjes. Het gaat altijd langzaam en is basiswerk, maar echte sociale verandering vindt altijd op dat niveau plaats.

De rol van de peer-to-peeroverdracht van de ideeën van het Badilika-project was absoluut cruciaal. De mogelijkheden van cursusleiders en feministen zijn beperkt. Over het algemeen kunnen we zeggen dat mannen ontvankelijker lijken als de cursusleiders ook mannen zijn. Maar het succes van ons werk is uiteindelijk afhankelijk van een paar early adopters in de gemeenschap die anderen om hen heen beïnvloeden.

Dit brengt me bij de cruciale invloed die mannelijke rolmodellen hebben bij het veranderen van de houding tegenover vrouwen, en dan ga ik terug naar mijn eigen jeugd: het is te danken aan mijn moeder dat ze mij liet zien hoe belangrijk gelijke behandeling is, door de manier waarop zij de huishoudelijke taken tussen mij en mijn zussen verdeelde. Maar ik moet ook de invloed van mijn vader erkennen.

Hij was en is nog steeds in veel opzichten een inspiratie voor mij. Ik keek vroeger tegen hem op en bewonderde hem enorm om zijn betrokkenheid, zijn wijsheid, vriendelijkheid en generositeit. Hoewel hij en mijn moeder in veel opzichten een traditionele relatie hadden – ik heb hem maar één keer zien koken, toen mijn moeder erg ziek was, en ik heb hem nooit zien schoonmaken – was hij in één cruciaal opzicht anders dan de meeste mannen.

Papa was een uitzondering in de zin dat hij nooit mijn moeder of een van zijn kinderen sloeg. Maar zijn gezag was onbetwist en aan zijn vermogen om te straffen werd op geen enkele manier getornd. Ik was veel banger voor hem als hij me apart nam voor een gesprek en voor zijn blik van diepe teleurstelling over mijn gedrag dan dat ik bang was voor een pak slaag.

Ik weet nog dat ik ooit op de keukentafel klom en iets op het plafond schreef. Ik probeerde eerst mijn zus de schuld te geven, een voor de hand liggende leugen die al snel achterhaald werd. Dat leverde me een klap op van mijn moeder, maar mijn vader liet me gaan zitten toen hij thuiskwam om een uur of vijf en ik kreeg een preek over de heiligheid van ons huis en over het belang van respect. Ik deed mijn best om mijn gedrag uit te leggen en mompelde dat het me speet.

Uit onderzoek blijkt dat blootstelling aan huiselijk geweld als kind – zien dat je moeder geslagen wordt of zelf geslagen worden – de kans sterk vergroot om als volwassene zelf geweld te gebruiken.[4] Dat bevestigt wat wij weten uit ervaring: dat kinderen hun rolmodel imiteren. Anders gezegd, vaders die hun kinderen of hun vrouw slaan, vergroten de kans dat hun zoons op hun beurt later in hun leven geweld tegen anderen gebruiken.

Huiselijk geweld komt ongelooflijk veel voor in Congo, net als in het grootste deel van Afrika, delen van Azië en het Midden-Oosten. In totaal 57 procent van de getrouwde Congolese vrouwen zei te maken te hebben gehad met geweld door hun huidige of voormalige man, volgens een onderzoek uit 2014 door het ministerie van Volksgezondheid. Minstens 75 procent van de vrouwen vond het in bepaalde omstandigheden acceptabel als een man of partner zijn vrouw sloeg, blijkt uit gegevens van de OESO.

Huiselijk geweld is minder wijdverbreid, maar komt nog steeds heel vaak voor in ontwikkelde landen. Zelfs in Scandinavië zei een op de vier vrouwen te maken te hebben met enige vorm van geweld van een intieme partner. Dezelfde cijfers zijn er in Europese landen als Groot-Brittannië, Frankrijk en Duitsland. In de Verenigde Staten is een op de drie vrouwen minstens één keer aangerand.[5]

Nog gewelddadiger is de thuissituatie voor kinderen. Acht of negen van de tien kinderen worden in Congo mishandeld, volgens gegevens van de kinderrechtenorganisatie UNICEF. Dat beeld is vrijwel overal hetzelfde in Afrika, het Midden-Oosten en grote delen van Azië.

Wetten om dit uit te bannen zijn de laatste veertig jaar verbeterd, ook al heeft bijna geen staat het helemaal verboden. Vandaag de dag zijn er achtenvijftig landen waarin het verboden is kinderen in welke situatie dan ook te slaan, inclusief de thuissituatie – het grootste deel van Europa, Zuid-Amerika en acht Afrikaanse landen waaronder Zuid-Afrika – maar dat betreft slechts 12 procent van alle minderjarigen wereldwijd, volgens het Global Initiative to End All Corporal Punishment of Children.

De Verenigde Staten kennen zo'n wetgeving niet op federaal niveau en zijn dan ook het enige grote westerse land waar lijfstraffen nog steeds toegestaan zijn op sommige scholen. In totaal 92.000 leerlingen werden in het schooljaar 2015-2016 fysiek gestraft, vooral in zuidelijke staten van de VS, volgens het Amerikaanse Office for Civil Rights van het ministerie van Onderwijs.[6] Driekwart van de kinderen die geslagen werden, een mep of billenkoek kregen, was een jongen.

Thuis zijn het meestal vaders die kinderen slaan. Zo leren jongens dat geweld gebruiken op een of andere manier iets met mannelijkheid te maken heeft, een acceptabel middel is om te disciplineren en te controleren. Als ze volwassen zijn, betekent het dat ze hun toevlucht nemen tot geweld of intimidatie wanneer ze tegenwerking of problemen ervaren.

Ouders, en de hele maatschappij, versterken voortdurend het idee bij jongens dat hun levens belangrijker zijn en dat man-zijn en mannelijkheid betekenen dat je sterk en stoer bent: we moedigen ze aan om niet te huilen; we doen ze geloven dat zwakte of gevoelens laten zien iets 'vrouwelijks' is; we zeggen ze niet te tonen dat je angstig of bang bent.

Uit studies blijkt dat ouders zelfs op babygehuil van jongetjes anders reageren dan op dat van meisjes. Hoe we speelgoed uitkiezen voor onze kinderen, hoe we ze straffen, aanmoedigen en liefhebben, hangt vaak af van hun sekse.

Als gevolg daarvan leren jongens om hun emoties op te kroppen, wat leidt tot uitbarstingen van frustratie als ze zich niet met woorden weten uit te drukken.

De praktische consequenties daarvan zie ik in het ziekenhuis, niet alleen aan de verwondingen opgelopen bij vechtpartijen tussen mannen, maar ook aan de lichamen van mishandelde vrouwen en, natuurlijk, aan de psychische en fysieke schade die slachtoffers van seksueel geweld oplopen. Ik zie het ook aan de mannen die hun afspraak bij de dokter afzeggen waardoor aandoeningen en ziekten de kans krijgen het lichaam te verwoesten, alsof erkennen dat je ziek bent onmannelijk of zwak is. Daarom zorgt prostaatkanker voor zoveel doden.

Die macho-conditionering van mannen om onverschrokken en dapper te zijn, verklaart ook waarom zij waarschijnlijk minder mondkapjes droegen tijdens de corona-uitbraak in 2020, ondanks al het epidemiologische bewijs dat de kans dat ze zouden sterven dan groter was.[7] Sommige politici, zoals Donald Trump en de Braziliaanse president Jair Bolsonaro, maakten er een erekwestie van om gezien te worden zonder mondkapje. Mannen droegen ook al minder gezichtsmaskers tijdens de uitbraak van het SARS- en het H1N1-luchtwegenvirus in Azië, ontdekte een andere studie.[8]

Als volwassenen, ouders en verzorgers zijn wij verantwoordelijk voor het projecteren van die schadelijke mannelijke eigenschappen op kinderen. Ik denk dat 'mannelijkheid' iets is wat kinderen aanleren in de loop van hun leven. Ze worden er niet mee geboren. Het is een 'sociaal construct'. Het is iets wat een jongen in laagjes kleding aantrekt als hij zich ontwikkelt. Het eindresultaat kan net zo sterk variëren als die uitspraak impliceert.

Het probleem is dat we veel kinderen in een mal dwingen van wat mannen móeten zijn. We zeggen dat ze de mannenmode moeten volgen. Het is de stijl van iemand die sterk is, fysiek, dominant, die heerst en onderwerpt. Ingaan tegen die regels wordt als zwakte gezien. En als jongens zich te zeer mannelijke karaktertrekken aanmeten, corrigeren we dat niet.

Als tienerjongens mannen worden, door opvoeding en imitatie, hebben ze zich hun mannelijke bovenkleding al aangemeten. Kleding die vaak koel en afstandelijk is en niet lekker zit, maar waarvan ze ten onrechte denken dat ze superieur is.

Als ik kijk naar de twee belangrijkste kenmerken van mijn opvoeding – een moeder die stond op gelijke behandeling van mijn zus en mij bij de opvoeding en een geweldloze vader – begrijp ik beter waarom zoveel mannen opgroeien met een ander, negatief idee van mannelijkheid. De lessen die zij leren, zijn precies het tegenovergestelde: ze krijgen vanaf de geboorte te horen dat zij superieur zijn en dat het gebruik van fysieke kracht acceptabel is en zelfs nodig om respect af te dwingen.

Het zou absurd zijn om te ontkennen dat er verschillen zijn tussen jongens en meisjes – ik heb het met eigen ogen gezien bij mijn kinderen – maar ouders beslissen welke eigenschappen ze benadrukken en beteugelen, afhankelijk van de waarde die ze eraan hechten. En we zijn allemaal het product van eeuwenlange seksuele conditionering, zelfs de meest ruimdenkende onder ons.

We moeten jongens grootbrengen zonder alle voorgevormde ideeën over mannelijkheid, gebaseerd op kracht, macht en dominantie. We moeten ze de vrijheid geven om alle mogelijke gevoelens te tonen en om geen gevoelens te onderdrukken die als 'vrouwelijk' beschouwd worden, zoals compassie, vriendelijkheid en gevoeligheid. Ook moeten we het veel meer met ze hebben over gendergelijkheid, genderrollen, het belang om vrouwen te respecteren, maar ook – en dat is heel belangrijk – over seks.

Er wordt gezegd dat mannen constant aan seks denken, wat het voor mij nog raadselachtiger maakt dat zoveel vaders ervoor terugdeinzen om het met hun zoons te bespreken. En dan bedoel ik niet er grappen over maken of luchthartige gesprekken voeren over meisjes. Ik bedoel er echt over praten.

In Congo wordt de bruid voor het trouwen meestal apart genomen door vrouwelijke familieleden die met haar praten over haar huwelijksnacht en alle vragen beantwoorden die ze maar heeft over haar mogelijk eerste seksuele ervaring. Dat maakt deel uit van onze cultuur, is een overgangsrite.

Maar zoiets bestaat niet voor bruidegoms. Zij worden geacht alles al te weten. En zij stellen nooit vragen, want dat zou gênant zijn, dan zouden ze toegeven dat ze onbekend zijn met iets wat ze geacht worden te beheersen.

Dat heb ik ook gezien in westerse landen. Moeders praten meestal makkelijk over seks met hun dochters op de geschikte leeftijd en zien het als deel van hun taak. Vaders ondersteunen dat en zijn erop gebrand hun dochters te beschermen, denkend aan hun eigen gedrag als tieners en dat van hun vrienden.

Naast de praktische adviezen die meisjes krijgen, zal het ook onvermijdelijk gaan over de gevaren van mannen en jongens: de kans om zwanger te raken en mishandeld te worden. De boodschap die er bij meisjes en vrouwen in geramd wordt is altijd dezelfde: 'Zorg dat je niet verkracht wordt.' We zeggen ze uit te kijken met wie ze contact hebben, gevaarlijke plekken te vermijden, op te letten wat ze aantrekken en geen verkeerde signalen te geven. Er wordt hen op het hart gedrukt op hun hoede te zijn en zichzelf niet kwetsbaar te maken.

Maar er is veel minder tijd en aandacht voor de veel belangrijkere les die jongens telkens weer moeten krijgen. We moeten tegen ze zeggen: Wees geen verkrachter! Hoeveel vaders gaan daadwerkelijk met hun zoons zitten praten over de betekenis van toestemming?

De vader van Brock Turner, de Stanford-student en zwemmer die in 2016 veroordeeld werd voor het aanranden van een vrouw die buiten bewustzijn was, werd beroemd toen hij het gedrag van zijn zoon omschreef als 'twintig minuten actie' die geen gevangenisstraf verdiende. Dan denk je toch bijna meteen dat een gesprek van twintig minuten over toestemming voordat Brock naar de universiteit ging veel leed zou hebben voorkomen.

In oktober 2015 financierde de Amerikaanse non-profitorganisatie voor seksuele voorlichting Planned Parenthood een landelijk onderzoek naar wederzijdse instemming. Van iedere stap, zoals of voorspel gezien kan worden als toestemming voor seks en of eerder seksueel contact toestemming geeft voor een tweede keer seks, waren vrouwen aanmerkelijk beter op de hoogte dan mannen. Ook bleken moeders meer met hun dochters te praten dan met hun zoons.[9]

En vaders moeten niet alleen over toestemming praten, ze moeten verdergaan. Er zijn zoveel dingen die jongens niet weten, maar waarvan aangenomen wordt dat ze ze wel weten. Wat is goede seks? Weten ze hoe vaak seksueel geweld voorkomt? We moeten uitleggen dat iemand verkrachten nooit een 'twintig minuten actie' is, maar dat het iemand kan veroordelen tot levenslang psychisch lijden. We moeten iets doen aan het tragische verschil in perceptie van verkrachting en de gevolgen ervan voor daders en slachtoffers.

We hebben meer goed geïnformeerde jongens nodig die als rolmodel dienen voor hun vrienden. Bijna elke man kent wel een situatie waarbij hij aanwezig was toen vrienden, teamgenoten of collega's zich in hun bijzijn ongepast gedroegen tegenover vrouwen. We geven het niet graag toe, maar die dingen maken ons medeplichtig. Veel mannen doen alsof ze het niet zien; sommige hebben achteraf misschien spijt dat ze niets gedaan hebben. Maar we hebben een nieuwe generatie jongens nodig die ingrijpen, proactief zijn, misdragingen benoemen en invloed uitoefenen op hun vrienden.

Toen Donald Trump tegenover *Access Hollywood*-presentator Billy Bush grapte over '*grabbing women by the pussy*', terwijl hij met hem en zeven andere mannen onderweg was in een bus in 2005, nam hij niet aan dat Bush of de anderen zijn verleidingstactiek goed zouden keuren. Maar hij kon erop rekenen dat niemand geschokt zou zijn. Het gelach van zijn publiek bevestigde dat.

Bush, die hierna ontslagen werd, zei dat hij er spijt van had en zich ervoor schaamde medeplichtig te zijn. Op het hoogtepunt van de #MeToo-beweging schreef hij dat de stroom verhalen over misbruik een 'bewustwording en erkenning was die hopelijk alle jongens in de bus bereikt'. Alleen als we de seksuele voorlichting van onze jongens serieuzer nemen, niet alleen thuis, maar ook op scholen en universiteiten, zal dat gebeuren.

Een verontrustende nieuwe ontwikkeling in de laatste paar decennia is de impact van pornografie, die steeds wijder verspreid en makkelijker bereikbaar is dan ooit. Afgezien van de ethische argumenten over pornografie moet iedereen het er toch over eens zijn dat de populairste sites extreme en ongezonde content bevatten, zoals het tonen van vernederende en vaak dwingende acties uitgevoerd op meestal onderworpen vrouwen.

Pornhub, 's werelds grootste open-access pornosite met 42 miljard bezoekers in 2019, maakte gebruik van seksueel misbruik nadat er video's op het portaal gepost werden van minderjarige meisjes die verkracht werden. Ook bevatte de site video's van een amateurporno-productiebedrijf waarvan inmiddels bekend is dat men vrouwen onder valse voorwendselen in video's liet spelen.[10]

Voorstanders van pornografie beweren dat het een verbeelding is van seksuele fantasieën en geldt als onschuldige erotische kunst. Sommige onderzoekers menen wel dat pornografie kan helpen om seksueel geweld terug te dringen doordat aan potentiële belagers hulp geboden wordt bij masturbatie. Maar er is bewijs dat jongens, wanneer wij niet onze verantwoordelijkheid nemen en jongens voorlichten, die voorlichting uit pornovideo's halen.

Jonge vrouwen van nu, die opgroeien in de moderne tijd van de altijd beschikbare internetpornografie, krijgen met de consequenties daarvan te maken. Opinieonderzoeksbureau Savanta ComRes deed in november 2019 voor de BBC onderzoek, waaruit bleek dat ruim een derde van de vrouwen in het Verenigd Koninkrijk te maken had met onvrijwillige klappen, verstikking, kneveling of zelfs spugen tijdens vrijwillige seks.

Een meta-analyse uit het *Journal of Communication* van december 2015 door drie wetenschappers uit de VS analyseerde de effecten van het kijken naar pornografie, gebaseerd op de resultaten van tweeëntwintig studies uit zeven verschillende landen.[11] Hun conclusie was ondubbelzinnig: 'De verzamelde data laten er weinig twijfel over bestaan dat personen die frequent kijken naar pornografie meer kans hebben om gedrag te vertonen dat bijdraagt tot seksueel geweld of tot zelf seksueel geweld plegen dan personen die geen of minder frequent kijken naar pornografie.'

Een recentere studie uit 2019 waarbij tieners in de VS onderzocht werden, liet opnieuw een sterk verband zien tussen blootstelling aan gewelddadige pornografie en datinggeweld. Puberjongens die blootgesteld waren aan gewelddadige pornografie, hadden drie keer zoveel kans om seksueel geweld te plegen bij dates.[12]

Alleen al de hoeveelheid pornografie en de moeilijkheid om de toegang ertoe te beperken, maken het belangrijker dan ooit om er open met onze kinderen over te praten en te wijzen op de manieren waarop het vaak ongezonde en onrealistische seksuele ervaringen verbeeldt.

De meeste ouders en scholen zien het als hun verantwoordelijkheid om kinderen voor te lichten over de basisprincipes van beleefdheid: hoe ze tegen elkaar en in het openbaar moeten praten, hoe ze goede vriendschappen onderhouden. Maar vaak vergeten of verzuimen we, uit preutsheid of schaamte, om over seks te praten. Dus laten we het op eigen risico over aan pornografen.

Positieve rolmodellen – mannen die bereid zijn hun giftige mannelijkheid aan de kaak te stellen – zijn van essentieel belang. Allereerst moeten vaders hun zoons voorlichten, maar er zijn veel meer publieke figuren nodig die zich bij de strijd aansluiten. Bijvoorbeeld door het voortouw te nemen.

Helaas blijven producenten van muziekvideo's en videospelletjes jongvolwassenen bombarderen met beelden van mannen die gespierd, agressief, viriel en vaak misogyn zijn. De mensen die van die industrie profiteren en de sterren die door miljoenen mensen gevolgd worden, moeten ook hun verantwoordelijkheid nemen. Actiegroepen en activisten kunnen alleen maar druk op hen blijven uitoefenen om iets te veranderen door de ergste voorbeelden te benoemen van gedrag dat seksueel agressief gedrag bevordert.

In 2008, twee jaar nadat ik Eve Ensler voor het eerst had gezien in New York, nodigde ze me uit voor een event dat zij had georganiseerd in New Orleans ter viering van het tienjarige bestaan van haar organisatie v-Day. In haar karakteristieke stijl wilde ze iets brutaals, dus huurde ze het Superdome-stadion af, dat het toneel was van talloze aanrandingen na orkaan Katrina, toen het veranderde in een chaotisch en smerig opvangcentrum.

Ze veranderde de naam van het stadion in Superlove en in de loop van het weekend kwamen er dertigduizend mensen om naar voordrachten te luisteren, advies te krijgen in medische centra en om te genieten van een voorstelling van *De Vagina Monologen*, met in de hoofdrol Jane Fonda en Kerry Washington. Iedereen kwam het stadion binnen via een vulva in origami-stijl die oplichtte in het donker.

Eve vroeg me de mars van honderden vrouwen door de stad aan te voeren, die eindigde op Congo Square, ooit Place des Nègres geheten, het plein dat aan het eind van de achttiende en in de negentiende eeuw de enige plek in de stad was waar zwarte slaven samen konden komen op zondag. Maar ik was daar vooral aanwezig om de eerste prijs in ontvangst te nemen van een nieuwe organisatie die zij had opgezet: V-Men, die mannen samenbracht die zich sterk maakten voor vrouwenrechten.

Het idee was om een netwerk op te zetten van mannen die zich niet schaamden om 'vrouwenkwesties' op de kaart te zetten. Ik moest naar het podium lopen door een gordijn gemaakt van lange draden van roze materiaal dat tussen twee rode uitsneden in de vorm van schaamlippen hing.

De meeste bezoekers van Superlove waren natuurlijk vrouwen, veelal vrouwen van kleur, die onevenredig veel te lijden hebben gehad van de gevolgen van orkaan Katrina en het seksueel geweld dat daarop volgde. Tijdens onze paneldiscussie over V-Men, waar ook de toenmalige linebacker van de Baltimore Ravens, Bart Scott, aan meedeed, vroegen we ons hardop af wat er nodig was om meer mannen te stimuleren om zich bij ons aan te sluiten.

Dat is de volgende stap na #MeToo. Vrouwenrechten zijn niet alleen een zaak voor vrouwen. Mannen moeten zich bij de vrouwen aansluiten. Ze hoeven niet aanwezig te zijn op conferenties of in gezondheidscentra, en zeker niet door een enorme roze vagina het toneel op te komen.

Maar ze moeten zich wel uitspreken over seksueel geweld. Ze moeten wel alternatieve modellen van man-zijn omarmen en uitdragen, en laten zien dat ze zowel sterk kunnen zijn als gevoelig, zowel moedig als begaan, veerkrachtig, maar ook emotioneel en alles ertussenin. Ze moeten echt meer tijd nemen om open en eerlijk met hun tienerzoons te praten over vrouwenrechten.

Nooit eerder zijn er zoveel mannen geïnformeerd over en begaan met de beweging voor vrouwenrechten en de campagne om seksueel geweld uit te bannen als nu. Ze moeten nu een nieuwe stap zetten, van passieve ondersteuning naar actieve deelname aan de maatschappelijke verandering die we nodig hebben. De verantwoordelijkheid om wetten te veranderen, gerechtigheid te eisen, misbruikers aan te geven, in gemeenschappen te werken en kinderen anders op te voeden, mag niet alleen aan vrouwen overgelaten worden.

Vrouwen blijven natuurlijk de leiders en aanjagers van dit werk. Ik zal altijd een stem voor anderen blijven. Maar vrouwenrechten zijn universele rechten. Als er een petitie is, een demonstratie of een campagne op de sociale media over seksueel geweld, of een mogelijkheid om te praten over gender, seks of ongelijkheid thuis, moeten mannen erbij betrokken raken. Het gaat hier om de hele mensheid, niet om de halve.

10

Leiderschap

In de loop van mijn carrière heb ik allerlei leiders ontmoet: politici, geestelijken, bedrijfsdirecteuren en leiders van dorpen en burgerorganisaties. Sommigen wilden niets weten van de kwestie seksueel geweld om redenen van persoonlijke ambitie of ondoordachte overtuiging en kozen ervoor het probleem niet te zien of het bestaan ervan te ontkennen. Ook waren er veel goede mensen die hard werken om overlevers en vrouwen in het algemeen een beter leven te geven; bij hen stonden waarden als compassie en vriendelijkheid centraal. En je had alles ertussenin: mensen die er neutraal tegenover stonden, twijfelaars, de oppervlakkigen of halfhartigen.

Als niet alle neuzen van leiders van welke organisatie dan ook dezelfde kant op staan, is het heel moeilijk om het soort systemische en culturele verandering te bewerkstelligen dat nodig is om te zorgen dat de wereld veiliger, gelijkwaardiger en fijner is voor vrouwen. Seksueel geweld kan alleen beëindigd worden als daar op elk niveau aan gewerkt wordt. Er zijn meer leiders nodig die hun nek uitsteken.

In 2018 reisde ik naar Irak om een leider te ontmoeten wiens dorp, net als het mijne in Oost-Congo, kapotgemaakt was door seksueel geweld. Hij moest ook zien om te gaan met de gevolgen van een oorlog tegen vrouwenlichamen. Op een moment dat het hem en zijn mensen ontzettend tegenzat, vond hij de moed om op te staan tegen de tradities en zich hard te maken voor vergaande maatschappelijke verandering.

Mijn reis naar Irak was georganiseerd door een liefdadigheidsorganisatie met de naam Yazda, die sinds 2014 met de Jezidi-gemeenschap werkt en met name met de vrouwen die geleden hebben onder de verachtelijke en moorddadige heerschappij van Islamitische Staat. De drie jaar durende macht van deze extremisten in Noord- en West-Irak heeft een spoor van lichamelijke vernieling achtergelaten dat nog decennialang herstelwerk zal vergen.

Toen ik naar Erbil vloog in Noord-Irak, kende ik Nadia Murad al, die zich in de drie jaar daarvoor ingezet had om internationaal bewustzijn te creëren voor het doelgericht en massaal verkrachten van Jezidi-vrouwen door IS, maar mijn reis naar Irak vond plaats voordat we beiden met de Nobelprijs voor de Vrede onderscheiden werden. De moed die zij had om haar verhaal te delen, eerst bij de VN, toen in interviews in de media en later in haar boek, *The Last Girl*, heeft als gevolg dat de schanddaden uit dat weerzinwekkende hoofdstuk vastgelegd zijn voor het nageslacht.

IS ontstond uit de restanten van extremistische groeperingen als Al Qaida, die tegen de Amerikaanse troepen streden tijdens de bezetting van Irak door de VS vanaf 2002. Begin 2014 liepen ze het leger van Irak onder de voet in het noordwesten en vergrootten ze langzaamaan hun invloed tot ze ongeveer een derde van het land in handen hadden, met inbegrip van de tweede stad van het land, Mosul, en het gebied rond Sinjar, het historische centrum van de Jezidi-gemeenschap.

De Jezidi's zijn een aparte etnische en religieuze bevolkingsgroep, waarvan de oorsprong terug te voeren is naar de twaalfde eeuw, toen een islamitische mysticus begon te prediken in het dorp Lalish, in de bergen en struikgewassen van Noord-Irak. Door de eeuwen heen hebben zijn volgelingen afstand genomen van de islam en is hun geloof samengesmolten met oude, lokale godsdienstige overtuigingen en hebben ze zich laten inspireren door het christendom en het judaïsme. Het werd als zodanig een aparte godsdienst, met zijn eigen heilige schrift, kalender en ceremonies.

Al ruim achthonderd jaar zijn de Jezidi's verwikkeld in de strijd om spirituele dominantie, die het Midden-Oosten en grote delen van de wereld nu nog steeds in zijn greep houdt. Ze waren een kleine minderheid die opgejaagd en vervolgd werd. Door achtereenvolgende golven van onderdrukking zijn de gelovigen over de wereld verspreid geraakt.

Dat zij het hebben overleefd als gemeenschap, die momenteel rond de 500.000 tot een miljoen mensen telt, is te danken aan de sterke persoonlijke band tussen de volgelingen, hun religieuze toewijding en het onherbergzame terrein van hun thuisland, met het Sinjar-gebergte, een anderhalve meter hoge rotsformatie waar ze zich al eeuwen schuilhouden als ze weer eens belaagd worden.

Dat ze door IS onder vuur genomen werden, was de meest recente poging om ze uit te roeien, alleen ging dat nu, in de eenentwintigste eeuw, gepaard met een moderne propagandamachine die de aangevallen voorouders van de hedendaagse Jezidi's zich nooit hadden kunnen voorstellen. In navolging van alle uitroeiingsideologieën werden de Jezidi's door IS-leiders in hun lessen en instructies ontmenselijkt, waarbij ze hen in hun online-boodschappen en video's beschreven als duivelaanbidders en afvalligen.

Ze begonnen met een campagne van massale uitroeiing waar Nadia's familie mee te maken kreeg. Haar dorp Kocho werd op een vroege ochtend van augustus 2014 veroverd door militanten die met de dreigende zwarte vlag van de groep zwaaiden. Na een week lang in huis verscholen te hebben gezeten, werd iedereen opgeroepen naar de plaatselijke school te komen. De mannen werden, nadat ze al hun waardevolle spullen hadden moeten afgeven, gescheiden van de vrouwen en kinderen, in een rij opgesteld voor een greppel en in koelen bloede doodgeschoten. Toen het vuren stopte, werden vrouwen en kinderen, vele hysterisch huilend, samen ingeladen op diepladers en naar de door IS gecontroleerde stad Mosul gereden.

Nadia, ongetrouwd en toen eenentwintig jaar oud, werd uitgekozen om *sabiyya*, slavin, te worden en werd 's avonds met een bus naar de markt gebracht. 'Elk moment bij IS was onderdeel van een langzame, pijnlijke dood,' schreef ze over de ervaring. De busrit naar de markt, toen ze gemolesteerd en verkracht werd, was het 'moment dat ze begon te sterven'.

Op de markt – in werkelijkheid een grote kamer in een geplunderd huis – kwamen er wrede, beestachtige mannen met baarden en wapens kijken, met handenvol dollars. Velen van hen wilden weten of de meisjes nog maagd waren. Nadia en haar familieleden schreeuwden, maakten zich klein of probeerden de agressieve en harde handen weg te slaan die hen wilden betasten. Naar schatting 6400 Jezidi-vrouwen werden op die manier verhandeld en kwamen in een weerzinwekkend leven van gevangenschap terecht.[1]

Nadia werd verkocht aan een IS-rechter die er een sadistisch genoegen aan beleefde om haar godsdienst te beschimpen en haar dwong zich te bekeren tot de islam (wat zij veinsde te doen), en haar herhaaldelijk verkrachtte. Hij tergde haar altijd dat, ook als ze zou ontsnappen, haar leven voorbij zou zijn omdat haar gemeenschap haar nooit meer zou accepteren. Toen ze probeerde te vluchten en weer gepakt werd, gaf hij zijn bewakers opdracht om haar voor straf te verkrachten.

Ze werd daarna verschillende keren verkocht, waarbij geen van haar overweldigers ook maar een greintje sympathie toonde toen haar gezondheid achteruitging. Na drie maanden wist ze te vluchten via een deur die niet op slot zat en vond ze onderdak bij een moedige familie soennitische moslims.

Toen ik tweeënhalf jaar later Irak bezocht, was IS een groot deel van zijn grondgebied in Irak en buurland Syrië kwijt dankzij de inspanningen van het Irakese leger, plaatselijke milities met Jezidische en Koerdische strijders, alsook westerse wapens geleverd door de VS en bondgenoten. Maar er werd nog maar weinig gedaan aan de humanitaire crisis die door de gevechten was aangewakkerd.

De eerste halte van mijn reis was een vluchtelingenkamp in Dohuk, tweeënhalf uur rijden van de stad Erbil, in een gebied dat gecontroleerd werd door de regionale Koerdische regering die nooit onder IS-controle was gekomen. Om de paar kilometer moesten we stoppen bij een controlepost, waar we onze papieren en visa moesten laten zien aan groepen gewapende Koerdische wachters.

In Dohuk waren honderdduizenden ontheemden ondergebracht; ze zaten in ellendige omstandigheden die mij helaas bekend voorkwamen. Zo'n 85 procent van de Jezidi-gemeenschap was ontheemd door de gevechten. Overal in de heuvels zag je kampen, nog meer verdord en verdroogd dan die van ons in Congo, maar met dezelfde geïmproviseerde architectuur en kenmerken die bij elke ramp in de wereld te vinden zijn.

De meeste mensen zaten in prefabwoningen, anders dan de tenten die je ziet in vluchtelingenkampen in Congo, en ik was onder de indruk van de zonnepanelen en waterreservoirs die door de VN en hulporganisaties geschonken waren. Al het andere kende ik: het dagelijkse gevecht om voedsel en water, kinderen in versleten kleren, ouders met lege ogen die over hen waakten.

Er zaten daar duizenden vrouwen zoals Nadia, slachtoffers van wreedheden en verkrachting die weinig tot geen professionele zorg of steun hadden gehad. Een handjevol artsen deed z'n best om de situatie het hoofd te bieden. De liefdadigheidsorganisatie Yazda had me hier uitgenodigd om over onze ervaringen in Congo te vertellen, in de hoop iets te leren van onze benadering van het leveren van medische zorg en psychologische, juridische en sociaal-economische steun. Het delen van onze expertise met andere landen stond de laatste jaren centraal in mijn werk.

Ze hadden een bijeenkomst georganiseerd in een van de grotere gebouwen, met zo'n vijftig overlevers die mij graag wilden ontmoeten. Mijn gastvrouwen hadden me eerder al verteld over hun dagelijkse pogingen om de vrouwen te helpen die kampten met paniekaanvallen, slapeloosheid en hysterische huilbuien. Velen van hen waren verstoten door hun familie. Anderen hadden een kind gebaard van hun verkrachter. Er waren zelfmoordpogingen.

Hoe meer ik reis en leer, des te meer ik me realiseer dat vrouwen overal dezelfde gevolgen ondergaan van seksueel geweld, zowel in conflictgebieden als in vredestijd, ongeacht hun cultuur, taal of geloofsovertuiging.

De bijeenkomst maakte duidelijk dat er veel behoefte bestond aan psychologische hulp en behandeling. Het trauma dat de vrouwen opgelopen hadden, was nog steeds vers en heftig. Verschillende vrouwen vertelden hoe ze door IS-strijders gescheiden werden van hun familie, op transport gezet, verkocht en vervolgens verkracht en mishandeld werden.

Toen ze weer vrij waren, doemde er een reeks nieuwe problemen voor ze op. Ze konden niet terug naar hun huis dat in puin lag en voelden zich gestigmatiseerd door hun gemeenschap. Volgens de traditie van de Jezidi's wordt verkrachting als niets anders dan overspel gezien. Het is een schande voor het slachtoffer. Het kan resulteren in openbare geseling en moord door familieleden.

Nadia vertelde hoe de eerste man die haar kocht altijd zei dat ze, als verkrachte Jezidi-vrouw die zich tot de islam had bekeerd, haar leven wel kon vergeten. 'Zelfs als het je lukt om terug naar huis te komen, zal je vader of je oom je vermoorden,' lachte hij dan spottend. Toen ze uiteindelijk inderdaad naar huis ging, beschreef ze in bedekte termen hoe ongerust en angstig ze was.

Toen de vrouwen mij in vertrouwen namen, bleek dat hun woorden ook effect hadden op anderen in de ruimte. Dat is iets wat we geregeld zien in Panzi tijdens eerste sessies groepstherapie. Vrouwen met onbehandelde en onderdrukte traumatische herinneringen kunnen levendige flashbacks krijgen van hun eigen pijnlijke ervaringen. Daarom zijn *trigger warnings* – waarbij mensen gewaarschuwd worden voor verwijzingen naar seksueel geweld – gemeengoed geworden bij openbare discussies over verkrachting.

Vier van de vrouwen vielen vrijwel tegelijkertijd flauw. Ik ging naar ze toe en toen ze weer bij bewustzijn waren, brachten we ze naar een rustige kamer waar ze bij konden komen. Ik vroeg mijn gastvrouwen of er een psycholoog was die naderhand bij ze langs kon gaan. Die was er niet, zeiden ze.

Dat maakte me duidelijk hoeveel werk er nog verzet moest worden om onze eerste humanitaire hulp tijdens of na conflicten te verbeteren. Allereerst is er natuurlijk dringend voedsel nodig, onderdak en medische zorg. Maar al te vaak blijven de onzichtbare wonden van seksueel geweld onbehandeld, ook al weten we dat ze er zijn.

Onze volgende halte was het stadje Lalish, waar we de leider zouden ontmoeten over wie ik het in de inleiding van dit hoofdstuk had. Zijn naam is Baba Sheik, de geestelijk leider van de Jezidi's, een kwetsbare man van over de tachtig met een lange, witte baard.[2] Hij woonde in de omgeving van de gecanneleerde, kegelvormige tempels en natuurlijke bronnen in de religieuze hoofdstad van de gemeenschap.

Alle bezoekers moeten hun schoenen uittrekken voordat ze het dorp binnenkomen. Het was een vreemd gevoel om blootvoets over de gladde keien te lopen in straten die door dikke moerbeibomen beschermd werden tegen het felle zonlicht.

Ik keek ernaar uit om Baba Sheik te ontmoeten, omdat hij eind 2014, toen IS Jezidi-dorpen leegroofde, had besloten om eeuwenlange religieuze tradities opnieuw uit te vinden. Hij concludeerde dat compassie de theologische leer oversteeg, op het gevaar af de orthodoxe gelovigen in de gemeenschap te choqueren.

Nadat hij verschillende vrouwen had gesproken die op de slavenmarkten van IS waren geweest, vaardigde hij een decreet uit aan de oudsten van de gemeenschap dat slachtoffers van de extremisten bij thuiskomst weer verwelkomd moesten worden en niet bestraft. Hij was zelfs nog moediger en verklaarde dat de kinderen die deze vrouwen kregen als gevolg van de verkrachting, als Jezidi's behandeld moesten worden.

Dit ging in tegen een van de principes van het jezidisme. Het is een gesloten religie. De gemeenschap accepteert geen bekeerlingen en iedereen die met iemand van buiten het geloof trouwt, wordt uit de gemeenschap gezet. Vrouwen werden in het verleden door familieleden vermoord omdat ze een relatie met een moslim hadden.

Na de bekendmakingen van Baba Sheik gingen Jezidi-vrouwen die verkracht waren door IS-strijders op pelgrimstocht naar Lalish om weer de zegen te krijgen met heilig water uit een van de grotten waar alle Jezidi-kinderen gedoopt worden. Ze kregen dan een witte hoofdsluier als symbool van wedergeboorte. Veel vrouwen gaan een aantal keer terug en zien het als een soort acceptatie die hen helpt om hun gevoelens van isolatie en schaamte te overwinnen.

Toen ik Baba Sheik zag, zat hij in kleermakerszit in zijn witte gewaad en ik raakte met mijn linkerhandpalm mijn rechteronderarm aan terwijl ik vooroverboog om hem de hand te schudden, een teken van respect in de Congolese cultuur. Ik legde uit waarom ik in Irak was en bedankte hem dat hij me wilde ontvangen. Ik vertelde hoezeer ik zijn besluitvaardigheid en moed bewonderde om de vrouwen te helpen zich van het stigma van hun ervaringen te ontdoen.

Hij was bescheiden en hield zich op de achtergrond, drong erop aan dat het niets radicaals was en dat de religie zich gewoon ontwikkelde naargelang de omstandigheden. De vrouwen verwerpen zou enkel IS in de kaart spelen, die erop uit was de gemeenschap te vernietigen, legde hij uit.

Het was een wijs, humaan en progressief besluit. Alle religieuze leiders, hoeders van de gebruiken en overtuigingen die het leven van christenen, moslims, joden en al onze vele geloven vormgeven, hebben het vermogen, en ik denk de verantwoordelijkheid, om te zorgen dat vrouwen zich in onze samenleving geaccepteerd en welkom voelen. Zij hebben de spirituele en morele macht om iets te veranderen.

Verandering moet van bovenaf komen om mensen aan de basis te activeren en te beïnvloeden. Zoals ik keer op keer zeg, is seksueel geweld het gevolg van de genderhiërarchie die het leven van mannen belangrijker acht dan dat van vrouwen. We moeten de rol van religie erkennen bij het in stand houden van de dominantie van mannen en de onderworpenheid van vrouwen.

Ik zeg dit als christen en domineeszoon. Ik ben ook pastor in een kleine kerk in Bukavu in de gemeente van mijn vader. Sommige mensen in mijn omgeving hebben het vermogen om te geloven verloren en hebben geconcludeerd dat het onmogelijk is om te geloven in het idee van een liefhebbende god, als deze passief toeziet hoe er al twee decennia slachtpartijen plaatsvinden in Congo. Zonder mijn geloof had ik echt nooit door kunnen gaan al die jaren.

Ik begin elke dag met bidden voor de waarden die ik het belangrijkst vind: liefde, compassie, nederigheid tegenover God en alle anderen, integriteit en solidariteit. Ik ga altijd naar de kerk als dat veilig genoeg kan. Mijn bijbel is mijn meest gekoesterde reisgezel.

Mijn relatie tot God is een zeer persoonlijke. Bovendien zie ik mezelf als gelovig, maar niet per se als religieus. Religies zijn ideologische constructies, interpretaties van oprichtingsteksten door belangrijke personen uit het verleden. Die interpretaties zijn het werk van mannen en die gebruiken meestal hun machtspositie om hun privileges te verankeren.

We kunnen beslissen of we die interpretaties zien als vaststaande, onveranderlijke wetten die zo vastliggen als de stenen van de tempels van Lalish, de Klaagmuur, Mekka of onze kathedralen of kerken. Of we accepteren dat een geloofsleer zich ook moet ontwikkelen, net zoals onze beroemde religieuze gebouwen in de loop der tijd soms worden herbouwd, gerenoveerd, veranderd of uitgebreid, gevormd door het weer en veranderd door de mens.

Als ik preek in de kerk, hamer ik er altijd op dat de beste plek om met God te spreken in onszelf is, in onze gedachten en ons geweten. Alles buiten dat intieme heiligdom is mensenwerk, met al zijn imperfecties en gebreken. Voor mij begint en eindigt alles met God, een universele kracht die het onverklaarbare verklaart, ook de perfectie van natuur, muziek of kunst, en die ons aanspoort elkaar lief te hebben en voor elkaar te zorgen.

Ondanks alles wat ik gezien heb van het menselijke vermogen om egoïstisch te zijn en kwaad te doen, geloof ik nog steeds dat we van nature deugdzaam zijn, naar Gods evenbeeld geschapen, met maar zeer weinig uitzonderingen. Om dat te geloven hoef je alleen maar heel jonge kinderen te observeren in al hun onschuld, speelsheid en puurheid. Hun goedheid, hun heiligheid is de ware menselijke aard voordat deze getransformeerd wordt door de maatschappij, door regels en codes, en – laten we wel zijn – soms door verderfelijke godsdienstige praktijken. Alleen binnen in onszelf kunnen we diep nadenken over en verbinding zoeken met onze oorspronkelijke eigenschappen, in gesprek met God.

Ik vind in de christelijke Bijbel geen sluitend bewijs dat vrouwen als ondergeschikte wezens aan de man geboren worden, of dat ze onderworpen moeten worden. Eerst werd Adam geschapen en toen Eva, die geschapen werd met als doel de mens niet alleen te laten leven. Ze werden als team geschapen, met dien verstande dat geen dier hun gelijke zou zijn.

Ik zie geen reden voor andere uitsluitings- en discriminerende praktijken tegen vrouwen, zoals het verhinderen dat zij verantwoordelijke posities in zouden nemen. Het evangelie van Paulus – met de befaamde regel in de eerste brief aan de Korintiërs dat 'uw vrouwen in de Gemeente moeten zwijgen' – werd gebruikt als rechtvaardiging om vrouwen te verbieden een functie uit te oefenen in de kerk. Gegeven het feit dat er verscheidene vrouwelijke leiders in de vroege kerk waren, collega's van Paulus, is die zin vrijwel zeker verkeerd geïnterpreteerd en uit zijn context gehaald.

Ik ben er vast van overtuigd dat religieuze leiders moeten proberen grotere maatschappelijke veranderingen die plaatsvinden te bevorderen en niet tegen te houden, waarbij de rol van de vrouw in de wereld de laatste eeuw is herzien om haar meer autonomie en macht te geven. Er zijn in de geschiedenis talloze voorbeelden te vinden hoe godsdiensten zich aanpassen aan hun tijd.

Feminisme en geloof zijn verenigbare concepten. De poortwachters van onze tempels, kerken en moskeeën hoeven zich niet bedreigd te voelen. Daarom ontroerde de beslissing van Baba Sheik me ook zo. Hij had de helderheid van geest en de moed om te erkennen dat er dingen moesten veranderen.

Helaas brachten hardliners in de Hoogste Spirituele Raad van de Jezidi's in 2019 een nieuwe verklaring uit met de verduidelijking dat kinderen die geboren werden uit de verkrachting van Jezidi's niet geaccepteerd zouden worden, waardoor overlevers een onmogelijke keuze moesten maken tussen hun gemeenschap en hun kind. Dat besluit sijpelde door naar de stamoudsten die zorgdragen voor de uitvoering, wat het leven van honderden vrouwen bemoeilijkt.

Traditionele vormen van leiderschap, soms gekozen personen, maar vaak vergaderingen bestaande uit mannelijke oudsten, oefenen heel veel macht uit over de gedragsnormen in grote delen van de wereld. Ze dansen meestal naar de pijpen van religieuze leiders, maar het is belangrijk ook te zien welke rol zij spelen in het beïnvloeden van houding en gedrag, vooral in landen die collectiever georganiseerd zijn en niet zo geïndividualiseerd als ontwikkelde landen.

Een van de grote fouten die buitenlandse hulporganisaties in de loop der jaren in ontwikkelingslanden hebben gemaakt, is het negeren of met opzet proberen te omzeilen van deze essentiële, vaak uiterst conservatieve laag van de samenleving. Zo heb ik bijvoorbeeld hulporganisaties en activisten gezien die werkten op het gebied van anticonceptie, en die probeerden vrouwen te informeren over de voordelen ervan zonder daarbij het sociale stigma te betrekken dat met het gebruik ervan verbonden is of het feit dat vrouwen geen beslissingen mogen nemen zonder toestemming van hun man of van de gemeenschap.

Organisaties die vrouwenbesnijding willen uitbannen, hebben hun energie jarenlang gericht op het veranderen van wetten en voorlichtingscampagnes, met het idee dat meer kennis over de ernstige gezondheidsrisico's ervan en wettelijke bescherming ertegen genoeg zouden zijn om er aan eind aan te maken. Ik heb in Guinee gewerkt in West-Afrika, waar de grote meerderheid van de vrouwen nog steeds besneden wordt, ondanks het feit dat het bij wet verboden is.

Zolang de leiders van de gemeenschap – meestal stamoudsten die geestelijk en sociaal de toon zetten – zich er niet tegen keren, hebben vrouwen aan de onderkant van de maatschappij nauwelijks de mogelijkheid om hun eigen beslissingen te nemen. Veel van hen steunen vrouwenbesnijdenis juist en zien het als een overgangsritueel of een manier om een band te krijgen met de vrouwen in een familie.

Dezelfde problemen zie je bij vrijwel alle thema's op het gebied van vrouwenwelzijn, van kindhuwelijken tot polygamie.

Ons werk van het bevorderen van 'positieve mannelijkheid' bij de Warega-stam in Zuid-Kivu heeft me duidelijk gemaakt dat er veranderingen van vrouwenrechten in de gemeenschap gerealiseerd kunnen worden met voorzichtige en respectvolle aanmoediging. Je zag daarbij wat je kunt bereiken als je werkt via de bestaande machtsstructuren, niet ertegenin.

Na onze eerste trainingsprogramma's en seminars met als doel het gelijker verdelen van de huishoudelijke taken in hun gemeenschap, werd ik in 2017 door de Warega-oudsten uitgenodigd om hun regio te bezoeken. Het was een teken van hun dankbaarheid en waardering van de band die we in een aantal jaar tijd opgebouwd hadden. Het doel van ons bezoek was om te bespreken wat we verder voor hen konden doen en om sommige veranderingen ter plaatse te bekijken.

Ik werd daar begroet door de stamhoofden, die gezien worden als degenen die de verbinding kunnen leggen tussen de Warega-gemeenschap en de spirituele wereld van hun voorouders. Bij afwezigheid van een functionerend rechtssysteem worden zij ook geacht de regels te bepalen, recht te spreken bij conflicten en de gemeenschap te adviseren.

Ik sprak eerst in de kerk en ging daarna naar een school die we financieel gesteund hadden. Tijdens onze wandeling door het dorp vertelde een van de oudsten me in vertrouwen over een gênant probleem dat ze onlangs hadden gehad met een buitenlandse hulpverlener.

Verscheidene jaren had de regio geld en hulp gekregen van een westerse humanitaire organisatie die personeel uitzond om te leven en te werken binnen de stam. De laatste maanden had een van hen, een Duitser, een van de strikte regels overtreden, bedoeld om de waardigheid van hun vrouwen te beschermen, vertelde de oudste.

Men had gezien hoe de jongeman in de bosjes foto's maakte van vrouwen uit het dorp op een plek bij een rivier in de buurt die speciaal voor vrouwen was. Mannen mochten daar niet komen zodat vrouwen zich ongestoord konden wassen. Of het de jongeman nu te doen was om voyeuristische opwinding of dat hij 'exotische' foto's maakte van het dorpsleven om aan familie en vrienden thuis te laten zien, was onduidelijk.

De oudsten hoorden van het schandaal en riepen een vergadering bijeen. Het was aan hen om te bepalen hoe de gemeenschap zou reageren en of de jonge Duitser gestraft moest worden.

De oudsten bepaalden dat hij verbannen moest worden uit het dorp en nooit meer terug mocht komen. Hij werd in allerijl teruggehaald door zijn werkgever.

Toen we allemaal bij elkaar zaten aan het eind van mijn reis, besloot ik om dat verhaal te gebruiken als manier om een discussie aan te gaan over hoe vrouwen beschermd kunnen worden in de gemeenschap. We zaten allemaal opgepropt in een ruimte van een lokale organisatie die actief was op het thema seksueel geweld. De stamhoofden zaten schouder aan schouder op houten bankjes, in gezelschap van hun vrouwen.

Ik zei eerst iets waar iedereen in de ruimte stellig van overtuigd was: dat de Warega er trots op waren hun vrouwen te beschermen. Hun besluit om de Duitser te straffen getuigt ervan hoe serieus zij hun taak opvatten om hen te beschermen tegen gevaar. Ik zei dat in hun tradities de rol van moeders ook geroemd wordt.

Zo zien veel leiders van gemeenschappen zichzelf, of het nu is in de hindoekaste *Panchayats* in landelijk India, de Jirga's van Pasjtoegroepen in Afghanistan of Pakistan, stamverbanden in Afrika of islamitische geestelijken in het Midden-Oosten. Als je hen behandelt als domme vrouwenhaters laat je maar weinig ruimte over voor samenwerking en het soort discussies dat verandering teweeg kan brengen.

Ik zei dat ze me iets moesten uitleggen: ik begreep dat de Duitser een *muzombo* gepleegd had, een zonde die beschouwd werd als een misdaad tegenover de voorouders van de stam. Hij werd gestraft voor een misdaad tegen lokale vrouwen, die hij had bekeken terwijl ze naakt waren. Maar waarom waren er niet zulke straffen voor mannen die vrouwen betastten of vrouwen zonder toestemming penetreerden?

Ik wist dat de oudsten vaak te hulp geroepen werden om zaken op te lossen waarbij mannen ervan beschuldigd werden meisjes en vrouwen in de regio te hebben verkracht. Als het slachtoffer een ongetrouwde maagd was, boden de oudsten de belager vaak een oplossing: betaal haar bruidsschat en trouw met haar. Dan was de zaak opgelost, waarbij de 'eer' van de familie van het meisje – en waarschijnlijk die van het meisje zelf – gered zou zijn.

Deze zogeheten 'minnelijke schikkingen' vinden dagelijks plaats. Meisjes worden gewoon verhandeld: hun vaders dragen het eigendomsrecht van hun dochters over op hun verkrachters.

Dit heeft een pervers effect op lokale jonge mannen. Als hun aanzoeken afgewezen worden door de gewenste vrouw, nemen ze vaak hun toevlucht tot verkrachting, in de wetenschap dat ze dan, om zo snel mogelijk haar 'eer' te redden, een aanbod zouden krijgen en zo met geweld zouden bereiken wat ze niet met romantiek en charme voor elkaar konden krijgen. Het is een sterke prikkel voor seksueel geweld die in veel regio's in Afrika en in de wereld bestaat.

In andere gevallen waarover ik had gehoord, als de verkrachte vrouw getrouwd was, zou de belager opgedragen worden haar man te betalen, in geld of in levende have, waarbij soms geiten en kippen uitgewisseld werden om een zaak te regelen.

'Jullie hebben regels die mannen verbieden naar een naakte vrouw te kijken die niet hun eigen vrouw is,' zei ik. 'Maar moet iemand die een vrouw verkracht of lastigvalt niet zwaarder gestraft worden dan iemand die alleen gekeken heeft?' vroeg ik de oudsten. 'Jullie zetten die Duitser voor straf uit, maar moet verkrachting niet ook als muzombo gezien worden?' vervolgde ik.

Veel oudsten legden uit dat zij geweld tegen vrouwen serieus namen en het als probleem beschouwden. De betalingen en minnelijke schikkingen waren in hun ogen bedoeld om aanvallers af te schrikken.

'Maar jullie straffen het meisje. Zij is het slachtoffer van het misdrijf en toch dwingen jullie haar om te trouwen met haar belager. Jullie verdubbelen haar pijn,' zei ik. 'Alleen als jullie verkrachting als muzombo bestempelen zal het afschrikken. Niemand zal een vrouw zonder toestemming durven aanraken als hij weet dat hij verbannen wordt.'

Sommigen waren het er niet mee eens en brachten het probleem ter sprake dat het meisje haar maagdelijkheid en eer verloren had. Als ze niet met haar belager trouwde, zou ze heel moeilijk een andere man kunnen vinden. Dat klopte en was een legitieme zorg.

Maar ik hield vol dat de oudsten leiderschap konden tonen. 'Als jullie je tegen verkrachting uitspreken, kunnen jullie helpen de schaamte te verleggen van het slachtoffer naar de dader. Hij is degene die problemen moet krijgen, niet zij,' zei ik. 'En een strengere straf zou helpen om het misdrijf te voorkomen. Dan besparen jullie anderen eenzelfde lot.'

Als ik hierheen gevlogen was en de oudsten de les was komen lezen over hun gewoonten, weet ik zeker dat ik niets had bereikt. Maar ik wist dat zij in goed vertrouwen handelden. We hadden een vertrouwensrelatie opgebouwd, waardoor ze mij niet zagen als een academisch geschoolde arts uit de stad die op hen neerkeek. We hadden genoeg empathie voor elkaar om ruimte te vinden om van gedachten te wisselen.

Terwijl we opeengepakt in de kamer zaten, ging de discussie over vrouwen en seksueel geweld heen en weer. Ik zag dat we vooruitgang boekten. Sommigen van hen trokken openlijk hun interpretaties in twijfel en zagen de contradictie hoe zij voyeurisme en aanranding verschillend bestraften. Uiteindelijk waren ze allemaal bereid de noodzaak in te zien om verkrachting ook als muzombo te beschouwen. Nadat we vertrokken waren, kwamen de oudsten nogmaals bijeen en besloten een decreet uit te vaardigen dat over de hele regio verspreid zou worden – over de honderdduizenden mensen in de tientallen dorpen die onder hun invloedssfeer vielen. Verkrachting was een misdrijf dat nu zou worden bestraft met verbanning. Er zouden geen 'minnelijke schikkingen' meer komen.

Net als Baba Sheik in Irak zagen ze de noodzaak in om de traditie, overgedragen door eerdere generaties, ter discussie te stellen. Zij lieten zien wat er bereikt kan worden met dialoog en een progressieve houding. Ze waren bereid hun aannames ter discussie te stellen en fouten uit het verleden te herstellen. Mijn land, en de wereld in bredere zin, heeft meer leiders nodig zoals de Warega-oudsten.

Aan de andere kant van het spectrum, heel anders dan mijn reizen naar afgelegen gebieden in Oost-Congo, voer ik de laatste vijftien jaar ook gesprekken met wereldleiders en verantwoordelijken van internationale instituties. Ik zie dat we collectief vooruitgang boeken in het erkennen dat seksueel geweld een probleem is dat aandacht en actie behoeft.

In 2008, twee jaar na mijn eerste bezoek, reisde ik weer naar New York, waar de VN-Veiligheidsraad toen discussieerde over wat een historische resolutie zou worden over de inzet van verkrachting tijdens conflicten. Ik was gevraagd om de diplomaten te informeren van de vijf permanente leden van de Raad – de Verenigde Staten, China, Rusland, het Verenigd Koninkrijk en Frankrijk – en tien anderen.

'Waarom praten we over iets als verkrachting in de Veiligheidsraad?' voerde de Russische ambassadeur op een gegeven moment aan in de discussies. Hij zag niet in wat dit te maken had met de taak van de Raad om de vrede te handhaven en conflicten te voorkomen. Gelukkig kan ik zeggen dat ik dit soort tegenwerpingen niet meer tegenkom. Verkrachting wordt nu gezien als een gevolg van en vaak een bewuste tactiek in alle oorlogen.

VN-resolutie 1820, die in 2008 unaniem werd aangenomen ondanks aanvankelijke scepsis van Rusland, gaf de hoop dat er harder zou worden opgetreden tegen daders van seksuele misdrijven op plekken als Congo. Het was een aanvaarding van de jurisprudentie die tot stand gekomen was via de internationale tribunalen voor oorlogsmisdaden in Rwanda en Joegoslavië, waarover ik het in hoofdstuk 7 had, die erkenden dat verkrachting ingezet kon worden als oorlogswapen en een oorlogsmisdaad kon zijn, een misdaad tegen de menselijkheid en een daad van genocide. De resolutie schiep verplichtingen voor staten om een onderzoek in te stellen naar daders en hen te vervolgen, en was een oproep tot het inzetten van meer vrouwen in internationale vredesmissies.

Het probleem is, zoals bij veel VN-resoluties, dat goedbedoelde woorden niet in daden worden omgezet. Er is geen bewijs dat seksueel geweld in conflictgebieden verminderd is als gevolg van die maanden van intensieve diplomatieke onderhandelingen die hebben geleid tot het aannemen van resolutie 1820. Strijdkrachten of milities die verkrachten in Congo, Soedan, Myanmar of Syrië, kunnen dit nog steeds straffeloos doen.

Een jaar later nam de VN een andere belangrijke vervolgresolutie aan, 1888, die de functie van Speciaal vertegenwoordiger van de Secretaris-Generaal van de Verenigde Naties voor seksueel geweld in conflict in het leven riep, een welkome ontwikkeling die zorgde voor meer aandacht voor het probleem.

In het decennium daarna heeft de VN-Veiligheidsraad steeds weer andere resoluties aangenomen over vrouwen en veiligheid – zeven in totaal – waaronder resolutie 1960, die een controle- en rapportagemechanisme betreffende seksueel geweld in conflicten in het leven riep, en resolutie 2106, die wederom het belang van aansprakelijkheid onderstreepte.

Dat werk is essentieel geweest in de bewustwording, maar Rusland en China blijven sceptisch staan tegenover het uitbreiden van de agenda vrouwen en veiligheid in de VN, terwijl de westerse alliantie, de drijvende kracht achter de ontwikkeling, onder ongekende druk is komen te staan door de acties van de regering-Trump.

In 2019, toen de Duitse regering een andere resolutie voorstelde over verkrachting in conflictgebieden, nummer 2467, dreigde de regering-Trump met een veto als die resolutie verwijzingen zou bevatten naar toegang voor verkrachtingsslachtoffers tot seksuele en reproductieve gezondheidszorg – om de reden dat dit ook toegang tot abortus impliceerde.

Dit tornen aan eerdere resoluties, die het belang benadrukten van toegang tot gezondheidsdiensten zoals hiv-controles en noodanticonceptie als een overlever dat wil, deed ons weer beseffen dat niets vanzelfsprekend was. Het momentum dat in het laatste decennium opgebouwd was, leek weer te verdwijnen.

Uiteindelijk werd er een compromis gevonden over een uitgedunde versie, waarbij elke verwijzing naar seksuele en reproductieve gezondheidszorg verwijderd was, alsook verwijzingen naar de kwetsbaarheid van homoseksuele, lesbische en transgender mensen in conflicten. Het deed me genoegen dat de resolutie voor het eerst refereerde aan het belang van een overlever-gecentreerde benadering in de zorg voor de slachtoffers van seksueel geweld en ook de noodzaak erkende om kinderen die uit verkrachting zijn geboren te ondersteunen. De VS stemde voor. China en Rusland onthielden zich van stemming.

Aan het eind van 2020 probeerde Rusland de winst die de laatste twintig jaar was geboekt weer te verzwakken met een nieuwe resolutie die een aantal eerdere afspraken zou hebben doen verwateren. Gelukkig werd die resolutie, gesteund door China, gemakkelijk tenietgedaan door de andere leden.

Er zijn ook andere pogingen van landen geweest om iets te doen tegen seksueel geweld. Voormalig president van de VS Barack Obama, de Britse regering onder leiding van David Cameron, Justin Trudeau van Canada en onlangs de Franse president Emmanuel Macron hebben daar allemaal aan bijgedragen. Zweden werd het eerste land in de wereld dat in 2014 een 'feministische' buitenlandpolitiek voerde onder een mannelijke premier, Stefan Löfven, gebaseerd op drie R's: rechten, representatie en redmiddelen.

In 2014 organiseerde de Britse regering ook de allereerste wereldtop over seksueel geweld en verkrachting in conflictzones. Onder toeziend oog van de toenmalige minister van Buitenlandse Zaken William Hague en actrice Angelina Jolie kwamen beleidsmakers, overlevers, maatschappelijke organisaties en deskundigen bijeen. Ik was erbij aanwezig, net als drie leden van de Congolese regering, wat ik als een bemoedigend teken zag.

Hague en Jolie waren in aanloop van de conferentie in Congo geweest, in het dorp Minova, dat eind 2013 het toneel was geweest van ongericht geweld door regeringstroepen. Toen die een slag verloren hadden van de door Rwanda gesteunde M23-rebellen, gingen ze zich twee dagen lang dronken te buiten aan verkrachtingen en plunderingen. Een soldaat vertelde na afloop dat hij en vijfentwintig kameraden samen besloten hadden ieder tien vrouwen te verkrachten.[3]

Het probleem met topconferenties is hetzelfde als het probleem met VN-resoluties. Ze helpen de kwestie voor korte tijd onder de aandacht te brengen, maar men weet de ambities vaak niet in praktijk om te zetten. Ik herinner me nog een bespreking met premier Cameron waarbij hij zich afvroeg hoe de Britse regering haar inspanningen na de top kon voortzetten, waarvan de organisatie 5,2 miljoen Britse pond (bijna 7 miljoen dollar) gekost had.

Ik ging na die conferentie naar huis met het gevoel dat het ontbroken had aan wezenlijke conclusies. Er was maar weinig vooruitgang geboekt met de kwesties die ik naar voren wilde brengen in mijn toespraak, zoals de noodzaak om regeringen sancties op te leggen die daders van seksueel geweld beschermden of niet vervolgden. De VN-resoluties moesten tanden krijgen, betoogde ik. Als er geen consequenties aan verbonden werden, zouden leiders ze blijven negeren.

Een zeer kritisch, onafhankelijk artikel van de regeringswaakhond uit 2020 oordeelde dat de conferentie 'haar ambities niet volledig had waargemaakt en mogelijk overlevers zou teleurstellen'. Het stuk benadrukte het gebrek aan politiek leiderschap na het vertrek van Hague als minister van Buitenlandse Zaken, alsook de dramatische bezuinigingen in het budget voor de agenda in de zes jaar na de conferentie.[4]

Leiderschap om internationaal vrouwenrechten op de agenda te krijgen is essentieel en noodzakelijk, maar de mogelijkheden voor verandering zijn beperkt, tenzij VN-resoluties afgedwongen worden of het Internationaal Strafhof uitgebreid wordt en meer bevoegdheden krijgt. Onze supranationale juridische mechanismen blijven zwak. Onze nationale leiders hebben de mogelijkheid om discriminerende wetten te wijzigen, te investeren in middelen van politie en justitie die nodig zijn om daders te vervolgen en daadwerkelijke maatschappelijke verandering te bevorderen door hun toespraken en persoonlijk een voorbeeld te geven.

Om ervoor te zorgen dat regeringen meer doen, hebben we meer vrouwen op machtsposities nodig. We hebben meer vrouwelijke leiders nodig die in staat zijn om het glazen plafond te doorbreken dat hen ervan weerhoudt het ambt van president, eerste minister en kanselier te bereiken waarvan zij historisch gezien uitgesloten zijn.

Toen ik aanwezig was bij de G7-top van de rijkste landen in Frankrijk, viel het me op dat, toen de leiders poseerden voor een groepsfoto, Angela Merkel van Duitsland de enige vrouwelijke politieke ambtsdrager was. In de anderhalve decennia dat zij aan de macht is, was zij vaak de enige vrouw aan tafel bij ontmoetingen van de achtentwintig Europese lidstaten van de Europese Unie of bij een internationale top van de Groep van Twintig (G20).

Als vrouwen de sleutel tot de macht hebben, brengen ze waarschijnlijk eerder de veranderingen tot stand die we nodig hebben om onze wereld eerlijker en veiliger te maken. Als zij een platform krijgen, hebben ze de mogelijkheid om kwesties aan te kaarten die voor hen belangrijk zijn, zoals moederrechten, een gelijkwaardiger pensioensysteem, onderwijs of werkplekken die rekening houden met het verschil in behoeften van vrouwen en mannen. En die veranderingen dienen niet alleen vrouwen; ze helpen ook kinderen, echtgenoten en vaders.

Ik heb zelf altijd ervaren dat als vrouwen iets bereiken, zij daar niet alleen zelf wat aan hebben. Ze delen dat succes met hun man, hun kinderen en hun gemeenschap. Daarom kijken zij bij het nemen van beslissingen eerder naar het collectieve dan naar het persoonlijke succes. Mannen worden meestal gedreven door eigenbelangen, zoals persoonlijke rijkdom, succes en ambitie.

Vrouwen hebben vaak vermogens die hun mannelijke collega's missen. Het was opvallend hoeveel landen die de meeste lof kregen van hun burgers voor hoe ze met de coronacrisis omgingen, bestuurd werden door vrouwen, zoals Duitsland, Nieuw-Zeeland, Denemarken, IJsland en Noorwegen.

Het zou wat te simplistisch zijn om op basis van dit ene bewijs te suggereren dat gender een belangrijke factor was bij het bepalen hoe regeringen reageren. Het is verleidelijk om te denken dat bij crisismanagement de traditioneel sterke punten van vrouwelijke managers aangesproken worden, die vaak beter in teams samenwerken en meer empathie tonen dan hun mannelijke collega's. Omgekeerd behoorden de populistische macholeiders, die weigerden naar adviezen van experts te luisteren en de beperkingen van hun eigen kennis in te zien, tot de slechtste presteerders. In elk geval was de crisis een belangrijke overwinning voor een punt dat helaas nog steeds gemaakt moet worden in de eenentwintigste eeuw: dat vrouwen net zulke competente, of zelfs betere politieke leiders zijn dan mannen en dat hun de macht toevertrouwd kan worden.

Uit de laatste statistieken van UN Women blijkt hoe ongelijk politiek leiderschap nog steeds is op wereldniveau. Van de in totaal 193 onderzochte landen in de wereld hebben er maar zo'n twintig een vrouwelijk staatshoofd of een vrouwelijke regeringsleider, volgens de meest recente gegevens.[5] Een studie uit 2019 van de OESO toonde dat slechts vier van de zesendertig leidende democratieën een regering hadden waarbij het aantal mannen en vrouwen gelijk verdeeld was – Canada, Frankrijk, Zweden en Slovenië. Gemiddeld werd in alle zesendertig landen een op de vier ministerposten door een vrouw bekleed.[6]

Het Global Gender Gap Index-rapport, opgemaakt door het World Economic Forum, meet vier zaken om het verschil te bepalen tussen mannen en vrouwen in alle 153 landen die het onderzoekt. Dat zijn: gelijke kansen in de economie, het onderwijs, de gezondheidszorg en de politiek. Het grootste verschil zit 'm wereldwijd in politieke macht.

Uit het rapport van 2020 blijkt dat wereldwijd slechts 25 procent van de 35.127 parlementaire functies door vrouwen werd bekleed. De laatste twaalf maanden zijn er verbeteringen aangemerkt. Maar zelfs als dit tempo op dit niveau aanhoudt, zou het nog steeds 94,5 jaar duren om de kloof tussen de seksen in de politieke vertegenwoordiging te dichten.

Hoe meer vrouwen er in de politiek zitten, hoe meer zij in staat zijn de historische genderonbalans aan te pakken. En hoe meer zij de weg banen voor andere vrouwen om hen te volgen, des te meer zij erin zullen slagen om van de politiek een veiligere, respectvollere plek te maken. Want seksisme en seksueel misbruik komen ook veel voor in parlementen en gemeenteraden.

In 2016 wees de eerste internationale studie van de Interparlementaire Unie over seksuele intimidatie en geweld tegen vrouwelijke parlementariërs uit dat 82 procent van de ondervraagde vrouwelijke leden van het parlement last had gehad van een vorm van psychologisch geweld. 20 procent had last gehad van seksuele intimidatie. Een vervolgstudie in 2018, gericht op parlementsleden in Europa, bevestigde dezelfde mate van misbruik in de Europese Unie en onthulde ook dat 40 procent van het vrouwelijke parlementaire personeel dat deelgenomen had, last had van seksuele intimidatie op het werk.

We moeten ons allemaal zorgen maken over een relatief nieuwe trend dat vrouwen hun politieke ambities opgeven doordat ze niet alleen moeite hebben met de interne machocultuur, maar ook met de hoeveelheid vrouwenhaat die mannen via sociale media tegen hen spuien. Vooral vrouwen uit etnische minderheden hebben ondersteuning nodig.

In de toplagen van de zakenwereld zijn de verhoudingen net zo scheef als in onze parlementen. De OESO verzamelt statistieken over het aantal vrouwen dat in het bestuur zit van de grootste beursgenoteerde bedrijven. Daaruit bleek dat vrouwen in de zesendertig leidende democratieën gemiddeld slechts een op de vier plekken bezetten. Het aandeel vrouwelijke managers was maar net iets groter, rond de een op de drie.

Het aandeel vrouwelijke bestuursleden, dat bedroevend klein was, is de afgelopen vijftien jaar sterk gestegen, in sommige landen dankzij de druk van wetgeving. Noorwegen werd het eerste land in de wereld dat bedrijven verplichtte ten minste 40 procent vrouwen in het bestuur van private of overheidsbedrijven te benoemen. Frankrijk, Italië, Spanje en de staat Californië hebben inmiddels dat voorbeeld gevolgd met verplichte quota's. Een vereniging van grote investeerders met de naam '30% Club' spant zich in om dat percentage vrouwen in besturen te krijgen.

Veel studies hebben de voordelen benadrukt van genderdiversiteit in besturen en laten zien dat vrouwen kunnen helpen de te grote ego's van CEO's onder controle te houden, te zorgen dat ze ophouden te veel geld uit te geven aan nieuw onroerend goed of de bedrijfsvoering te verbeteren,[7] en betere discussies over strategische beslissingen te voeren.[8]

Waar vrouwen op hogere posities zitten, dragen ze bij aan het afbreken van de historisch mannelijke normen van de meeste organisaties. Ik kan uit eigen ervaring zeggen dat mannen zich meestal beter gedragen als er vrouwen in de buurt zijn. Ze zijn dan minder geneigd arrogant, competitief en bazig te zijn.

Een groot onderzoek uit 2018 van McKinsey & Company genaamd *Delivering Through Diversity*, dat duizend bedrijven in twaalf landen onderzocht, concludeerde dat bedrijven met een groter aandeel vrouwen op leidinggevende posities en een etnisch en cultureel gemengde samenstelling hogere winstgevendheid opleverden en een waarde op langere termijn voor aandeelhouders.

Er is nog een gebied waarop de inbreng van vrouwen cruciaal is, iets wat mij na aan het hart ligt als burger van een door oorlog verwoest land: ze zijn nog steeds dramatisch ondervertegenwoordigd in vredesprocessen, en toch blijkt hun deelname een positief effect te hebben op de kans dat de wapens voorgoed zwijgen.

In vredesprocessen van 1992 tot 2019 waren slechts 13 procent van de onderhandelaars, 6 procent van de bemiddelaars en 6 procent van de ondertekenaars van vredesprocessen vrouw, volgens een onderzoek van het Council on Foreign Relations, een Amerikaanse denktank.[9]

Uit een andere studie uit 2015 bleek dat wanneer vrouwen deelnemen aan vredesprocessen het uiteindelijke akkoord 35 procent meer kans heeft om minstens vijftien jaar stand te houden.[10] Vrouwelijke vredesonderhandelaars bleken ook vaker voorzieningen voor vrouwen te regelen, zoals erkenning van en compensatie voor seksueel misbruik.[11]

Dit was zeker het geval in Colombia, dat in 2016 een van de meest gendergevoelige akkoorden wist op te maken die ooit getekend zijn. Vrouwenorganisaties en vrouwelijke afgevaardigden werden van begin af aan door president Juan Manuel Santos bij het proces met de FARC-rebellen betrokken. Ze zorgden ervoor dat er betalingsregelingen voor slachtoffers vastgelegd werden, dat seksuele misdrijven niet onbestraft zouden blijven en dat de speciale rechtbank die over oorlogsmisdaden zou oordelen voor de helft uit vrouwen zou bestaan.

Ook hebben ze aangedrongen op het opzetten van een centrum voor overlevers waar medische, psychologische en sociaal-economische hulp geboden zou worden, naar het voorbeeld van de 'holistische' benadering die we hebben in het Panzi-ziekenhuis, en zijn ze erin geslaagd openbare erkenning te krijgen voor de meer dan vijftienduizend vrouwen die te lijden hadden onder seksueel geweld tijdens een conflict dat meer dan vijftig jaar duurde.

Een nieuwe kunstinstallatie in Bogota, *Fragmentos*, bestaat uit een vloer van zevenendertig ton geweren die door de rebellen ingeleverd zijn als onderdeel van het vredesakkoord. De wapens werden gesmolten door kunstenares Doris Salcedo, die overlevers van verkrachting uitgenodigd had om te helpen het metaal met hamers aan diggelen te slaan. Het effect is weergaloos – ik vond het ontzettend veel kracht geven om over vernietigde wapens te lopen, wat ook de bedoeling was van Salcedo – en het productieproces was blijkbaar ook louterend: vrouwen hadden het gevoel hun trauma's kapot te slaan.

Ik heb bewondering voor de creativiteit, bedachtzaamheid en het engagement om vrouwen te betrekken bij het Colombiaanse vredesproces. Hadden we in Congo maar zo'n zelfde verlichte denkwijze. Ter afsluiting van dit hoofdstuk wil ik wat meer vertellen over de problemen die mijn eigen regering mij heeft bezorgd.

Ik heb het al gehad over de pure bedreigingen en intimidatie waar ik onder te lijden heb gehad. Ik wil de enige keer dat president Kabila naar mijn ziekenhuis kwam beschrijven, wat misschien duidelijk maakt waarom er de laatste twintig jaar zo weinig gedaan wordt om de vrouwen van Congo te erkennen, voor ze te zorgen en ze te beschermen.

Kabila kwam op bezoek in 2010, hij was toen negen jaar aan de macht. Zijn verschijnen was niet ingegeven door verontwaardiging over de constante stroom gewonde vrouwen en meisjes in die tijd, maar door een ongeluk met een olietanker in het dorp Sange, zo'n 72 kilometer ten zuiden van Bukavu. De tanker was omgeslagen en een menigte was aan komen snellen om benzine te verzamelen in plastic flessen. De tanker explodeerde, waardoor er 269 doden en meer dan 200 gewonden vielen. De meest gecompliceerde gevallen en de slachtoffers met ernstige brandwonden werden overgebracht naar het Panzi-ziekenhuis.

Kabila kondigde een dag van nationale rouw af en zijn staf nam contact met mij op om te zeggen dat hij van plan was een bezoek te brengen aan de regio en een paar overlevenden wilde zien. Ik zei tegen het personeel dat we eindelijk een langverwacht presidentieel bezoek zouden krijgen.

Hij reed de parkeerplaats op in een glimmend zwarte terreinwagen. Ik stond klaar om hem te begroeten, met het ziekenhuispersoneel achter me. Zijn deur werd voor hem opengehouden en hij stapte uit. We schudden handen.

'Welkom, Excellentie, en bedankt dat u wilde komen,' zei ik. Ik speurde zijn gezicht af naar tekenen van emotie. Ik zag alleen hardheid toen hij zwijgend het tafereel voor zich in ogenschouw nam.

'Dank u wel... U weet waarom ik hier ben, hè?' zei hij toen we in de richting van het ziekenhuis liepen.

'Ja, Excellentie. Natuurlijk.'

'Waarom ben ik hier dan?' ging hij verder, terwijl hij me aansprak zoals een schoolhoofd een leerling.

'Om de slachtoffers met brandwonden te bezoeken. Mijn mensen werken zo hard ze kunnen,' zei ik.

'Ja, dat klopt. Ik ben hier niet voor uw vrouwen.'

Uw vrouwen. Ik moest erg mijn best doen om m'n gezicht in de plooi te houden. De gevoelloosheid van zijn woorden, de manier waarop hij de overlevers in het ziekenhuis wegzette, de neerbuigende manier waarop hij mij ondervraagd had: het leek pure minachting. Ik wist dat er op dat moment veel overlevers in het overleverscentrum zaten te wachten. Ze wilden de gelegenheid aangrijpen om met hem te praten en aandacht te vragen voor de tol die het conflict eiste op hun leven en dat van hun gemeenschap.

Ik nam hem mee naar de afdeling waar brandwondenslachtoffers lagen, gewikkeld in verband. Hij begroette een aantal van hen en betuigde zijn medeleven. Het was een geratel van klikkende geluiden. Persfotografen legden het moment vast dat hij zich meelevend over hun bed boog.

'Heeft u de voorraden gekregen die ik vroeg vanuit Kinshasa te sturen voor de gewonden?' vroeg hij, zijn aandacht weer op mij richtend toen we stilhielden in het midden van de ruimte. Er was nog meer geklik. Dozen met verbanden en middelen voor brandwonden waren naar alle ziekenhuizen in de regio gestuurd die de gewonden verzorgden, vertelde hij.

'Wij hebben een doos ontvangen,' zei ik. 'Maar ik vrees dat we er niets aan hadden.'

'Waarom niet?' reageerde hij fel.

Ik wachtte even. Ik wist dat het antwoord hem in verlegenheid zou brengen. 'Er zaten paracetamol, condooms en een middel tegen wormen in,' zei ik.

'Hoe kan dat?' beet hij me toe. Hij draaide zich om en keek naar de mensen uit zijn gevolg, die ernstig en vol onbegrip leken. Een van hen noteerde snel iets.

Het behoefde geen uitleg. We wisten allemaal wat er was gebeurd. Dat is het bekende liedje in het Congo van nu, de ziekte die verklaart waarom ons leger en onze politie geen voertuigen, uniformen en munitie voor hun wapens hebben. Daarom zijn wegen en openbare gebouwen maar voor de helft af en worden docenten niet betaald. Daarom is het beroerd gesteld met de veiligheid van onze vliegtuigen en gaan onze banken failliet, waarbij ze ondertussen het spaargeld van mensen opsouperen.

Hij had waarschijnlijk wat geld vrijgemaakt om medicijnen te kopen en had bevolen die naar de ziekenhuizen te sturen. Maar de eerste persoon die het bevel kreeg, had vast een deel van het geld genomen, vervolgens de tweede en de derde, misschien wel helemaal tot en met de laatste die de doos in moest pakken. Op een gegeven moment was de kleine hoeveelheid medische voorraden die daadwerkelijk gekocht was gestolen en op de zwarte markt verkocht. Maar er moest iets gestuurd worden. De schijn moest opgehouden worden. Dus werden er in plaats daarvan condooms en paracetamol ingepakt.

Toen hij bij de brandwondenslachtoffers geweest was, negeerde ik zijn opmerkingen aan het begin bij de auto en stelde toch voor om de afdeling slachtoffers van seksueel geweld te bezoeken. Hij keek nog somberder. Hij herinnerde me er nogmaals vriendelijk aan waarom hij er was.

Toen we terugliepen naar de auto, raakte ik steeds gefrustreerder. Toen hij in zijn auto wilde stappen, deed ik een laatste poging.

'Meneer de president, het is zo jammer dat u helemaal hierheen komt zonder de vrouwen te zien die zoveel te lijden hebben gehad,' zei ik, hem strak aankijkend. 'Neemt u alstublieft de tijd, al is het maar om ze even gedag te zeggen.'

Zijn ogen vernauwden zich onder zijn wenkbrauwen en zijn gezicht verstijfde. 'Dat interesseert me niet. Dit probleem is over zes maanden opgelost. Dan is dit ziekenhuis hier niet meer,' antwoordde hij bits, met zijn hoofd een knikje gevend in de richting van het gebouw achter ons.

Wat moest ik uit die onheilspellende woorden afleiden? Ik verwachtte dat hij meteen in zou stappen en het portier dicht zou slaan. Weer was ik sprakeloos. Maar tot mijn verbazing hield hij stil en keek hij achterom.

'Wat is dat daar?' vroeg hij, kijkend naar een afzonderlijk gebouw waar we ondervoede kinderen verzorgen. 'Daar ga ik wel kijken,' zei hij.

Ik zei dat ik hem een snelle rondleiding zou geven. In deze voorziening, die we vlak na de opening van het ziekenhuis opgezet hadden, stonden rijen bedden met kinderen erin, bezorgde moeders aan hun zijde. Het ligt er altijd vol, ondanks het feit dat Congo een van de landen in Afrika is met de vruchtbaarste grond.

Aan het eind, in een laatste opleving van het tot dan toe zeer ontmoedigende en ongemakkelijke bezoek, beloofde hij me wat geld voor de kinderen. De volgende dag kwam de gouverneur van de regio met een sleep journalisten en fotografen om me vijftigduizend dollar in contanten in een bruine papieren zak te overhandigen. Hij vroeg me niet eens ergens te tekenen en gaf geen instructies waarvoor het geld gebruikt moest worden.

Het leverde Kabila positieve media-aandacht op. De lokale en nationale pers schreven erover, met foto's erbij van hem op de afdeling. Ook zijn donatie in contanten aan het ziekenhuis kreeg behoorlijk wat aandacht.

Maar waarom had hij de vrouwen niet willen bezoeken? Was het zelfbescherming? Dacht hij dat erkenning van de massaverkrachting van vrouwen in Congo voor hem persoonlijk riskant was, gegeven de verantwoordelijkheid van de staat en het feit dat seksuele misdrijven als oorlogsmisdaden vervolgd konden worden onder internationaal recht?

Zou kunnen. Maar het is waarschijnlijker dat het voortvloeide uit het instinctieve verlangen om iets te verhullen wat hij pijnlijk en beschamend vond. Hij wilde er liever niets mee te maken hebben. De vrouwen moesten hun mond houden en ik ook, ook al zou het ziekenhuis dan moeten sluiten, het enige gespecialiseerde medische centrum voor seksueel geweld in de regio. Hij toonde totaal geen leiderschap.

In de jaren na zijn bezoek sprak ik me niet minder, maar juist steeds meer uit. Het ziekenhuis is nooit gesloten. Dat werd in de zes maanden erna ook nooit geprobeerd.

Ik heb ten tijde van Kabila's wanbestuur nooit begrepen waarom de internationale gemeenschap hem niet meer onder druk zette om noodzakelijke maatregelen te nemen, zoals het hervormen van de Congolese veiligheidstroepen, het aanpakken van corruptie en het verbeteren van overheidsdiensten, die een eind hadden kunnen maken aan de instabiliteit.

Er worden nog steeds mineralen gesmokkeld die de gevechten doen voortduren, er wordt nog steeds geld witgewassen door Congolese politici en hun vrienden via overzeese lege bv's en aangekocht onroerend goed in Europese steden. Buitenlandse inmenging en het financieren van milities op Congolees grondgebied blijven een probleem.

Ik heb in 2012 gezien wat er met genoeg politieke wil bereikt kan worden. Voor het eerst kreeg Rwanda toen te maken met serieuze internationale druk vanwege steun aan de etnische Tutsi-rebellengroep M23, die verantwoordelijk was voor massaverkrachtingen, executies, het rekruteren van kindsoldaten en het deporteren van honderdduizenden mensen in Oost-Congo.

Toen de VN in een rapport concludeerde dat de rebellen gestuurd werden door de Rwandese regering, riep president Obama president Kagame op om de logistieke en politieke steun stop te zetten. De VS, Groot-Brittannië, Duitsland, Nederland, Zweden en de EU dreigden hun militaire en financiële hulp aan Rwanda stop te zetten. Dat had vrijwel onmiddellijk effect: M23 werd opgeheven. De leider daarvan, Bosco Ntaganda, moest voor het Internationaal Strafhof verschijnen en zit nu achter de tralies.

Wat Kabila betreft, pas aan het eind van diens ambtstermijn, toen hij de grondwet aan zijn laars lapte in een poging om aan de macht te blijven vanaf 2016, hebben de Europese Unie en de Verenigde Staten voor het eerst tegoeden bevroren van en reisbeperkingen opgelegd aan de mensen om hem heen. Een stevigere en stelligere aanpak op een eerder tijdstip zou hebben gewerkt.

De fouten uit het verleden kunnen niet teruggedraaid worden, maar wel hersteld.

Eind 2018 stemde Congo via uitgestelde en frauduleuze verkiezingen voor een nieuwe president. Oppositieleider Félix Tshisekedi, zoon van oud-democraat Étienne Tshisekedi, kwam daaruit naar voren als onze nieuwe leider. Maar bij omstreden parlementsverkiezingen die in dezelfde tijd werden gehouden, wist Kabila's partij een meerderheid te behalen en grip te houden op de macht, ondanks wijdverspreide claims van bedrog. Dat heeft geleid tot een ongemakkelijk en potentieel destabiliserend akkoord om de macht te delen.

Buitenlandse leiders moeten initiatieven ondersteunen die rechtvaardigheid en verantwoordelijkheid eisen in Congo. De anarchie en de ruim vijf miljoen doden en vermisten zijn het resultaat van een van de meest genegeerde, onderbelichte en veronachtzaamde conflicten van de moderne tijd. Veel van het geweld en de economische plundering is al in kaart gebracht.

Elk jaar van geweld dat verstrijkt in Oost-Congo, elk leeggeroofd dorp, elke keer dat er weer een verwoest lichaam mijn ziekenhuis binnengebracht wordt, maakt de tragedie van mijn land nog weer groter. Het land is ziek. Het moet herstellen. Artsen zoals ik hebben al veel te lang brokstukken opgeraapt, botten gerepareerd en open wonden gehecht.

Wat geldt voor Congo, geldt ook voor de strijd voor vrouwenrechten: als je in de positie bent dat je macht en invloed hebt, kun je wat doen. En als je niet werkt aan een oplossing, ben je deel van het probleem.

Tot besluit

We kennen allemaal wel momenten van onzekerheid, dat we onze keuzes in twijfel trekken en op willen geven. De kosten kunnen soms te hoog lijken, de moeite niet waard. Ik heb in de loop der jaren al vaak dit soort momenten gehad, vaak na een periode van zeer aangrijpende werkzaamheden of tijdens lange, slapeloze nachten. Aan het eind van 2012 bevond ik me op een tweesprong.

Dat was na gebeurtenissen bij mijn huis op een koele avond in oktober, toen twee vrouwen aanklopten rond zes uur 's avonds, terwijl de zon net onderging. We woonden destijds in een bungalow niet ver van het Kivumeer, afgescheiden van de stoffige, onverharde weg buiten door een hoge betonnen muur met aan de bovenkant prikkeldraad. We waren daarheen verhuisd omdat dit het veiligste gebied was van Bukavu. Het hoofdkwartier van de VN-vredesmacht zat een stukje verderop.

Ik was er inmiddels aan gewend thuis patiënten te ontvangen. Velen van hen wisten waar wij woonden en soms, als ze het niet redden tot het ziekenhuis vijf kilometer verderop, kwamen ze naar het hek van het complex en vroegen ze naar me. De bewakers wisten dat ze hen binnen mochten laten als ik thuis was.

Het waren een moeder en haar dochter. De moeder had een gezwollen en ontstoken voet. Toen ik haar had onderzocht, vroeg ze of ik haar naar een deel van de stad kon rijden waar ze op een van de knarsende, verroeste en beschadigde Toyota-taxibusjes kon stappen, die dienen als ons openbaar vervoer.

Ik was totaal uitgeput, net terug van een reis naar Europa. Ik was gespannen en had weer last van slapeloosheid. Ik had weer een aantal bedreigende telefoontjes en sms'jes gehad, iets wat steeds gebeurde als ik naar het buitenland ging om te proberen mensen bewust te maken van het conflict.

Maar door de ontstoken voet kon de vrouw zichtbaar moeilijk lopen. Ik zei dat ik hen zou brengen en reed de auto achteruit de oprit af. Ik liet mijn twee dochters, toen vijftien en zeventien, en hun neef thuis achter.

Na een rit van hoogstens twintig of dertig minuten heen en terug kwam ik weer thuis. Voor het huis toeterde ik twee keer kort ten teken dat ik er was. Toen kreeg ik de eerste aanwijzing dat er misschien iets niet klopte.

Een jongeman die ik nooit eerder had gezien, deed de deur van het complex open en stak zijn hoofd uit het raam om mijn auto te bekijken. Dat was ongebruikelijk, maar niet noodzakelijkerwijs reden voor paniek: de bewakers nodigden af en toe vrienden uit in hun huisje, om te kletsen of te kaarten om de tijd te verdrijven. Misschien moest een vriend kijken of ik het was.

De metalen poort schoof open, met knerpende wieltjes en schuddend terwijl hij zich aan het zicht onttrok en de lege binnenplaats erachter zichtbaar werd. Het was inmiddels donker. Het licht van mijn koplampen bescheen de muur van het huis voor me. Toen was er plotseling beweging.

Ik zag de silhouetten van vijf mannen met lange schaduwen op me afsnellen. Voor ik tijd had om te reageren, stonden ze rond mijn auto. De deuren werden opengegooid. Eentje sprong er voorin en vier achterin. Degene naast me drukte de punt van een machinegeweer tegen mijn maag. Een van de mannen achterin – ik kon me niet omdraaien om zijn gezicht te zien – hield een pistool tegen mijn slaap.

De eerste gedachte die bij me opkwam, samen met een stoot adrenaline, was aan een professor aan de Universiteit van Bukavu die een paar maanden eerder op deze manier vermoord was, door mannen die ingebroken hadden in zijn huis. Weer een misdrijf dat niet opgelost werd, zoals de meeste moorden.

Zou ik net als hij sterven? Misschien. Of was het een carjacking of een roofoverval, wat betekende dat ik het zou kunnen overleven? Of waren het mensen die een van de doodsbedreigingen die ik had gehad, nu uitvoerden? De ene gedachte duikelde over de andere heen, en zorgde weer voor nieuwe vragen. Kon ik ontsnappen? Waarschijnlijk niet. Als ik niet kon ontsnappen en vermoord zou worden, kon ik dan iemand van hen vermoorden voor ze zouden gaan schieten?

De betonnen muur van het huis bevond zich op zo'n tien meter afstand van de auto. In een flits nam ik een beslissing. Als ik hard op zou trekken en de auto tegen de muur ramde, zonder gordels, zou de belager naast me met geweld tegen de voorruit smakken en zou ik een aantal handlangers pijn kunnen doen. Zo zouden zij ernstig gewond kunnen raken.

Ik drukte het gaspedaal in. Maar toen de auto naar voren schoot, kreeg ik opeens een tegenstrijdige impuls: hoe zat het met die bevriende priester die een paar weken geleden aan de overkant van het Kivumeer in Goma ontvoerd werd? Hij werd drie uur lang rondgereden, z'n handen op z'n rug gebonden, voor hij gedumpt werd op een begraafplaats, getraumatiseerd, maar ongedeerd. Het was een waarschuwing, geen poging om hem te vermoorden.

Ik trapte op de rem. De auto helde over; iedereen schoot op dat moment naar voren. De muur was nog maar op één meter afstand toen we tot stilstand kwamen. 'Je gaat ons toch niet vermoorden, hè?' zei de man met het machinegeweer in het Swahili. Het was de enige keer dat ik hem hoorde praten.

Hij reikte voor me langs en haalde de sleutels uit het contact. De man met het pistool op de achterbank beval me uit te stappen. De voordeur van het huis was nu maar een klein stukje. Als ik kon uitstappen en wegrennen, overleefde ik het misschien. Veiligheid leek binnen handbereik.

Ik deed het portier open, slingerde mijn benen naar buiten en stond op het punt weg te rennen. Maar de man met de kalasjnikov naast me was om de auto heen gelopen, ging voor me staan en blokkeerde de weg, vinger aan de trekker. Ze zijn dus niet geïnteresseerd in mijn auto, dacht ik. Dit was een moord. Ik zag dat hij zijn wapen laadde.

Er was iets met die ijzige blik in zijn ogen. En de mannen leken te gedisciplineerd, te georganiseerd voor een bende dieven. Toen ik daar zo hulpeloos stond, dacht ik aan Madeleine, hoe ze eerder die avond naar de bruiloft van een vriendin was gegaan zonder mij. Ik kreeg een misselijkmakende paniekaanval toen ik eraan dacht dat ik mijn dochters thuis achtergelaten had.

Ik dacht aan alle keren dat ik aan de dood ontsnapt was in het verleden, de keren dat ik net op tijd gevlucht was of uit de gevarenzone was gehaald. Mijn geluk was nu ten einde, mijn intuïtie over gevaar had me in de steek gelaten. Hoeveel mensen waren er in Congo op die manier al doodgegaan, oog in oog met de onverschillige blik van een wrede jongeman met een geweer?

Net op het moment dat ik me schrap zette voor de kogels hoorde ik een schreeuw.

Een man kwam aanstormen vanaf de zijkant van het gebouw, schreeuwend en met zijn armen zwaaiend. Het was iemand van ons huispersoneel, Joseph. De gewapende mannen hadden hem vastgebonden, maar hij had zich weten te bevrijden en had toegekeken vanuit de schaduw. Toen hij naar voren stormde in een wanhopige poging om mij te beschermen, moet hij geweten hebben dat hij een bijna wisse dood tegemoet ging.

Ik hoor hem nog steeds schreeuwen – 'Papa! Ze gaan je vermoorden!' – en hoor nog steeds het geratel van de kogels die hem van dichtbij raakten toen hij op me af rende. Ik weet niet wat er daarna gebeurde. Ik raakte buiten bewustzijn. Hij zakte in elkaar, tussen de auto en de voordeur. Onze lichamen moeten bijna tegelijkertijd gevallen zijn. Zijn bloed vormde een plas op de oprijlaan en sijpelde door in mijn kleding.

Na het vuur geopend te hebben, vluchtten de gewapende mannen weg in mijn auto. Ze dachten waarschijnlijk dat de schoten de politie en de VN-strijdkrachten in de buurt hadden gealarmeerd. Ze hadden zich geen zorgen hoeven maken – die kwamen pas de volgende dag.

Wat ik me daarna kan herinneren, was dat ik versuft het huis binnenstrompelde. Mijn dochters waren binnen onder schot gehouden. Een van de mannen had ze bewaakt en niets anders gezegd dan: 'Als je wilt blijven leven, moet je je stilhouden.' Ze hadden hem geld en sieraden geboden als hij weg zou gaan, maar dat weigerde hij hoofdschuddend.

Ze hadden zich stilgehouden, wachtend op mijn terugkeer, met hun rug tegen de muur bij de oprijlaan, doodsbang voor wat mij te wachten stond. Als ik met de auto door de muur het huis binnengereden was, had ik hen waarschijnlijk gedood.

'Ga liggen, papa!' schreeuwden ze toen ik het huis binnenstrompelde, trillend en in shock.

Ik heb de film van alles wat er die avond is gebeurd wel duizend keer in m'n hoofd afgespeeld en nog steeds is het niet duidelijk hoe ik het heb overleefd. Dachten de mannen soms dat ik geraakt was toen ik naast Joseph in elkaar zakte? Zagen ze zijn bloed voor het mijne aan? Ik zal het nooit weten.

Een andere vraag is: wie heeft ze gestuurd? Iemand uit het naburige Rwanda? Een krijgsheer in Oost-Congo? Een hoge officier van het leger of iemand anders van de Congolese staat? Had het te maken met mijn recente optreden bij de VN?

Een jaar eerder, in 2011, werd ik bedreigd door de toenmalige minister van Volksgezondheid in het Waldorf Astoria in New York, die me waarschuwde dat ik in gevaar zou zijn als ik mijn geplande toespraak bij de VN inderdaad hield. Zoals ik in hoofdstuk 6 al beschreef, trok ik me toen terug en zegde af, met het gevoel dat mij het zwijgen opgelegd was net als zoveel slachtoffers van seksueel geweld.

In 2012, net een maand voor de aanval op mijn huis, had ik bewust een risico genomen: weer was ik uitgenodigd om tijdens de Algemene Vergadering een VN-panel over seksueel geweld toe te spreken. Dit keer accepteerde ik de uitnodiging en hield een toespraak.

Er zou geen serieuze poging gedaan worden om mijn belagers te vinden. Er kwamen nadien een paar agenten naar de bewuste plek. Ze keken traag wat rond, maakten een paar foto's, maar niemand nam getuigenverklaringen op, zelfs geen beschrijving van de mannen die geen poging hadden gedaan hun gezicht te verbergen. Er kwam geen officier van justitie. Joseph werd begraven zonder dat iemand zijn lichaam had onderzocht. Mijn auto werd een paar dagen later gevonden, verlaten.

Op het hoofdbureau van de politie in Bukavu zag ik maanden later in de nieuwsverslagen dat rechercheurs een kartonnen dossier hadden met 'zaak-dokter Mukwege' erop in roze markeerstift. Een hoge politiefunctionaris liet het trots aan journalisten zien, inclusief de handgeschreven aantekeningen erin met hun 'hypothesen'. Niemand is ooit gearresteerd. Of het te maken had met mijn toespraak voor de VN zal ik ook nooit weten.

Twee dagen na de aanval reed ik met Madeleine en mijn dochters zwijgend naar het vliegveld. Wederom ontvluchtte ik Bukavu, op weg naar een onbekend leven in het buitenland. Dit was de laatste strohalm. Ik wist zeker dat we, als we hier bleven, ernstig in gevaar zouden zijn. Ik voelde me echt kwetsbaar.

Lokale VN-troepen waren bereid ons te escorteren naar het vliegveld. Hun pantservoertuigen – eentje voor ons, drie achter ons – maakten dat het voelde als een evacuatie. Dit was het einde, zo voelde ik. Sinds 1999, al dertien jaar, had ik gewerkt aan de verkrachtingscrisis in Oost-Congo en was ik nooit mijn vastberadenheid kwijt geweest om het ziekenhuis draaiende te houden, om elke dag operaties te blijven uitvoeren en om me uit te spreken.

De gewapende mannen veranderden mijn overwegingen. Mijn verantwoordelijkheid als vader en echtgenoot woog zwaar en overschaduwde het plichtsgevoel dat ik had tegenover de gemeenschap en de patiënten die ik behandelde. Wie zou er wat aan me hebben als ik door kogels doorzeefd was en in een graf lag? Zoals Joseph. Goede, oude Joseph.

We vlogen naar Brussel en daarna naar Zweden, naar het gezelschap van vrienden en collega's. Ik vroeg me steeds af hoe ons leven eruit zou gaan zien. Zou ik op afstand kunnen blijven werken en campagne voeren?

Tijdens onze eerste week in Europa kwam een organisatie waarmee ik in het verleden had samengewerkt, Physicians for Human Rights, ons te hulp. Ze boden aan om mij, Madeleine en mijn twee jongste dochters Denise en Lina naar Boston te vliegen en een huis voor ons te regelen. Ik ben nog steeds ongelooflijk dankbaar voor hun hulp.

Onze behuizing in de Verenigde Staten bood ons een nieuwe mate van comfort. De keuken was groot en modern. Een mooie houten trap leidde van de woonkamer naar een gang boven, waar de deuren zaten van vijf slaapkamers, allemaal met een eigen badkamer. Hier waren geen bewakers nodig en geen prikkeldraad.

We kwamen in een bitterkoude winter aan, er lag sneeuw. Ik maakte in m'n hoofd een plan voor zes maanden: als we van ons Amerikaanse leven een succes wilden maken, moesten we allereerst Engels leren. We schreven de kinderen in op een school en Madeleine en ik begonnen met intensieve taallessen van 's ochtends vroeg tot laat in de middag.

Na zo'n drie weken kwam onze logeerkamer goed van pas. Onze goede vriend Jean Lebel, een predikant uit Bukavu die door de jaren heen een constante bron van steun en bemoediging was geweest, kwam op bezoek. Toen ik hem zag, voelde ik me meteen verbonden met alles wat we hadden achtergelaten. Zijn vriendelijke gezicht was vertrouwd en warm. En hij had nieuws dat me met trots en blijdschap vervulde.

Een groep vrouwen op het eiland Idjwi in het Kivumeer, een paar uur varen vanaf Bukavu, had een brief geschreven aan president Kabila. In die brief eisten ze dat de regering me terug zou halen en mijn veiligheid zou garanderen zodat ik mijn werk zou kunnen voortzetten. Jean gaf me een kopie van de brief die hij in z'n tas had, inclusief een lijst met honderden handtekeningen erop.

Ik kende het eiland Idjwi amper, hoewel ik veel vrouwen had behandeld die daarvandaan kwamen. Ik grinnikte en barstte toen verbijsterd in lachen uit. President Kabila had geen belangstelling voor mijn werk met de vrouwen van Congo, zoals hij me tijdens zijn bezoek aan het ziekenhuis maar al te duidelijk had gemaakt. Deze brief zou onmogelijk iets kunnen veranderen.

Maar twee weken later, toen Jean alweer naar huis was, kreeg ik een telefoontje van het ziekenhuis in Bukavu. De vrouwen hadden nog een brief geschreven, nu aan de secretaris-generaal van de VN. Een paar weken daarna kwamen ze persoonlijk naar het ziekenhuis.

'Ze waren er vandaag opeens en zeiden dat u absoluut terug moest komen,' zei mijn collega Magambo over de telefoon.

'Dat is ongelooflijk, maar denk je dat ze het menen?' vroeg ik.

'Ze zeiden dat ze het vliegtuig zouden betalen voor u en uw gezin, als u terug wilt komen. Ze beloofden zelfs het ziekenhuis te bewaken. Ze zeiden dat er altijd vijfentwintig man buiten zouden staan en dat niemand u zou kunnen belagen.'

'Dat is... absurd,' zei ik. 'Dat geloof je toch niet?'

De meesten van die vrouwen leefden van nog geen dollar per dag en hadden amper geld voor hun eigen gezin, laat staan dat ze vier vliegtickets konden betalen van de noordwestkust van Amerika naar Centraal-Afrika.

'Ze zeiden dat ze hier elke vrijdag zouden komen tot je terug was,' ging Magambo door. 'En ze gaan voedsel verkopen voor de deur van het ziekenhuis om geld in te zamelen.'

De vrijdag daarop hielden ze woord. Nadat ze met manden vol fruit en groente met de veerboot gekomen waren, gingen ze voor het ziekenhuis stalletjes opzetten langs de weg, waar ze ananas verkochten, passievruchten, eieren, mais en cassave.

Ik heb me vaak afgevraagd waarom het de vrouwen van Idjwi waren. Er was geen specifieke reden, er bestond geen sterkere band met hen dan met een van de andere gemeenschappen die we bedienden in de regio. Maar elke sociale beweging moet ergens beginnen, en zij namen het heft in eigen handen.

Het was te veel voor me. In de weken daarna sloten vrouwen uit heel Zuid-Kivu zich aan bij de campagne. Sommige moesten daarvoor door rebellengebied reizen, vanuit Bunyakiri waar Mai Mai-strijders nog steeds dorpen terroriseren, vanuit het nationaal park Kahuzi-Biéga of Kavumu.

De balans begon door te slaan. Ik woog de duizenden vrouwen in Congo en mijn werk daar af tegen de plicht die ik voelde om mijn eigen gezin te beschermen. Op een avond, een paar dagen na Kerstmis, terwijl er een steeds dikker pak sneeuw in de tuin lag, vertelde ik bij het eten mijn overwegingen.

'Ik denk dat ik terug moet naar Congo, maar jullie moeten hier in Boston blijven,' kondigde ik aan. Ze keken allemaal stil op van hun eten. 'Het is daar niet veilig voor jullie, maar ik kan voor langere perioden en tijdens de feestdagen terugkomen. We verzinnen wel iets,' voegde ik eraan toe.

Dat idee vervulde mijn dochters met angst en het verlangen mij te beschermen. De jongste, Denise, was met haar vijftien jaar het meest beslist.

'Ze waren naar jou op zoek toen ze naar ons huis kwamen, niet naar ons,' zei ze. 'Als er iemand in Boston moet blijven, ben jij het wel. Jij gaat in geen geval alleen terug. Als jij gaat, gaan we allemaal.'

Ze was zo stellig, zo vastbesloten, dat ik het moeilijk vond om in discussie te gaan. Ik had mijn hele leven de kracht van vrouwen uit mijn regio bewonderd. Nu groeide mijn eigen dochter voor mijn ogen op met dezelfde vastberadenheid.

We praatten nog wat. Ik bleef beargumenteren dat het beter was als ik alleen zou gaan, maar het had geen zin. Vanaf toen was het onvermijdelijk dat we terug zouden gaan.

Op een gegeven moment krijgen alle activisten die in een gevaarlijk deel van de wereld werken te maken met zo'n moment, dat ze zich af moeten vragen of ze bereid zijn voor hun goede zaak te sterven. Na de aanval op mijn huis in oktober was ik dat niet geweest – de angst kreeg de overhand. Maar toen ik nadacht over de spontane markt die de vrouwen van Idjwi opgezet hadden, besefte ik dat ik voor hen bereid was alles op te geven. Dood zou zinloos zijn. Maar een comfortabel leven in Boston ook.

Midden januari, drie maanden na ons vertrek, gingen we weer terug.

Het laatste deel van de vlucht was van Bujumbura in Burundi naar huis. Ik zat aan het raam toen het eenmotorige Cessna-vliegtuigje opsteeg en in noordelijke richting afboog, met de rivier de Ruzizi mee naar Bukavu. Madeleine zat naast me, onze dochters achter ons.

Ons hele leven had zich afgespeeld in dit deel van Afrika, op veel plaatsen in dit gepijnigde land onder ons. Ik had voor mijn studie medicijnen in Bujumbura gewoond. Daar woonden Madeleine en ik als pasgetrouwd stel en kregen we kinderen.

We vlogen over de heuvels rond het Lemera-ziekenhuis waar ik voor het eerst het leed van moeders had gezien die geen toegang hadden tot gezondheidszorg, over de bossen waarin ik gelopen had en de weg die ik genomen had vlak voor de Eerste Congolese Burgeroorlog uitbrak, tijdens een beangstigende reis die mijn leven redde. Het ziekenhuis en het massagraf dat gegraven was voor mijn vermoorde patiënten, bevonden zich onder ons, ongeveer halverwege de vlucht.

De tol die het conflict geëist had sinds de aanval op het Lemera-ziekenhuis in 1996 was duidelijk zichtbaar op de grond. Aan de oostkant van de rivier lagen Burundi en Rwanda. Ik zag er boeren aan het werk op hun stroken land. Aan de Congolese kant op de westoever, ooit een plek voor fruitbomen, katoen- en rijstvelden, zagen we nu verwaarloosde vlakten.

Ik zat in melancholische gedachten verzonken over het verval en de potentie van Congo toen onder ons Bukavu opdoemde. De sfeer in het vliegtuig was vanaf dat we opstegen gespannen; iedereen leek zich voor te bereiden. Ik voelde dat Madeleine zenuwachtig was. We verruilden de vrijheid van de Verenigde Staten voor een leven in Congo dat misschien nog wel onzekerder en claustrofobischer dan ooit zou worden.

We hielden elkaars hand vast. Ik had haar nodig, net zoals bij elke stap in de negenendertig jaar dat we nu getrouwd waren. We zijn net twee bomen die elkaar overeind houden door op elkaar te leunen, met in elkaar verstrengelde takken.

'Het komt goed,' zei ik. Het was een halfslachtige poging haar gerust te stellen. We wisten allebei waar we naar teruggingen. Het enige waar ik echt zeker van was, was haar liefde en steun. Dat was genoeg geweest om mij in het verleden door de zwaarste momenten te slepen.

Het vliegtuig daalde. Toen we de landingsbaan raakten, zag ik een eerste glimp van wat ons te wachten stond. Bij het uitstappen stond er een ring VN-soldaten die honderden mensen die me wilden begroeten op afstand hielden. Het lukte me om mijn moeder te begroeten en wat familieleden voordat de menigte naar voren stormde.

De weg naar het vliegveld, die zo uitgestorven had geleken toen we maanden hiervoor de andere kant op vlogen, stond nu vol met mensen die zwaaiden en onze terugkeer vierden. Toen we weer bij het ziekenhuis kwamen, zat dat stampvol. Het personeel had een welkomstceremonie georganiseerd. We moesten ons een weg banen naar een podium dat opgebouwd was op een van de binnenplaatsen.

Het was bekleed met blauw-witte stof en de stoelen stonden in drie nette rijen. Achter de microfoon vooraan stond een stoel voor mij klaar en een voor de gouverneur van de provincie, Marcellin Cishambo, die ik al kende vanaf dat ik klein was. Toen ik zo naar de menigte keek voor ons – ziekenhuispersoneel, patiënten, mannen, vrouwen en kinderen – kon ik maar moeilijk vergeten hoe hij nergens te bekennen was toen ik hem nodig had na de aanval in oktober.

Aan mijn rechterkant, aan het eind van de tweede rij stoelen op het podium, zat de regionale politiechef, zijn donkere marine-uniform onberispelijk, zijn kaaklijn stevig. Zijn teken van steun was niet echt geruststellend. Zolang ik niet wist wie mij dood wilde hebben, kon ik me onmogelijk veilig voelen.

Het voelde als een formele en hypocriete ceremonie – tot op het moment dat de moeders en grootmoeders van Idjwi binnenvielen.

Ze kwamen gillend en joelend aan. Hoofden draaiden zich om, borden en spandoeken bewogen; een deel van de menigte schoof opzij en ging weg. Een groep van enkele tientallen, sommigen met kinderen op de rug, baande zich een weg langs de stoelen het podium op. Ze wilden de microfoon en kregen die te pakken.

Ik herkende geen van hen. Om beurten spraken zij. Om beurten beschuldigden ze de regering en de politie ervan misdaden niet te bestrijden en bendes en milities die dorpen in de provincie plunderden niet tegen te houden.

'Als jullie de dokter niet beschermen, doen wij het!' zei een vrouw die in een rolstoel het podium op geduwd was, gebarend naar de gouverneur en de politiechef. 'Vanavond staan wij hier met z'n vijfentwintigen om het ziekenhuis te beschermen en als iemand de dokter wil vermoorden, moeten ze eerst vijfentwintig weerloze moeders vermoorden!'

Tussen hun toespraken door zongen en klapten ze. 'Dokter Mukwege, sta op, dokter! Dokter Mukwege, zie je hem opstaan?' zongen ze. 'Raak hem niet aan, anders slaan we je tegen de grond!'

De hele tijd kwamen er vrouwen het podium op en leegden hun manden en potten. Er waren uien voor me, ananassen en pompoenen. Een vrouw had een kalkoen meegenomen. Allemaal gaven ze me een welkomstgeschenk.

Mijn keel kneep samen waardoor ik nauwelijks kon slikken en niet kon praten. Mijn ogen vulden zich met tranen. Ik voelde in elke vezel van mijn lichaam dat ik terug was waar ik thuishoorde – bij hen.

Ik kalmeerde en stond op om te spreken en de ceremonie af te sluiten. Iemand bracht me mijn witte doktersjas die ik verruilde voor mijn pak. Net toen ik klaar was, sloeg het weer om en begonnen dikke regendruppels op de daken van de ziekenhuisgebouwen te kletteren en op de bladeren van de bomen eromheen. Iedereen rende weg om te schuilen.

Dat moment met de vrouwen van Idjwi was een keerpunt in mijn leven. Het was een moment van diepe verbondenheid met mijn patiënten. Ik had mijn hele professionele leven gewerkt voor de vrouwen in Oost-Congo en precies op het moment dat ik diep in de put zat en me het meest kwetsbaar voelde, waren ze mij te hulp gekomen.

Ik had het gevoel hun ervaringen beter dan ooit te begrijpen, ook al had ik maar een fractie geproefd van wat zij hadden moeten doormaken. Ik had de hulpeloosheid gevoeld en de angst om door iemand anders overweldigd te worden. Ik was van mijn vrijheid beroofd geweest, gedwongen me te onderwerpen, en vernederd. En ik kende nu de pijn van het onrecht als je een gewelddadig misdrijf hebt meegemaakt en niemand interesse heeft dit te onderzoeken of op te lossen.

Dit is het lot van iedere vrouw die met seksueel geweld te maken krijgt. Het verschil is dat ik er zonder lichamelijk letsel vanaf ben gekomen. Mijn beproeving duurde maar een paar minuten. Ik werd niet gemolesteerd of verkracht. Ik heb geen lichamelijke littekens die me aan die afschuwelijke avond voor mijn huis herinneren.

De vrouwen van Idjwi gingen instinctief met me om zoals we met alle slachtoffers van misdaden moeten omgaan, maar zeker met slachtoffers van seksueel geweld. Ze stuurden me een boodschap in de vorm van hun brief, om me gerust te stellen dat ik niet alleen was, dat ze me steunden, dat ze begrepen hoe ik me voelde. Het voelde als een omhelzing of een geruststellende arm om mijn schouders.

Als individuen en als samenleving moeten we dit soort compassie en liefde tonen aan alle overlevers. Helaas zijn we geneigd het tegenovergestelde te doen. We vergroten hun leed door ze met argwaan te bejegenen of, erger nog, ze als paria's te behandelen. De schaamte en kosten van een aanranding vallen meestal vrouwen ten deel, niet hun belagers. Ze verdienen sympathie, steun en bescherming.

Ik weet zeker dat jij, lezer van dit boek, wel iemand kent in je familie of in je persoonlijke of professionele omgeving die op een bepaald moment een arm over zijn of haar schouder nodig had. Of misschien heb je gehoord of gelezen over iemand wiens verhaal je raakte. Steek altijd je hand uit. Een heel klein beetje tijd kan alle verschil uitmaken. Empathie heeft de potentie onze wereld te veranderen.

De vrouwen van Idjwi hebben ook de kracht van het collectief laten zien. Als individu was ik bang gemaakt en geïntimideerd. Maar zij voelden zich samen sterk. Zij voelden zich moedig door hun krachten te bundelen.

Alleen gezamenlijk kunnen we de taboes doorbreken rond seksueel geweld en ervoor zorgen dat het iets is wat openlijk besproken en aangepakt wordt en niet onder het tapijt wordt geveegd als een smerig geheim. Daarom moeten de campagnes van de laatste jaren – van de SlutWalk tot #BringBackOurGirls en #MeToo – toegejuicht en gestimuleerd worden.

Maar bewustwordingscampagnes alleen zijn niet voldoende. Ze zijn geweldig om publiciteit te krijgen. Ze kunnen een kwestie of een persoon onder de aandacht brengen. Maar ze kunnen geen vrouw helpen die hulp nodig heeft bij het indienen van een klacht tegen de politie. Ze kunnen geen aanklacht indienen tegen een nalatige of ongevoelige rechercheur. Ze bieden geen professionele hulp of een veilige plek waar het slachtoffer van een gewelddadige partner of familielid kan verblijven.

Die taken worden vaak verricht door vrouwenorganisaties die ondersteund moeten worden. De vrouwen van Idjwi vormden een collectief dat meer deed dan brieven schrijven. Ze mobiliseerden zich. Ze zetten hun emoties om in actie. Jij kunt ook een rol spelen, door lokale organisaties, die slachtoffers van huiselijk of seksueel geweld helpen, je hulp of steun te bieden.

Ten slotte, om te zorgen voor daadwerkelijke veranderingen in de wereld, moeten de mensen die naast mij zaten op het podium tijdens de welkomstceremonie bij het ziekenhuis – de politiechef en de gouverneur, mensen met verantwoordelijkheid en macht – de signalen die ze krijgen oppikken en er iets mee doen. We hebben ook meer vrouwelijke politiechefs en gouverneurs nodig.

Vrouwen gaan in steeds groteren getale in de hele wereld de straat op om respect en veiligheid te eisen, net zoals de vrouwen van Idjwi deden toen ze de microfoon wilden. De denkrichting moet veranderen. Seksueel geweld moet een prioriteit zijn binnen het beleid. Onze strafrechtsystemen moeten beter worden. Verkrachting moet in realiteit strafbaar worden, niet alleen op papier.

Je kunt op allerlei manieren een rol spelen om de wereld veiliger te maken voor vrouwen. Steun anderen. Laat je horen. Sluit je aan bij of steun een organisatie. Voer de druk op je gekozen vertegenwoordigers en op de handhavers van de wet op. En speel een rol als opvoeder door je kennis te gebruiken.

We zijn allemaal opvoeders van onze omgeving: van kinderen, vrienden en familie, van collega's of teamgenoten. Stel seksisme aan de kaak. Veroordeel en meld grensoverschrijdend gedrag. Dring slachtofferbeschuldiging terug. Leg de invloed van stigmatisering en trauma uit. Zorg ervoor dat binnen je gezin of op je werkplek de kansen gelijkelijk verdeeld zijn tussen mannen en vrouwen, jongens en meisjes.

En zorg dat je de jongens in je omgeving leert respectvol te zijn, zodat we onze dochters niet hoeven te beschermen. Als je een rol hebt als voorlichter van de gemeenschap – als journalist, historicus, docent of professor – heb je meer mogelijkheden om voor positieve veranderingen te zorgen dan de meesten. En als je politicus bent of leider van een geloof of gemeenschap, vergeet dan niet dat je woorden en daden – net als je stilzwijgen en inactiviteit – kunnen schaden of kunnen helen.

Ik heb nooit spijt gehad van mijn terugkeer naar huis in 2013. Ik besloot te blijven werken op een plek waar ik me het nuttigst en meest waardevol voelde. We voelen ons allemaal het nuttigst en meest waardevol als we verder kijken dan ons eigenbelang en ons afvragen wat we kunnen doen voor de minderbedeelden, de onderdrukten, de veronachtzaamden.

Vrouwen en met name slachtoffers van seksueel geweld zijn het grootste deel van de menselijke geschiedenis onderdrukt en veronachtzaamd. Iedereen kan helpen die onrechtvaardigheid te herstellen, niet gedreven door wraakzucht op mannen, maar door het verlangen iedereen zelfbeschikking en veiligheid te geven.

Na de ceremonie bij het ziekenhuis ging ik naar een nieuw huis. Madeleine en ik voelden ons niet veilig genoeg in onze bungalow in het centrum van Bukavu, waar ik aangevallen was. In plaats daarvan verhuisden we naar een van de oorspronkelijke gebouwen van het Panzi-ziekenhuiscomplex, naar een van de oude koloniale huisjes die we vijftien jaar eerder hadden omgebouwd tot operatiekamer. We maakten er nu weer een woonhuis van.

Daar woon ik nu nog steeds, onder permanente gewapende bewaking. Er staat vierentwintig uur per dag een tiental VN-vredessoldaten buiten opgesteld. Zij doen dienst als gewapende escorte als ik het ziekenhuis moet verlaten, ook al doe ik dat zelden. Ik bedank ze elke ochtend voor hun aanwezigheid als ik de tweehonderd meter van mijn voordeur naar de rest van het ziekenhuis loop.

Ik ben er vrijwel zeker van dat ik zonder hun bescherming dood zou zijn. Alleen als ik in het buitenland ben, heb ik niet het gevoel een gevangene te zijn in mijn eigen huis, en de Nobelprijs voor de Vrede in 2018 veranderde daar niets aan, mocht je dat denken. Ik heb er meer bekendheid door gekregen, maar de wetteloosheid in Oost-Congo, de verspreide en uiteenlopende bedreigingen aan mijn adres, alsook de recente politieke veranderingen, maken dat ik me voortdurend kwetsbaar voel.

Maar mijn activiteiten om vrouwenstemmen in de hele wereld te versterken zullen er niet onder lijden. Ik probeer altijd de directheid en indruk over te brengen van het jonge meisje dat een generaal uit het leger voor me op de knieën kreeg. Ik word voortgedreven door de bitterheid die ik voel als ik aan Wakubenga denk, die twee keer verkracht werd en met hiv besmet, of de vrouw van wie de dochter en kleindochter beiden uit verkrachting geboren werden. Ik word voortdurend geïnspireerd en gemotiveerd door de veerkracht van mijn voormalige patiëntes Bernadette, Jeanne, Tatiana en vele anderen.

Ik zal ook de kennis en expertise blijven verspreiden die wij in Bukavu opgebouwd hebben bij het behandelen van slachtoffers van verkrachting in conflictgebieden. In talloze gebieden in de wereld voelen overlevers zich in de steek gelaten, zoals ik een paar jaar geleden zag bij mijn bezoek aan het kamp van Jezidi-families in Noord-Irak. We kunnen helpen bij het leveren van specialistische medische zorg, psychologische hulp en sociaal-economische steun.

In Congo blijven het Panzi-ziekenhuis en de Panzi Foundation, dankzij het werk van het personeel en de steun van onze gulle donoren, zich uitbreiden en nieuwe manieren vinden om overlevers te helpen. Onze microfinancieringsprojecten groeien. We hebben een nieuwe kliniek en een nieuw opvangcentrum in de hoofdstad Kinshasa. We hebben zelfs een onderneming opgezet in Bukavu, waar verse sappen gemaakt worden van passievruchten, ananassen en sinaasappels van onze door overlevers gerunde boerderij.

Ik hoop vooral dat onze afdelingen en opvangcentra voor verkrachte vrouwen op een dag leeg komen te staan, dat onze counselingdiensten en advocatenkantoren niet meer nodig zijn. Ik hoop dat ik en mijn personeel ons veel meer kunnen wijden aan het werk dat mij als basisarts in de jaren tachtig als eerste inspireerde: het wonder van de geboorte van kinderen en de gezondheid van moeder en kind.

Het gelukkigst ben ik nog steeds in ons kraamcentrum, als ik de rijen uitgeputte, maar glimlachende moeders zie en het zwakke gehuil van pasgeborenen hoor. Als je een pasgeboren baby ziet, lijkt alles een moment stil te staan, wat ons dwingt na te denken in wat voor wereld we willen dat ze opgroeien.

Ik bid elke dag voor een vredige en welvarende toekomst voor mijn land en mijn regio. We zijn onvoorstelbaar rijk aan natuur en grondstoffen, maar hebzucht en uitbuiting hebben ervoor gezorgd dat wij een van de armste plekken op aarde zijn. Ook vandaag de dag worden er dorpen platgebrand en vinden er wekelijks bloedbaden plaats waar binnen noch buiten Congo nauwelijks enige verontwaardiging over is. We hebben rechtvaardigheid en verantwoordelijkheid nodig.

Ik droom van een maatschappij waarin onze moeders gezien worden als de heldinnen die ze zijn, waarin de meisjes op onze kraamafdeling net zo verwelkomd worden als de jongetjes en waarin vrouwen opgroeien zonder angst voor geweld.

Ik hoop op een wereld waarin vrouwen dezelfde kansen hebben op promotie in hun werk en op vreugde en geluk in hun persoonlijke leven als mannen, en waarin politieke macht gelijk verdeeld is. Ik kijk uit naar de dag dat onze bedrijven en overheidsinstellingen de diversiteit weerspiegelen van de maatschappij waarin we leven. Ik stel me ook een toekomst voor waarin seksueel geweld gezien wordt als iets van een vroegere, gewelddadigere tijd.

Ik geloof dat dit allemaal zowel wenselijk als mogelijk is. Ik geloof dat we allemaal, individueel en collectief, kunnen bijdragen aan het realiseren daarvan. Ik geloof in de kracht van vrouwen.

Woord van dank

Het zal voor jullie geen verrassing zijn dat ik, toen ik nadacht over wie ik wilde bedanken voor dit boek, onmiddellijk moest denken aan de patiëntes en de ongelooflijke vrouwen die ik heb beschreven. Zij verdienen de meeste lof en mijn diepste dankbaarheid.

Maar te beslissen wie ik op zou voeren, welk verhaal ik zou vertellen, was een moeilijk proces. Ik kon maar een fractie van de honderden overlevers beschrijven die indruk op me hebben gemaakt tijdens gesprekken in mijn spreekkamer of op de afdelingen in het ziekenhuis. Ik wil ze hierbij bedanken voor hun vertrouwen.

Ook wil ik het enorm harde werken en de ongelooflijke inzet noemen van de staf van het Panzi-ziekenhuis en de Panzi Foundation. Hun toewijding en dienstbaarheid aan onze gemeenschap redt levens, heelt wonden en helpt mensen weer op de been, elke dag opnieuw. En dat ondanks de dagelijkse moeilijkheden van het leven in Bukavu. Christine Amisi, voorzitter van de Foundation, en Christine Schuler Deschryver van de City of Joy verdienen extra lof voor hun niet aflatende energie.

Tineke Ceelen was de eerste vrouw met wie ik het over het idee van dit boek had – en ik ben haar eeuwig dankbaar voor haar constante inzet voor slachtoffers van seksueel geweld.

Ik wil mijn literaire agent Susanna Lea bedanken die het boek mede mogelijk gemaakt heeft. Zij heeft er vanaf ons eerste gesprek in geloofd en heeft zich er daarna keer op keer sterk voor gemaakt.

Ook dank ik het team van uitgeverij De Bezige Bij en met name Haye Koningsveld, voor hun enthousiasme en hulp bij het in het Nederlands uitbrengen van het boek.

Bedankt, Adam Plowright – zonder zijn begrip, geduld en kennis had ik dit boek niet kunnen schrijven.

En ten slotte bedank ik mijn vrouw Madeleine en mijn kinderen, die het licht in mijn leven zijn.

Noten

1 De moed van moeders

1 Van Reybrouck, David. *Congo: Een geschiedenis* (Amsterdam: De Bezige Bij, 2010).

2 Crisissituatie in vrouwengezondheidszorg

1 Het Kinderfonds van de Verenigde Naties. *State of the World's Children 2014 in Numbers: Every Child Counts.* (New York: UNICEF, 2014). https://data.unicef.org/resources/state-worlds-children-2014-numbers-every-child-counts/.

2 UN Inter-agency Group for Child Mortality Estimation. 'Stillbirth and Child Mortality Estimates'. (New York: IGME, 2021). https://childmortality.org/.

3 Cijfers geboortezorg van UNICEF: https://data.unicef.org/topic/maternal-health/delivery-care/.

4 GBD 2015 Maternal Mortality Collaborators. 'Global, Regional, and National Levels of Maternal Mortality, 1990-2015: A Systematic Analysis for the Global Burden of Disease Study 2015', *The Lancet*, 388, nr. 10053 (oktober 2016): p. 1775-1812. https://www.thelancet.com/journals/lancet/article/PIIS0140-6736(16)31470-2/fulltext.

5 Ibid.

6 Centers for Disease Control and Prevention. 'Pregnancy Mortality Surveillance System' https://www.cdc.gov/reproductivehealth/maternal-mortality/pregnancy-mortality-surveillance-system.htm.

7 Pregnancy-Associated Mortality Review Project Team. *Pregnancy-Associated Mortality, New York City, 2006-2010.* New York City Department of Health and Mental Hygiene, Bureau of Maternal, Infant and Reproductive Health, (ongedateerd). https://www1.nyc.gov/assets/doh/downloads/pdf/ms/pregnancy-associated-mortality-report.pdf.

8 Organisatie voor Economische Samenwerking en Ontwikkeling. *SIGI 2019 Global Report: Transforming Challenges into Opportunities. Social Institu-*

tions and Gender Index. (Parijs: OECD Publishing, 2019). https://www.oecd-ilibrary.org/development/sigi-2019-global-report_bc56d212-en. Zie ook: Internationale Arbeidsorganisatie. *Maternity and Paternity at Work: Law and Practice Across the World.* (Genève: ILO, 2014). https://www.ilo.org/wcmsp5/groups/public/-dgreports/-dcomm/-publ/documents/publication/wcms_242615.pdf.

9 US Department of Labor. *National Compensation Survey: Employee Benefits in the United States*, maart 2019. (Washington, D.C: U.S. Department Bureau of Labor Statistics, 2019). https://www.bls.gov/ncs/ebs/benefits/2019/employee-benefits-in-the-united-states-march-2019.pdf.

10 Chzhen, Yekaterina, Anna Gromada en Gwyther Rees. *Are the World's Richest Countries Family Friendly? Policy in the OECD and EU.* (Florence: UNICEF Office of Research, 2019). https://www.unicef-irc.org/family-friendly.

11 Organisatie voor Economische Samenwerking en Ontwikkeling. 'Parental Leave: Where Are the Fathers?' (Parijs: OECD Publishing, maart 2016, OECD). https://www.oecd.org/policy-briefs/parental-leave-where-are-the-fathers.pdf.

12 Stearns, Jason. *Dancing in the Glory of Monsters: The Collapse of the Congo and the Great War of Africa*, p. 116. (New York: PublicAffairs, 2011).

13 Rapaport, Lisa. 'U.S. Relies Heavily on Foreign-Born Healthcare Workers'. Reuters, 4 december 2018. https://www.reuters.com/article/us-health-professions-us-noncitizens/u-s-relies-heavily-on-foreign-born-healthcare-workers-idUSKBN1O32FR. Patel, Yash M., Dan P. Ly, Tanner Hicks en Anupam B. Jenna. 'Proportion of Non-US-Born and Noncitizen Health Care Professionals in the United States in 2016', *Journal of the American Medical Association* 320, nr. 21 (2018): p. 2265-2267. https://jamanetwork.com/journals/jama/article-abstract/2717463.

3 Crisis en veerkracht

1 De gemeenschap van pinksterkerken in Centraal-Afrika werd gesticht door Zweedse protestanten.

2 Peterman, Amber, Tia Palermo en Caryn Bredenkamp. 'Estimates and Determinants of Sexual Violence Against Women in the Democratic Republic of Congo', *American Journal of Public Health*, 101, nr. 6 (juni 2011): p. 1060-1067. https://ajph.aphapublications.org/doi/10.2105/AJPH.2010.300070.

4 Pijn en kracht

1 'The Congo Literacy Project', document UNESCO, februari 2020.

2 UN Mapping Report for the Democratic Republic of Congo, augustus 2010, p. 99.

3 Uit cijfers uit de patiëntendossiers van het Panzi-ziekenhuis blijkt dat in die tijd 4,5 procent van de patiënten hiv-positief was.

5 In zijn woorden

1 Learning on Gender & Conflict in Africa (LOGiCA). *Sexual and Gender-Based Violence in the Kivu Provinces of the Democratic Republic of Congo: Insights from Former Combatants.* Washington D.C.: World Bank, september 2013. http://documents1.worldbank.org/curated/en/795261468258873034/pdf/860550WP0B0x380LOGiCA0SGBV0DRC0Kivu.pdf.

2 Cijfer gebaseerd op verslagen van diplomaten overgenomen door Watchlist on Children and Armed Conflicts, een niet-gouvernementele organisatie.

3 Een volledig verslag van het leven in een bootcamp van de Alliantie van democratische strijdkrachten voor de bevrijding van Congo bij Lemera is te vinden in Stearns, *Dancing in the Glory of Monsters,* p. 145-150.

4 Ibid. p. 152.

5 Beevor, Antony. *Berlin: The Downfall 1945.* New York: Viking.

6 Schatting van het Internationaal Militair Tribunaal voor het Verre Oosten.

7 *Report of the Panel of Experts on the Illegal Exploitation of Natural Resources and Other Forms of Wealth of DR Congo.* New York: United Nations Security Council, april 2001, p. 6. https://www.securitycouncilreport.org/atf/cf/%7B65BFCF9B-6D27-4E9C-8CD3-CF6E4FF96FF9%7D/DRC%20S%202002%201146.pdf.https://reliefweb.int/report/democratic-republic-congo/report-panel-experts-illegal-exploitation-natural-resources-and.

8 Zounmenou, David, Nelson Alusala, Jane Lewis, Virginie Monchy en Bart Vanthomme. *Final Report of the Group of Experts on the Democratic Republic of the Congo.* New York: Verenigde Naties Veiligheidsraad, juni 2019, p. 36. https://www.securitycouncilreport.org/atf/cf/%7B65BFCF9B-6D27-4E9C-8CD3-CF6E4FF96FF9%7D/S2019469.pdf.

9 Hij heeft het over een totale afname van de bevolking, onder wie kinderen die niet zijn geboren vanwege de verschrikkingen, van tien miljoen. Drie andere schattingen kwamen ongeveer op hetzelfde aantal, waaronder een Belgische overheidscommissie in 1919, een hoge ambtenaar van de Congolese staat en een onderzoek door antropoloog Jan Vansina van de Universiteit van Wisconsin. Uitvoerig beschreven in Adam Hochschild, *De geest van koning Leopold II en de plundering van Congo* (Londen: Macmillan, 1999), p. 253.

10 Thornton, William en Lydia Voigt. 'Disaster Rape: Vulnerability of Women to Sexual Assaults During Hurricane Katrina.' *Journal of Public Management and Social Policy* 13, nr. 2 (2007): p. 23-49. https://28b3dd4c-a-e2cc6547-s-sites.googlegroups.com/a/jpmsp.com/new-jpmsp/Vol13Iss2-DisasterRape-ThorntonandVoigt.pdf?attachauth=ANoY7coDrRktC6w8pB-AhesEeb5i-pirc48Wx3SjLFCRKiV5l7issbszi7NLI0vPvLdq_hkdv9c

BsLbmPXhEWjvhze2D1UFuQws8MhFVuJsOrz_SuzA_MgOUMFXY1BIM WCWQtPOdla_rOClnsJCLSAxOZRXSZGgn4eoFsoqCOXrR7ykXPCPCU4_ ZfHIm8jmx_WZFGMQMBQW5BJbW5WWrJztVImVUMXERZoXzwx_F-tB1UufoFhfpBA%3D&attredirects=0.

11 Smith, Sharon G., Xinjian Zhang, Kathleen C. Basile, Melissa T. Merrick, Jing Wang, Marcie-jo Kresnow en Jieru Chen. *National Intimate Partner and Sexual Violence Survey: 2015 Data Brief.* Atlanta: Centers for Disease Control and Prevention. https://www.cdc.gov/violenceprevention/datasources/nisvs/2015NISVSdatabrief.html.

12 Crime Survey for England and Wales, 2017. https://www.ons.gov.uk/peoplepopulationandcommunity/crimeandjustice/bulletins/crimeinengland andwales/yearendingmar2017#:~:text=Excluding%20fraud%20and%20co mputer%20misuse%20offences%2C%20there%20were%20an%20estimated,the%20year%20ending%20March%202017.

13 'Personal Safety, Australia: Statistics for Family, Domestic, Sexual Violence, Physical Assault, Partner Emotional Abuse, Child Abuse, Sexual Harassment, Stalking and Safety.' Canberra: ABS, 2017. https://www.abs.gov.au/statistics/people/crime-and-justice/personal-safety-australia/latest-release.

14 Debauche, Alice, Amandine Lebugle, Elizabeth Brown, Tania Lejbowicz, Magali Mazuy, Amélie Charruault, Justine Dupuis, Sylvie Cromer en Christelle Hamel. *Violence and Gender Relations (Virage) Study.* Paris: National Institute of Demographic Studies, 2015. https://www.ined.fr/en/publications/editions/document-travail/enquete-virage-premiers-resultats-violences-sexuelles/.

15 World Health Organization Department of Reproductive Health and Research, London School of Hygiene and Tropical Medicine, and South African Medical Research Council. *Global and Regional Estimates of Violence Against Women: Prevalence and Health Effects of Intimate Partner Violence and Non-Partner Sexual Violence.* Geneva: World Health Organization, 2013. https://www.who.int/publications/i/item/9789241564625.

16 Het onderzoek *Report on Sexual Assault in the Military* loopt sinds 2006. https://www.sapr.mil/reports.https://www.sapr.mil/sites/default/files/public/docs/reports/MSA/DODAnnual_Report_on_Sexual_Harassment_and_Violence_at_MSAS_APY19-20.pdf.

17 Pérez-Peña, Richard. '1 in 4 Women Experience Sex Assault on Campus', *New York Times,* 21 september 2015. https://www.nytimes.com/2015/09/22/us/a-third-of-college-women-experience-unwanted-sexual-contact-study-finds.html.

6 Je stem laten horen

1 Bartels, Susan, Jennifer Scott, Denis Mukwege, Robert Lipton, Michael VanRooyen en Jennifer Leaning. 'Patterns of Sexual Violence in Eastern Democratic Republic of Congo: Reports from Survivors Presenting to Panzi Hospital', *Conflict and Health* 4, nr. 1 (mei 2010): p. 9-18. https://conflictandhealth.biomedcentral.com/articles/10.1186/1752-1505-4-9.

2 Harris, Elizabeth A. 'Ondanks #MeToo nog geen ban op geheimhoudingsovereenkomsten', *New York Times*, 14 juni 2019. https://www.nytimes.com/2019/06/14/arts/metoo-movement-nda.html#:~:text=the%20main%20story-,Despite%20%23MeToo%20Glare%2C%20 Efforts%20to%20Ban%20Secret%20Settlements%20Stop%20.
Short,only%20one%20effectively%20neutralizes%20them.&text=Such%20agreements%20have%20been%20a,court%20settlement%20for%20sexual%20misconduct.

3 Ongeveer 3 op de 100.000 vrouwen in Afrika werden vermoord door een partner of familielid, terwijl 1,6 op de 100.000 Amerikanen hetzelfde lot ondergingen, net als 0,9 per 100.000 in Azië. Vooral de Aziatische cijfers bevatten grote verschillen, waarbij vrouwen in landen als Afghanistan, Pakistan en India aanzienlijk meer gevaar lopen. *United Nations Office on Drugs and Crime. Global Study on Homicide 2019*. Wenen: UNODC, 2019. https://www.unodc.org/unodc/en/data-and-analysis/global-study-on-homicide.html.

7 Strijden voor rechtvaardigheid

1 https://www.asil.org/insights/volume/14/issue/38/un-mapping-report-documenting-serious-crimes-democratic-republic-congo.

2 Rape, Abuse & Incest National Network. 'The Criminal Justice System: Statistics.' Washington, D.C.: RAINN, 2021. https://www.rainn.org/statistics/criminal-justice-system.

3 https://fra.europa.eu/sites/default/files/fra-2014-vaw-survey-at-a-glance-oct14_en.pdf.

4 Research and Statistics Division. 'JustFacts.' Ottawa: Department of Justice, Government of Canada, april 2019. https://www.justice.gc.ca/eng/rp-pr/jr/jf-pf/2019/apr01.html.

5 Levy, Ro'ee en Martin Mattsson. 'The Effects of Social Movements: Evidence from #MeToo.' SSRN, maart 2020. https://conference.nber.org/conf_papers/f138191.pdf.

6 Barr, Caelainn, Alexandra Topping en Owen Bowcott. 'Rape Prosecutions in England and Wales at Lowest Level in a Decade', *Guardian*, 12 september 2019. https://www.theguardian.com/law/2019/sep/12/prosecutions-in-england-and-wales-at-lowest-level-in-a-decade.

7 Franceinfo. 'Les condamnations pour viol ont chuté de 40% en dix ans.' France Télévisions, 14 september, 2018. https://www.francetvinfo.fr/societe/harcelement-sexuel/les-condamnations-pour-viol-ont-chute-de-40-en-dix-ans_2940491.html.
8 Kelly, Liz, Jo Lovitt en Linda Regan. 'Gap or a Chasm? Attrition in Reported Rape Cases.' Londen: Great Britain Home Office Research Development and Statistics Directorate, februari 2005. https://webarchive.nationalarchives.gov.uk/20110218141141/http://rds.homeoffice.gov.uk/rds/pdfs05/hors293.pdf.
9 Kennedy, Pagan. 'The Rape Kit's Secret History', *New York Times*, 17 juni 2020. https://www.nytimes.com/interactive/2020/06/17/opinion/rape-kit-history.html.
10 Brand-Williams, Oralandar en Kim Kozlowski. '10 Years In, Detroit Rape Kit Crisis Vanquished', *Detroit News*, 15 december 2019. https://www.detroitnews.com/story/news/local/wayne-county/2019/08/13/detroit-touts-success-rape-kits-crisis/3770362002/.
11 Rape, Abuse & Incest National Network. 'Understanding Statutes of Limitations for Sex Crimes.' Washington, DC: RAINN, n.d. https://www.rainn.org/articles/statutes-limitations-sex-crimes.

8 Erkenning en herinnering

1 Ungar-Sargon, Batya. Interview met het blad *Forward*, 'Can We Talk About Rape in the Holocaust Yet?', 25 april 2018. https://forward.com/opinion/399538/can-we-talk-bout-rape-in-the-holocaust-yet.
2 Ibid.
3 Tanaka, Yuki. 'War, Rape and Patriarchy: The Japanese experience', *The Asia-Pacific Journal* 18, nr. 1 (december 2019): p. 1-14. Zie ook passage uit Tanaka's boek *Hidden Horrors: Japanese War Crimes in World War II* (Oxford: Routledge, 2018), p. 105-110.

9 Mannen en mannelijkheid

1 *Population Prospects: The 2017 Revision, Key Findings and Advanced Tables.* Working Paper No. ESA/P/WP/248. New York: United Nations, Department of Economic and Social Affairs, Population Division, 2017. https://population.un.org/wpp/Publications/Files/WPP2017_KeyFindings.pdf.
2 Organisatie voor Economische Samenwerking en Ontwikkeling (OESO). 'Gender Wage Cap.' Parijs: OECD, 2021. https://data.oecd.org/earnwage/gender-wage-gap.htm.
3 *Global Gender Gap Report 2020.* Genève: World Economic Forum, 2019.

https://www.weforum.org/reports/gender-gap-2020-report-100-years-pay-equality.

4 El Feki, S., B. Heilman en G. Barker, ed. *Understanding Masculinities: Results from the International Men and Gender Equality Survey (IMAGES) – Middle East and North Africa.* Cairo en Washington D.C.: UN Women en Promundo, 2017. https://www.unwomen.org/media/headquarters/attachments/sections/library/publications/2017/images-mena-multi-country-report-en.pdf?la=en&vs =3602.

5 Alle cijfers komen uit de database van de OESO over 'Violence Against Women'.

6 De Verenigde Staten hebben geen federale wetgeving die lijfstraffen verbiedt, die nu in negentien staten op openbare en privéscholen toegestaan zijn. Men heeft herhaaldelijk wetgeving proberen in te voeren de laatste jaren, echter zonder succes, volgens de campagne 'End Corporal Punishment'. Voor meer informatie zie https://endcorporalpunishment.org/reports-on-every-state-and-territory/usa/.

7 Capraro, Valerio en Hélène Barcelo. 'The effect of messaging and gender on intentions to wear a face covering to slow down COVID-19 transmission', PsyArXive, 11 mei 2020, https://doi.org/10.31234/osf.io/tg7vz.

8 Sim Shin Wei, Kirm Seng Peter Moey en Ngiap Chuan Tan. 'The Use of Facemasks to Prevent Respiratory Infection: A Literature Review in the Context of the Health Belief Model', *Singapore Medical Journal* 55, nr.3 (maart 2014): p. 160-167. https://www.ncbi.nlm.nih.gov/pmc/articles/PMC4293989.

9 Planned Parenthood. 'PPFA Consent Survey Results Summary.' New York: Planned Parenthood, 2016. https://www.plannedparenthood.org/files/1414/6117/4323/Consent_Survey.pdf.

10 Shammas, Brittany. 'Judge Awards $13 Million to Women Who Say They Were Tricked into Pornography', *Washington Post* nr. 3, januari 2020. https://www.washingtonpost.com/business/2020/01/03/judge-awards-million-women-who-say-they-were-tricked-into-pornography/.

11 Wright, Paul J., Robert S. Tokunaga en Ashley Kraus. 'A Meta-Analysis of Pornography Consumption and Actual Acts of Sexual Aggression in General Population Studies', *Journal of Communication* 66, nr. 1 (februari 2016): p. 183-205. https://academic.oup.com/joc/article-abstract/66/1/183/4082427?redirectedFrom=fulltext.

12 Rostad, Whitney L., Daniel Gittins-Stone, Charlie Huntington, Christie J. Rizzo, Deborah Pearlman en Lindsay Orchowski. 'The Association Between Exposure to Violent Pornography and Teen Dating Violence in Grade 10 High School Students', *Archives of Sexual Behavior* 48, nr. 7 (juli 2019): p. 2137-2147.

10 Leiderschap

1 Dit cijfer werd in 2018 geleverd door het ministerie van Religieuze Zaken van het regionale bestuur van Koerdistan in Noord-Irak. Van ongeveer de helft weten we dat ze ontsnapt of gered zijn, het lot van de rest is onbekend.
2 Baba Sheik, die eigenlijk Khurto Hajji Ismail heette, overleed in oktober 2020 op zevenentachtigjarige leeftijd. Zijn eretitel is overgegaan op zijn opvolger.
3 Jones, Pete. 'Congo: We Did Whatever We Wanted, Says Soldier Who Raped 53 Women', *Guardian*, 11 april 2013.
4 Evaluatie van The Independent Commission for Aid Impact (ICAI), gepubliceerd in januari 2020. https://icai.independent.gov.uk/psvi/.
5 'Women in Politics: 2020', UN Women and Inter-Parliamentary Union, januari 2020. https://www.unwomen.org/media/headquarters/attachments/sections/library/publications/2020/women-in-politics-map-2020-en.pdf/la=en&vs =827.
6 Organisatie voor Economische Samenwerking en Ontwikkeling. *SIGI 2019 Global Report: Transforming Challenges in Opportunities.* Social Institutions and Gender Index. Parijs: OESO-uitgave, 2019.
7 Chen, Jie, Woon Sau Leung, Wei Song en Marc Goergen. 'When Women Are on Boards, Male CEOs Are Less Overconfident', *Harvard Business Review*, 12 september 2019. https://hbr.org/2019/09/research-when-women-are-on-boards-male-ceos-are-less-overconfident.
8 Gul, Ferdinand, Bin Srinidhib en Anthony Ng. 'Does Board Gender Diversity Improve the Informativeness of Stock Prices?', *Journal of Ac-counting and Economics* 51, nr. 3 (april 2011): 314-338. https://www.sciencedirect.com/science/article/abs/pii/S0165410111000176?via%3Dihub.
9 Bigio, Jamille, Rachel Vogelstein, Alexandra Bro en Anne Connell. 'Women's Participation in Peace Processes.' New York: Council on Foreign Relations, n.d. https://www.cfr.org/womens-participation-in-peace-processes.
10 O'Reilly, Marie, Andrea O Suilleabhain en Thania Paffenholf. 'Reimagining Peacemaking: Women's Roles in Peace Processes.' New York: International Peace Institute, juni 2015. https://www.ipinst.org/wp – content/uploads/2015/06/IPI – E – pub – Reimagining – Peacemaking.pdf.
11 True, Jacqui en Yolanda Riveros-Morales. 'Towards Inclusive Peace: Analysing Gender-Sensitive Peace Agreements 2000-2016', *International Political Science Review* 40, nr. 1 (2019): p. 23-40. https://journals.sagepub.com/doi/pdf/10.1177/0192512118808608.